中国特色经济学·教材系列

实验经济学

武志伟 周 耿 编著

南京大学出版社

《中国特色经济学·教材系列》编委会

主　任：洪银兴

委　员（按姓氏拼音排序）：

安同良　陈智琦　范从来　葛　扬

耿　强　林　辉　刘志彪　马野青

裴　平　沈坤荣　孙宁华　巫　强

吴福象　谢建国　杨德才　于津平

张谊浩　郑江淮

前　言

　　最早接触实验经济学是 2008 年我刚进入南京大学商学院经济系工作的时候,安同良教授建议我选择实验经济学作为自己未来的教学与科研领域,从那时起,我一直为南京大学经济学系的本科生开设实验经济学课程。

　　作为一门新兴学科,实验经济学领域可以参考的教材不多。在教学之初,浙江大学金雪军和杨晓兰老师编著的《实验经济学》给了我不少启发。在其后的教学经历中,我自己也积累了一些实验教学的资料和素材。与传统学科以课堂讲授为主要方式不同,课堂实验是贯穿实验经济学课程的主要教学方式和手段。这本教材各章节的主体内容也是围绕课堂实验展开的。课堂实验不仅可以激发学生的研究兴趣,也可以提高学生的实验设计与组织能力,还能加深大家对教学内容的认识。早期的课堂实验主要是以手工实验为主,后来周耿老师的加入使得诸如资本市场实验等较为复杂的实验实现了计算机化,在江苏省精品课程项目资助下建成的南京大学经济学实验室也使得课程的教学环境更为成熟规范。

　　这本教材从最早立项到目前成书历经数年,我和周耿老师的几届研究生都付出了大量的时间和精力,包括宋耶宁、包永萍、陈芊羽、薛旎、阮东喆、王征、周舟和陈言钊等同学,在此对他们的辛勤工作表示感谢! 最后一稿的定稿过程中,参与各章节编写的同学分工如下:第一章,李东亚;第二章,全洛平;第三章,田筱澜;第四章,孙珊珊;第五章,卢知非;第六章,王慧颖;第七章,邓笛;第八章,马婧。特别感谢邓笛同学在组稿过程中的协调工作。

　　希望本书的出版能对国内实验经济学课程的建设和发展有所裨益。

武志伟

2021 年 10 月

目 录

第一节　概　述

一、经济学:一门实验科学

萨缪尔森和诺德豪斯(Samuelson and Nordhaus,1985)指出:"经济学家在检验经济法则的时候,无法进行类似化学家或生物学家的受控实验,因为他们不容易控制其他重要因素,所以只能像天文学家或气象学家那样满足于观测。"这个观点反映了一个广为流传的说法,即一些学科(主要指自然科学)是具有内在实验性质的,但是另外一些学科(主要指社会科学,包括经济学)则不具有这种性质。

事实上,实验在包括物理学、生物学等自然学科在内的相当多学科中,都经历了较长的演进过程,才成为重要的科学研究工具。在两千多年前的亚里士多德时代,即使是物理学也被视为不可实验的科学,直到四百多年前,以伽利略(Galileo)为代表的学者才建立了在物理学研究中进行受控实验的传统。生物学长久以来也被认为是不可实验的学科,因为它的研究被试是有生命的个体。然而19世纪以来,孟德尔(Mendel)、巴斯德(Pasteur)和其他生物学家在生物学研究中引入实验方法,现代生物学基本上成为一门实验性的科学。

不仅自然科学中如此,实验方法应用的这一演进特征在社会科学中也同样存在。19世纪以前,心理学也曾被认为是无法进行实验的,因为这门学科中作为研究被试的是有思想的个体,看似最难通过实验进行研究,当时心理学的问题多半是在哲学领域内讨论的。该学科自19世纪中期开始引入实验方法;当时德国心理学家冯特在莱比锡大学建立实验室;1920年前后,实验方法在心理学科中的地位基本奠定。之后随着学科的发展,心理学也发展出了一套独特的实验方法。因此,一门学科是否能进行实验研究,取决于这门学科理论的发展,该学科的一些重要变量是否适用于实验控制,以及相关实验技术成熟与否。事实上,无论哪种学科,只有当学科关注的关键变量在实验中易于控制时,进行有意义的实验才是可能的。

长期以来,经济学作为一门独立的学科被认为是不可实验的。不同于物理、化学等自然学科在实验中不断发展,经济学在实验中的演化经历了更为漫长的时间。其中,伯努利(Bernoulli,1738)的圣彼得堡悖论实验可以被视为实验经济学的开端;20世纪40年代末到50年代初,一些经济学家对在经济学中应用实验方法产生了兴趣,其中最著名的是张伯伦(Chamberlin,1948)在哈佛大学进行第一次课堂市场实验,他们得出的结论甚至撼动了传统经济学的一些支柱性理论;20世纪后半叶,实验经济学迅速发展,近年来成为经济学最活跃的前沿领域之一。经济学家如史密斯和卡尼曼(Smith,1962;Kahneman,2003)开始认识到实验可以在经济学研究中发挥重要的作用,他们利用实验方法将心理学原理引入经济学研究,对主流的新古典经济学构成强烈冲击,影响深远。

二、西方实验经济学的发展

(一) 萌芽阶段:20世纪30年代末至50年代

20世纪30—50年代是实验经济学发展的萌芽时期。与许多科学方法论革命一样,经济学转向实验主要不是通过哲学观点的改变,而是通过科学实践和理论层面的一些创新来实现的。此时,实验经济学还处于自发状态,缺乏具体理论思想的指导,完全是个人偶尔为之,具有很大的随意性。根据罗斯(Roth,2001)的观点,如今浩如烟海的实验经济学文献都可以上溯到20世纪30年代到50年代间的三股思潮。

萨斯通(Thurstone,1931)对效用函数的实验研究揭开了实验经济学的帷幕,他用实验方法确定了个体的无差异曲线。萨斯通让实验参与人进行假想,在一组商品(他用的是"帽子—大衣—鞋子")中进行选择。他记录下参与人的具体选择后,画出一组无差异曲线。这一研究随后引发了瓦里斯和弗里曼(Wallis and Friedman,1942)、罗西斯和哈特(Rousseas and Hart,1951)、摩斯特勒和纽吉(Mosteller and Nogee,1951)以及阿莱(Allais,1953)的工作,上述学者也因此成为对个人选择理论进行实验检验的先驱。

瓦里斯和弗里曼批评了萨斯通的工作,因为他无法鉴别参与人是否如实表达了他的选择,参与人也没有面临真实的选择境况。他们指出,实验必须使得参与人在真实条件下做出真实的选择。这一观点对以后的实验有着重要的指导作用。1944年,冯·诺依曼与摩根斯坦(Von Neumann and Morgenstern,1944)出版了《博弈论与经济行为》,对博弈论与个人选择理论的发展都产生了深远的影响。之后,摩斯特勒和纽吉(Mosteller and Nogee)做了首个存在不确定情况下的个人选择实验。阿莱(Allais)提出了著名的阿莱悖论(Allais paradox)。他们的工作被卡尼曼和特维斯基(Kahneman and Tversky,1979)继承了下来,成为当前实验经济学的重要理论支柱。

第二股思潮以哈佛大学著名经济学家爱德华·张伯伦教授为代表。张伯伦关注的是产业组织理论,因此其实验以模拟真实市场交易为目标。张伯伦第一个提出实验经济学的目标就是严格控制无关干扰变量,观察实验被试在特定环境下的真实经济行为。他设计了模拟市场,给定产品价格和货币,然后记录最后交易的价格,与标准的局部均衡经济模型做比较。张伯伦的继承者西格尔与弗勒克(Siegel and Fouraker,1960)把张伯伦的实验改进为实验被试可以选择交易的数量,更重要的是他们第一次引入真实货币激励,使被试的行为与最后收益挂钩,他们还比较了不同收益激励下实验被试行为的变化。目前,真实货币激励已经成为实验经济学的标准条件。

第三股思潮是伴随着博弈论的发展而产生的。弗拉德(Flood,1950、1952)在20世纪50年代早期发现了囚徒困境,这引起了学者们的极大兴趣。接着,卡里西(Kalisch)、米诺(Milnor)、纳什(Nash)等人的工作开创了用实验研究博弈行为的范式。早期的博弈实验都是围绕着重复的囚徒困境及其变体展开的。纳什(1954)等曾指出实验中的许多局限,例如很难在零和博弈中将参与人的行为视作重复博弈。此外,不同阶段人的选择也不一致。这些博弈专家中,谢林(Schelling,1957)的工作尤为引人注目。他为两个参与人准备了100元,让每个人写一个要求得到的报酬。如果两人要求总和小于100元,按个人要求给报酬;如果两人要求之和大于100元,则双方什么也得不到。这个实验后来被改编成"最后通牒博弈"实验(Ultimatum Game),成为检验讨价还价理论的最重要实验。

上述三股思潮背后各自有其方法论基础。个体选择理论实验是从经济个体出发,仅与个人心理有关,实验中一般只需要一个实验被试;模拟市场的实验是从宏观视角出发,个体对市场的影响很小,实验中需要大量的实验被试参与;基于博弈论的实验则是连接微观与宏观的桥梁,它主要是研究两人之间的讨价还价。

(二)发展阶段:20世纪60年代至80年代

20世纪60年代是实验经济学稳定发展的十年。自20世纪60年代以来,查尔斯·普洛特(Charles Plott)一直与弗农·史密斯(Vernon Smith)保持密切联系,他们的合作促成了很多重要的实验项目的实施。第一个实验经济学评论刊物开始出现。勒帕波特(Rapoport)和萨摩斯(Chammas,1965)组织了一个庞大的研究团体,发表了100多篇实验经济学方面的学术论文,使更多人关注实验经济学的方法论问题。到了20世纪60年代末,实验经济学已经过了近20年的发展,通过史密斯(Smith)、普洛特(Plott)、罗思(Roth)以及宾莫(Binmore)等一批实验经济学家的不懈努力,实验经济学学科得以不断完善,不仅在理论上取得了丰富的成果,同时也解决了不少实际问题,构建了初步的理论体系。一些经济学家开始有目的、有意识地进行了一系列实验,实验的进展使得实验经济学渐渐科学化、规范化,成为一个正规的经济学分支。

在20世纪70年代,实验经济学的格局发生了很大变化,部分原因在于形成了一些关键的合作关系。1968年至1969年间,特维斯基(Tversky)在希伯来大学与卡尼曼(Kahneman)合作,最初是在判断阶段,后来是在决策领域。在欧洲,泽尔腾(Selten)在1972年之前搬到比勒费尔德,并与第一个进行"最后通牒博弈"实验的作者韦尔纳·古斯(Werner Güth)开始合作。同时,阿莱(Allais)在1974年又回到了预期效用理论,并出版了他1952年研究成果的英文报告。受到当时积累的实验证据的启发,20世纪70年代末和80年代初实验经济学发展的特点是预期效用替代模型的增加。

20 世纪 70 年代的特点是一些争议的开始以及实验经济学研究领域中一些子学科的部分分离。1974 年,特维斯基和卡尼曼(Tversky and Kahneman,1974)在《Science》杂志上发表的一篇文章,被广泛认为是对"人类是理性主体"这一观点的挑战。几年后,利切特斯汀和斯洛维克(Lichtenstein and Slovic,1971)关于偏好逆转的开创性实验被格雷特尔和普洛特(Grether and Plott,1979)引入经济学文献,引发了一系列理论和实验讨论,这些研究占据了《美国经济评论》多年的篇幅。同时,随着实验经济学进一步发展,在 20 世纪 70 年代国际科学基金会对实验经济学的研究提供了稳定的支持,使实验经济学的发展有了物质上的保证。在德国和美国,不同的实验群体在各种学术会议上进行接触和交流,其中起主导作用的人物有德国的亨兹·索尔曼(Heinz Sauermann)、莱因哈德·泽尔腾(Reinhard Selten)、莱因哈德·提兹(Reinhard Tietz),和美国的查尔斯·普洛特(Charles Plott)、弗农·史密斯(Vernon Smith)。在这期间,实验经济学作为一门学科逐渐与实验心理学区别开来。

(三)走向成熟:20 世纪 80 年代至今

20 世纪 80 年代早期,大多数为后续研究提供信息的"范式"实验已经发表,比如史密斯和普洛特关于拍卖和市场的实验,利切特斯汀和斯洛维克(Lichtenstein and Slovic,1971)关于偏好逆转的实验,普洛特和其他关于公共产品的实验(Isaac,McCue and Plott,1985),古斯等人(Güth,Schmittberger and Schwartz,1982)的最后通牒博弈实验,埃尔文·罗斯等人关于讨价还价的实验(Alvin Roth;Roth and Malouf,1979)。

20 世纪 80 年代和 90 年代早期,实验经济学的发展突飞猛进,展现出成为主流学科的潜力。早期的实验者莫里斯·阿莱(Maurice Allais)赢得了 1988 年诺贝尔经济学奖,极大地推动了经济学的实验研究发展,而且研究范围不断扩大。经济学的许多基本领域已经成为实验经济学的研究对象。实验经济学涉足的领域主要有公共品问题(problem in public goods)、协商问题(problem in coordination)、议价行为问题(problem in bargaining behavior)、市场组织问题(problem in market organization)、拍卖问题(problem in auction)以及个体选择问题(problem in individual choice behavior)。

2002 年诺贝尔经济学奖获得者、美国乔治—梅森大学的弗农·史密斯(Vernon Smith)发展了一整套实验研究方法,为通过实验室实验进行可靠的经济学研究确定了标准。弗农·史密斯率先采用了"风洞测试"的新方法研究选择性市场设计,利用实验展示了选择性市场机制的重要性。他的研究成果推动实验研究成为经验主义经济分析中一个必不可少的工具。

在 20 世纪 80 年代和 90 年代,实验经济学蓬勃发展,在经济学学科乃至社会科学中的影响力越来越大,同时在新的方向——例如神经科学进行扩展,并吸引了一批最有才华的研究生。与博弈论专家一起,实验经济学家也越来越多地参与政策制定,特别是为敏感商品的分配设计新的市场机制,涉及领域包括电信许可证、空间站等。

三、实验经济学在中国的发展

实验经济学在中国的传播和发展不到 20 年时间。在早期阶段,德国波恩大学实验经济学实验室的施密特博士(Heike Henning-Schmidt)对国内实验经济学的发展起到了一定的推动和普及作用。严格地说,实验经济学在中国的发展开始于 2003 年。从 2003 年起至今,整个过程大致有三个阶段:第一阶段为 2003—2006 年的雏形阶段,第二阶段为 2006—2009 年的兴起阶段,第三个阶段为 2010 年至今的初步繁荣阶段。

第一个阶段有两条主线。第一条主线是海外学者来国内传播行为和实验经济学,标志性事件是两大实验室的建成。一个是上海交通大学的史密斯实验经济学研究中心和史密斯实验经济学实验室,于 2003 年筹建,2004 年建成。项目具体牵头人是费方域教授,诺贝尔经济学奖获得者史密斯教授资助并担任中心和实验室主任,密西根大学的陈岩教授担任实验室副主任(2005—2012)。另一个是南开大学的泽尔腾实验室,在 2003 年成立,当时的发起人包括诺贝尔经济学奖获得者泽尔腾教授(Selten)、南开大学李维安教授、当时在香港中文大学任职的唐方方教授、香港大学张俊喜教授和宋敏教授五人。该实验室成立之初,由泽尔腾教授出任首任实验室主任。

第二条主线则表现为中国学者的自发研究过程。通过学习相关的文献,中国学者开始撰写行为和实验经济学相关的评介性文章及初步的思想史研究,或者尝试进行实验设计,进行规范的实验经济学研究。这一阶段的特点是相关文章的形式多样化,并且多种实验方法都开始尝试。在思想史方面,代表学者有周业安、叶航等。在实验方法方面,规范的实验室实验论文开始出现,代表学者有金雪军、杨晓兰等。此外,其他实验方法也得到运用,比如问卷调查、心理实验等。这些文章和实验研究论文虽然大多是比较初步的,但对于后来实验经济学的本土化起到了一定的引领作用。

第二阶段是实验经济学在中国的兴起阶段。这个阶段的标志性事件是 2007 年 8 月 4 日,在上海交通大学成功举办的第三届经济科学协会(ESA)实验经济学亚太会议。这是国内第一次举办大型实验经济学国际性学术会议,在国内学术界产生了很大的影响。这个阶段国内开始出现一批有影响力的本土研究者,开始形成研究梯队,并在诸多顶级刊物上发表了一系列规范的实验经济学学术论文;一些专门从事实验经济学研究的海外博士开始回国任教;行为和实验经济学作为正式的课程开始纳入本科和研究生教学计划,有影响力的教材开始出版;系统的行为和实验经济学出版物开始出现等。

第三阶段是实验经济学在中国的初步繁荣阶段。这个阶段有三个标志性大事件,第一个是 2010 年中国人民大学出版社首次推出了《行为和实验经济学前沿译丛》,开始系统传播海外的行为和实验经济学研究成果。这是实验经济学在中国发展过程中的大事件。这套译丛向国内学界展示了行为和实验经济学前沿研究的全貌,一举扭转了过去学界对这个领域的一些偏见,为后来的行为与实验经济学的繁荣打下了基础。第二个大事件是全国性的行为和实验经济学会议开始陆续举办。ESA 实验经济学亚太会议继 2007 年在上海交通大学成功举办后,2010 年 12 月在厦门大学成功举办。与此同时,国内高校也开始自主举办国际性的研讨会,代表性的有厦门大学的 WISE 实验经济学、金融学国际研讨会,2010 年至今已举办六届;

上海财经大学经济学院举办的行为和实验经济学国际研讨会;清华大学经管学院举办的行为实验和理论国际研讨会(Tsinghua BEAT)等。全国性学术研讨会的举办代表了一个学科社群的成熟,由此可以看作实验经济学在中国开始繁荣的起点。第三个大事件是国家自然科学基金在 2017 年开始把行为经济学和实验经济学单列出来资助,代码是 G0302,这意味着行为和实验经济学作为一门独立的经济学学科开始正式登上舞台,并得到了学术界的认可。

第二节　经济学实验的分类与作用

一、实验方法的演进

根据实验教学体系设置的不同,实验模式的设计选择也存在较大差异。随着实验方法的深入探索和各种电脑软件技术的应用,手工模式、计算机模式、互联网模式和听众反应系统逐步发展起来。

经济学实验的传统方法是手工模式。20 世纪 70 年代中期之前,所有的课堂实验都是在教室或者实验室中使用纸、笔、黑板、时钟等设备来进行。每一位学生作为实验对象参与实验,因此实验指导者不得不进行大量的原始数据录入工作。如果实验数据处理得足够迅速,那么实验数据结果会当场演示给学生看,从而为学生在模拟的现实情境与抽象的经济学之间建立某种桥梁。这种方法的确能提高学生学习经济学的热情,但成本无疑是高昂的。特别是对于入门类的经济学课程而言,通常是大班教学,而且课时安排也很有限。根据成本—收益原则,教学者显然会规避这种高成本的课堂互动模式,而坚持采用更为传统的简单讲授方式。

电脑技术的应用使手工模式的局限得以克服。1980 年以后,随着实验经济学的发展和计算机技术的日新月异,越来越多的实验依赖于计算机进行数据的收集、交流和记录。计算机实验能够显著地节约劳动投入,提高实验的效率。实验参与者如果要进行决策和选择,仅仅需要写某个数字,或者点击一下鼠标即可完成。实验结果则由计算机根据实验软件和实验数据即时得出。联网电脑实验室在 20 世纪 90 年代初就已被用于教学目的的经济学实验,一些优秀的实验软件也被开发出来。

二、经济学实验的分类

(一) 实验室实验

1. 实验室实验的诞生与演进

20 世纪 30 年代,经济学研究中就开始出现了规范的实验室实验(laboratory

experiments)研究。如瑟斯通(Thurstone,1931)发表的针对个体无差异曲线的实验研究,张伯伦(Chamberlin,1948)发表的针对产业组织的实验研究以及弗勒德(Flood,1952、1958)发表的针对囚徒困境博弈的实验研究等。早期的实验研究在课堂或实验室中完成,虽在细节方面略有不足,但已具备现代实验室实验研究的绝大多数要件。

继弗农·史密斯(Vernon L. Smith)以及心理学家卡尼曼(Daniel Kahneman)和特维斯基(A. Tversky)发表开创性研究后,实验经济学的实验方法备受关注。史密斯提供了检验市场机制的运行及其绩效的独特视角和方法;而卡尼曼和特维斯基(Kahneman and Tversky)则得到了一系列与新古典经济学的研究结论相反的结果,获得了众多经济学家的青睐。特别是随着史密斯(Smith,1978、1982)着手系统整理和阐述经济学实验的方法论之后,经济学实验研究开始走向成熟。

行为金融学家希勒(Robert J. Shiller)成功预言了美国纳斯达克泡沫,这使行为经济学及其背后的方法论——经济学实验方法在学术圈得以流行开来。至此,实验经济学开始真正成为显学。

2. 实验室实验的基本思路与原则

实验室实验试图通过一个可控情景来研究某些逻辑关系,将现实的社会经济系统抽象成环境、制度和行为三要素,研究三者之间的内在互动关系。相较于传统经济学无法显示人的社会性这一劣势,实验室实验可有效地展示个体社会性。

经典经济学理论的理性经济人假设,使得实验室实验在设计时必须遵循三个基本原则:

(1)有效激励。

被试激励是实验室实验的一个关键所在。史密斯(Smith,1976)提出的诱导价值理论要求针对被试的具体行为制定相应的货币报酬结构,即通过出场费来满足被试的参与约束;通过设计和被试行动绩效挂钩的报酬结构和恰当的报酬均值来满足被试的激励兼容约束。史密斯(Smith,1982)将其概括为单调性、突显性和占优性三个充分条件。

(2)可控制性。

可控制性要求实验室实验区别于社会经济生活。实验室实验需要采用控制变量法,研究某些特定变量之间的关系和特定制度的影响,生成实验室条件中的受控数据集。

(3)可重复性。

史密斯(Smith,1982)提出"并行原理",表示在实验室中已经检验过的有关个体行为和制度绩效的命题,同样也适用于同等条件下的非实验环境。即同一实验在不同情况下的结果是否类似,反映出实验的稳健性;扩展后的实验在原条件下重复的结果,可反映实验的有效性。简而言之,实验室理论与实验结果需要在实验室之外也能同样成立。

3. 实验室实验的有效性与局限

关于实验的评价,绝大部分实验经济学家都认可内部有效性和外部有效性的划分方法。按照瓜拉(Guala,2012)的定义,内部有效性是指一个给定的实验局中的因果关系能否得到解释;外部有效性是指这个给定的实验局的因果关系检验结果能否推出一个一般性理论,即类似环境下的因果关系成立情况。

明显地,实验室实验具有较好的内部有效性。就单个实验室实验而言,精确地控制和贯彻诱导价值与并行两个原理,能够保证实验本身的有效性,待检验的因果关系在其中都能得到非常有效的检验。例如,在公共品自愿供给实验中,被试愿意投资公共账户的强度可以显示出被试内在的亲社会动机。因此,实验可以证伪某些已有的命题,并发现一些新问题。

但是,实验室实验的外部有效性较弱,也是学术界对其争议所在。

(1) 学生被试难题。

与真实社会成员相比,学生被试由于涉世未深,决策时缺乏真实社会经验,因此学生被试对真实的社会成员的代表性尚需存疑。不过,如克罗森、弗雷切特、弗朗岑等(Croson,2010;Fréchette,2012;Franzen and Pointner,2013)的研究表明,已有的实验证据尚不能证明学生被试和非学生被试存在显著行为差异,因此不可武断地否定学生被试的有效性。

(2) 监管缺位问题。

鲁宾斯坦(Rubinstein,2001)认为,实验研究者并不公开数据生成细节,也不提供数据生成的证据,其实验结果完全依赖研究者自己提供的数据细节,他人无法通过再次实验证实这些数据细节的真实性和可靠性,因此外界应对实验室方法存疑。

(3) 实际不可重复性。

实际上,实验局的可重复性仅仅是实验设计的重复,而不是整个实验的重复。重复者可以利用一个已有的实验设计,但不可能招募原有实验被试,也不可能重现原本实验。鲁宾斯坦(Rubinstein,2001)指出,相比基于自然数据的研究,实验室实验无法完全复制,因此其稳健性存疑。

此外,实验室实验还存在很多局限之处,如被试的选择;在推演无限次重复博弈结论时总是用有限次博弈代替;被试数量相对较小,能否恰当代表总体;货币激励是否有效;实验局中出现"学习效应";等等。实验室实验尽管从方法论到具体的实验设计都日趋成熟,但在发展的过程中也始终伴随着质疑和争议,有些质疑是经济学研究共有的。实验室实验在外部有效性欠缺,并不妨碍我们采用实验室实验来研究经济学问题。

展望未来的实验室实验研究发展方向,需要做到的不仅是针对具体理论问题形成科学的实验设计,更重要的是实验室实验应当突破理论束缚,通过实验来丰富理论并发现新知识。总而言之,实验室实验和现场实验、计算机模拟应该和计量经济学等传统经济学研究方法齐头并进,帮助经济学家解决自然数据无法摆脱的难题。

(二) 田野实验

根据李斯特(List,2011)的定义,田野实验(Field Experiments)是将随机变量作为辅助变量,在实验状态和对照状态之间平衡非观测变量的一种实验形式。这一经济学实验方法与医学上的"随机临床实验"非常类似,可以很好地规避传统的受控"实验室实验"和"社会实验"的弊端。近几十年来,实验经济学的实验方法越来越多地转向田野实验,这一转变也使得实验经济学遭受的质疑大大变少。

1. 田野实验的发展历程

田野实验同其他研究方法一样,从有争议到被接受,从分立到合流,经历了一个不断完善吸收的过程。总体来看,可梳理出两条独立的田野实验发展轨迹,即在经济学实验室实验的基础上关于现实情境的补充而催生出的田野实验，以及在实验方法上对社会实验的改进而产生的田野实验。

(1) 从实验室实验到田野实验。

田野实验的一个重要方法论来源是实验经济学家对实验室实验研究方法的反思。经济学实验室实验吸收了自然科学实验中的"控制"，但人的行为总是会被某些不可控的因素影响。以研究社会偏好（social preference）的经济学实验为例，实验中人的行为除了受到物质激励的影响外，还非常容易受到其他多种因素的影响：① 道德伦理和社会规范的约束；② 实验员的注视；③ 决策时嵌入的情境；④ 样本选择的代表性问题；⑤ 博弈的初始禀赋（Levitt and List，2007）。这些因素的影响使得实验经济学家对实验室实验获得的结论推广至真实世界产生了一定的疑问，并开始共同推动实验经济学另一个方向的发展，即田野实验的发展。

田野实验与实验室实验相比，突出的特点就是更贴近真实世界，正如卡彭特等（Carpenter et al.，2005）发出的感慨："实验经济学家不再保守，他们开始在实地（field）而不是实验室招募被试；他们开始用实际物品而不是价值诱导（induced valuation）；他们开始在实验说明中设定真实的情境而不是抽象的术语。"我们并不认为田野实验可以取代其他实证研究方法，但它提供了另一种有效的选择。

福克和赫克曼（Falk and Heckman，2009）指出，"田野数据、调查数据、实验室实验、田野实验以及标准的计量方法可以共同推动社会科学的研究"。需要注意的是，这里对于实验室实验的诘问并不意味着否定实验室实验这一研究方法。实际上，实验室实验仍旧是帮助经济学家更科学地检验经济理论、分析人的经济行为的重要工具。实验室实验与田野实验在很多时候可以互补。实验经济学家常在同一批被试中开展田野实验和实验室实验，以检验情境因素是否可以影响人的行为。可以认为，田野实验是对实验室实验的一般性结论在具体情境下的补充和检验。

(2) 从社会实验到田野实验。

如果说实验室实验的发展加速了田野实验的兴起，那么社会实验可认为是田野实验的前身。准确地说，田野实验是经济学家对社会实验在实验方法上的加强和改进。

费希尔（Fisher，1925）和内曼（Neyman，1933）运用实验方法解决农业生产领域的工作常被认定为经济学田野实验最早的雏形。虽然这个阶段的田野实验没有一项研究对象是人，且很少发表在经济学期刊上。但他们的研究确实为以后的田野实验的设计和样本选取方面提供了基本的思路。其中，费希尔在实验设计中引入了随机性的概念并且强调了实验的三要素：复制、干扰和随机性。内曼意识到重复随机抽样的作用，并认为概率推断的必要条件是随机性。这些研究被认为是第一次将随机性这一实验方法的关键要素进行了概念化（Levitt and List，2009）。

20世纪后半叶是田野实验发展的第二个重要时期。当时很多国家的政府机构开展了一系列大规模的社会实验，比如英国在60年代末关于电价的设计、美国早期关于个人所得税项目检验的工作、其他一些大规模社会实验项目包括住房补助等。这一阶段的社会实验虽然为当时的社会公共项目的实施提供了一定的实践依据，但其在实验方法上却存在诸多缺陷和隐患。这些缺陷主要包括以下几个方面：一是随机偏误（randomization bias），即随机分配被试进入实验可能改变参与者的行为,比如被分配到实验组的被试可能会更加努力,进而影响项目的评估效果。二是中途退出(attrition)实验,即由于社会实验历时较长,一些被试可能在实验过程中就离开了当地。三是样本的非代表性(non-representative sample),比如项目参加者可能为自愿报名的义工,而义工的平均素质一般高于普通人,因此造成实验被试的自选择效应。四是小型实验的条件与项目被大规模推广时的现实条件不同。

面对社会实验在实验方法上的不足,近来开展的优秀田野实验都有针对性地进行了一些加强和改进。譬如,虽然都是通过随机招募被试来参加实验,但与社会实验不同的是,这些田野实验都尽可能在自然发生的环境中随机招募普通的人群,以期作为研究对象的被试都没有意识到自己成了实验的一部分。此外,这一时期的田野实验也总是比社会实验有着更大的理论目标,这些田野实验在许多情况下是被设计去检验经济理论的,包括收集构建理论的有效信息、组织数据以测度理论假设下的关键参数等。

(3)田野实验的两条发展轨迹及应用领域。

田野实验的两条发展轨迹的侧重点与方法论来源都有所不同,所应用的实际领域也有所不同。从实验室到田野的演变路径,关注行为的社会情境属性,因此这类田野实验多应用于行为经济学与劳动经济学;从社会实验到田野实验的演进路径,多是对宏观领域问题的检验,因此这类田野实验多应用于发展经济学和公共经济学。图1-1对田野实验的两条发展轨迹及应用领域做了概括。

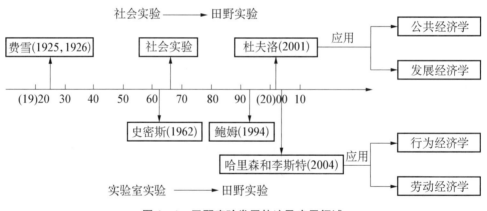

图1-1 田野实验发展轨迹及应用领域

2. 田野实验的基本思路与特征

(1)田野实验的基本思路。

通过对田野实验发展历程所做的梳理,可以勾勒出田野实验的核心思想和基本操作方法。从研究内容上来说,田野实验的核心思想在于对现实世界所发生的事件之间的联系做出科学的检验;从研究方法上来说,田野实验的核心思想在于利用实验的操作技巧(如随机化被试、控制相关变量),来评估干预事件的处理效应(treatment effect)或者说变量之间的因果效应。

田野实验的基本操作方法是从一个总体中随机选取被试样本,然后随机将被试分为控制组与处理组,在控制其他因素不变的情况下,对处理组被试进行实验处理,并根据随后两组被试的数据比较,得出最后的因果效应。由于被试是被随机分入两组的,因此实验的处理组水平完全独立于个体特征和其他可能影响实验结果的因素,这样就避免了计量模型中常见的遗漏变量偏差(omitted variable bias)或内生变量偏差(endogeneity bias)的问题。

(2)田野实验的特征。

正如上文对田野实验基本思路的叙述中反复提到的,田野实验这一实证研究方法的主要特征,就是现实性和科学性。

现实性指的是田野实验的实验过程贴近真实世界。具体而言,相对于实验室实验的大学生被试来说,田野实验的被试更具针对性和广泛性。他们可以是车间工人(Carpenter et al.,2005)、公司 CEO(Fehr and List,2004)、渔民(Carpenter and Seki,2011)等。已有研究也发现大学生被试与这些特殊群体被试在行为偏好上确实存在一定的差异,如车间工人在实验中比大学生表现得更慷慨、更公平(Carpenter et al.,2005);公司 CEO 在实验中也比大学生表现出了更高的信任度和可信度(Fehr and List,2004)。除被试选择的针对性和广泛性以外,实验设计所嵌入的真实情境也是田野实验现实性的重要体现。这里的真实情境不是封闭的实验室,而大多是日常生活中的场景和环境,如聚餐时的付账方式(Gneezy et al.,2004)、求职市场中筛选简历(Bertrand and Mullainathan,2004)等。同一批被试在嵌入真实情境的田野实验与抽象的实验室实验中,可能表现出不同的行为偏好。

科学性主要体现在:相对其他实证分析方法而言,田野实验能更为直接和便利地对变量之间的因果关系做出检验。检验变量之间的因果关系不仅是经济学实证分析的主要目的,也是所有科学研究的基本目标之一。田野实验解决这一问题的办法,是由随机分配将实验被试分成实验处理组(即干预组)和控制组,以实现"其他相关因素都无显著差异"的条件,从而通过比较两组被试的表现,就能最终确定干预对被试表现的因果效应。田野实验在科学地检验自然情境下变量之间的因果关系时,有着明显的优势。

3. 田野实验的分类

关于田野实验的分类,哈里森和李斯特(Harrison and List,2004)提出,田野实验可以基于 6 个因素进行划分,即实验主体的性质、实验主体参与实验任务时所提供信息的性质、商品的性质、所提供的任务或交易规则的性质、奖金的性质,以及实验主体在操作时所处环境的性质等。根据上述 6 个因素的不同,李斯特(List)把田野实验分为三类,即人工田野实验、框架式田野实验以及自然田野实验。

(1)人工田野实验。

传统的实验室实验的参与者都是一些学生,因此受到很大的质疑。为此,人工田野实验在实验室实验的基础上,保持环境和制度的设置等其他方面不变,但是实验的主体参与者不再是学生,而是从"真实环境"中招募的"真实的人"。近 10 年来,这种实验被广泛应用在金融、公共经济学、环境经济学和产业组织等方面的研究中,用以检验博弈论的预测。在很多人工田野实验中,尤其在一些发展经济学的实验中,会直接邀请企业的 CEO、农民、证券交易公司的交易员和政府公务员等参与实验当中。当然,实验过程中也会采用史密斯提出的实验经济学的标准工具"引致价值方法",给实验参与者适当的货币激励,而且整个实验是在受控的实验环境下进行的。

（2）框架式田野实验。

在解决了参与者"真实性"问题之后，人们难免会对"实验环境设置"的"真实性"质疑，在实验室这种非真实环境下做出的实验结果能接受实践的检验吗？为此，研究者们将"实验场地"搬到真实环境下，在真实环境下而不是停留在实验室，模拟设置一定的组织机构或框架，以此作为实验环境，这样就可以在一定程度上解决实验环境设置方面的问题。哈里森和李斯特（Harrison and List，2004）将此定义为"框架式田野实验"。上文提到的早期社会实验就是一种框架式田野实验，所有的实验参与者都知道自己是在参与一项实验，并且也清楚实验的目的是什么。

（3）自然田野实验。

框架式田野实验解决了"真实的人"和"真实的环境"问题，但是很快人们又提出疑问：不管是实验参与者或实验对照组成员，实验的主体在实验过程中都很清楚他们是在参与一场实验，甚至知道实验的目的，那么他们的行为反应很有可能因此而受到影响，其行为的真实性就受到了质疑。"真实的行为"应该是在实验主体不知情的情况下做出的。为此，实验主体在"真实状况"下承担某些任务，并且对于参与实验一事完全不知情，这种实验完全具备了实验室方法的优势和自然生成的数据相结合的魅力：随机性和真实性。我们称之为"自然田野实验"。

通过随机化与现实相结合的方法，自然田野实验与实验室及其他两种实验方法不同，它提供的是一种参数估算的方法。在其他的实验方法中，被挑中参与实验的参与者通常都会期望利益最大化，以此为基础得出的实验结论，就不一定能同样适用于那些没有参与到实验中的人群。而那些没有参与实验的人群，可能就是实验初始要研究的目标人群。因此，实验结果的可适用性就大打折扣了。真实田野实验就可以较好地解决这一难题。由于实验参与者通常并不知道他们在参与一场实验，因此在最佳案例情景之下，真实田野实验所取得的实验效果的说服力和在实践中的适用性更强。因为实验的参与者不同于以往非随机挑选出来的，而是从目标人群中随机挑选出的代表，并非其本人选择性参加的，从这类实验主体中获得的实验效果就能代表参与该实验的人群的平均效果。由于自然田野实验很好地解决了一些长期以来困扰经济学界的问题，近年来自然田野实验得到了广泛的应用，几乎遍布经济学的各个领域，包括捐赠、市场机制、收益成本分析、行为含义以及新古典理论等方面的研究。

三、经济学实验的作用

近些年来，随着实验经济学的不断发展和研究队伍的进一步扩大，其所涉及的研究领域也日渐丰富，实验方法已经成为现代经济研究中不可或缺的方法之一。根据实验经济学的研究领域和目的的不同，经济学实验大致具有以下几点作用。

1. 验证和评价现有理论

对于某一特定的理论，我们可以通过比较实验中观察到的信息与理论的预测来进行检验。首先，将理论运用于至少能产生一个明确预期结果的情形之中；之后，设计一个能够包含该情形的关键性实验，尽可能地控制可能产生与预期结果不一致的其他干扰因素；最后来观测实验结果。如果观测到的实验结果与理论预期存在偏差,而且这种偏差无法用随机或简单误差来解释,则这个理论就应该受到怀疑。除此之外,通过实验方法还可以检验理论的"稳定性",即检验参数的变化范围对模型有效性的影响。在理论的评价方面,当有两种或更多相互替代的理论时,研究者的任务是设计一个能使不同模型得出不同预期结果的实验,在理想的情况下实验结果应该能够提供一个或所有理论的相对优势和劣势的证据。

2. 寻求新信息和新思想

在验证某些理论的实验过程中,研究者可能会得到一些出乎意料并且与现有模型不相符的结果。当然,首先必须验证这些特殊结果不是由于实验设计本身造成的。如果这些实验结果在使用不同设计的实验中持续出现时,就会强烈地促使人们去拓展现有的理论。有时候,实验也被纯粹地用来发现新问题。当人们达到某种理论的极限时,单纯的反省并不足以指导我们应该如何去发展它。推进该理论向前的一种重要途径就是设计实验,构建想要探索的实验情景,然后考察实验结果,进而促进新思想的产生。

3. 评估政府的经济政策

由于经济学实验解决了决策环境控制和激励与决策挂钩这两大难题,它因此也成为评估不同政策,特别是新政策的试金石。在一个新政策出台前,我们很难根据历史数据或是国外经验判断新政策的有效性,或是对新旧政策进行比较。因为一项新政策往往缺乏相关的历史数据。其他国家即使有类似经验,也因为各国国情的差异很难照搬。相反,经济学实验为我们提供了一个检验政策有效性的有效手段。我们可以在新政策实施前先在实验室里或通过田野实验比较新旧政策,再决定新政策是否能够实施。这样,既可以减少不必要的社会福利损失,又可以避免政府过于频繁地更换政策对社会稳定造成的影响。

4. 设计市场机制和政策

有效的公共政策和法规会给市场参与者提供正确的激励,并有助于建立社会规范来防范诸如腐败、市场失灵以及个体或者企业损害公共利益的行为。因此,政策制定者尤其需要了解个体行为和集体行为背后的动机和行为准则。近年来心理学的研究表明,分析公共政策和法规时用到的传统经济学模型存在理论假设上的弊端,这些模型的建立仅仅基于个人或集体利益最大化的偏好和行为准则。例如,研究表明在很多现实情境中,人们除了关注自己的所得,还会关心他人的所得和福利,而且人们往往会采用互利互惠的行为准则。因此,当政府制定政策和法规时就需要考虑这些因素,显然实验方法提供了一个很好的机制和政策的设计工具。

5. 收集和利用实验数据

近年来,越来越多的实验经济学家认识到,收集一些新类型实验数据有助于更好地检验不同的经济学理论以及建立更接近描述决策者行为的新经济学理论。最新的一些研究开始讨论决策偏好、决策信息、决策过程的形成,尤其是决策者如何思考决策问题的过程。打开决策过程这个黑箱子意味着我们将从更基本的层面来理解各种经济决策。一方面,研究决策过程所能依赖的数据类型增加了,包括决策思考时间、搜寻次序、眼球移动、生化多巴胺在内的数据,使我们有必要通过实验经济学的方法生成这些新类型的数据来检验相关的经济学理论。另一方面,这些新类型数据和传统经济学决策数据结合在一起探究,有助于发现和建立新的经济学理论。

6. 辅助经济学课堂教学

实验在经济学教学中的应用已经被证明可以提高学生对经济学的兴趣,对所学知识的理解和应用能力,并促进学生独立思考和进行创新性研究。由于学生可以亲身参与到所学的经济学问题中进行决策和互动,因此,他们对经济学理论和人在特定环境中的经济行为会有更深入的感受。而体验的过程也会促进他们提出问题并努力解决问题。如果让学生自己设计实验,他们的热情和创造力会进一步高涨。许多经济学教授指出,在教学中多让学生做实验会显著提高学生对课程和老师的评价。

第三节　实验经济学的优势与面临的挑战

一、传统经济学的局限

长期以来经济学就被广泛地认为是一门非实验的科学,似乎经济学研究只能借助于对真实经济生活的观察而与可控的实验室实验无关。传统经济学经过持续的发展,逐步形成了其进行经济分析的基本框架。杨小凯(2000)将经济学分析概括为四个层次:第一层是人们做决策前的环境和制度约束。经济学家们通常用数学函数来描述,如用生产函数描述生产条件,用效用函数描述人的偏好,或者用博弈论中的游戏规则描述经济制度。第二层是用数学中的最优决策理论分析个体的自利行为。第三个层次是用均衡概念分析不同个体的自利行为交互作用产生的结局。第四层是与价值判断有关的福利分析。前三个层次的分析被称为实证分析,最后一个层次是规范分析。

传统经济学对实际经济现象加以抽象,并且用严格的数学逻辑组织其分析框架,因而取得了其他社会科学无法比拟的一致性和影响力。但是在今天,传统的经济学分析也正在遭受来自各方的挑战,实验经济学家们对传统经济学分析方法的质疑主要包括以下两个方面。

1. 行为假设

传统经济学家承认大部分经济学理论的行为假设,认为这些假设不需要满足心理学的有效标准。他们认为理论得出的结论只需要在一定程度上接近人们的真实行为(与其他可替代的理论相比)即可,即使这种假设不是完全精确的。从传统经济学的角度而言,一个理论包括了一组公理、假设和定义,以及由此得出的逻辑结论。如果理论是内部一致的,也就是说,它不会得出相互矛盾的观点,而且结论的确是从假设推导出来的,那么这个理论就是有效的。

实验经济学家认为,经济学理论有关人类行为的假设前提是否有效需要经过检验。传统经济学中数学推导的过程是严密的、无懈可击的,但是如果对行为的假设是错误的,所得出的经济理论将无法正确地解释和预测真实世界。实验经济学家鲁宾斯坦(Rubinstein,2001)曾指出,经济理论模型建立在经济学家的直觉上,经济学家靠直觉来判断人们是如何推理的。

传统经济学家这种假设行为的方法一直在受到挑战。例如,非线性演化经济学强调有限理论和计算成本,认为传统经济学分析中的决策问题并不是简单地将某个目标函数最大化,而是在考虑到计算最优决策的成本时,人们可能会采取模仿、简单的直觉决策方法,或一些固定的常规方法来决策;近年来兴起的行为经济学则从认知心理学的角度审视人类的决策行为,得出了一些有别于传统经济学的结论。可以看到,如何检验理论中的行为假设已经成为检验理论是否具有预测效力的关键问题。实验经济学在一定程度上继承了演化经济学和行为经济学的思想,通过实验来研究人们的行为,从而对经济理论进行有效的检验。

2. 研究数据

在科学研究过程中,理论和实证工作彼此交替、互相改进是科学进步和发展的动力。实证研究的数据有多种来源渠道,各种渠道的数据都具有一定的优势与局限性(各种实证数据的特点如表1-1所示)。在传统经济学研究体系中,理论假说也是通过数据进行实证检验,从而判断真伪。观察现实发生的经济现象,从中获取实地数据(field data)是传统经济学研究的主要数据来源。这里的"实地数据"是与实验室数据(experimental data)相对应的,是真实世界中那些不受控制而自然产生和存在的数据。实地数据通常能够满足大样本研究的数据要求,但难以对理论命题进行批判性的检验,这是因为实地数据的应用存在一些问题。

表1-1　传统经济学研究的数据来源

名　称	获取方法	优　势	局限性
实地数据(field data)	观察真实经济现象	是经济主体真实行为的结果,数据规模较大	缺乏可控制性、可重复性
计算机模拟数据(computer simulations data)	编写计算机程序,模拟经济主体的行为	较强的模拟推导能力	只能是对理论模型的模拟,不能对理论模型进行检验
调查问卷数据(survey data)	设计具体问题,发放调查问卷	对所研究的问题有较强的针对性	难以反映被调查者的真实想法,样本规模有限

首先,产生实地数据的特定历史环境是不可重复的。即实地数据往往是在特殊的、不可重复的时间和空间背景下取得的,一些不可观测的因素一直处于变化之中。在相当多的情况下,我们难以收集到用来检验理论的相关数据,因为不可能找到与理论假设相符合的经济环境。其次,实地数据产生的环境通常被一系列相互混淆的外在因素所包围,缺乏可控制性。同时,经济数据一般不是为了经济学家的研究而专门收集的,而是为政府、企业等主体的其他目的收集的。经济学家在进行研究时大量采用了这些数据,但检验这类数据的真实性和精确性十分困难。

除了实地数据之外,传统经济学在研究中也采用计算机模拟数据(computer simulations data)和调查问卷数据(survey data)。计算机模拟数据是通过编写计算机程序的方法,模拟经济行为主体进行决策。这种方法实际上是理论模型的计算机模型,除了编写计算机代码的过程以外,都没有涉及真实人类的决策工作,模拟数据更准确地说只能是一种理论结果,而不是实证结果。问卷调查也是一种获得实证数据的方法。但是,除非回答问题与经济动机有关系,否则这些调查数据难以反映被调查者的真实想法。例如,在一些有关投资者收入与投资行为的调查研究中,被调查者往往不会透露自己的真实收入水平,而且也可能在回答问题的过程中刻意掩饰自己非理性的投资行为。

二、实验经济学的优势

史密斯(Smith,1994)将实验经济学定义为:在有显性或者隐性规则的社会背景下应用实验方法来研究人类相互作用的决策行为。具体而言,实验经济学是在可控制的实验环境下,针对某一经济理论或者经济现象,通过控制某些条件,观察决策者行为和分析实验结果,以检验、比较和完善经济理论并为政策决策提供依据的学科。在了解了实验经济学的起源、发展历史及定义之后,我们自然而然地将注意力集中到实验经济学相较于传统经济学所具有的优势。与传统经济学相比,实验经济学的优势主要表现在可控制性和可重复性。

1. 可控制性

可控制性是指能够控制实验室的条件,通过观察行为、收集数据来检验理论或者政策。实验方法的可控制性主要表现在三个方面:

第一个方面表现在创造与理论假设相符的实验环境。在自然市场上,数据几乎缺乏可控制性。在大部分研究中,由于不可能找到与理论假设相符合的经济环境,所以无法收集到相关的数据。缺乏控制的自然市场数据甚至不足以解释最基础的新古典价格理论。例如,"市场会产生有效的、竞争的价格和产量"这一简单命题。检验这个命题需要价格、数量和市场效率的数据,并且假定有特定的需求和供给曲线。但是通过实地数据不可能直接观察到供给和需求。研究者有时会用成本数据来估计供给,但是大部分市场的复杂性使参数的测量往往建立在更为方便和简单的基础上。例如,假定模型是线性的或者假定产品是完全同质的,这都是与市场相违背的。需求比供给更加难以观察,所以没有类似的参数可以代替消费者的成本数据,而通过实验方法可以对这些因素进行有效的控制。

第二方面表现在创造"其他条件相同"的实验环境。例如,希克斯(Hicks,1939)、丹丁(Danthine,1978)和格罗斯曼(Grossman,1977)的理论研究均认为,引入期权交易可以提高证券市场效率。在真实的证券市场中,无论是时间序列还是截面序列都不具备这种"其他条件相同"的特征,变量的大小受到各种因素的影响,难以在错综复杂的关系中判断某个因素所起的作用。用实验来检验该原理,我们可以设置两个实验市场:在市场 A 和市场 B 中,信息结构、红利分布、股票数量、投资者人数等市场条件都保持一致,唯一不同的是市场 A 中允许投资者进行期权交易,市场 B 则没有期权交易。通过比较两个市场的实验结果,可以得出期权制度是否有效的结论。

第三方面表现在减少辅助假设的数目。例如,在做检验价格理论的市场实验时,不需要假设方程的形式,也不需要假设产品的同质性,但是这些都是利用自然市场数据检验价格理论所必不可少的假设条件。实验研究法通过创造一个使调查者完全明白的受控环境,能够在最小限度上检验一个理论。

2. 可重复性

可重复性是指任何其他研究者都能够重复这个实验,然后能独立地对结果进行检验。正如前面所说,实地数据往往是在特殊的、不可重复的时间和空间背景下取得的,一些不可观测的因素一直处于变化中,对经济学来说这个问题尤其严重。因此,检验这类数据的精确性十分困难。费用低廉、独立性强的实验研究方法能够允许重复,从而能加强数据的精确性,并且激发研究者更仔细地收集数据,因为任何其他研究者都可以对他的数据进行检验。例如,史密斯等(Smith et al.,1988)在资本市场研究中首次发现了证券泡沫现象,到目前为止已经有大量的文献记载了对这一实验的重复。

事实上,实验方法是对传统经济学研究方法的补充而非替代,实验进行的过程实际上包括了在理论家和实验者之间不断地重复,而且通常能够逐步引入理论研究中可能被忽略的因素。例如,张伯伦通过演示发现,市场不能产生竞争性的结果,这个发现让史密斯开始考虑交易规则对市场行为的影响,最终使他在更广的范围内来考虑制度因素,而这个因素是被理论家所忽略的。通过这样的方式,实验方法促使理论家与实验者之间不断进行对话,而且促使数据收集者能更加准确和灵活地获取必要的控制。

三、实验经济学面临的挑战

虽然经过经济学家们的不懈努力,实验经济学的发展已取得长足的进步,但是作为一门新兴的学科,实验经济学仍然存在许多不完善、需要进一步探讨的领域。目前实验经济学家们在研究过程中仍面临不少挑战。

1. 实验对象的选定与实验结论的有效性

心理学上将实验方法的可靠性分为内部有效性和外部有效性。内部有效性指的是从某一研究中获得可靠性结论的可能性,外部有效性指的是从研究的外部环境中归纳出可靠结论的可能性。要达到内部有效性,必须在选定实验对象方面有严格的限定,随机分配处理小组是提高内在有效性的重要措施之一,但实验经济学已有的许多实验未能将实验对象随机分配到组处理中。同时,已有的实验往往将不同时段做出的实验记录进行直接的比较,而实验对象往往在不同的场合提供不同的观察信息,并相互之间产生影响,这必然影响了实验经济学研究结果的有效性。另外,受各种条件限制,目前经济学实验对象多是选用缺乏实践经验的本科生而非专业人士,因此有不少经济学家对实验结论是否能与真实经济情况相吻合持怀疑态度。

2. 对理性假定的质疑

近年来的研究表明,人类的行为并不是理性与感情两种力量的冲突,也不是头脑与心灵的对抗,而是两者的结合。其实,人的行为还涉及其他许多因素,人性中往往有情感的、非理性的另一面,诸如外部环境(物质或文化传统等)、经验积累以及体内的化学平衡等,而这一切在经济学实验过程中都有反映和影响,并且成为探讨人类经济行为的难点所在。目前实验经济学中对于理性假定问题的研究已达成以下一些共识:① 个体理性假定并不能保证必然达到个体效用或福利的极大化;② 理性假定会受到行为重复性的影响;③ 理性假定受到"公平性条件"要求的影响;④ 非理性因素会受到其所处的文化背景的影响。而要将非理性的情感因素引入经济学实验过程中,面临的最困难的事情就是如何计量(或者比较其大小),传统的理性选择理论在处理这些非理性因素时遇到了很大的困难。

3. 激励动机设定的可信程度

在经济学实验中,货币激励是最主要的激励方式。但实验对象除了受金钱利益的驱动外,往往还会受到其他动机的强烈影响。随着理论的发展以及各种实验和实证的结果都让经济学家开始认真考虑货币激励可能引起的副作用及其深层次的原因。如社会心理学家提出的"动机挤出理论"(Theory of Motivation Crowding-Out),该理论认为人的行为受到外部动机和内部动机的激励。货币激励作为一种外部动机,可能会降低人的内部动机。有实验研究表明,货币激励在大额激励和小额激励两种情况下都是次优的选择:在小额激励的情况下,货币激励会有负面作用,降低人们的行为动机和行为绩效;在大额激励的情况下,货币激励的作用不及同等价值的非货币物质激励。

4. "重复性试验"与结论的可靠性

对于理论与实验结论不一致的情况,人们通常有两种解释:一种观点认为是实验方面存在问题,由于实验设计不恰当,或者研究人员并不了解实验的研究对象,使研究对象没有被激发,而导致实验结果不可靠。但另一派反对这种说法,认为实验范例的一个关键特征是具有重复演示的可能性。在实验经济学中,重复实验是非常重要的,因为重复性实验结论的一致能说明实验的可靠。一些实验经济学家认为,在一定的经济环境中,人们在一系列固定性行为后,其行为比刚开始的行为更有代表性。只有经过重复实验,其相互一致的结论才是可靠的。但也有学者对此持怀疑态度,他们认为重复的好处仅仅是使我们确定最初的实验是否存在不足,并找出不足的原因是源于信息或经验的不足,在一连串的重复行为之后绝不能认为实验结论比开始更有代表性。因为"固定性重复"并不是经济生活中许多经济现象常见的特征,根据重复性实验得出的结论并不适合经济本身。例如,在面对选择攻读学位这件事上,人们在初始时候往往不能确定是否需要获得一个更高的学位,获得何种学位以及获得何种学位与自己的事业之间的关系。假如他们能够根据反馈的信息重复调整并做出决策,也许能够做出最佳的选择,但实际上这是难以做到的。因此重复性实验并不能表明"重复性"就能代表现实生活的情形。

5. 相互影响与实验的现实性

实验经济学的已有实验面临的另一个问题,是将研究对象从所有熟悉的相互联系中分隔开来,买方和卖方往往变成两个相互独立的个人,这种实验方式受到了挑战。认知心理学的一个重要发现是:所有思维形式和问题的解决都依赖于一个互相联系的环境。霍夫曼(Hoffman)在对"独裁者行为"进行研究时发现,当被试在黑色屏幕后进行实验,并且被告知他们的姓名将被保密时,他们做出了不同于姓名不被保密时的决策,其结果是损失的金钱要比一切公开情况下的损失少得多。其研究结论表明:当人们在确保有良好的名誉时,他们的行为会大不一样,只有在与社会隔离时人们才不那么关心名誉,人们其实对名誉有一种需求效应,这影响了测试结果。因此,有效的经济学实验应该是创造一个与经济当事人活动类似的环境进行实验,而不是千方百计地消除这种背景联系。

长期以来,西方经济学试图模仿自然科学的信念十分坚定,这表现在实证方法始终是主流的经济研究方法上。毋庸置疑,这种研究方法有其科学合理的地方,但也存在一些缺陷。

实验经济学既继承了自然科学的实证主义的传统,也弥补了经济学实证方法的缺陷,标志着经济学方法论上的重大改变。当然,实验经济学作为一门新兴学科,发展历程只有短短几十年,不可避免地面临一些局限。因此,实验方法与其他经验研究技术是互补的而非替代的,这一点非常重要。

第四节　本书结构安排

实验经济学是一门研究如何在可控实验环境下对某一经济现象,通过控制实验条件、观察实验者行为和分析实验结果,以检验、比较和完善经济理论或提供决策依据的学科。从 20 世纪 30 年代至今,实验经济学不仅在理论方面取得了长足的发展,而且其已经广泛应用于经济学的各个领域。本节将扼要说明本书的内容安排,让读者对全书八章内容有一个大致的了解,以方便读者后续进行进一步学习。

第一章是本书的导论,介绍了实验经济学的基本内容,包括实验经济学的分类、作用、意义与局限,以及实验经济学当前面临的挑战,从思想史的角度简要阐述了实验经济学演变历程中的关键节点,并对实验经济学的来龙去脉进行了历史透视,同时介绍了实验经济学在中国发展的昨天、今天与明天。

第二章是关于实验经济学的基本方法。我们首先简单说明了实验经济学的若干基本原理,以使人们认识到经济学实验的科学性和局限性。其次,通过对经济学实验的基本要素和实验操作流程介绍,希望大家能够以小组合作的形式,组织并实施合乎实验规范的经济学实验。最后,介绍了简单的数据处理方法,能够帮助大家使用数学、计量经济学等方法对实验经济学产生的数据进行分析。同时,初步介绍了实验经济学报告和学术论文的写作方式,普及实验经济学的科研工作形式。

第三章讨论的是拍卖理论。拍卖是一种古老的交易方式,有着悠久的历史。对于拍卖,可从狭义和广义两个角度来理解。前者指的是具有一定适用范围并附加特殊规则的市场交易类型,而后者可以反映市场经济价格均衡机制及资源配置的内在过程和本质机理。新古典经济学理论对拍卖的研究不足,但在现代经济学中,拍卖理论的研究却如火如荼。本章不仅介绍了私人价值拍卖和共同价值拍卖这两种基本类型,还详细阐述了以下四种类型的拍卖:英式拍卖、荷式拍卖、第一价格密封拍卖、第二价格密封拍卖,并对四种拍卖方式进行了比较。最后,对在理论层面与现实层面都具有重要意义的拍卖制度设计进行了有益探讨。

第四章介绍的是博弈实验。博弈论的形成是一个不断发展的过程,从静态博弈到动态博弈,从完全信息博弈到不完全信息博弈,从单次博弈到重复博弈,目前已经形成一套相当完备的体系。本章首先介绍了现代博弈论的基础概念、基本原理和主要分类,以及如何应用博弈论思想,来检验完全信息静态博弈、完全信息动态博弈、不完全信息静态博弈和不完全信息动态博弈理论。其次,介绍了博弈论研究的基本方法和博弈实验的具体步骤,以及如何利用博弈论知识来解决经典的博弈案例,进而把握博弈实验中的博弈思想。

第五章是关于公共品实验。大多数实验经济学的研究主题与实验设计集中在私人产品上,然而并非所有产品都是私人的。在理论研究上,非排他性与非竞争性导致的公共品供给不足和市场失灵问题,也是经济学长期以来一直在尝试研究和解决的难题。鉴于公共品及其供给问题在理论研究与政策设计中的重要意义,本章首先介绍了自愿捐赠机制的实验设计与一些经典的经济学实验结果,并梳理了自愿捐赠机制背后的行为基础。接着分析了在自愿捐赠机制中,减少搭便车行为的因素,主要讨论了个体异质性与社会偏好、信息披露、惩罚机制等对公共品自愿捐赠行为的影响。最后,从公害品视角,讨论了公共品实验研究的一个新领域,并梳理相关的文献研究结果。

第六章论述的是产业组织实验。产业组织是实验经济学应用最早的领域之一,这主要得益于张伯伦的贡献。张伯伦第一个指出,实验经济学的目标是严格剔除无关干扰变量,观察参与者在特定环境下的真实经济行为。早期产业组织的实验研究基本上是围绕寡头垄断和双寡头垄断来进行的。后来,经济学家开始关注心理学家的研究成果,并将囚徒困境博弈扩展到市场环境中讨价还价等行为博弈的研究,而这也开辟了实验经济学融合多学科共同发展的先河。产业组织实验的基本目标有如下三个:评价行为假设、检验结构假设被违背时的敏感性和探寻经验规律。另外,本章也比较了在不同市场结构背景下,不同交易制度的市场绩效差异。

第七章探讨的是资本市场实验。在现代金融理论中,有效市场理论以及资本资产定价理论是现代金融分析的基本前提。但随着对金融市场理论和实证检验的不断发展,出现了一些与这些理论相悖的现象,从而对现有理论构成了挑战。实验经济学的应用为人们研究资本市场打开了另一扇窗,通过直接观察真实的人类行为,人们更有可能验证那些在严格假设下推出的经济理论与真实市场中的人类行为是否一致。本章首先介绍了资本市场实验的特质与早期研究,并详述了学术界应用最为广泛的史密斯研究框架(SSW),该框架主要研究资本市场与泡沫的关系。然后重点介绍有关市场结构与市场制度的实验,主要是对于做市商的实验研究以及中国特有的资本市场交易制度。同时也考察了信息对于资本市场的影响,主要分为私人信息的聚合以及公共信息的冲击。最后则讨论了被试者特质,比如被试者的行为特征、策略与情绪对于资本市场的影响。

第八章介绍的是个体选择实验。标准经济学假设个体是理性的,个体对客观概率分布的主观判断不仅服从贝叶斯法则,而且还能基于新信息来对先验判断实施最优的贝叶斯更新。然而,大量经验研究表明,个体在现实中对客观概率的主观判断并不一定符合贝叶斯法则。这就需要行为经济学通过借鉴心理学的研究成果,利用代表性、可得性与锚定直觉推断法,对标准经济学的判断规则进行修正。作为标准的决策模型,预期效用理论在预测与解释真实行为时得到了一些支持,但随着实验经济学的发展,预期效用理论在选择实验中也遇到了一些挑战,并受到了实验经济学的不断修正完善,直到前景理论出现。最后介绍了经济学和心理学的整合与行为经济学框架的构建,探讨了人们的行为偏差及其对经济决策和市场运行的影响。

参
考
文
献

[1] Bertrand M, Mullainathan S. Are Emily and Greg more employable than Lakisha and Jamal? A field experiment on labor market discrimination[J]. American Economic Review, 2004, 94(04): 991-1013.

[2] Carpenter J, Seki E. Do social preferences increase productivity? Field experimental evidence from fishermen in Toyama Bay[J]. Economic Inquiry, 2011, 49(02): 612-630.

[3] Carpenter J P, Seki E. Competitive work environments and social preferences: Field experimental evidence from a Japanese fishing community[J]. The BE Journal of Economic Analysis & Policy, 2005, 5(02).

[4] Chamberlin E. Theory of monopolistic competition[J]. Southern Economic Journal, 1948, 24(02):215.

[5] Croson R T A, Handy F, Shang J. Gendered giving: The influence of social norms on the donation behavior of men and women[J]. International Journal of Nonprofit and Voluntary Sector Marketing, 2010, 15(02):199-213.

[6] Danthine J P. Information, futures prices, and stabilizing speculation[J]. Journal of Economic Theory, 1978, 17(01):79-98.

[7] Falk A, Heckman J J. Lab experiments are a major source of knowledge in the social sciences[J]. Science, 2009, 326(5952):535-538.

[8] Fehr E, List J A. The hidden costs and returns of incentives—trust and trustworthiness among CEOs[J]. Journal of the European Economic Association, 2004, 2(05): 743-771.

[9] Fisher R A. The influence of rainfall on the yield of wheat at Rothamsted[J]. Philosophical Transactions of the Royal Society of London. Series B, Containing Papers of a Biological Character, 1925, 213(402-410):89-142.

[10] Franzen A, Pointner S. Bologna-Reform veränderte studierende kaum[J]. UniPress-Forschung und Wissenschaft an der Universität Bern, 2013 (156): 38-39.

[11] Fréchette G R. Session-effects in the laboratory[J]. Experimental Economics, 2012, 15(03): 485-498.

[12] Frederick M, Philip N. An experimental measurement of utility[J]. Journal of Political Economy, 1951, 59(05):371-404.

[13] Gneezy U, List J. Are the disabled discriminated against in product markets? Evidence from field experiments[C]. American Economic Association Annual Meeting. 2004.

[14] Grether D M, Isaac R M, Plott C R. Alternative methods of allocating airport slots: Performance and evaluation[J]. CAB Report, 1979.

[15] Grossman S J. The existence of futures markets, noisy rational expectations and informational externalities[J]. The Review of Economic Studies, 1977, 44 (03): 431-449.

[16] Harrison G W, List J A. Field experiments[J]. Journal of Economic Literature, 2004, 42(04):1009-1055.

[17] Kahneman D. Maps of bounded rationality: Psychology for behavioral economics[J]. American Economic Review, 2003.

[18] Landsberger M, Rubinstein J, Wolfstetter E, et al. First-price auctions when the ranking of valuations is common knowledge[J]. Review of Economic Design, 2001, 6(3-4): 461-480.

[19] Levitt S D, List J A. Field experiments in economics: The past, the present, and the

future[J]. European Economic Review, 2009, 53(01): 1 - 18.

[20] Levitt S D, List J A. What do laboratory experiments measuring social preferences reveal about the real world? [J]. Journal of Economic Perspectives, 2007, 21(02): 153 - 174.

[21] Lichtenstein S, Slovic P. Reversals of preference between bids and choices in gambling decisions[J]. Journal of Experimental Psychology, 1971, 89(01): 46.

[22] Morgenstern O, Von Neumann J. Theory of games and economic behavior [M]. Princeton University Press, 1944.

[23] Neyman J, Pearson E S. On the problem of the most efficient tests of statistical hypotheses[J]. Philosophical Transactions of the Royal Society of London. Series A, Containing Papers of a Mathematical or Physical Character, 1933, 231(694 - 706): 289 - 337.

[24] Plott C R, Smith V L. An experimental examination of two exchange institutions[J]. The Review of Economic Studies, 1978(01):1.

[25] Samuelson P A, William D. Economics[J]. Las Vegas Business Press, 1985, 17(05): 275 - 288.

[26] Schelling T C. Bargaining, communication, and limited war[J]. Conflict Resolution, 1957, 1(01):19 - 36.

[27] Siegel S, Fouraker L E. Bargaining and group decision making [M]. McGraw-Hill, 1960.

[28] Smith E D. Economic and Social Infrastructure in the Strategy of Regional Economic Development: An Alternative Theoretical Perspective Relevant to Open Economies[J]. Staff Papers, 1988.

[29] Smith S C. Innovation and market strategy in Italian industrial cooperatives: Econometric evidence on organizational comparative advantage[J]. Journal of Economic Behavior & Organization, 1994, 23(03):303 - 320.

[30] Smith V L, Williams A W. The effects of rent asymmetries in experimental auction markets[J]. Journal of Economic Behavior & Organization, 1982, 3(01):0 - 116.

[31] Smith V L. Economics: Induced experimental value theory[J]. American Economic Review, 1976, 66(02):274 - 279.

[32] Thurstone L L. The indifference function[J]. The Journal of Social Psychology, 1931, 2(02): 139 - 167.

[33] Tversky A, Kahneman D. Prospect theory: an analysis of decision under risk[J]. Econometrica, 1979, 47(02):263 - 291.

[34] Tversky A, Kahneman D. Utility, probability, and human decision making[J]. Science, 1974, 185(4157):1124 - 1131.

[35] 阿尔文·E.罗思.经济学中的实验室实验:六种观点[M].聂庆,译.北京:中国人民大学出版社,2013.

[36] 陈鹏.实验发展经济学研究进展[J].经济学动态,2013(3):136 - 147.

[37] 陈玉梅,陈雪梅.实验经济学的新突破:实地实验方法[J].经济学动态,2012(06):117 - 122.

[38] 费瑶瑶.经济学是可以实验的——弗农·史密斯和实验经济学简介[J].高等函授学报(哲学社会科学版),2005(04):55 - 57,78.

[39] 高鸿桢.实验经济学导论[M].北京:中国统计出版社,2003.

[40] 葛新权,王国成.实验经济学引论:原理·方法·应用[M].北京:社会科学文献出版社,2006.

[41] 洪永森,方颖,陈海强,范青亮,耿森,王云.计量经济学与实验经济学的若干新近发展及展望[J].中国经济问题,2016(02):126-136.

[42] 胡娟,高洁,孙永平.实验方法在经济学教学中的价值与应用[J].湖北经济学院学报(人文社会科学版),2012,9(05):180-181.

[43] 胡俞.约翰·李斯特对实验经济学的新贡献——汤森路透"引文桂冠"得主学术贡献评介系列[J].经济学动态,2016(02):152-160.

[44] 蒋媛媛.实验经济学的理论综述[J].广东财经大学学报,2004(01):91-95.

[45] 金雪军,杨晓兰.证券交易制度实验研究及其对中国的借鉴意义[J].财经理论与实践,2004(06):50-55,62.

[46] 金煜,梁捷.行为的经济学实验:个人、市场和组织的观点[J].世界经济文汇,2003(05):66-81.

[47] 林勇.近年来实验经济学研究述论[J].经济学动态,2000(07):66-69.

[48] 罗俊,汪丁丁,叶航,陈叶烽.走向真实世界的实验经济学——田野实验研究综述[J].经济学(季刊),2015,14(03):853-884.

[49] 罗俊.亲社会行为情境依赖性的检验[D].浙江大学,2015.

[50] 尚喆.基于实验方法的竞争性国防采办方式研究[D].国防科学技术大学,2005.

[51] 盛玉林.大学生就业市场信号传递实验研究[D].江苏大学,2006.

[52] 施棉军.初始排污权拍卖机制实验研究[D].湖南师范大学,2009.

[53] 孙鹤,王瑞杰.实验经济学及其在中国的应用前景[J].上海经济研究,2004(01):71-74.

[54] 肖建.中国农村公共品供给自愿缴费机制研究——兼评《自为与共享:连片特困地区农村公共品供给的社会基础》[J].农业技术经济,2017(01):124-125.

[55] 杨小凯,张永生.新兴古典经济学和超边际分析[M].北京:中国人民大学出版社,2000.

[56] 姚宇.世界著名实验经济学实验室介绍[J].经济学动态,2014(11):107-114

[57] 约翰·伊特韦尔,皮特·纽曼,默里·米尔盖特.新帕尔格雷夫经济学大辞典[M].樊纲,译.北京:经济科学出版社,1996.

[58] 詹文杰,汪寿阳.维农·史密斯与实验经济学——2002年度诺贝尔经济科学奖评论之二[J].中外管理导报,2002(10):9-12.

[59] 张淑敏.实验经济学的发展与经济学方法论的创新[J].财经问题研究,2004(02):80-86.

[60] 张燕晖.行为经济学和实验经济学的基础:丹尼尔·卡尼曼和弗农·史密斯[J].国外社会科学,2003(01):79-83.

[61] 张元鹏.经济学的实验研究及其在我国经济学研究中的应用前景[J].经济科学,2004(02):116-126.

[62] 周星,林清胜.实验经济学发展的八大挑战[J].数量经济技术经济研究,2004,21(04):71-76.

[63] 周星,林清胜.实验经济学最新发展动态述评[J].学术月刊,2004(08):72-78.

[64] 周业安.改革开放以来实验经济学的本土化历程[J].南方经济,2019(01):1-40.

[65] 周业安.改革开放以来实验经济学的本土化历程[J].南方经济,2019,352(01):7-46.

[66] 周业安.经济学中的实验室实验:经济学迈向科学研究的关键一步?[J].南方经济,2014(08):91-97.

[67] 朱庆.实验经济学述评[J].经济学家,2003,1(01):105-107.

第一节 实验经济学的基本原理

实验经济学的初学者在开始设计实验之前，总是充满了诸多疑惑。例如，实验条件是需要更接近于真实的市场，还是更接近于理论假设？如何诱发出实验被试（subject）的真实行为，而不是使他们感觉在做游戏？如何避免实验主持者的语言对被试的行为产生额外的影响？通过长期的实践，以弗农·史密斯（Vernon Smith）为代表的实验经济学家不断总结有关这些问题的经验，这些经验也成为经济学实验应该遵循的基本原则。戴尔斯和霍尔特（Davis and Holt，1993）、弗里德曼和松德尔（Friedman and Sunder，1994）在有关实验经济学的教科书和实验操作指南中对经济学实验的基本原则进行了详细的描述，本章借鉴了其中的一些内容。在准备进行实验之前，了解这些基本原则，有助于我们建立对实验过程的基本认识，有助于提高经济学实验的效果。

一、模拟受控的经济环境

实验经济学要利用受控实验对已有的经济理论进行检验，或通过实验发现经济规律，首先必须解决的问题是：实验室中所进行的经济运行实验能否表现实际经济的运行？或者说，实验室中运行的经济体系在多大程度上反映了"真实"的经济运行？

有经验的实验者主要关心的可能是如何在实验室里尽可能地将现实世界中的经济环境予以再现。例如，对证券市场感兴趣的实验设计者可能力图逼真地再现证券交易环境，他会去请一些投资专家或证券操盘手作为被试，在实验过程中完全按照某证券交易所的规则进行交易。而理论家关心的则可能是在他所设计的实验计划中尽可能实现某种形式的理论模型所设定的环境。

其实设计实验是要从实验中得到某种有用的信息,使实验成为得到所需要的信息的最好手段或为进一步深入研究打下基础。一般来说,有效的实验设计中所采用的经济系统与现实经济系统相比是非常简单的,在某方面比起相关的理论模型也是较为简单的。因此,试图在实验室中完全实现现实环境的复杂性或者在实验室环境中形式地再现理论模型中的各个假定都同样是无益的。

经济学实验是在受控的经济环境中实施的。不管是否可以控制,经济环境是由各个经济被试以及经济被试间互相作用的经济制度组成的。例如,市场实验中买者与卖者是经济被试,而特定的市场制度是经济制度。经济被试可以用具有经济关联的特征来定义,即用偏好、生产技术资源初始拥有量、信息结构等来定义。对于被试而言,他在实验室就有自己的特征。经济制度是在经济被试的可能行动与所有可能的经济被试行动组合而成的结果基础上,再加以特定化而生成的。这种经济制度本身可以用实验控制达成,即可以用实验规则加以说明并实施。

二、实验经济学的基本原理

(一) 引致价值理论

所谓引致价值理论,指的是实验主持人可以用适当的报酬手段,诱发被试的特定特征,而被试本身的特征与此无关。使用报酬手段诱发经济被试特征应满足如下三个条件。

(1) 单调性。即被试认为报酬量越多越好而且不存在饱和状态。精确地说,设 $V(m,z)$ 是表现被试偏好的函数,其中 m 是报酬量,z 是其他无法观测到的因素,则当 $m_1 > m_2$ 时,有 $V(m_1,z) > V(m_2,z)$,当 V 对 m 可微时,有 $\dfrac{\partial V}{\partial m} > 0$。这个条件容易满足,只要用货币作为报酬手段即可。

(2) 突显性。被试所得到的报酬,必须与被试(以及其他被试)的行动有关,它必须由被试所理解的制度所决定。即被试的行动与报酬的关系,应该能突出显示实验主持者所希望的制度,被试应理解这种关系。例如,仅采用"出场费"的办法,即每个参加实验的人一律给予 40 元报酬,就不满足突显性,因为每个人的报酬与他的行动无关。如果在市场实验中按每个人的"利润"给予报酬,则可满足突显性。

(3) 占优性。在实验中被试的效用变化来自实验报酬,除此之外的其他原因可以忽略不计。这个条件是三个条件中最难实现的。这是因为偏好 V 以及其他因素 z 也许是实验者所无法观测到的。要满足优超性条件,可以在具突显性的报酬 Δm 增加的同时,让比较明显的 z 的因素保持不变。

若能达成这三个条件,则实验者就达到关于经济被试特征的控制。实验者将原来没有价值判断的对象与报酬手段之间建立的某种关系是可以自由选择的。有了突显性,实验者可以在被试行动与报酬之间建立明确的关系;有了单调性,实验者可以利用报酬手段实现自己的动机;有了优超性,实验者就可以忽略其他事件的影响而在实验室中实现所选择的关系。

（二）平行规则

实验室实验中得到的结果究竟对实践有无指导作用？某些经济学家对这个问题是有疑问的。例如,有的人就认为有处理大量资金经验的现实中的公司领导人与尚未接触社会的学生,思考方式不同,因此将学生作为被试进行关于资本市场的实验意义不大。也有人认为检验某种决策机制的实验中,即使已有多次被实验证实了,但也无法保证下一次该机制能被证实。弗农·史密斯将"平行规则"归纳为:"只要'其他条件相同'这个条件成立,在实验室的微观经济中被证明了的关于个人行为和制度表现的定理也适用于非实验室的微观经济。"

根据平行规则,可以假定实验的结果适用于实验室外的现实世界。但有人认为实验室的结果移到实验室之外,条件变了,未必能成立。实验经济学家认为,与自然产生的经济过程相比,实验室中的经济过程较为单纯,然而在实验过程中,被试为物质利益所驱使,表现出来的行为,与我们在现实经济环境中为追求利润而采取的行为并无本质上的差异,而且由于环境单纯更能表现出行为的特征。

（三）实际含义

以上两个基本原理被视为实验经济学领域的基石,它们为刚开始做经济学实验的入门者提供了一些基本而实用的建议。其中的要领是:

（1）为了在实验室中创造出受控的经济环境,需要通过支付被试现金来激励他们（如果被试是学生的话,激励的手段也可以是成绩）。大部分的报酬应与被试在实验中的行为明显地挂钩。平均报酬应该高于被试的平均机会成本,这样的报酬会提高实验的单调性和突显性。

（2）为了以适当的成本满足单调性和突显性条件,需要找那些机会成本低并且学习曲线陡的被试,因此本科生通常是不错的选择。

（3）建立一个可以体现问题的、尽可能简单的经济环境。简单会增强突显性而减少对解释理解上的歧义。仔细检查指导语的准确性和清晰性,通过演练和测验来检查被试的理解程度。

（4）为了提高占优性,应避免在指导语中使用含义晦涩的词语。例如,在囚徒困境实验中,将选择命名为 A 和 B 而不是忠诚和背叛。使用中性词语命名被试的角色——例如,买方和卖方或者 A 方和 B 方,而不是地主和农民或者对手。

（5）如果占优性受到影响而预算又许可的话,试着成比例地提高报酬。实验所观察到的系统性变化说明在较低的报酬水平下占优性没有建立起来。

（6）在研究许可的情况下,对被试的行动和支付以及实验目的保密。被试本身的（即使是内在的）偏好可能会有一些屏蔽敏感的恶意或善意的成分,当私有性没有得到保护时,这些成分会损害实验的占优性。

（7）不要欺骗被试或者对他们说谎。社会心理学家有时会在欺骗的基础上做一些有趣的实验(Stanley Milgram,1974)。但是,实验经济学家们则需要完全的信任感,因为如果被试对所公布的行动和报酬之间的关系产生怀疑时,或者回避可能的骗术时,那么实验的突显性和占优性就会受到伤害。欺骗会损害你自己及其他实验者的可信任程度,由此损害控制实验的能力。

这些并不是硬性的规定。例如,在早期的初步实验中,使用不给报酬的被试具有优点。只要你已经确切地了解潜在问题并且能说服大多数质疑者,你就可以随意地违反这些规律。

三、实验控制

经济实验是在可控的实验环境下,针对某一经济现象,通过控制某些条件(假设)来改变实验的环境或规则,并观察被试的行为,分析实验的结果,以检验、比较和完善经济理论并为政策决策提供依据。如何准确掌握和控制经济学实验中的规律,正确选择和激励被试,一直是实验经济学家努力追求的目标。

(一) 直接控制:常数和处理变量

在实验室里,实验者可直接控制许多变量,譬如可自由选择市场实验中的成本和价值参数以及交易规则,通过控制重要变量得到的是实验资料而非偶发事件资料。控制变量的一个重要方法是当同时存在两个或多个自变量时,为了获得每个自变量对因变量作用最确切的数据,应独立地变动每个自变量。

控制一个变量最简单的方法是将它在一些合适的水平上设置为常量。如在市场实验中,执行相同的双向拍卖交易制度。而另一种替代的方法是为变量设置两个或更多的可以产生明显不同结果的水平,分别作为实验的不同部分(或者作为实验的子集),将变量值控制在所选择的水平上。例如,使用两组不同的成本参数,一组能导致高的弹性供给,另一组则产生缺乏弹性的供给。这种方法在医学实验中也很流行,将变量控制在两个或更多水平上的方法称为处理变量。除此之外,解决两个或多个变量混合作用问题的办法是"随机化",即用随机的方法排除和减少次要自变量的干扰,增强某一主要自变量的作用。

当然,将控制变量作为常量还是作为处理变量需要进行权衡,将越多的变量设为常量,则实验会变得比较简单并且费用较少,但实验者得到有关变量之间的直接作用和相互作用的信息也较少,因此变量选择要注意以下几点:

① 对所有可能控制的变量都应加以控制。② 将核心变量作为处理变量加以控制,为明确起见,可以将变量的水平在较广的范围内进行分散。如果我们不对非线性效果感兴趣的话,使用两个水平较好,尽量避免使用中间水平。③ 如果怀疑核心变量与干扰变量之间有交互作用,可以考虑将干扰变量作为处理变量加以控制,一般取两个水平就行。④ 要尽量避免实验程序的复杂化,尽量降低实验费用,为此,可将绝大多数的干扰变量看作常量加以控制,即使有很大影响的干扰变量,只要它与核心变量的效果是相互独立的,也可以将其保持为常数。⑤ 为使实验数据富有说服力,要尽量避免变量间的交互作用,变量之间的变化要保持独立。

例如,在一个市场实验中,选择了两个变量作为处理变量,即市场制度和需求弹性,其中将市场制度分为两种:PO(明码标价)和DA(双向拍卖);将需求弹性分为E(富有弹性)和I(缺乏弹性)。尽管对两个变量进行了控制,但是如果实验中总是一起改变变量的话,比如一半时间是PO-E的组合,另一半时间是DA-I的组合,则会混淆它们的作用,但是若在实验中对每一种处理变量的组合(PO‑E、PO‑I、DA‑E和DA‑I)都进行相同时间长度的实验(各占1/4),则可以测量两个处理变量独立的影响,逻辑很简单,那就是独立地改变所有的处理变量可以最清楚地识别它们各自的作用(见图2‑1)。

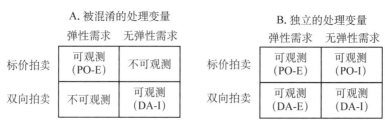

图 2‑1 处理变量的独立变化

(二)间接控制:随机化

在实验中,一些变量是很难控制或不可能控制的,如被试的心理期望、被试个人反应的灵敏度及兴趣等。但如果对这些干扰变量不加以控制,它们与核心变量混淆,就容易引起推断错误。当实验者不能直接控制一些重要的干扰变量时,怎样避免问题被混淆?确保被控制变量的独立可以避免问题的混淆。如果我们可以使不可控制的干扰变量与处理变量之间相互独立,则就可以在一定程度上解决上述问题。

随机选择提供了一种保证处理变量结果的独立,从而间接控制不可控(甚至是不可观察的)变量的方法。它的基本思想是以随机顺序分配处理变量所选择的水平,比如,在一个市场实验中,被试的个性和习惯是不可控的,并且总的说来是不可观察的干扰变量;因此在组织实验时,当被试到达实验室的时候,不要给早来的人分配卖者的角色,而给晚到的人分配买者的角色。如果随机分配任务,实验者就可以自信地说买者和卖者之间利润的差别是由于他们角色的不同,而不是由于被试之间个性的不同。

最简单有效的实验设计是完全随机化,即在实验中,每一个处理变量(或者处理变量的组合)在实验的各局中以等概率分配。假设在图2‑1所示实验中,为两个处理变量选择了一个完全随机化的实验设计,即在实验者每局中可以随机抛掷一个两面均匀的硬币,以0.25的概率选择PO‑E、PO‑I、DA‑E和DA‑I四个处理变量,每局与每局之间是相互独立的。如果实验进行的局数较多时,完全随机化是非常有效的。只有当实验的局数足够多,处理变量与不可控的干扰变量之间的正相关或负相关的概率趋于零时,才可以说它们两者之间是相互独立的。当随机化实验的次数较少时,处理变量与干扰变量之间偶尔会存在较大的相关关系。

如果不可控的干扰变量在实验的各局间产生很小的变化,则完全随机化的设计就很难加以改进。当可控的干扰变量显著影响实验结果时,能够把控制与随机性恰当结合起来的实验设计会更加有效,因为它们可以从较少的实验局中得到相等的明确结果。这些实验设计保证了即使是在较少的实验局中,受控变量之间的相关系数也为零。

随机块是这一类改进实验设计的统称。它与完全随机化实验的区别在于:一个或多个干扰变量是作为可控的处理变量而非随机变量。这类作为处理变量的干扰变量常常被称为障碍变量或块变量,在一段实验内(实验的子集中)保持常量,而在不同实验段间是变化的,接下来我们将给出一个块变量和随机化的实例。

（三）有效的实验控制实例

1. 被试间的设计：交叉设计、双重实验

交叉设计是针对一个或一组被试，在实验的不同局之间，将一个处理变量控制在不同的水平上，如 A 和 B。一旦怀疑处理变量对持续几个实验局都有影响时，就应该考虑 ABA 的交叉设计（AB 交叉设计将时间及学习效应同处理变量混在一起）。如在市场实验中，你的核心变量是市场制度，A＝双向拍卖，B＝买方拍卖（卖方是被动的）。一组交易者的收敛行为可能会从一个交易时段持续到下一个交易时段，所以在交易期实验中，你可能组织四个交易时段进行 A 式拍卖，接着组织八个交易时段进行 B 式拍卖，最后再组织四个交易时段进行 A 式拍卖（ABA）。并且在对应的交易期中，使用 BAB 的设计作为补充。在 A 式拍卖的交易时段和 B 式拍卖的交易时段所观察到的平均绩效的差别，将有效体现核心变量的作用。

另一种派生形式是双重实验，当个体或群体特征是一个重要的干扰变量时，这不失为一种有效的方法。比如卡加梅和莱文（Kagel and Levin，1986）怀疑在共同价值的第一价格拍卖中，个人随机信号及同组中其他出价者的行为会影响投标人的行为。为了清楚地验证核心变量的作用，他们将组的规模设为 S（小组）和 L（大组）两个水平，使用双重拍卖法。在实验者发出信号后，每一个被试提交两份出价，一份是针对小组拍卖的，另一份是针对大组拍卖的。双重拍卖的实验设计使得实验人员可以通过观察不同被试和不同交易阶段之间的出价的差别，即（$b_L - b_S$），把组织规模大小的影响分离出去。

2. 被试内的设计：因子设计

当面临两个或更多的处理变量时，因子设计是一种可以把随机化和直接影响相结合的最重要和常见的方法。为了说明这点，我们假设有两个处理变量（因子，factor），记为 R 和 S。其中 R 有三个水平，高 H（high）、中 M（medium）和低 L（low）；S 有两个水平，高 H 和低 L。在结果为 3×2 的因子设计中，六个处理变量 LL、LH、ML、MH、HL 和 HH 都进行了 K 次实验。这样，为了重复 K＝4 次的实验设计，需要做 3×2×4＝24 次子实验。在这里，随机性是必不可少的，在每一次重复的六个子实验里，实验人员必须随机安排六个处理变量。当条件合适时，因子设计比完全随机化更加有效，因为它保证了每一个处理变量（或组合）在实验中出现相同的次数，并且即使是对次数较少的重复实验，处理变量之间也是零相关的。同时，这种方法可以帮助实验人员把处理变量的直接作用与交互作用区分开来。

因子设计的一个问题是随着因子个数的增加，所需要的实验次数也会迅速增加。例如，假设为每一个处理变量只设置两个水平，即使这样，仅重复一次，如果是 4 个因素就需要进行 $2^4 = 16$ 次实验；如果是 8 个因素，则需要做 $2^8 = 256$ 次实验。局部的因子设计可以缓解这个问题，它的基本思想就是为因子设计引入一个平衡的子集。比如，博克斯等（Box et al.，1979）在实验中构造了一个 2×7 的 1/16 因子的设计，用来决定哪 7 个变量影响自行车选手的表现（这 7 个变量是座椅的位置、把手的位置、轮胎的压力等），在这一设计中只需要 8 次实验，而在一个完整的全因子复制过程中则需要 128 次实验。

（四）常用的实验控制方法

对实验设计进行理论考虑时也要考虑其实践结果，在提出理论的同时，我们也对典型干

扰变量、常量和处理变量的选择以及通常如何组织实验提供一些建议。

1. 惯有的干扰变量

干扰变量和核心变量之间的区分标准主要依赖于实验目的。举例来说,如果想测试一个静态理论,那么经验和学识就是一个干扰变量;但如果想要刻画随时间变化的行为特点,那么这两个变量就是核心变量了。前面已经提到,在实施一个经济学实验时,经常遇到一些重要的干扰变量,并且还为怎样处理它们提供了一些方法,在这里我们做一个小结。

(1) 经验和学识。一般随着时间的推移,被试越来越适应实验室的环境,他们的行为特征就会发生变化,此时经验与学识就会成为干扰变量,这时可通过使用有经验的被试,使得干扰变量成为常数,或者使用一个平衡转换设计,将它控制为一个处理变量(块变量)。

(2) 非制度性的相互作用。被试的行为也许会受到实验室外部因素的交互作用的影响。举例来说,卖主也许会在休息时间里聚集在一起,然后商定维持一个较高的价格。在休息时间里一定要严格控制休息室内的规则,或在休息之后适当地改变一些参数,也许这才是明智之举。

(3) 疲劳和厌倦。实验中,有时被试的行为特征随时间的变化而变化,这可能仅仅是疲劳和厌倦的结果。例如,在一个重复的囚徒困境的实验中,连续选择策略 A(协调)达 58 次之后,被试就有可能仅仅为了避免过于单调而选择一次策略 B(背叛)。因此,一般说一局实验的时间以不超过 2 小时为宜。

(4) 选择偏差。由于在选择被试时带有某种偏差,被试和他们的行为也有可能不具有代表性。例如,选择很健谈的人参加实验,在回答问题时往往会离题万里,他们会大谈自己的经历、生活状况等;当选择一个高级金融班的学生参加一个资本市场的实验时,实验者的选择本身可能就存在偏差;而听过实验者讲课的学生若作为被试,他们可能会揣摩实验者的意图而使行为产生偏差。寻找解决实验偏差途径的关键就是首先认识到这个问题的存在。

(5) 被试(实验群组)的特性。有时被试的背景或性格会产生一些不具有代表性的行为,一组被试在一起则常常会强化彼此异常的行为方式,因此同样的实验使用不同的被试是必要的。

2. 变量的处理

选择处理变量和常量可以以下列方法作为参照:

① 控制所有可控的变量,否则得到的数据将丧失一些它们原来应包含的信息。② 将核心变量作为处理变量进行控制。实验中应将变量设置水平拉开以加强对比度,此外,除非对可能的非线性影响有兴趣,否则对变量值的设置可跳过中间的水平只使用两个水平标准。③ 当怀疑干扰变量与核心变量之间存在相互影响时,可以考虑将这个干扰变量作为处理变量进行控制,通常为变量设置两个水平就足够了。④ 把大多数干扰变量设为常数,这样可以降低实验的复杂性和成本。因为即使有很大影响的干扰变量,只要它的影响与核心变量的影响之间是互相独立的,那么将它定为常数对实验结果也是无损的。⑤ 独立变动处理变量,这样一方面能最大限度地分辨数据,另一方面也能避免数据的混淆。

3. 实验阶段

在实验过程中通常也需要同时对实验室进行调查。在初期,主要是确认要调查的特定问题以及实验室环境基本要素,接下去是进行一个或多个测试性实验。在这个阶段,实验人员应完善实验室环境的技术要求,为被试准备好实验指令,并且组织开始时可能未支付报酬的被试进行测试性实验,实验结果通常用来改进实验指令和改善实验环境,这时实验人员应该选择将作为处理变量的核心变量和重要的干扰变量,我们在前面提供的一些建议应该会有所帮助。

完成了前面阶段,实验人员就可以通过实施一系列探索性实验正式开始自己的研究。开始时应该选择一个简单的设计,或者是部分因子设计,或者是 k=1 的因子设计,这样能够检测出处理变量的大致影响。在分析数据时,可将一些看起来没有什么影响和交互作用的变量视为常数。在探索性数据的基础之上,可能实验者会想要调整一下环境或引进一个新的处理变量,这是因为如果要研究一个新的领域,那么对实验指令或处理变量进行重大调整是十分必要的。

第二阶段工作包括一些后续实验,目的是为实验者所选择的问题提供权威的证据。实验者事先必须为这个阶段保留预算的 50%～75%,如果探索性实验的结果看起来已经很明晰了,那么在后续阶段就只要简单地重复实验;如果探索性实验显示变量间存在微妙的但直接或相互的影响,这时就要考虑选择一个更精细的实验设计。

最后一条建议是不要在设计实验时有太多的幻想,尤其是在最开始的实验设计。选择一个其他学者在早先相关研究中已证明的设计,或采用我们已经提出的众多设计中的一个简单方案开始自己的研究,也许能起到事半功倍的效果。

第二节 经济学实验的基本要素与流程

一、经济学实验的基本要素

(一) 被试

实验经济学中所进行实验的被试是活生生的人,这与其他自然科学实验有很大的不同。实验经济学利用精心设计的实验,通过直接观察被试在实验中的行动对经济理论进行验证、评价。然而每一个人都有他自己的个性特征,在实验中有时可能出现我们所不希望的行动,所以在实验实施之时,要认真判断哪些被试间的差异对于实验的目的是无关紧要的,哪些是重要的。

1. 被试的选择

要做实验,首先是选择被试,即选择什么人作为被试。是选择学生还是不选择学生? 选择哪一个层次的学生(本科生、专科生、研究生)? 是选择对经济实验课较为熟悉的人还是选不熟悉的人? 是招募志愿者还是强制参与(例如,要求选修本课程的学生都要参加实验,若不参加则评为不及格等)? 选男性还是选女性? 这些都是实验计划要考虑的问题。以下我们对这些问题分别做分析。

（1）选择学生作为被试。

在迄今为止的实验经济学的文献中，选择大学生作为被试的占绝大多数。究其原因，主要有：① 大学生智商高，易于理解实验规则，学习新知识快，不必经过过多的训练，便能进入实验角色；② 在大学中募集学生比较容易，几乎所有重要的实验都是在大学中进行的；③ 大学生参加实验机会成本较低，易于满足突显性要求；④ 受外部信息影响的机会较少。至于学生的层次，一般认为以本科生为宜，MBA 或者硕士研究生也可以，但博士生不宜作为被试。因为博士生独立思考能力强，阅读过大量的书籍，对于某些相关理论有自己的一套理解，实验室中直接的激励不足以改变他的观点，这就不满足关于实验报酬的优超性。另外，选择博士生作为被试机会成本也比较高。因此，一般不要选择博士生作为被试。

（2）选择专业人士作为被试。

选择某个方面的专业人士作为被试，可以避免对"被试不真实"的指责，但也会产生一些新的问题。如有人选择谷物交易所的交易者作为被试进行经济实验，实验主持者对他们说明交易规则，并给出双向拍卖的实例，但是当实验开始时，被试则完全不顾实验主持者刚刚对他们宣布的法则，而按照实际交易所的交易规则进行交易。这说明很多专业人士已习惯于自己多年遵循的规则，很看重自己多年来积累的经验，无法适应实验主持者订立的新规则，对于按新规则可获得的报酬也很不看重，因此突显性条件不易满足。

（3）教室实验。

在课堂上做实验的优势在于召集的便利，可以通过采用评分的方式在不支付成本的情况下激发学生的参与积极性。只要运用得当，课堂实验会在经济学教学、政治科学、管理学生方面体现出很大的价值和教育意义。如果实验是为了收集数据，则需要注意以下三点：第一，教室实验中实验被试和实验者之间的关系会导致内部和外部有效性的问题。在教室实验中，明确的金钱或分数激励并不总是学生的唯一动机，作为指令者也往往会将个人的价值观带到教室。第二，从自己班级内挑选学生参加课堂之外的实验也会影响实验的外部有效性。学生可能会认为自己在实验中的表现与课程和分数有关，或者他们试图在课堂上而不是实验室内以建立良好关系的方式给实验者留下良好印象。第三，实验者很难平衡实验被试连续学习的要求和实验设计所需要的对处理变量的控制和可复制性的两难矛盾。

（4）被试性别。

虽然说经济理论一般来说与性别无关，但是现有的社会心理学研究文献显示，性别不同引起的行动特征不同是客观存在的。研究经济学实验中由于被试性别不同而引起差异的文献不多，但已有文献指出，对于大多数经济学实验而言，检测不到男女被试的行动是否具有明显的差异。

（5）被试和团体的特性。

由于被试的经历和个性，他不一定会采取典型的行动。某个被试的团体可能以某种方法互相强化一些非典型的行动。因此用与被试不同的同事反复实验是必要的。

（6）被试招募方法。

比较常用的被试招募手段包括但不限于海报宣传、BBS 论坛发布招募信息、街头派发传单、网络招募系统等。前三种手段由于其设计简单、操作容易等特点被实验组织者广泛应用。网络招募系统要求实验组织者通过网络招募系统发布实验的相关介绍和实验安排，被试在系统中注册个人账户并通过系统确认参与实验。由于该方法需要实验组织者及被试有一定的计算机系统基础,有较高的入门门槛,因此主要应用于大学等研究机构,比较著名的系统有剑桥大学 ORSEE 系统(Online Recruitment for Economics Experiments)、东京大学经济学研究科松岛齐研究室金融教育研究中心、浙江大学社会科学研究基础平台等。

总的来说,不论是哪种手段,都需要实验组织者提前准备好实验的相关介绍、被试需要参加实验的时间地点、报酬的计算方式。

2. 被试的数量

被试的数目与实验的质量关系很大。被试的数目过少,可能达不到实验的目的,但过多的被试不仅使实验不易控制,而且使实验费用迅速增大。为决定在实验中被试的数目,要参考实验所要描述的实际经济系统。首先,在现实经济过程中,经济主体如能在实验室中加以识别,则这个经济过程中主体的数目可以作为参考数目以描述在不同时点进行经济活动的经济主体总数,一般要比在一个特定时点进行经济活动的主体多。在总人数、经费预算、实验设备等可使用的限制下,以上参考数目可以作为上限,其下限可以由与实验经济相关的理论而定。

在理论上与竞争均衡相比,市场效率性大体上与交易者数目的平方根成比例。这意味着虽然随着被试数目的增加,效率会提高,但是被试数目急速增加时,效率提高并不多。大多数实验只要用接近最小数的被试就可以了,如讨论竞争市场中合理预期模型的适用性可能时,可以利用 3 类交易者和 2 种信息的约束。为保证任何组合都有最小数量的竞争,把全部的交易者分为 6 组,每组至少有 2 个人,这个市场实验用 12 人的被试即可。如果资源充足的话,也可以进行一些多被试的实验。例如,艾萨克等(Isaac et al.,1994)对于"搭便车"问题曾用了100 多人的被试。

3. 人事委员会和伦理道德问题

在美国,政府机构和所有的大学都要求以人作为被试的实验应获得学校人事委员会等类似机构的许可。在大多数学校里,这类委员会的成员由医学、生物学、心理学方面的专业人士组成,其成员在他们所从事的领域的研究都有可能给参与者带来严重的伤害。虽然经济学实验一般不会对实验被试的道德、心理、经济等方面造成威胁,但往往也要有一个严格的方案来说明实验为什么可以避免伤害,尤其是行为经济学和神经经济学等方面的研究更须如此。

如果用课堂时间和课程评分来激励学生,实验者可能会面临教育需要和实验要求之间的矛盾;大学教育是指导性的,而实验需要对所有的实验设计进行多次重复,除非在不同的阶段碰巧授课的是同一个班,否则重复进行实验是很困难的,学生可能不会因为参与实验学到有价值的东西。根据学生在实验中所获分数进行评分,必须确定评分所评价的内容与该课程的学习目标一致,如果两者之间不存在一致性,就需要向学生声明这点,或者使实验成绩只占课程总分的很小比例。

在经济学实验的设计和运行中最经常被讨论的道德问题是,虚假信息会污染实验被试库,会给其他实验者带来困难。主持实验的学者在实验被试眼中仍然是令人信任的老师,如果实验者给实验被试的信息是虚假的(事先却未告诉实验被试他们有可能得到的是虚假信息),被试在实验中途或实验结束后了解到真相,他们就不会再信任任何在相似背景下得到的信息。

对实验被试进行错误的陈述,而实验被试却不知晓,其后果是难以预料的。例如,令实验被试与计算机程序博弈,却不声明这点,这近似于欺骗。如果研究者宣布一个事先精心安排好的实验被试的排序,但却说排序是随机的,实验被试无法发现这点,这实际上也属于实验者在向实验被试撒谎。在这些情况下,实验者需要在实验总结中披露这些并解释其必要性。总之,如果在实验设计中使用欺骗方法,最好使用强有力的证据,因为受污染的实验被试库有可能会被其他研究者使用。

(二)交易制度

在经济实验中,被试按怎样的规定进行交易是重要的。所谓交易制度指的是控制经济相互作用的规则:消息与决策的性质和时间选择,以及这些消息决策与交易者货币收入的关系。其中包括:谁确定和公布价格? 按怎样的次序公布价格? 是否允许折扣? 如果允许的话,什么时候提供? 交易者是否允许信息交流? 等等。不管实验的类型或研究的焦点是什么,都必须指出制度规则和其他环境特征。

在实验设计中是不可以忽略制度细节的,因为实验室交易规则发生的看起来很小的改变可能对理论的预测和观测的行为产生很大的影响。实验经济学家倾向于按照制度和提供研究假设的经济学分支对实验进行分类。例如,史密斯的双向拍卖一般用于研究金融市场;明码标价制度一般用于分析具有许多小卖者的零售市场。本书后续章节会介绍形式各异的经济学实验,介绍每种实验时都会强调其所使用的实验制度设计,通过观察一种制度中的交易所获得的知识可以有助于理解紧密联系背景下的行为。

(三)激励

支付给被试现金或其他物品作为报酬,支付的多少与被试的行动有关,这是经济学实验与普通问卷调查的最大区别。这种支付是为了诱发有关实验控制的特征。有证据表明,报酬增加能增加实验结果的可靠性和实验再现的可能性。给被试的报酬可以直接用现金,也可以用"代金得点",即预先设定与现金交换比率的点数来表示。使用代金得点还可以设置一个最低得点,规定必须赚够最低得点以上的被试才可以兑换现金。当然,这最低得点要设置得合理,必须使被试相信,任何人经过努力赚的得点都可能达到这个最低的得点以上。设置最低得点可以防止大家都付出最小的努力的情况发生。

究竟给被试多少报酬较为合适? 较高的报酬可以刺激被试,使得数据更加可靠,但限于经费预算,我们不能给被试过高的报酬。所谓"适当"与被试的身份、实验地的生活水平、被试自身的机会成本等都有关系。一般可以在实验结束给被试发报酬时使用问卷询问被试是否愿意参加下一个实验,如果得到肯定的回答有 80% 以上则可以认为报酬是适当的。可能的话,在实验中各个被试的行动、所得到的报酬以及关于实验的目标等不要公开,防止被试本身的情感干扰实验的目标。

对于多局的实验,我们不能希望参加第一局的被试会自动地参加以后各局的实验。因此为使实验成功率提高,可以采取提高报酬或在特定的时间和场所连续进行若干局实验等方法;也可以对被试说明,只有参加了全部实验的人才付给报酬。甚至可以在实验开始时就多募集一些人员,将他们作为助手或替补,使他们熟悉实验环境,在后面的若干局中一旦有人缺席就可以让他们作为被试。

需要注意的一点是"破产问题"。当被试的收入变成负值(或接近负值)时,实验者失去了对被试偏好诱导的控制,这是因为负支付不可信。在这种情况下被试会采取冒险行为,因为他们认为可以放手一搏——负收入不会产生实质性的后果,但正收益则会提高他们实验后的财产。处理破产问题最好的办法是所设计的实验最好减少或消除被试在实验中破产的机会。然而,减少破产的机会往往也意味着在以下几个方面做出牺牲:① 由于支付给被试初始资金,会提高实验成本;② 为维护初始资金的作用,需要降低凸显性报酬支付的比率;③ 由于允许破产,则被试根据竞争理论所做的推测彼此相似,会减弱实验的统计效率;④ 需要对被试的一些可以允许的行为(如短期交易、亏本生意)加以限制。

（四）指导语

实验指导语是具体指导被试如何参加实验的文件,在实验时由实验主持者(或助手)大声朗读或播放录音。即使应用计算机技术,在被试的终端屏幕上已有实验指导语文字,也要求主试进行朗读以提高被试的注意力,同时也可以统一朗读进度。

实验指导语中应包括实验的重要信息,诸如实验目的、资源与信息的初始存量、各被试可能采取的行动集合,特别重要的是要明确说明被试行动与报酬之间的关系。在实验指导语中还应包括在实验各个阶段的简单示例说明。在指导语中关于实验目的的叙述要简明具体,要避免形成某种期望效果。实验主持者在宣读指导语时必须注意,不要在问题中有意或无意地把自己的意图告诉被试。

下面是一个供读者参考的实验指导语。本书后续章节中不同类型的实验也均会提供一个包含实验指导语的完整实验设计供读者参考。

附:双向拍卖实验指导语①

实验时间:2018 年 9 月 4 日

实验地点:南京大学商学院经济学实验室

阅读时间:2 分钟

感谢各位同学来到经济学实验室参加本次"双向拍卖"课堂实验!

一、实验简介

由于市场交易制度对市场绩效存在重要影响,市场制度的设计应运而生,市场交易制度概念也已经大大地被拓宽。

我们将在这里建立一个交易市场。这个市场中有一部分为买方,一部分为卖方。所有被试交易同一商品,该商品被分为若干单位。

在交易开始前,每个人将随机被分配为卖方或者买方,并且每人的交易标的为两个单位的商品。

整个实验分为四个阶段。在每个交易阶段中,你的成交价格将决定你的收益。

二、人员分组说明

在本次实验中,一共有16名市场参与者,其中有8位扮演"买方"角色,8位扮演"卖方"角色。

在交易开始前,我们将给你们随机发放一张信息卡,上面将标明你的角色为"卖方"或者

---

① 这里节选的实验指导语是在南京大学商学院经济学系本科生"行为与实验经济学"课程的课堂实验中所使用的实验指导语。

"买方",在整个实验中个人角色将不再改变。

三、交易规则

在实验主持者宣布本轮实验开始后,交易开始。

卖方和买方均可以自由举手参加竞标,当实验主持者点到你时,请你同时说出你的编号和报价。

买方的报价必须低于可接受价格,卖方的报价必须高于商品成本。

每一个买方的报价必须高于上一个买方的报价,每一个卖方的报价必须低于上一个卖方的报价。

当一位交易者接受了另一位交易者提出的价格后,交易合同即达成。

在每一轮的叫价中,每个买方只有购买了第一单位商品后,才能参加第二单位商品的竞购,同理,每个卖方只有卖出第一单位商品后才能继续卖出第二单位商品。

每次一个交易合同达成后,进入下一个交易时,前面的所有出价和要价信息宣布无效。

当无人报价时,本轮实验结束,进入下一轮。

四、收益计算

$$买方收益＝可接受价格－成交价格$$
$$卖方收益＝成交价格－商品成本$$

五、实验激励

$$总收益＝四轮实验收益之和$$

卖方和买方分别按总收益由高到低排名,按照排名顺序给予本次实验成绩,按照相应比例计入期末考评的总成绩。

卖方前2名和买方前2名获得实物奖励(零食、饮料)。

六、答疑

若你对实验有任何疑问,请举手示意,我们将解答你的疑问。

二、实验设备

直到20世纪70年代中期,所有的经济学实验都是在标准的教室或者会议室里进行的,所使用的工具不外乎纸、笔和黑板。自20世纪80年代开始,越来越多的实验依赖电脑来进行数据输入、交流和记录。虽然一些实验必须使用电脑(而有些实验则排除电脑的使用),但是在大多数情况下,用手工还是用电脑来做实验由实验者自己决定。

(一) 实验模式的选择

实验者在选择实验模式时,首先需要明确实验目的。

人工控制的方式给予实验者在改变实验设计、处理方式、参数、程序方面更大的自由,既省时又省力。在计算机化实验中,终端从几个到几十个不等,和服务器连成系统,实验被试坐在各自的终端前输送和接收信息,而实验者则通过服务器观察实验被试发出的信息(如卖价和买价),做出的行为决策(如成交),控制实验参数(如参加者的初始资源)以及实验时间的长短、开始和结束。与人工模式相比,计算机化实验通常要求改写实验程序,除非实验者使用了一套已经包含了他希望的所有变化的实验经济学软件程序,否则改变软件程序是一件很费时的事。

如今,越来越多的实验是在计算机上完成的,在计算机化实验中,实验者可以避免教室实验中表情、眼神、肢体语言和语调的干扰,因而可以更严格的控制信息的流动。此外,计算机市场提供了更加迅速和准确的数据攫取,令实验者和实验被试之间以及实验被试之间的交流变得迅速而且个性化,同时使计算机化指令成为可能。在一定程度上,计算机减少了实验者和实验被试的相互接触,从这个意义上说,因为需求效应而破坏实验结果的可能性也被削弱。

当然,早期主持实验的实验者最好是同已经做过实验的学者合作,并使用相同的技术和设备;同其他大多数技巧一样,传授是学习实验技巧的最有效方法。通过参加经济科学学会的会议来与其他研究者建立联系,对多数学者而言是一个良好的开端。实验者如果一定要独立开始,建议早期的实验使用人工控制模式。

(二)实验室设备

1. 人工控制实验的实验室设备

实验者可以在一个有以下条件的教室里进行人工控制实验:足够大的黑板,一两台悬挂式投影仪和屏幕,足够每个被试使用的课桌,可供放置器材的桌子。当然,教室的空间需要足够大以使被试的位子隔得足够远,从而避免他们通过眼神或声音泄露信息。保证实验者的位置可以很容易走到每个实验被试那里,这样其在讲述实验规则时可以关注到每个实验被试。例如,在口头双向拍卖中,每一实验被试应能听到其他人的声音,都能清楚地看到黑板或屏幕,通常U形教室可以满足这样的条件。此外,需要一个相邻的教室,这有利于对实验被试进行分组,大多数人工控制的实验可以在普通教室进行。

2. 计算机化实验的实验室设备

计算机化实验需要在空间、时间和资源上有更大的投入,在需求和资源均足够的条件下,最好有一个专门用于经济学实验的计算机化实验室,原因主要有:① 经济学实验室的使用模式与计算机课程和其他课程的使用模式不同,实验受到实验被试的参与和同一实验系列中前期工作情况的影响,因此往往一旦通知就立刻进行,这使得经济学实验很难同提前几个月就安排好的课程共享设备;② 实验所需要的设备是横向的,即在同一时段内同时使用多种设备,而个人对实验室的使用是纵向的,往往是长期使用一种或几种设备,因为要做实验而关闭整个实验室会打乱其他人的计划。

计划建立一所计算机化的经济学实验室可以从以下几个方面来考虑。

(1)空间。在国外,进行经济学实验的每一工作间通常需要50平方英尺。其中35平方英尺作为实验被试的活动空间,5平方英尺用于放置设备,10平方英尺是实验者的工作场所。实验被试的房间可以用一扇门或一块玻璃墙与实验者隔开,以便在实验进程中实验者可以在房间内进行交谈。此外应该用隔板来避免被试看到其他人的屏幕,同时也要让被试看到黑板或屏幕上的信息。由于自然光会干扰屏幕的视觉效果,所以实验室可以考虑建在底层以保证不受光线干扰。

(2)布局。实验室的布局主要从四个方面来考虑:控制实验被试的视线,通知实验被试组和个性化说明的便利性,工作场所布置的成本和安全性,跟踪实验被试的行为。

（3）设备。除舒适性外,选择工作场所的设备还应考虑两个相互矛盾的因素:限制被试之间不被允许和无法跟踪的交流(如通过声音、键盘声、目光、看他人屏幕等);实验者需要发出指令或者公共信息,并监督被试的行为。

（4）硬件与通讯。经济学实验室对硬件和通讯上的设计应该考虑实验需求、成本与软件的兼容和灵活性。实验室的线路不仅包括动力配送,与其他工作场所和监视器的联系,也包括与学校范围、国家、国际上更广泛的网络的联系。同时灵活性成为实验室设计的基本要求,因为它令实验者在新技术一出现时就能马上运用。

（5）软件。目前常用的实验经济学软件是 zTree,zTree 的缺点就是它无法胜任一些复杂的实验,所以需要专业的编程人员,如心理学领域用的 Python 之类的需要一些相关的编程知识。

（三）随机数的产生

为了减少次要自变量的干扰,多数实验都要求生成随机数。研究人员必须在生成随机数的各种方法之间进行选择,并确定是否需要提前生成随机数,如果是,还要确定是否让它们看起来是随机的。掷硬币、从袋子里抽扑克、转轮和宾果游戏是常用的生成随机数的方法。

在人工控制的实验中,由于以下三个原因,情况可能会有所不同:第一,使用物理方法很难得到所要求的随机变量的物理分布;第二,实验者担心在众目睽睽之下,用物理方式生成的随机数会显得并不随机而只是一个特殊序列,从而破坏实验的可信度,并花费不必要的时间和金钱;第三,同时也是最重要的,实验者为了提高检验的统计说服力,会进行一系列的成对实验,这些实验只有某一特定的处理变量不同,其他方面包括随机数的实现上均一致。第一个问题可通过用计算机生成虚拟随机数并用合适的方式加以转换来解决。第二、三个问题可选用预先选好的随机数,并告知被试这一组随机数是用特定的随机数生成方法确定的。

是选用物理设备,还是预先确定的随机数,或是计算机生成的随机数,其可信度都是要考虑的问题。一个实用的方法是,实验者应该问问自己以下问题:假如我是这个实验的被试,我是否有理由怀疑实验者会将随机数的选择当作策略? 如果答案是肯定的,那么实验者应尽可能地坚持使用看得见的物理方法。

三、经济学实验的流程

在准备好实验要素的基础上,就可以开始组织经济学实验了。这一部分为初学者提供一份有用的经济学实验指南,指明在组织经济学实验时哪些应该做,哪些不应该做。当你掌握了如何组织经济学实验后,你也许可以自己列出一份更为详尽、适用的指南。实验流程包括建立实验室日志、试验式实验、安排设备(如粉笔、铅笔、投影仪、空白幻灯片、计算器和电脑存储磁盘等)、测试仪器(电脑硬件和软件)、被试登记、确定实验主持者及监督者、讲解提问与解答、测试性实验、正式实验、记录数据、结束实验、计算所得及付款等。

（一）实验前的准备工作

1. 实验日志与安排

在实验开始前首先应准备一份实验室日志,用来记录实验的日期、目的、参加者、所用软件、参数值等以及一些意外事件(如原计划 10 个人参加,而届时由于有人未出席只有 8 个人参加了实验)。实验室的预留时间至少应从实验前 30 分钟一直保持到实验完成后的 30 分钟。在前期的准备时间里,实验人员需要安装和调试设备以及检测计算机的硬件和软件,要在黑板上抄写实验指令并根据实验指令来确定被试的身份,确认编号和表格以及诸如此类事务。

如有需要,可能还要安排摄像、投影等以及对被试进行登记。一些实验过程中需要的物品如粉笔、铅笔、写字板、碳素笔、空白幻灯片、计算器、计算机存储磁盘也要事先准备好。此外,对一些公用的计算机设备也需要有充足的时间来调试或重新配置。在实验结束后,你需要一段时间给被试支付报酬并听取他们的汇报,将计算机、投影仪或黑板上的数据进行记录或备份,归还所借设备。

2. 实验的组织

(1) 被试的登记。

在每个被试到来时要对他们进行登记。在实验前建议通过抽签的方式来安排座位,这样可不露痕迹地避免一些原先相互认识的人坐在一起,在实验期间相互交谈,从而泄露了实验中的个人信息。要明确告诉被试不要在实验前讨论有关实验的话题。假如来的人超过你需要的人数,可让一些人成为你的实验助手或监督员,并支付给他们一个固定数目的金额或参加实验者收益的平均数。

(2) 实验主持人。

需要一位或多位指定的实验主持人来主持整场实验,以控制实验进度并掌控实验的全部过程。设计、计划实验的研究人员并不是主持实验的最佳人选,可以请一个与实验不相关的人来主持实验,告知他(她)有关的实验程序,并且不需要让他(她)知道实验的目的和相关的实验理论。这种"双盲法"经常在医学实验和其他形式的实验研究中采用,在实验结束之前实验主持者和被试彼此都不知道对方的身份,这样可以减少偏见。

(3) 实验监督人。

在一些经济学实验中,可以从被试中随机抽一个人作为监督者,在整个实验过程中监督实验者的行为,包括一些被试看不到的事(如抽取随机号码)。同时,如果有一些活动违反了已宣布的实验规则和程序,监督者可向实验人或被试报告。通常给监督人一个固定的金额或在这个实验中被试的平均收益(假如他们确实不会影响被试的收益的话)。

3. 实验前的答疑

实验中,被试总会有各种问题。对此我们有四个建议:第一,公开答疑,或至少在合适的被试群里公开答疑,这样可以避免其他被试误以为自己遗漏了什么。第二,提醒被试注意提问时的措辞,不要泄露私人信息,同时,这样做也提醒自己在答疑时不要泄露出任何人的私人信息(如他们在实验中的角色,假如这也是私人信息的话)。第三,注意自己回答问题时的措辞,不要引导被试在实验中的选择。第四,要认识到有时你可能需要推迟对一些问题的回答,否则你将无法保证一些需要调查研究的理论或行为的保密性。

(二) 预实验

按照实施的目的,预实验分为两种,一种是用于测试实验系统以及实验设计是否存在缺陷的测试性实验,另一种是在正式实验开始前用于让被试尽快了解实验系统、进入实验状态的演习性实验。

1. 测试性实验

通过测试性实验会发现很多问题,包括实验指令不够清晰、信息不完善以及意想不到的信息泄露问题,同时,这样做也能够更好地把握实验时间。此外,通过测试性实验还可能发现实验程序存在的缺陷或助手不够、任务间缺乏协调、实验时间安排不妥等问题。测试性实验可以帮助我们积累实验技巧和使用仪器方面的经验。实际上,当改变相关的理论参数值时,如参加交易的人数、交易来回的次数,我们可以利用测试性实验来发现行为的变化,当发表研究成果时应该报告这些结果,避免别人的选择性错误。

2. 演习性实验

由于被试可能从未接触过经济学实验,所以在许多实验里都将第一个阶段的前几次实验作为练习,在演习期不根据被实验者的表现支付报酬。通过这些练习,可以解除被试的疑问。事实上,各种各样的问题都会在演习性实验中出现,实验者可能会发生程序上的错误,有时被试甚至会出现很严重的错误。实验者在实验中要容许这些错误,留待解决,在研究报告中以脚注形式说明这些事件。

(三)实验的流程控制与数据记录

实验在进行过程中,需要实验的组织方对实验环节进行全方位的掌控,使用计算机系统能够精确地控制实验进度并且自动记录下全部的实验数据,以便研究人员日后进行数据分析。

人工控制的市场实验会存在另外一些问题,应该提醒被试注意以下几点:① 根据指令做准确的记录;② 在没有授权的情况下不要随意交谈。在人工控制的市场实验中,实验者可能会忘了时间,所以应安排一个独立的计时员。实验者不要暗示、鼓励或反对被试的出价或要价,要保持中立的声音和站姿。实验中,除非被试能看到时间,否则应在每期实验结束前十五秒或三十秒提示一下,这样有助于被试按时完成交易。在每个交易期结束时,要求被试更新他们的书面记录,不要让被试一直到最后阶段结束时才进行记录的更新。

在计算机化的实验里,程序可以自动获取数据,但在每个阶段实验结束时,实验者应该对数据文件进行备份,并在实验日志里记下文件名和相关信息。在人工控制的实验里,数据由被试和实验者记录。共同的信息(如出价、要价,在双向交易中的价格等)被记录在黑板或幻灯片上,实验者可以将黑板上的内容以及座位安排拍摄下来,甚至如果认为实验中的声音和其他行为是重要的,实验者也可以将全程录像。另外,对于反映工作特性的性能数据,也必须把在实验中对其如何处置、实验条件和参数值准确记录下来。要写一份你为什么组织这部分实验的说明,这样当以后你考虑如何分析各部分数据时它会派上用场的。

(四)实验的结束

1. 有限期实验与无限期实验的中止

一些经济学实验会重复若干次(通常在预计的实验期里不断重复),以便最大限度地让被试的经验、知识、表现的偶然性成为较稳定的状态。但假如事先让被试知道这个阶段要做多次实验,有些人可能会在最后一次实验里有一些不寻常的表现。如重复囚徒困境实验,从经济学理性的角度看最后一个时期被试会更多地选择背叛。如果最后一期取得的数据对于均衡的推断至关重要,那最好在实验结束前不要让实验者意识到这是最后一次实验。如已承诺要在下午两点前结束实验,那么最好提前一些时间结束实验来避免这个问题。

有许多经济学实验是专门设计来研究没有最终期限的情形,这时需要特别注意的是在实验结束期出现的一些人为现象。有种中止实验的方法是利姆、普莱斯考特和松德尔(Lim,Prescott and Sunder,1994)提出的,就是利用一种有报酬的预测游戏不让参加者意识到这是最后一期。在最后一期实验结束时,提醒被试要完成余下一些未处理的事,例如,从计算机屏幕上转换数据、完成记录、计算所得、填写任务报告书和现金收据、收集整理相关文件资料、记录纸页及其他文件夹中提供的相关资料,将它们和文件夹一道在付款处交给有关人员。

2. 听取被试对实验的意见和建议

听取被试对实验的意见和建议会给实验者提供重要信息,并让实验者认识到被试是否真的理解了指令、他们在实验室的态度、他们的策略及对过程的想法。许多学者担心,若询问有关实验或被试行为的具体问题会影响被试在后续实验的表现;或者担心由于和被试随意谈论实验者的期望而影响了实验群体。如果没有足够的理由,不应该放弃这个学习的好机会。我们推荐一种带要求的空白表,"写下你对这个实验以及你所参与的活动的任何想法"(尤其是在做测试性实验或探索性实验时更需要了解被试的感受)。

(五)突发情况的应对

每个实验者都可能遇到似乎各方面都出状况的时候。如参加对象达不到预定人数,或者被试迟到使完成实验的时间不够了;计算机或其他设备坏了,软件出故障使实验受阻;实验者忘了带指导语、表格幻灯片、实验参数、现金,或者带错了东西。如果这些现象发生了,实验者要提醒自己保持冷静,这些事别人也会遇到。你可以试着把它当成是教学阶段,对没有预料到的实验中止向被试道歉,向参加对象支付一个固定的赔偿金额以弥补过失,并和他们再约定一个时间,这种情形大部分人都会给予理解并予以配合。

第三节 实验数据的统计分析

本节将介绍实验数据的分析思路与分析工具。实验数据的分析一般采用两阶段法:第一阶段是定性或描述性统计分析,主要概括实验数据显示的问题,采用图表和几个概括统计指标;第二阶段是定量分析,目的是给特定的问题以明确的答案,采用的工具是推论统计学。

一、图表和摘要性统计

实验数据与实证数据提出的问题和分析技术大致相同,但侧重点有明显的区别。虽然在大多数情况下,对实验中取得的数据采用统计推论法分析更加直截了当,但考虑到实验数据通常来自实验者建立的实验环境,这对于很多读者而言是不太熟悉的,所以描述阶段的工作就显得特别重要。

这里以 4 个交易期的双向拍卖实验为例(有关实验的详细介绍参见本章第 28 页附录),实验中将 16 名被试通过抽签的方式随机分为买方和卖方,实验参数如表 2-1 所示。

表 2-1　双向拍卖实验的市场参数

买者的价值			卖者的成本		
买者	第 1 个单位	第 2 个单位	卖者	第 1 个单位	第 2 个单位
B1	8.5	1.5	S1	1.6	9.2
B2	7.5	2.5	S2	1.8	9.0
B3	8.7	1.3	S3	2.6	8.2
B4	7.7	2.3	S4	2.8	8.0
B5	6.5	3.5	S5	3.6	7.2
B6	6.7	3.3	S6	3.8	7.0
B7	5.5	4.5	S7	4.6	6.2
B8	5.7	4.3	S8	4.8	6.0

根据表 2-1 所示的市场参数,分别在坐标轴上刻画出每单位商品相对于买者的价值和对卖者的成本,并将每单位商品对买者的价值的点联结形成市场的供给曲线,将每单位商品对卖者的成本的点联结形成市场的需求曲线。所绘制的市场供给—需求曲线如图 2-2 所示。实验组织者可以直观地看到供给曲线和需求曲线的均衡点在 4.8~5.5 之间,这与每轮交易中的成交价格相近。

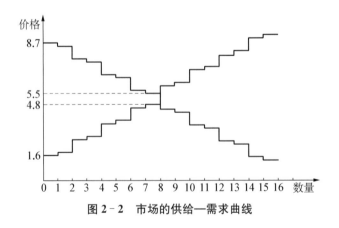

图 2-2　市场的供给—需求曲线

根据记录下来的每轮交易中所有的成交价格,将其绘制成如图 2-3 所示的散点图,实验组织者可以直观地看到买卖双方通过双向拍卖机制,将商品的均衡价格稳定在 5 元左右。虽然个别成交价格相对较低,但总体可以看出均衡价格在 5 元左右。

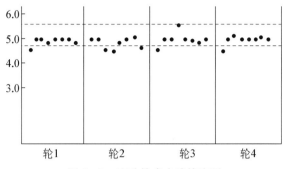

图 2 - 3 实验的成交价格序列

在对实验结果进一步的描述性分析中,选取市场效率、平均价格偏离、平均数量偏离等三个指标进行分析刻画。其中,市场效率是买方和卖方获得的剩余之和与理论最大总剩余的比值,能够衡量市场的有效程度,其计算公式如下:

$$E = \frac{\sum (MV_i - P_i) + \sum (P_i - MC_i)}{\varepsilon_i} \times 100$$

平均价格偏离是实际成交价格和理论均衡价格之差与理论成交数量的比值;平均数量偏离是实际成交数量和理论成交数量之差与理论成交数量的比值。它们能够分别描述实验市场交易中的交易价格和成交数量与理论的差距,以此刻画出实验市场的有效程度,它们的计算公式如下:

$$平均价格偏离 = \frac{实际成交价格 - 理论均衡价格}{理论成交数量}$$

$$平均数量偏离 = \frac{实际成交数量 - 理论成交数量}{理论成交数量}$$

实验对于三个分析指标的计算结果如表 2 - 2 所示,能够看出在全部四轮交易实验中,市场效率均为 100%,说明我们的实验很好地模拟了真实拍卖的交易,并取得了与理论分析相一致的结果。平均价格偏离均为负值,且在 -0.15 ~ -0.35 之间,说明四轮交易中实际成交价格略低于理论均衡价格;而平均数量偏离均为 0,说明四轮交易中实际成交数量与理论成交数量完全一致。

表 2 - 2 统计指标结果汇总

轮　　数	理论剩余	实际剩余			市场效率（%）	平均价格偏高	平均数量偏高
		买方剩余	卖方剩余	总剩余			
轮 1		17.5	13.7	31.2	100	-0.237 5	0
轮 2		18.35	12.85	31.2	100	-0.343 8	0
轮 3	31.2	16.95	14.25	31.2	100	-0.168 8	0
轮 4		17.15	14.05	31.2	100	-0.193 8	0

另一个例子是卡切尔迈尔和谢哈塔(Kachelmeir and Shehata,1992)的风险选择实验。他

们的原始数据是不同被试的等价彩票,这些彩票的中奖概率虽不同,但均能赢取相同的现金奖励,彩票的出售价格通过贝克尔、德格罗和马沙克(Becker,Degroot and Marschak,1964)提出的方法得出。在第一阶段,20个被试每个进行50次实验,原始数据由1 000个数字组成,

他们采用的主要的概括统计量是CE率,即确定性定价与期望价值间的比率,CE率通常取各参与者的平均值。从图2-4中可以看到,参与者在愿意出售低概率的彩票前会要求一个额外的酬金,但随着获奖概率的增加以及由高的现金奖励取代低的现金奖励,酬金会下降。

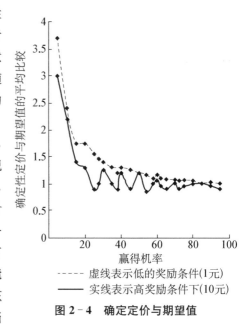

图 2-4　确定定价与期望值

数据的描述性分析需要做到以下几点:首先,要使观察者能清楚掌握数据中需进一步调查的规律(或无规律),图表能有效地反映出错误的数据,同样也能辨识出正确但不正常的数据。例如,总计数据(或概括性数据,summary data)能显示出在一个低的获奖概率下某一被试在风险选择实验中有着比其他被试更低的CE率。进一步的调查可能揭示出这一低均值是由于零出售价,这时你还应该检查是否已正确记录了价格,被试是否得到了恰当的指导等。

对数据定性分析的第二个目标便是指导随后的定量分析。例如,你想分析在双向拍卖市场上的理论均衡价格与实际价格之间的差异,但什么是正确的"实际价格"呢?是交易期中的平均交易价格还是最后的交易价格?或是出价与要价之间的中间值?类似图2-2、图2-3的概括性图表就能为你做出正确的选择提供基础,并显示其他选择是否能给出不同的答案。如果有一个好的描述性分析作基础,那么正式的统计推论就更加可信。

第三个目标是教学上的,如果一个图形演示或者一系列描述统计能使读者轻松地理解数据,那么他们就有兴趣来了解你的结论,并更好地评价它们的可信度。实验数据对于多数读者而言是新的和陌生的,所以描述统计就很有必要。有时,在实验中提出的重要问题能直接从概括统计或图形中得到回答。萨维奇(Savage,1954)将这种从明确的图形与概括统计量中得出结论的方法称为"目测外伤检验法"(interocular trauma test)。

二、统计推断与检验

本节介绍的是实验设计的最后一个步骤:数据分析方法设计,即如何将实验设计与某一种统计方法相联系,通过统计推断和检验回答最初所提出的研究问题。在得到数据后分析数据并运用数据检验理论假说的过程,即假设检验。究竟采用什么办法进行假设检验与实验设置设计密切相关。经济实验中所产生的数据与生活中的实地数据的根本区别在于数据的产生过程,而无论是实验数据还是实地数据,其处理工具都属于统计方法范畴。但实验数据在处理过程中相较于生活中的数据也有其特殊性。由于实验数据通常要比自然市场中的数据

价格昂贵,因此一般情况下实验数据的样本容量会比较小,进行非参数的检验往往成为无可替代的选择。下面结合案例介绍几种常用的非参数检验方法。

1. χ^2 契合度检验

χ^2 契合度检验用于检验某样本是否服从某种特定的分布。该检验的主要用途是根据观察值落入分布的各个区间的频率,判定被估计出来的模型是否与原始数据契合。

零假设 H_0:样本服从概率密度函数为 f 的分布。

备择假设 H_1:其他情况。

检验的统计量:

$$\nu = \sum_{i=1}^{k} \frac{(O_i - E_i)^2}{E_i} \sim \chi^2(k-1)$$

其中,O_i 为落入第 i 个类别的观察值的数量,E_i 为当零假设为真时预期落入第 i 个类别的观察值的数量,k 为被划分出的类别的数量。当显著水平为 α 且 $\nu > \chi_\alpha^2(k-1)$ 时,零假设被拒绝。

例1　某实验记录了 n 个实验参与者在多回合的重复对策中的序列决策。表 2-3 是所有实验参与者选择各种决策的总的频率。

表 2-3　实验参与者选择各种决策的频率

	A	B	C	D
1	25%	10%	50%	15%
2	25%	40%	25%	10%
3	50%	40%	0%	10%
4	0%	60%	20%	20%

表 2-3 中,A～D 是实验参与者可能的决策,1～4 是对策的回合。实验者除表中信息外,还掌握着描述实验参与者个体特征的其他信息,这些其他信息可以用向量 X_n 表示,代表第 n 个实验参与者。实验者得到了如下参数模型:

$$Y_{jk} = G(X_{1jk}, \cdots, X_{njk}, \theta); j = 1, \cdots, 4; k = A, \cdots, D$$

式中,下标 j 为对策的回合,下标 k 为实验参与者可能的选择,Y 为频率,$X_1 \sim X_n$ 为描述实验参与者特征的向量,而 θ 是参数向量。现在实验者需要评价参数模型 $G(\cdot)$ 能否很好地解释实验参与者在实验各回合做出各种不同决策的频率。我们可以运用 χ^2 契合度检验来回答这一问题:

(1)估计参数模型。根据观察值 $X_1 \sim X_n$,Y 得到参数向量 θ 的点估计 $\hat{\theta}$。

(2)根据估计量 $\hat{\theta}$ 和参数模型得到在各回合中所有实验参与者总的选择各种决策的频率的估计值(在这个例子中的"类别",就是表 2-3 中的各单元)。

(3)最后,计算统计量并将其与分布 $\chi^2(15)$ 相比较。

统计量 ν 只是渐进服从 χ^2 分布。当数据量较小特别是当实验者所划分的每个类别内的观察值少于 5 个时,实验者应适当合并类别以增加每个类别内的观察值数量。当类别数量和类别内的观察值数量都很少时,该检验的结果可能不准确。

2. 配对排列检验

配对排列检验是相对实验中检验实验效果的强有力的检验手段。该检验的零假设是在不同实验条件下所观察到的实验结果,其差异完全不是由实验条件的变化造成的。我们举例来说明配对排列检验方法。

例 2 实验者希望了解 A 和 B 两种市场机制下的平均交易价格有无显著差异。实验者采用了相对实验中的"同被试"设计方法来回答这一问题。实验者的具体做法是独立地征召 10 组实验参与者共进行 10 次实验,每次实验分别在 A 和 B 两种市场机制下让实验参与者进行交易。各组实验参与者究竟是先在 A 机制下交易还是先在 B 机制下交易,在实验开始前由实验者投掷硬币决定。我们用 H 表示参与者先在 A 机制下交易后在 B 机制下交易,用 T 表示参与者先在 B 机制下交易后在 A 机制下交易。表 2-4 为实验结果。

表 2-4 配对排列检验方法示例

参与者(组)	机制 A 下的 交易价格 P_A	机制 B 下的 交易价格 P_B	$P_B - P_A$
1(H)	13.2	14.0	0.8
2(H)	8.2	8.8	0.6
3(T)	10.9	11.2	0.3
4(H)	14.3	14.2	−0.1
5(T)	10.7	11.8	1.1
6(H)	6.6	6.4	−0.2
7(H)	9.5	9.8	0.3
8(H)	10.8	11.3	0.5
9(T)	8.8	9.3	0.5
10(H)	13.3	13.6	0.3
			均值:0.41

如果零假设为真,则市场机制的差别并不是造成价格差别的原因,交易价格上的差别完全来自各组实验参与者的差异和实施机制 A 和机制 B 的先后次序。以第 7 组实验参与者为例,他们先在机制 A 下交易、后在机制 B 下交易,两种机制下的价格差为 $P_B - P_A = 0.3$。如果该组参与者先在机制 B 下交易、后在机制 A 下交易,那么在价格差仅来源于实施机制 A 和机制 B 的先后次序的前提下,实验者预期得到的两种交易机制下的价格差为 $P_B - P_A = -0.3$。换言之,在零假设为真的前提下,各组参与者调换实施机制 A 和机制 B 的次序,所造成的交易价格差 $P_B - P_A$ 的变化仅体现在正负符号上。每组参与者实施机制 A 和机制 B 有两种次序,那么对 10 组参与者来说一共有 $2^{10} = 1\,024$ 种实施实验的可能。实验者在实验室中仅得到了其中一种实施方案的实验结果(表 2-4 中的结果)。对其他 1 023 种可能的实施

方案的结果,实验者可以在零假设为真的前提下进行推断:在某种可能的实施方案中,如果某组参与者实施 A 和 B 的次序与真的实验次序一致,则预期的价格差 $E(P_B-P_A)$ 与真实的实验结果一致;如果在该方案下某组参与者实施 A 和 B 的次序与真实的实验次序相反,则预期的价格差 $E(P_B-P_A)$ 与真实的实验结果符号相反。由此,实验者能得到该方案下的 10 个预期价格差的均值。这样,1 023 种方案下的 1 023 个预期平均价格差就构成了零假设下的取样分布。将实验中得到的平均价格差(表 2-4 中显示为 0.41)与其他的 1 023 个预期平均价格差相比较,实验者就得到了实验所得平均价格差在配对排列检验中的 P 值(P 值是在零假设为真的前提下,预期的平均价格差高于实验所得平均价格差的概率)。

在这个例子当中,1 023 个预期平均价格差当中仅仅有 3 个预期平均价格差高于 0.41,仅仅有 4 个预期平均价格差等于 0.41。实验者所实施的配对排列检验的 P 值为 7/1 024,约等于 0.7%。实验效果非常显著,实验者应当拒绝零假设。由于配对排列检验运用样本中的全部信息,在非参数检验方法中配对排列检验是检验强度较高的检验方法。配对排列检验的缺点是观察值的数量较大时该检验方法的计算负担较繁重。与配对排列检验方法类似、计算量又相对较小的非参数检验方法是 Wilcoxon 符号秩检验,有时该方法也被称作配对符号秩检验。Wilcoxon 符号秩检验只考虑实验结果差异的符号,并不记录实验结果差异的真实值。比如,在上面的例子里,实验结果显示 10 组参与者中 P_B-P_A 有 8 个正值,2 个负值。

除此之外,Wilcoxon 符号秩检验在零假设下均值差的取样分布的生成过程以及该检验的实施办法都与配对排列检验类似,这里就不详细介绍了。有兴趣的读者可以查阅西格尔和卡斯特兰的研究(Siegel and Castellan,1988)。由于 Wilcoxon 符号秩检验丢弃了样本中的部分信息,其检验强度要低于配对排列检验。

3. 中位数检验

中位数检验用于检验两个独立的样本是否具有相同的中位数。由于中位数检验不对两个独立样本背后的分布做出很强的假设,该检验适用范围很广,或者我们说该检验是稳健的检验。中位数检验的检验过程如下:首先,将两个独立样本合并,得到合并样本的中位数,然后构建表 2-5。

表 2-5　中位数检验法

	样本 I	样本 II
大于合并样本中位数的观察值数量	A	B
小于合并样本中位数的观察值数量	C	D
观察值数量	m	n

令观察值总量为 N,$N=m+n$,则取样分布的近似统计量为:

$$\nu = \frac{N\left[(AD-BC)-\dfrac{N}{2}\right]^2}{(A+B)(C+D)(A+C)(B+D)}$$

中位数检验的零假设为两个独立样本的中位数相同。在零假设为真的前提下,统计量 ν 服从分布 $\chi^2(1)$。样本容量越大,统计量 ν 近似效果越好。

Wilcoxon-Mann-Whitney 检验是与中位数检验相类似的非参数检验方法。Wilcoxon-Mann-Whitney 检验的强度要高于中位数检验的强度,但代价是 Wilcoxon-Mann-Whitney 检验要求更强的假设,比如两个独立样本所服从的分布的方差相同。关于 Wilcoxon-Mann-Whitney 检验的详细说明,参见前述西格尔和卡斯特兰的研究。

4. Jonckheere 检验

假设实验者从 k 个独立的总体中得到 k 个数据集,令第 i 个总体的中位数为 θ_i,Jonckheere 检验可用于检验下面的假设。

零假设 H_0:各总体的分布相同。

备择假设 H_1:各个总体的中位数不同,其次序为 $\theta_1 \leqslant \cdots \leqslant \theta_k$,且至少有一个不等式为严格不等式。

为进行 Jonckheere 检验,首先我们需要构建表 2-6。

表 2-6　Jonckheere 检验法

数据集 1 (中位数最低的数据集)	数据集 2 (中位数次低的数据集)	…	数据集 k (中位数最高的数据集)
$X(1,1)$	$X(1,2)$		$X(1,k)$
$X(2,1)$	$X(2,2)$		$X(2,k)$
…	…	…	…
$X(n_1,1)$	$X(n_2,2)$		$X(n_k,k)$

表 2-6 中各列由小到大排序,其中第 i 个数据集的观察值数量为 n_i。

按照以下三个步骤,我们可以得到 Jonckheere 检验的统计量 J^*:

(1) 对表中前 $k-1$ 列中的每一个观察值 $X(i,j)$,构造与其相对应的 $N(i,j)$。$N(i,j)$ 是第 $j+1$ 列至第 k 列中所有大于 $X(i,j)$ 的观察值的数量。

(2) 将 J 定义为所有 $N(i,j)$ 的和,$j \leqslant k-1$。

(3) 在零假设为真的前提下(各总体的分布相同),统计量 J 的取样分布的均值和方差分别为:

$$\mu_j = \frac{N^2 - \sum_{j=1}^{k} n_j^2}{4}$$

$$\sigma_j^2 = \frac{1}{72} \Big[N^2(2N+3) - \sum_{j=1}^{k} n_j^2(2n_j+3) \Big]$$

当样本容量较大时,统计量 $J^* = \dfrac{J - \mu_j}{\sigma_j}$ 近似服从标准正态分布。将统计量 J^* 与标准正态分布相比较,我们就可以得到检验结果。

如果检验结果拒绝了零假设,那么在备择假设的 $k-1$ 个不等式 $\theta_1 \leqslant \theta_2, \theta_2 \leqslant \theta_3, \cdots,$ $\theta_{k-1} \leqslant \theta_k$ 中至少有一个被违背。而究竟是哪个不等式被违背,我们无法从检验结果中得知。

第四节　经济学实验的报告

在详细思考了一些主要的经济学问题，并发现了如何在实验室中检验它们的方法之后，通过设计一系列恰当的实验，以及实验后对数据进行的系统分析，你在这整个过程中也许得到了很多结论，它们令人感兴趣，甚至令别人感到惊讶。但这还不是大功告成的时候，你仍然不能放松，因为你还需要把自己的研究成果介绍给同行。

如果实验结果的报道是草率的、令人混乱的，那么所有的辛苦工作可能就不会引起别人的重视，成果会付诸东流；如果你能有效地报道你的结论，也许就能帮助人们改变他们考虑问题的角度，自己也会有一种开拓新知识领域的成就感。如果能将自己的研究成果与他人有效地进行交流，也能增大你工作的社会影响与个人满足感。

本节将对如何有效地报道实验结果提出建议。我们着重强调对于学校实验经济学教学的实验报告的准备，但大部分建议同样能很好地运用到学术论文的写作、研讨会上的陈述、咨询报道或发表学术专著上。我们先讨论在一篇独立的实验报告中应该包括的研究的范围，接下来我们介绍组织报告常用的方法，并提出一些建议以使行文、表格、图形更完美。本节剩下的部分讨论了目前发布实验报告的规范要求。

一、准备工作（写作范围）

每一个作者，无论他是一个经济学家或是新闻记者或是物理学家，在动笔前都必须决定文章要涉及哪些内容以及探讨的深度。写作范围的确定对实验经济学家来说尤为困难，通常在初始实验阶段会得到一些令人疑惑的结论，所以就有必要进行更多后续阶段的实验。通常新的实验解决了一些疑问，但同时也会制造出同样多的疑惑，因而后续阶段的工作越多，新疑问也就越多，如此循环反复。这一过程最终的结束，或许是因为你解决了所有主要的疑问，或者（更可能）是由于你耗尽了时间、金钱或耐心。这时，你取得的手头资料可能远远超出了一篇实验报告的需要，但这些材料涵盖的范围对于要出版一本书而言则可能太狭窄了，因而，你不得不设法从自己的材料中选出一个子集来。

至于选择什么数据来报告，实验者必须在两个相互矛盾的目标中取得平衡。首先，要引起读者的兴趣并保持他们的注意力，这就需要集中在一个单独的问题上或是小范围的密切相关的问题上，因此你就会只想选择那些最直接相关的数据。其次，你往往又想精确和完整地介绍你的结论，尤其是你想避免选择的误差，这就需要实验报告覆盖较广的范围。

罗斯（Roth，1994）从利姆（Lim，1983）的研究中获得启示，他认为实验者在报道他们的结论时必须注意选择偏差。他主张在调查中把整个系列的实验处理作为一个独立的实验，他认为，如果对于实验的各个子系列也保持"实验"的命名，那么调查者可能会从他们进行的实验中有选择地进行报道,这样对整体而言可能产生不协调的结果。然而,罗斯同时也承认了这一观点的另一方面,他借用了在"组织科学"(conduct of science)中由美国国家科学委员会报道的罗伯特·米利根(Robert Millikan)与菲力克斯·艾伦哈夫特(Felix Ehrenhaft)的例子。在这个例子中,艾伦哈夫特(Ehrenhaft)报道了他从所有的数据和错误得出的结论:在自然界没有发现比电荷更小的单位。然而,米利根(Millikan)仅仅用了同一数据中那些他认为最好的数据系列来证明了电子的单一负荷,并凭此重大发现获得了诺贝尔奖。

那么如何解决数据选择的困境呢? 我们相信在时间与预算限制之下,实验者应改变处理变量并进行充分的重复实验,以获得合理范围的有效数据,并且需要理解数据的重要特征再对其进行分析。接着应该选择数据中最相关的部分做进一步深入的分析,当然这需要你确信选用的数据不会歪曲结论,然后才能进行。在所写的报告中,实验者应该简要而详细地描述自己对数据的选择过程,然后用大部分篇幅来分析选择好的数据,这样读者才能自己判断数据间的相关性,知道去哪里寻求进一步的证据。这些建议的确让实验者有压力,但我们认为,为了保证结果的科学有效性,这些压力是必需的。

有关报道范围的深度的决定同样也必须在各种相互冲突的要求之间取得平衡。首先,实验者可能想简要点,不想用不重要的细节来耗费读者的耐心。其次,实验者可能又想使读者能完全透彻地理解你所做的,以及如何得出结论的过程。许多读者可能对实验的方法并不像对计量经济学家采用的现场数据那么熟悉,如果忽略了太多的细节,有可能会使读者曲解实验者所做的工作。

做一些额外的工作,就能恰当地解决这一冲突。在报告中,实验者可以试着表达自己的方法的主要特征并忽略大部分细节。但在附录中,写下所采用的方法的充分的细节,以便使其他实验者在条件具备的情况下能够完全重复这种方法。这样做才能帮助后继者,使经济学的经验基础变得更加客观,同时加强了它的科学性。

二、行文逻辑

至于实验报告的行文架构,推荐采用与其他做实证研究的经济学论文大体一样的方式进行组织。在最近十年内,经济学的实证论文通常按如下方式组织。

第一部分:导言。阐述问题及背景信息,文献综述,论文的概要和结论。

第二部分:介绍相关理论,通常只需要一个简要的概述。

第三部分:数据与结果。

第四部分:结论与进一步的探讨。

实验者要面对一些其他实证经济学家通常忽略的解释性的问题,如果你在描绘实验环境前介绍理论,你就要为两者之间的差距进行说明。你可能更喜欢首先描绘你的实验环境、机制及处理方法,然后再说明与理解这些经济现象更为相关的理论模型。如果这些相关的理论尚未得到充分发展,这么做是特别有用的。数据与结果也需要详细的说明,因为通常实验的数据是新的,并且对于多数读者而言有一些方面他们并不熟悉。

在处理这些说明性的问题上,实验经济学家通常按如下方式修正前面所介绍的实验报告的基本组织方式。

第一部分:导言。阐述问题和背景信息,文献综述(可能涉及其他东西),实验的概要和结论。

第二部分:① 实验程序。介绍基本环境与机制、处理变量、实验设计、被试群等。② 相关理论。如果在导言中相关理论是清楚的,可放在①之前,也可以列出系列可检验的假设。

第三部分:① 描述性数据分析。包括图表与概括统计。② 推断数据分析。进行假设检验或者类似过程,如果结论在描述性的数据分析中是明显的,这个步骤可省略。

第四部分:结论与进一步的探讨。

附录对被试、原始数据数学推导、方法与统计细节等进行介绍。如果作者希望发表,可能还需要根据要求列出其他东西。

诚然,以上这一实验报告提纲主要是为了教学目的,实验经济学家对实验报告进行些许修改和完善,便可以形成一篇实验经济学论文。当一位实验经济学家真正面临文章投稿时,还是应当查阅一下那些与自己工作相关的、已发表的论文的组织形式,然后根据实际情况拟定一个大纲,并征询合作者或者同事的意见加以修订。

三、文章、表格和图像

经济学的实验报告对文笔的要求一般要高于许多其他实验性的科学,如心理学与生物学,因而许多经济学家要花大量时间使他们的语言顺畅完美。写得好的报告能多争取10%甚至更多的读者,所以多花点时间在写作上是值得的。在最后完成报告前一般要经过反复的修改,回答以下问题可能会对你撰写经济学实验报告有所帮助。

(1)我是否漏掉了读者需要用来理解这些句子或结果的信息?

(2)在这个观点上我是不是重复太多次了?

(3)是否可以重新安排段落或句子来更好地组织手中的资料?

(4)是否能改动句子以使第一次阅读的读者更容易理解这些内容? 读者是否会因为过多的没必要的向前或向后的参考降低阅读的速度?

(5)有没有更适当的或更生动的方法来表达这一观点?

好的写作是一门艺术,对于大部分经济学家(包括我们自己)而言都不可能一蹴而就,但我们可通过多练习来提高,通过阅读经济学专家的文章并吸取他们的建议来提高自己的写作水平。

许多读者一般会先浏览一下文章,然后停下来更多地去关注表格、图形。细心的读者更是看重图形与表格,因此实验报告能否成功在很大程度上取决于图形与表格的质量,如果能将图表处理得简单易懂,报告大多能得到很好的评价。在修饰图表时,问问自己类似于行文时的问题,例如,这一表格的第五行与第六行表达了什么有用的信息吗? 一个单独的图形是否有助于澄清这一基本的观点? 这幅图是不是线条太多? 等等。

四、实验操作的书面化和可复制性

在《新帕尔格雷夫经济学大词典》中有关实验经济学的词条的开头,史密斯(Smith,1987)就解释了为什么我们学科的进步要依赖实验者能重复他人的工作。作为一名实验经济学家,你有责任将你的工作转化为文字资料,从而使你所做的工作能被重复。根据你的文件资料以及其他必要的方法,比如如何得到被试或特定的软件,其他具备条件的实验经济学者就能完成基本与你相似的实验,更进一步,他甚至还可以用与你同样的方法来处理他的原始数据。

要达到这一标准,四种类型的文献资料是必需的:

第一,有关被试的。保存给被试的书面的或电子版的实验指南,还要保存如何、什么时候以及在哪里雇用并训练被试的记录。有可能的话还要保存给予被试现金报酬的记录。

第二,有关实验室环境的。保存软件与特定材料的复本,还要有详细的所使用计算机硬件的描述(这是至少的),以便实验室环境能被重新布置出来。

第三,有关原始数据的。保存所有有效数据的电子副本或复印件,包括时间与环境的记录,比如实验室日志。

第四,有关数据处理的。保存所使用的特定方法的记录,如使用 Stata、R 语言、Python 等方法处理欲在实验报告中呈现的数据等。当完成计划的项目后,应该考虑把实验数据放到公共档案室。一些基金机构,比如美国国家科学基金就要求这样做。在美国,许多人使用高校的政治与社会科学研究共同体(ICPSR)保存的美国社会科学数据的国家档案。当然有些期刊在作者文章公开发表时也会将原始数据以及数据处理的操作过程公布在网页中供读者参考。

五、项目管理

除了一些有经验的实验者,大部分初次尝试经济学实验的人刚开始时往往会对如何进行实验计划、组织实验、数据分析、口头与文字的陈述与文献资料的整理感到束手无策,多数人或多或少会根据上述顺序来开始和结束这些事情,但中间会有相当多的重叠。我们通过回答一些可能存在的疑惑,来给出我们在项目管理上的一些建议。

首先,什么时候对外介绍自己的实验成果?一般只要有了合理的、有代表性的有效数据集(如没有明显的虚假信息),就应该开始对数据进行分析,而一旦你获得了一个有趣的结论,就应该考虑把它发表出来。通常当完成实验报告的第一稿时,就可以选择在一些非正式的场合向自己的同事或好友做最初的口头陈述,并不需要等到有了完美的结论以后才这么做,否则你会失去吸取朋友或同事的建议的机会。

其次,实验成果是应集中在一篇长报告里还是分散到几篇短报告里呢?通常易犯的一个错误就是把太多资料放在一篇单独的报告中,当然我们也不否认存在另一种错误。要记住实验报告的范围是由涉及的问题决定的,而不是由实验的数目决定的。基本上,这是一个判断的标准,在不确定的情况下可以征求一下合作者的意见。

再次,应该什么时候发布实验报告呢? 经济学实验报告采取的标准与其他类型的实验科学是一样的。如果你不确定是否能将实验报告拿出来发布,不妨阅读一下哈默梅什(Hamermesh,1992)的文章或向值得信赖的同事和朋友征询一下意见。

最后,还有一个问题就是什么时候公开实验的资料数据,让其他实验者也能够使用呢? 目前的惯例是一旦你开始公布你的结论工作底稿或实验报告,就要提供除原始数据外的所有资料以满足需求,但业界在是否公布原始数据方面仍未达成一致。一些实验者在第一次公布结果两年后才会发布这些内容,另一些学者则要求在发表任何东西前就要公布相应的原始数据。作为首次实验的人为获得数据付出了代价,所以自然有优先使用的权利,但是,只有当数据能够得到学者之间相互的证实,能让其他调查者重新检验并能在学生的培训中加以运用,才能真正实现社会的整体利益。我们希望这能成为一个传统:在实验报告发布时就公布数据,或者在主要实验完成的一年内公布数据。

参考文献

[1] Becker G M, Degroot M H, Marschak J. Measuring utility by a single-response sequential method[J]. Behavioral Ence, 1964.

[2] Hamermesh D S. The young economist's guide to professional etiquette[J]. Journal of Economic Perspectives, 1992, 6(01):169 – 179.

[3] Isaac R M, Walker J M, Williams A W. Group size and the voluntary provision of public goods: Experimental evidence utilizing large groups[J]. Journal of Public Economics, 1994, 54.

[4] Kagel J H, Levin D. The winner's curse and public information in common value auctions[J]. American Economic Review, 1986, 76.

[5] Lim S S, Prescott E C, Sunder S. Stationary solution to the overlapping generations model of fiat money: Experimental evidence[J]. Experimental Economics, 1994, 19(02):255 – 277.

[6] Milgram S. The dilemma of obedience[J]. Phi Delta Kappan, 1974, 55(09):603 – 606.

[7] Parameswaran R, Box G E P, Hunter W G, et al. Statistics for experimenters: An introduction to design, data analysis, and model building[J]. Journal of Marketing Research, 1979, 16(02):291.

[8] Roth A E. Let's keep the con out of experimental econ: A methodological note[J]. Empirical Economics, 1994, 19(02):279 – 289.

[9] Savage L. The foundations of statistics[M]. John Wiley, 1954.

[10] Shehata K M. Examining risk preferences under high monetary incentives: Experimental evidence from the people's republic of China[J]. American Economic Review, 1992, 82(05):1120 – 1141.

[11] Siegel S, Nash J. Nonparametric statistics for the behavioral sciences (2nd ed.)[J]. Social Service Review, 1988, 33(01):99 – 100.

[12] Smith V L, Review A E, Duflo E. Experimental economics: Induced value theory[J]. American Economic Review, 1976(66):274 – 279.

[13] Smith V L. Experimental methods in economics (ii)[M]. The New Palgrave Dictionary of Economics. 2018.

[14] Smith V L. Microeconomic systems as an experimental science[J]. American Economic Review，1982，72(05)：923 - 955.

[15] 戴平生.用实验方法研究市场理论[J].统计与决策,2003(04)：12 - 13.

[16] 丹尼尔·弗里德曼,山姆·桑德.实验方法：经济学家入门基础[M].曾小楚,译.北京：中国人民大学出版社,2011.

[17] 道格拉斯·D.戴维斯,查理斯·A.霍尔特.实验经济学[M].连洪泉,左聪颖,译.北京：中国人民大学出版社,2013.

[18] 杜宁华.实验经济学第五讲：假设检验[EB/OL].[2020 - 05 - 25].http://www.docin.com/p - 597019700.html.

[19] 高鸿桢.实验经济学导论[M].北京：中国统计出版社,2003.

[20] 黄海新.多物品双向拍卖的机制设计与模糊博弈理论的研究[D].东北大学,2011.

[21] 金雪军,杨晓兰.实验经济学[M].北京：北京经济学院出版社,2006.

[22] 景秀.双向拍卖与明码标价交易制度的绩效比较——实验经济学的研究[J].市场周刊(理论研究),2011(09)：84 - 86.

[23] 李翔.基于实验经济学的信息定价效率研究[J].财经问题研究,2011(05)：11 - 18.

[24] 梅林海,蔡永刚.基于实验经济学方法的环境外部性问题研究[J].中国市场,2010(27)：116 - 118.

[25] 任甲振.汇率泡沫在实验性外汇市场中的解释[D].江苏大学,2007.

[26] 盛玉林.大学生就业市场信号传递实验研究[D].江苏大学,2006.

[27] 孙慧荣.风险态度与汇率泡沫相关性的实验经济学研究[D].江苏大学,2007.

[28] 孙慧荣.实验经济学的研究方法与应用[J].商场现代化,2007(27)：393.

[29] 王能.购买力平价理论的实验检验[D].江苏大学,2007.

[30] 武志伟,陈莹.电子商务模式与传统交易模式的比较研究——来自实验经济学的证据[J].软科学,2013,27(12)：120 - 125.

[31] 约翰·H.卡格尔,埃尔文·E.罗斯.实验经济学手册[M].贾拥民,陈叶烽,译.北京：中国人民大学出版社,2015.

[32] 周星.发展中的实验经济学[M].厦门：厦门大学出版社,2006.

附录　双向拍卖实验

一、实验的基本情况介绍

双向拍卖是实验室交易制度中最为常用的制度,也是经济学实验中所惯常采用的、与有组织的证券和商品交易所特征相似的交易制度,其实验设计基本规则如下：当拍卖开始时,任何买方可以从低到高自由出价,任何卖方也可以从高到低自由要价。只要一方中有人接受另一方的叫价,两者便可以达成交易。每一次交易一个商品,然后再开始新一轮的叫价,可以有多个交易期,交易价格总是介于初始出价和初始要价之间。在整个交易过程中,价格信息是公开的。双向拍卖实验可以实现交易价格快速向竞争均衡汇聚,以检验市场供求均衡数量和价格的形成过程。

本实验建立一个由买方和卖方构成的市场,交易的商品没有具体的名称,用"单位"来衡量。商品交易将分为四轮,每一轮讨价还价过程确定的价格将决定被试的盈利水平。最后,盈利水平排在前三位的交易者将获得学分或现金的奖励。

本实验意在检验完全竞争市场均衡的形成,特别是在一个由同质商品、有限交易者组成的无进出壁垒、不完全信息的实验室条件下能否实现竞争市场的均衡。实验设计者试图通过均衡价格、均衡成交量、市场效率等指标对市场均衡的行程进行判别。

1. 人员配备和责任

(1) 拍卖组织者:负责宣读指导和组织拍卖。

(2) 记录员 1 和 2:负责在黑板上记录成交价格。

(3) 记录员 3 和 4:负责在成交记录表上记录成交数据并核对每一个交易者的盈利(成交记录表见附件一)。

(4) 巡视员 5 和 6:向买卖双方发放信息卡,维持市场秩序和纠正违规行为(买卖双方信息卡示例见附件二)。

2. 被试

本实验募集的被试共 16 人,通过抽签的方式随机分为买方和卖方,买卖双方均为 8 人,买方编号为 B1、B2、B3、B4、B5、B6、B7、B8,卖方编号为 S1、S2、S3、S4、S5、S6、S7、S8。

3. 交易规则和激励

本实验设置如表 2-1 所示的市场参数,分别表述每单位商品对买者的价值和对卖者的成本。

卖方面临的市场规则有如下三点:

(1) 盈利的计算规则。

如同卖方信息卡(附件二),卖方盈利为成交价格与该单位商品的生产成本之差。

(2) 叫卖规则。

① 卖方叫价必须大于等于该单位商品的成本。

② 在每一轮的叫价中,只有该卖者的第一单位商品卖出后,才能将第二单位商品进行交易。

(3) 信息卡的填写方式。

① 信息卡填写本人姓名和学号。

② 成交价格和利润的汇总。

类似地,买方面临的市场规则有如下三点:

(1) 盈利的计算规则。

如同买方信息卡(附件二),买方盈利为可接受价格与成交价格之差。

(2) 叫卖规则。

① 买方买价必须小于等于该单位商品的可接受价格。

② 在每一轮的叫价中,只有该买者购买了第一单位商品后,才能参加第二单位商品的竞买。

(3) 信息卡的填写方式。

① 信息卡填写本人姓名和学号。

② 成交价格和利润的汇总。

实验的具体交易规则如下：

（1）交易将按照轮次进行，每一轮买方和卖方都可以举手要求参加竞价，在拍卖主持者点到你时，报出你的身份（信息卡的编号）和报价。

（2）每一个买方的报价必须高于前一个买家的报价，买方的报价必须低于前一个卖家的报价。

（3）每一轮无人报价时即告结束。

激励方式：通常实验采用的激励为现金激励，一般包含固定的出席费和实验拍卖所得报酬兑换的"提成"。因本实验是大学校园中的示范性实验，与学生的课程相结合，采取依据被试拍卖所得进行排名给予相应学分的方式作为激励。

4. 实验流程

实验中对交易按照下面的次序进行：首先由主持人解释买方和卖方的盈利计算方法，其次主持人介绍叫卖和购买的规则。在实验的交易市场中，每一名被试都可能是一个卖者或买者，被试可以根据其承担的角色来获取相关的信息。本实验采用多对多的拍卖形式，使买卖双方失去各自在单向拍卖中的相对优势，使买卖双方之间的关系变成一种平等的供求关系。交易规则和奖励方式介绍完毕后，进入答疑环节，由被试对不清楚的地方或有疑问的地方进行提问，随后进入正式的交易环节。

二、描述性分析

1. 均衡价格和均衡成交量

根据记录下来的每轮交易中所有的成交价格，将其绘制成如图 2-2 所示的散点图，实验组织者可以直观地看到买卖双方通过双向拍卖机制，将商品的均衡价格稳定在 5 元左右。虽然有个别成交价格相对较低，但总体可以看出均衡价格在 5 元左右。

2. 市场的供给—需求曲线

根据表 2-1 所示的市场参数，分别在坐标轴上刻画出每单位商品对买者的价值和对卖者的成本，并将每单位商品对买者的价值的点联结形成市场的供给曲线，将每单位商品对卖者的成本的点联结形成市场的需求曲线。所绘制的市场供给—需求曲线如图 2-1 所示。实验组织者可以直观地看到供给曲线和需求曲线的均衡点在 4.8～5.5 之间，这与每轮交易中的成交价格相近。

不仅如此，我们也可以看到，图 2-2 的成交价格散点图也很好地解释了图 2-1 供给—需求曲线所形成的市场均衡。这证明本场双向拍卖实验成功地模拟了真实的拍卖市场，与理论预期相符，形成了市场均衡。

三、统计推断

本实验的分析中，选取市场效率、平均价格偏离、平均数量偏离三个指标进行分析刻画。

市场效率是买方和卖方获得的剩余之和与理论最大总剩余的比值，能够衡量市场的有效程度，其计算公式如下：

$$E = \frac{\sum (MV_i - P_i) + \sum (P_i - MC_i)}{\varepsilon_i} \times 100$$

平均价格偏离是实际成交价格和理论均衡价格之差与理论成交数量的比值；平均数量偏离是实际成交数量和理论成交数量之差与理论成交数量的比值。它们能够分别描述实验市场交易中的交易价格和成交数量与理论的差距，以此刻画出实验市场的有效程度。它们的计算公式如下：

$$\text{平均价格偏离} = \frac{\text{实际成交价格} - \text{理论均衡价格}}{\text{理论成交数量}}$$

$$\text{平均数量偏离} = \frac{\text{实际成交数量} - \text{理论成交数量}}{\text{理论成交数量}}$$

本实验对于三个分析指标的计算结果如表 2 - 2 所示，能够看出在全部四轮交易实验中，市场效率均为 100%，说明我们的实验很好地模拟了真实拍卖的情况，并取得了与理论分析相一致的结果。平均价格偏离均为负值，且在 -0.15 ～ -0.35 之间，说明四轮交易中实际成交价格略低于理论均衡价格；而平均数量偏离均为 0，说明四轮交易中实际成交数量与理论成交数量完全一致。

四、结论与讨论

双向拍卖机制设计决定了市场出清的规则，而市场出清规则又会对资源配置的公平与效率、价格发现过程、价格反映价值的程度、市场交易信息、市场流动性等市场微观结构问题产生重要影响。通过双向拍卖实验，可以实现交易价格快速向竞争均衡汇聚，以检验市场供求均衡数量和价格的形成过程。

通过本次试验，我们在实验室中模拟了双向拍卖市场，证明了实验室有可能实现完全竞争市场均衡，这说明市场均衡实现的条件比理论假设更为宽松。

通过双向拍卖实验，可以引申出经济学中的"史密斯之谜"。"史密斯之谜"指的是双向拍卖能够稳定而快速地收敛到竞争均衡。2002 年诺贝尔经济学奖获得者弗农·史密斯（Vernon Smith）首次进行有关双向拍卖的实验，结果发现即使在买卖双方都很少，供求信息不充分的情况下，双向拍卖市场都能达到新古典经济学所预测的竞争均衡，随后大量的实验验证了此结果。而后，大量的文献中将双向拍卖的这个特性定义为"史密斯之谜"。虽然"史密斯之谜"仍然是实验经济学中争论的焦点之一，但这与影响均衡实现的条件有关。比如被试的拍卖经验以及其自身的经济学知识，都能够促进市场价格更快地向均衡价格靠拢。

但是这样的实验也不是完美无缺的，实验实施的过程中仍旧存在一些问题。比如说，被试的选择和分组随机性不充分；不能保证现行的激励方式对每一位被试的激励程度相同；在正式实验开始前没有实施测试性实验；四轮的实验轮数略显偏少；等等。为了解决这些问题，实验组织者可以改进实验方案，例如，将实验方式从教室的手工实验改进为实验室的计算机实验，或是尝试不同市场结构进行多次实验。

附件一　成交记录表

双向拍卖成交记录
(第×轮)

买方报价(Bids)	卖方报价(Asks)	买方报价(Bids)	卖方报价(Asks)
……	……	……	……

注:根据具体实验设计进行记录表行数扩展。

附件二　买卖双方信息卡示例

(一) 买方信息卡示例

双向拍卖买方信息卡(仅以 B1 为例)

组号:B1　姓名:

第一轮

单　位	可接受价格	成交价格	利　润
1	8.5		
2	1.5		
总　计			

第二轮

单　位	可接受价格	成交价格	利　润
1	5.7		
2	4.3		
总　计			

第三轮

单　位	可接受价格	成交价格	利　润
1	8.7		
2	1.3		
总　计			

第四轮

单　位	可接受价格	成交价格	利　润
1	5.5		
2	4.5		
总　计			

（二）卖方信息卡示例

双向拍卖卖方信息卡（仅以 S1 为例）

组号：S1　姓名：

第一轮

单　位	成　本	成交价格	利　润
1	1.6		
2	9.2		
总　计			

第二轮

单　位	成　本	成交价格	利　润
1	4.8		
2	6.0		
总　计			

第三轮

单　位	成　本	成交价格	利　润
1	1.8		
2	9.0		
总　计			

第四轮

单　位	成　本	成交价格	利　润
1	4.6		
2	6.2		
总　计			

第三章 拍卖实验

第一节 引言

一、概述

狭义上,拍卖可理解为具有一定适用范围并附加特殊规则的市场交易类型;从广义上来看,拍卖反映了市场经济价格均衡机制及资源配置的内在过程和本质机理。拍卖是一种具有悠久历史的交易方式。古罗马时期的拍卖十分频繁,并且已经有了比较正式的规模。古罗马的军队之所以能征善战,部分也是因为士兵在战场上的战利品归个人所有,并且能够以拍卖的方式出售给跟随军队的商人。

早期的拍卖主要是针对那些供给缺乏弹性的商品,如奴隶、古董和艺术品。随着时代的发展,运用拍卖方式进行交易的商品范围越来越广,诸如放松管制的公共服务市场、排污权的配置、通过网络拍卖销售的多种多样的标的物等。拍卖提供了一种机制,即不需要中间人就可以确定价值。当想交换的一方(如卖方)对另一方的标的物的估价不确定时,拍卖就被广泛地采用,在没有中间商的情况下,它保持了最简单和最熟悉的价格决定方式。普遍认为,在维克里(Vickrey)于 20 世纪 60 年代初对拍卖理论做出开创性研究后,以弗农·史密斯等为代表的一批实验经济学家,以实验研究为基础并偏重于制度与行为分析,对拍卖实验的发展做出了重要的探索与贡献。

二、拍卖的分类

进行拍卖理论的研究,首先需要明确的就是拍卖究竟有哪些方式。维克里在 1961 年的论文中,从拍卖标的物的价值形式角度提出了拍卖的划分方式,据此拍卖被划分为两种类型,即私人价值拍卖(private value auctions)和共同价值拍卖(common value auctions)。在私人价值拍卖情况下,竞拍人确切地知道标的物对于他们的价值,但是不知道标的物相对于其他竞拍人的价值;在共同价值拍卖情况下,标的物的价值对每个人都是一样的,但是不同的竞拍人对标的物的未标明的价值有不同的估价。其中私人价值拍卖又分为独立私人价值拍卖和相关私人价值拍卖,独立私人价值拍卖是指个人的估值不受对其他竞拍者的心理价值的了解的影响;而相关私人价值拍卖是指个人的估值往往会受到他人的影响。

其次,维克里也从拍卖的制度形式将拍卖划分为四种基本类型,分别是英式拍卖(English auction)、荷式拍卖(Dutch auction)、一价密封拍卖(first-price auction)和二价密封拍卖(second-price auction)。

英式拍卖和荷式拍卖属于公开拍卖。其中英式拍卖是一种增价拍卖,在拍卖过程中拍卖标的物的竞价按照竞价阶梯由低至高,依次递增,当到达拍卖截止时间时,出价最高者成为竞买的赢家(即由竞买人变成买受人)。拍卖前卖家可设定保留价,当最高竞价低于保留价时,卖家有权不出售此拍卖品。荷式拍卖也属于公开拍卖,亦称"减价式拍卖"。即拍卖标的物的竞价由高到低依次递减直到第一个竞买人应价(达到或超过底价)时成交的拍卖。减价式拍卖通常从非常高的价格开始,再以事先确定的降价阶梯,由高到低递减,直到有竞买人愿意接受为止。

一价密封拍卖和二价密封拍卖都是"密封"(sealed)式拍卖。所谓密封式拍卖,是指卖主在核定标的物的底价之后将底价密封,然后再进行拍卖,各出价人将各自的报价密封后投入标箱内,相互之间不知道报价是多少,在密封拍卖中出价是同时而非序贯的。其中一价拍卖的特点是最高报价者的中标价即为最高报价。在竞价过程中,竞买人不知道参加竞拍的总人数及标的价格,通常竞买人的出价往往会比自己的估价要稍低一些。二价密封拍卖中,竞买者同样以密封的形式独立出价,商品也出售给出价最高的投标者。但是,获胜者只需支付所有投标价格中的第二高价即可,所以它被称为二价密封拍卖,也被称为维克里拍卖(Vickrey,1961)。

再次,按照拍卖市场的结构,拍卖也可以分为两种形式:单向拍卖(one-sided auction)与双向拍卖(double auction)。单向拍卖是十分普遍的一种拍卖方式,即拍卖是以一对多的方式进行,或者一个卖方对多个买方,或者一个买方对多个卖方,我们在上文所讨论的都属于单向拍卖。双向拍卖则是从实验室里诞生出来的概念,它是指这样一种制度:整个实验的信息是完全公开的,实验开始后,卖方由高到低出价,买方则由低到高出价,直至双方达到价格均等后成交,之后再进行新一轮的叫价,如此循环,直到所有交易期全部结束。运用双向拍卖制度,可以实现交易价格向理论上的出清价格迅速靠拢。

最后,按照买卖方所处的地位划分,拍卖还可以分为正向拍卖与逆向拍卖。正向拍卖以卖方为主,买方自由竞价,是传统意义上的拍卖。逆向拍卖则以买方为主,卖方自由竞价。另外,还有很多拍卖形式难以准确划分,如多项目拍卖、结合拍卖、多属性拍卖等(见表3-1)。大多数(非实验的)拍卖都同时具有私人估价因素和共同价值因素,而且也可以采用许多不同的方式来拍卖标的物,其中一价密封拍卖和英式拍卖是最普遍的方式。

表 3 - 1　拍卖的分类

分类标准	类　型	细分内容	特　点
标的物价值	私人价值拍卖	独立私人价值拍卖	个人的估值不会受到他人的影响
		相关私人价值拍卖	个人的估值往往会受到他人的影响
	共同价值拍卖	—	标的物的价值对每个人都是一样的
制度形式	公开拍卖	英式拍卖	公开增加拍卖,出价最高者获胜
		荷式拍卖	公开减加拍卖,第一个应价者获胜
	密封拍卖	一价拍卖	密封出价,出价最高者以最高价购买
		二价拍卖	密封出价,出价最高者以第二高价购买
拍卖市场结构	单向拍卖	英式、荷式、一价、二价	以一对多的方式进行
	双向拍卖	连续型拍卖	多对多,只要买方报价高于卖方出价就立即交易
		间隔型拍卖	多对多,每隔一段时间判断是否有交易发生
买卖方所处地位	正向拍卖	—	以卖方为主,买方自由竞价
	逆向拍卖	—	以买方为主,卖方自由竞价
其他类型	讨价还价拍卖	—	一种缺乏规则的广义上的拍卖形式
	明码标价拍卖	—	形式规范的拍卖,买者对价格无影响力
	多属性拍卖	—	一种新的以买方为主的电子采购模式

第二节　私人价值拍卖的实验研究

一、公开拍卖:英式拍卖与荷式拍卖

1. 英式与荷式拍卖成交价格分布特征的理论估计

由于制度设计的问题,英式拍卖与荷式拍卖在结果上是有所不同的:英式拍卖由于出价人能够知道他的竞争对手的有关信息,所以能够实现资源的最优配置,即帕累托最优;而在荷式拍卖中,由于出价人对其他竞争对手的信息一无所知,所以荷式拍卖无法保证帕累托最优的必然实现。但是,我们只是从逻辑分析的角度说明了这一问题。1961 年,维克里(Vickery,1961)建立了"独立私人价值模型",在模型假设条件的基础上,他提出了与英式拍卖和荷式拍卖的成交价格有关参数的公式(见表 3 - 2)。显然,维克里认为英式拍卖与荷式拍卖具有相同的平均成交价格,但是英式拍卖的成交价格方差 V_e 大于荷式拍卖的成交价格方差 V_d。

表 3-2 维克里对英式与荷式拍卖成交价格特征的参数假设

拍卖类型 \ 参数	成交平均价格	成交价格方差
英式拍卖	$P_a = \dfrac{(n-1)d}{n+1}$	$V_e = \dfrac{2(n-1)d^2}{(n+1)^2(n+2)}$
荷式拍卖		$V_d = \dfrac{(n-1)^2 d^2}{n(n+1)^2(n+2)}$

注:表中 n 表示参加实验的人数,d 表示标的物对投标者价值的区间。
资料来源:高鸿桢(2003)。本小节有关图表数据的资料来源相同。

2. 相关的实验研究

科平杰(Coppinger)、史密斯(Smith)与提图斯(Titus)基于维克里的理论估计设计了实验(见表 3-3),他们的实验研究思路如下:如果实验得出的英式与荷式拍卖的成交价与理论上的均衡价格相近(误差在统计学的范围以内),或者仅仅只是两种拍卖的价格相等,那么可以得出结论,认为英式拍卖与荷式拍卖的成交价格是相等的。此外,我们还需要验证英式拍卖与荷式拍卖各自成交价的分布是否相同。我们首先提出原假设:

$$H_0 : p_e^* = 0, p_d^* = 0$$
$$H_0^1 : E P_e = E P_d = m$$
$$H_0^2 : \text{var}(P_e) > \text{var}(P_d)$$

其中,P_e 是英式拍卖的成交价,P_d 则是荷式拍卖的成交价;若设 P^0 为理论的均衡价格,则可得:$p_e = P_e - P^0$,$p_d = P_d - P^0$,且 $p_e^* = E P_e$,$p_d^* = E P_d$。

规则如下:实验共有 6 局,每局中又分为不同的时段,在各自连续的时段中安排了不同类型的拍卖实验。在第二局中,设计者安排了 15 个时段的测试,即先进行 5 个时段的英式拍卖,再进行 5 局的荷式拍卖,再进行 5 局英式拍卖。实验共有 48 名被试,8 人为一组,分为 6 组。被试者的初始禀赋(即拍卖品对各拍卖者的价值)随机确定,设定一系列公差为 1.5 元的价值,再将这些价值随机分配给各个出价人。需要指出的是,考虑到私人价值拍卖的特性,出价人只能知道自己的价值是多少,而无法获得别人的价值信息。实验进行时,若为英式拍卖,则初始报价为低于最高价值 1.5 元的某个价格,然后以此为基础累进;若为荷式拍卖,则初始报价为高于最高价值 2.0 元的某个价格,然后以此为基础递减。

表 3-3 实验规则

局数 \ 拍卖类型	荷 式	英 式	荷 式	英 式
1	—	10	—	—
2	—	5	5	5
3	10	—	—	—

（续 表）

局 数 ＼ 拍卖类型	荷 式	英 式	荷 式	英 式
4	5	5	5	—
5*	—	12	12	12
6	12	12	12	—

实验的结果如图 3-1 所示。从图中我们可以发现，英式拍卖的成交平均价格要高于荷式拍卖。但是在第 5 局与第 6 局中，我们却发现英式拍卖制度下的成交价格并没有超过荷式拍卖制度下的成交价格（见表 3-5）。进一步分析发现，其实英式拍卖的成交价格与前 4 局相比并没有变化，而荷式拍卖的成交价格却提高了。这是为什么呢？在第 5 局与第 6 局中，科平杰、史密斯和提图斯对实验有一个特殊的规定：所有参加这两局的被试者的价值是从一个更大的集合中随机抽取的，这个集合共包括 100 个元素：{0.10 元，0.20 元，……，9.90 元，10.00元}，实验的 8 名被试者的价值就从这 100 个元素中抽取，而不再是公差为 1.5 元的等差数列。他们估计正是因为这个差异才有了后两局成交价格的差异。

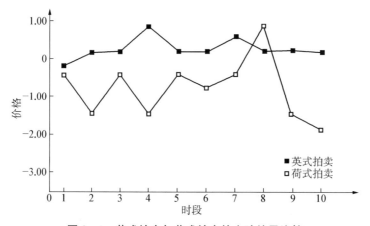

图 3-1　英式拍卖与荷式拍卖的实验结果比较

与表 3-3 对应，在表 3-4 与表 3-5 中，我们按照实验的顺序列出了科平杰、史密斯和提图斯实验中的成交价与理论价格的价差和价差的方差，以及在第 5 和第 6 两局中的实验成交价的平均值和实验成交价的方差。

表 3-4　英式拍卖与荷式拍卖的实验结果比较

局 数 ＼ 数 据	荷式拍卖		英式拍卖		荷式拍卖		英式拍卖	
	价差	方差	价差	方差	价差	方差	价差	方差
1	—	—	0.106	0.029 5	—	—		
2	—	—	−1.10	0.643 9	−1.40	0.30	0.45	0.137 5
3	−0.80	0.677 8	—	—	—	—		
4	−1.50	1.875	−0.50	0.968 8	−1.20	1.575		

（续 表）

数据 局数	荷式拍卖 价差	荷式拍卖 方差	英式拍卖 价差	英式拍卖 方差	荷式拍卖 价差	荷式拍卖 方差	英式拍卖 价差	英式拍卖 方差
5	—	—	0	0.003 6	0.233	1.598 8	0.038	0.016 0
6	0.383	3.19	0.017	0.032 0	−0.050	0.764 5	—	—

注：价差＝实验成交价格－理论价格；方差指价差的方差。

表 3-5　第 5 局与第 6 局中英式拍卖与荷式拍卖的实验结果比较

数据 局数	荷式拍卖 平均值	荷式拍卖 方差	英式拍卖 平均值	英式拍卖 方差	荷式拍卖 平均值	荷式拍卖 方差	英式拍卖 平均值	英式拍卖 方差
5	—	—	7.08	3.272	7.83	1.515	7.688	2.704
6	7.42	1.083	7.68	1.627	7.67	0.469 7	—	—

注：平均值即各局实验成交价的均值；方差指平均值的方差。

依据以上数据，实验设计者可以检验原假设 H_0^1 与 H_0^2。例如，从表 3-5 我们不难发现，在两局共 72 个时段的实验中，荷式拍卖的方差总是小于英式拍卖的方差，这就初步证明了原假设 H_0^2。进一步的检验结果如表 3-6 与表 3-7 所示。显然，通过以上实验，实验证明了维克里提出的原假设的正确性。

表 3-6　原假设检验(1)

原假设 检验	英 式	荷 式
	$H_0^1: EP_e = EP_d = \dfrac{(n-1)d}{n+1} = 7.78$	
实际值	$\overline{P_e} = 7.496$	$\overline{P_d} = 7.639$
t 检验	$t_e = -1.06$	$t_d = -0.83$
结 论	假设成立	假设成立

注：该检验以表 3-6 中第 5、第 6 局数据为基础，表中 d 为第 5、第 6 局中的价值区间，即 $d=10$，n 为参加实验人数，即 $n=8$，表 3-7 同。

表 3-7　原假设检验(2)

原假设 检验	英 式	荷 式
	$H_0^2: V_e = \dfrac{2(n-1)d^2}{(n+1)^2(n+2)} = 1.728\,4$	$H_0^2: V_e = \dfrac{(n-1)^2 d^2}{(n+1)^2(n+2)} = 0.756\,2$
实际值	$S_e = 2.444$	$S_d = 0.994$
χ^2 检验	$\dfrac{f_e \cdot S_e^2}{1.728\,4} = 50.90 < \chi^2_{0.975} = 52$	$\dfrac{f_d \cdot S_d^2}{0.756\,2} = 46 < \chi^2_{0.975} = 52$
结 论	假设成立	假设成立

注：f_e 与 f_d 即 χ^2 检验中的自由度。由于检验以第 5、第 6 局的数据为基础，故 f_e 与 f_d 即为这两局的时段数减 1，即 $f_e = f_d = 12 \times 3 - 1 = 35$。

二、四种拍卖方式比较

(一) 基准点模型

各国的学者基本上都是在基准点模型的假设条件下,来研究各种拍卖方式的均衡问题的(谢安石、李一军,2004)。符合以下四项假设的模型就是基准点模型:① 出价人是风险中性的(risk neutral)。② 每个出价人能够获得其他出价人的出价信息,但是他们却无法获得各个出价人各自对标的物的真实估计价值,即私人价值假设。③ 所有出价人的估价是独立同分布的随机变量,且拍卖参与者——出价人和卖方都了解这个分布函数。④ 支付是报价的函数。

在以上假设条件下,我们可以发现,在一价密封拍卖中,出价人总是在事先不知道其他出价人的投标价格的时候出价,而且出价最高的投标者以其出价中标;荷式拍卖由高到低拍卖的方式也使得出价人在出价时无法获知其他出价人的出价情况。因此,我们可以得出以下结论:荷式拍卖与一价密封拍卖在策略上是等价的。此外,在基准点模型的假设条件下,还可以得到其他一些结论:① 二价密封拍卖与英式拍卖是等价的;② 英式拍卖与二价密封拍卖能够实现帕累托最优的结果;③ 所有的四种拍卖方式给出价人所带来的期望回报是相同的。

(二) 四种拍卖方式比较的实验研究

实验者共设计了12局拍卖实验,其中前6局由一价、二价密封拍卖组成,第7局到第12局则分别设计了不同的赋值规则。即标的物对实验被试者的价值采取了不同的指定方式,这种设计是为了避免其他因素对实验结果的影响。实验主持者之后将实验结果用图表表示出来,然后用该图表与英式、荷式拍卖的实验结果做比较,并同时采用统计学方法进行检验。在检验中,先假设一价、二价密封拍卖与英式、荷式拍卖有类似的理论估值公式。之后,利用实验数据采用χ^2检验与t检验进行假设验证,整个过程与之前的英式、荷式拍卖实验类似。

实验后记录的图表显示,二价密封拍卖与英式拍卖的成交价格在记录图上的落点类似,而一价密封拍卖与荷式拍卖的成交价格在记录图上的落点则不能够在合理的范围内重合。这就从定性的角度说明了一价密封拍卖与荷式拍卖不完全相似。随后,维克里从统计上的数据分析也发现一价密封拍卖的成交平均价要超出t检验的临界值,从实验上验证了理论推论。科平格(Coppinger,1980)与科克斯(Cox,1982)也做了类似的实验,发现一价密封拍卖的成交价要高于荷式拍卖的成交价。他们的实验与维克里实验的差别在于实验中的不同时段采用了不同人数的被试。此外,在实验中,设计者还安排了一个配对比较,即在对实验被试者赋予价格不变的条件下,改变其他实验制度,从而得出不同的结论(见表3-8)。

表3-8 荷式拍卖与一价密封拍卖的价格差异

人 数	一价密封拍卖	荷式拍卖	价格差异
3	2.36	1.98	0.38
	2.60	2.57	0.03

（续　表）

人　数	一价密封拍卖	荷式拍卖	价格差异
4	5.42	4.98	0.44
	5.86	5.68	0.18
5	9.15	8.72	0.43
	9.13	8.84	0.29
6	13.35	13.25	0.10
	13.09	12.89	0.20
9	31.02	30.32	0.70

注:表中数值为一价密封拍卖与荷式拍卖的成交价格,在每一人数条件下的两个数值(9人除外)表示在不同的实验制度条件下的配对比较结果。价格差异=一价密封拍卖价格-荷式拍卖价格。

如表3-8所示,荷式拍卖的成交价总是要低于一价密封拍卖的成交价。此外,科克斯在实验中发现,当人数 n 等于3时,一价密封拍卖的成交价要略微高于理论模型预测的均衡成交价格,而荷式拍卖的成交价格则要略微低于模型预测的成交均衡价格;当人数 n 大于3时,无论是一价密封拍卖或者是荷式拍卖,实际的实验成交价格都要高于理论模型预测的成交价格。科克斯还发现,一价密封拍卖与荷式拍卖在拍卖的效率上也有所不同。按照垄断效率指标,一价密封拍卖达到了88%的帕累托效率,荷式拍卖的效率则为80%。科克斯(Cox,1982)提出了两种解释。一种解释认为在一价密封拍卖制度中,出价人互相"怀疑"彼此的出价,而在荷式拍卖中,出价人却需要"等待"最后的出价,而正是"怀疑"与"等待"对出价人心理的影响产生了不同的成交价;另一种解释则认为,在荷式拍卖中,随着时间的推移价格不断降低,如果始终没有人出价,出价人就会在这个过程中不断调整自己的价格估计,并且往往容易错误地认为自己最初的定价过高,从而使得最终的成交价偏低。

三、私人价值拍卖结果的影响因素

(一) 出价人数

IPV模型的一个基础假设就是在一价密封拍卖条件下,随着投标者人数的增加,拍卖的成交价格将会上升。如果出价人的风险偏好是连续的,即出价人对风险的厌恶程度随着实验规则的变动而连续变化,当不告知投标者参加实验的人数时,产生的拍卖成交价要高于告知投标者这一信息时产生的成交价。若投标者的风险厌恶程度是连续的,我们就说投标者的风险偏好符合相对连续风险厌恶模型(Constant Relative Risk Aversion,CRRA)。

科克斯在1988年所做的实验证明了这一点。在科克斯设立的模型中,引入了风险厌恶系数 r,系数 r 随着风险厌恶程度的增加而增加。当 $r=0$ 时,即意味着风险中性,对于所有的理性人来说,r 始终小于等于1。引入 r 之后,在CRRA模型下的一价密封拍卖出价公式变为:

$$b(x) = \underline{x} + \frac{n-1}{n-r}(x - \underline{x})$$

其中,$\underline{x}$ 为赋予出价人价值区间的下界;n 为拍卖实验参与人数;$b(x)$ 为 CRRA 理论顶测的出价人出价。Cox 设计了人数分别为 3,4,5,9 的实验。在一价密封拍卖的制度下,对各实验的结果进行分析后发现,在信息状况相同的情况下,$n=3$ 时的系数 r 要远低于其他情况下的 r 值,而 $n=9$ 时的系数 r 则要远高于其他情况下的 r 值。

虽然科克斯的实验说明了一价密封拍卖中随着人数的增加,拍卖成交价会增加,但是我们仍然可以怀疑,被试有可能不是出于在 IPV 模型中假设的策略变化的原因,而只是出于对于环境改变的本能反应而增加了他们的报价。因此,凯格尔等(Kagel et al.,1993)在 1993 年又做了一个比较实验:实验包括了一价、二价、三价密封拍卖三种制度,并采用人数不同的出价人分别在不同的拍卖制度下投标,分别记录他们的投标价格作为比较。显然,如果出价人只是因为对环境改变的本能反应才提高了报价,那么在二价、三价密封拍卖中,他们的报价也将提高。否则根据 IPV 模型假设,出价人在不同的拍卖制度下将采取不同的拍卖策略,所以三种拍卖的实验结果将是不同的。

表 3-9 列出了实验的结果。从表中我们不难发现,在一价密封拍卖中,所有的投标者都增加了他们的报价,并且平均增加了 0.65;然而在二价密封拍卖中大部分的出价人却没有增加他们的报价,平均报价下降了 0.04;在三价密封拍卖中,甚至有 46% 的出价人降低了他们的报价,平均报价下降了 0.40 之多。显然,通过凯格尔的实验,证实了 IPV 模型假设的正确性,即投标者的投标策略与 IPV 模型预测的报价公式相吻合。进一步地,结合科克斯的实验结果,我们可以推测,出价人对风险厌恶程度的变化至少是一价密封拍卖的报价高于模型预测水平的原因之一。

表 3-9　被试者数量变动结果比较

所有拍卖结果				前 50% 的拍卖结果			
被试者的平均出价变化 ($n=5$ 与 $n=10$ 的比较)			平均出价金额变动(标准差)	被试者的平均出价变化 ($n=5$ 与 $n=10$ 的比较)			平均出价金额变动(标准差)
拍卖种类	增加	减少	无变化[a]		增加	减少	无变化[a]	
一价拍卖	10	0	0	0.65[b](0.11)	10	0	0	1.22[b]
二价拍卖	2	3	5	−0.04(0.08)	3	1	6	0.02(0.04)
三价拍卖	16	18	5	−0.40[c](0.17)	11	23	5	−0.86[b](0.26)

注:a. 表示数据在 0.05 元范围内视为无变化。
　　b. 表示在 1% 的水平下显著于 0。
　　c. 表示在 5% 的水平下显著于 0。
资料来源:John H. Kagel;Alvin E. Roth(1995).

(二)关联私人价值拍卖

关联私人价值拍卖(Auctions with Affiliated Private Values)描述了一种很常见的现象:在某个拍卖中,如果有一个出价人报出了出乎寻常的高价,则很有可能会导致别的出价人报出更高的价格。在关联私人价值拍卖中,每个出价人都知道标的物对自己的价值,但是如果有一个出价人的价值偏高,则可能会导致所有出价人的出价都偏高。

凯格尔等人对关联私人价值拍卖也提出了相应的公式。凯格尔的模型也是建立在维克里的 IPV 模型下的:假设标的物的价值 x_0 是从某一个区间 $[\underline{x}, \overline{x}]$ 中随机获得的,当 x_0 给定之后,出价人的价值 x 就从区间 $[x_0-\varepsilon, x_0+\varepsilon]$ 中随机给出。在引入了拍卖的人数 n 之后,当标的物的价值 x_0 未知时,RNNE 下的投标价格函数就从

$$b(x) = x - \varepsilon + Y$$

变为:

$$b(x) = x - \frac{2\varepsilon}{n} + \frac{Y}{n}$$

而当 x_0 已知时,投标价格函数就变为:

$$b(x, x_0) = (x_0 - \varepsilon) + \frac{n-1}{n}[x - (x - \varepsilon)]$$

在 IPV 模型下,我们可以这样推测关联私人价值拍卖的形成:因为每个出价人都被赋予不同的价值,如果信息是对称的,则当拥有高价值的出价人报价时,拥有低价值的出价人就会提高他们的报价以赢取拍卖,而低价值出价人的这种行为反过来又会刺激高价值出价人的报价,从而最终导致了较高的成交价格。那么,低价值与高价值的分界线在哪里呢?哈尔斯塔(Harstad,1987)等人提出了这样一个界限,当出价人的价值低于这一界限时,他们就有可能在 x_0 已知时提高他们的报价,即产生关联私人价值拍卖。这一界限记为 $C(x_0)$:

$$C(x_0) = x_0 + \left[\frac{n-2}{n}\right]$$

为了验证这一结论,哈尔斯塔等人也设计了有关实验。实验的设计大致是这样的:将出价人按照他们所获得的价值分为三组,分别为:

$$x < x_0, \quad x_0 \leqslant x \leqslant C(x_0), \quad x > C(x_0)$$

然后进行两类实验,公布标的物价值的实验,投标者出价记为 $b(x, x_0)$;不公布标的物的实验,投标者的出价记为 $b(x)$。 实验的结果如表 3-10 所示。

由表 3-10 可知,当投标者的价值小于标的物的价值时 ($x < x_0$),有 66.8% 的出价出现了 $x < x_0$ 的情况,即公布了标的物价值的出价要高于不公布标的物价值时的出价,而当投标者的价值小于 $C(x_0)$ 而高于 x_0 时 $[x_0 \leqslant x \leqslant C(x_0)]$,情况与 $x < x_0$ 时的情况类似:有 67.0% 的出价出现了 $x_0 \leqslant x \leqslant C(x_0)$ 的情况。然而当投标者的出价高于界限 $C(x_0)$ 时,情况就发生了很大的变化:只有 38.2% 的出价出现了 $x > C(x_0)$ 的情况。

显然,在实验中当投标者的价值低于 $C(x_0)$ 这一界限时,出现了十分明显的关联私人价值拍卖。实验进一步向我们说明了出现关联私人价值拍卖的原因:公共信息的披露(标的物价值的公布)将使得出价人之间相互影响,从而令部分投标者报出高价,并导致了最终成交价格的升高。

表 3‒10　关联私人价值拍卖实验结果

出　价　＼　投标者价值	$x < x_0$	$x_0 \leqslant x \leqslant C(x_0)$	$x > C(x_0)$
$b(x, x_0) > b(x_0)$	66.8%	67.0%	38.2%
$b(x, x_0) = b(x_0)$	27.3%	17.0%	18.2%
$b(x, x_0) < b(x_0)$	5.9%	16.0%	43.6%
总出价数	183	106	55

资料来源：Kagel, Harstad and Levin (1987).

（三）价格信息对私人价值拍卖的影响

价格信息对拍卖的过程与最终的拍卖成交价有着十分重要的影响。价格信息包括许多种，例如，是公布所有人的出价信息，还是公布分段的出价均值及其比重，或是不公布所有的出价信息以及是否公布出价者的个人信息如姓名等。这些不同的信息公布方式都可能会影响拍卖的最终结果。

伊萨科和瓦尔克(lsaac and Walker,1985)研究了价格信息对私人价值的影响。他们将信息公布分为两种形式：完全信息与局部信息。在完全信息条件下，实验主持者向被试者公布所有的出价信息及出价者的编号；在局部信息条件下，实验主持者则只公布上一局中投标成功的出价及出价者的编号。他们设计了一个有 4 名出价人参与的实验，实验共分为 25 局，在一价密封拍卖的制度下，分别按照完全信息与局部信息制度进行实验。结果显示，局部信息条件下的最终成交价格要高于完全信息条件下的成交价格，但这两种类型的实验效率却没有明显的区别。

产生这种区别可能有两种原因：首先，在完全信息条件下出价人在获得信息后，能够通过分析估计自己被赋予的价值是否较低，从而能够减少那些过于冲动的投标行为。其次，在不公布信息或者信息不完全的情况下，出价人往往需要一段时间来研究别人的投标策略，并且在不知道他人策略的情况下，出价人还往往会在很短的时间内出价，而正是这种冲动的投标行为，才容易造成出价的偏高。在完全信息条件下，出价人不用花费时间与成本去分析这些因素，因为所有的信息中已经包括了这些要素。

我们注意到，完全信息与局部信息是两种区别很大的价格信息公布制度，那么当只有较小的信息变动时，实验结果又会发生怎样的变化呢？巴特利奥(Battalio,1990)等人研究了在这种条件下成交价格的特征。他们设计的实验是这样的：在一价密封拍卖中只公布最高的成交价格信息或者公布最高的三个出价信息，并且将这两种实验制度设计在由 5 人组成的团体与 10 人组成的团体中分别进行测验。实验结果显示，与伊萨科和瓦尔克所做的实验结果不同，他们的实验结果中两组实验成交价格的区别很小，这说明区别较小的信息公布制度对拍卖的结果影响是比较小的。

（四）经验对一价密封拍卖的影响

在 IPV 实验设计中，我们还需要关注另一个重要的影响因素——被试的经验对实验结果的影响。史密斯和瓦尔克(Smith and Walker,1993)做实验分析了这种影响,在实验中他们将被试分为两组:一组为有经验的被试,这些被试都已经至少参与过 2 次类似的实验;另一组则为第一次参加拍卖实验的无经验被试。实验结果清晰显示,有经验的被试出价要高于无经验的被试。史密斯认为,出现这种结果的原因是随着被试参与次数的增加,他们对风险的厌恶程度也不断上升,从而使得出价不断升高。因为随着被试参与次数的增加,他们所获得的奖励也越来越多,这使得他们更加担心风险的增加会使他们失去已经获得的奖励。

戴尔(Dyer)的实验由 3 名无经验的出价人组成,他发现随着时间的推移,出价人的出价出现了系统性的下降。戴尔还进一步发现随着实验局数由一轮增加到两轮或者三轮,实验被试的报价出现了进一步的下降,这说明被试在第二或者第三轮实验中逐步完成了他们对规则与实验环境的适应。凯格尔分析了戴尔和史密斯实验的相关数据发现,出价人的经验与其出价之间不是一种线性的关系,而更多的是一种非线性的关系。

第三节　共同价值拍卖的实验研究

一、共同价值拍卖与赢者诅咒

本书涉及的共同价值拍卖都是指单一单位拍卖,即单一标的物卖给许多相互竞争的竞拍人,或者是许多卖者相互竞争以获得提供单一标的物的权利。在纯粹共同价值拍卖中,标的物的事后价值对所有竞拍人都是一样的。虽然竞拍人在竞价时不知道标的物的价值,却知道与标的物价值相关的信号价值。由于竞买人的经验、信息分析能力以及信息渠道的不同,引起竞价人的信息至少存在一些不对称性。由于大家对拍品价值的判断不同,因此乐观的投标人就会高估标的物的价值,从而导致未来收益的现值低于预期收益。也可以说,由于竞拍者对标的价值的错误估计,获胜者虽然拍到了物品,但实际上的收益却是负值。这样的情况在拍卖中被称为"赢者诅咒"。

赢者诅咒的概念最初是由卡彭、克拉普和坎贝尔(Capen,Clapp and Campbell,1971)提出来的。这三个人是石油工程师,他们认为 20 世纪 60 年代和 70 年代石油公司的 OCS 租赁销售收益率每年都出乎意料的低,并且他们认为造成低收益率的原因是获胜的竞拍人忽视了所提供的获胜信息,即竞拍人天真地把他们的竞价压在标的物的无条件可预测价值上(他们自己估计的价值)。尽管这个价值一般是正确的,却忽视了这样一个事实,即仅当你的估计正好是所有竞价中最高的(或者是最高竞价之一),你才会获胜。但是如果按照类似的竞价策略与许多对手竞争,就意味着获胜时你对租赁的估价是超值估价。除非在构建竞价策略时就考虑到这个逆向选择效果,否则就会导致这样一种情况,即竞价虽然取胜却产生低于正常水平的利润甚至是负的利润。由于逆向选择而造成的制度性失灵通常被称为赢者诅咒:你获胜了,但你却输掉了钱,这就是你的诅咒。

威尔逊(Wilson,1977)是最早给出第一价格共同价值拍卖的纳什均衡解的经济学家。米尔格罗姆和韦伯则在威尔逊的模型的基础上,进行了非常有意义的扩展和一般化。对于风险中性竞拍者而言,如果信号位于区间 $x+\varepsilon \leqslant x < \bar{x}-\varepsilon$ 上,那么他的纳什均衡出价函数为:

$$b(x)=x-\varepsilon+Y$$

其中 Y 为一个负指数,当 x 变得大于 $x+\varepsilon$ 时,Y 可以忽略不计。

在共同价值拍卖中胜出的竞拍者通常是对被拍卖的物品和估价最高的竞拍者(或者是对被拍卖物品估价最高的若干竞拍者之一)。定义 $E[x_0|X=x_1]$ 为被拍卖的物品的预期价值(给定信号价值最高的那个竞标者)。这样一来,度量胜出的竞拍者受"赢者诅咒"之害的程度就有了一个便利的指标,因为在信号价值最高的竞拍者总是胜出的拍卖中,高于 $E[x_0|X=x_1]$ 的出价肯定会导致负的预期利润的出现。更进一步地,即便出价与信号价值之间的相关性为零,只要其他人的出价都高于 $E[x_0|X=x_1]$,那么高于 $E[x_0|X=x_1]$ 的出价也会导致负的预期利润的出现。以此而论,如果信号价值最高的竞拍者频繁在拍卖中胜出,而且相当多的竞争对手也给出了高于 $E[x_0|X=x_1]$ 的出价,那么出价高于 $E[x_0|X=x_1]$ 的竞拍者很可能获得负的预期利润。

众多学者的研究指出,赢者诅咒经常出现在有共同价值的拍卖中。密封投标拍卖的获胜者往往会失败,即获得的对象价值将低于支付的价格,中标者已成为"赢者诅咒"的牺牲品。现阶段,我们在国债、房地产、公共服务、矿产资源等市场的产品交易中越来越多地采用拍卖的形式。在拍卖中,由于竞买人往往不知道标的物的真实价值,同时每个竞买人掌握的标的物的信息不同,导致每个竞买人对标的物的估价可能是不一样的。在实际拍卖中,每个竞买人都试图估计标的物的真实价值,如果某个竞买人悄悄地得知了其他竞买人的估价,那么他就有可能调整自己对标的物的估价。竞买人的主观估价与标的物的实际价值之间的误差,经常会导致赢得标的物的竞买人实际上却亏本,即赢者诅咒现象的发生。如果所有的竞标者都是理性的,赢者诅咒现象就不会发生,所以在市场机制的背景下出现赢者诅咒现象就构成了一种反常现象。赢者诅咒现象的结果使得屡买屡亏的竞买人不再相信拍卖制度,最终会导致市场失效。因此,探究赢者诅咒现象发生的原因并探索降低和避免赢者诅咒的方法,对于理解非正常的市场机制以及提高拍卖市场的效率至关重要。

二、赢者诅咒的实验研究

(一) 不同拍卖形式中的赢者诅咒

1. 一价共同价值拍卖

巴泽曼和萨缪尔森(Bazerman and Samuelson)最早在实验室中证明了赢者诅咒现象。他们在以波士顿大学的 MBA 作为被试进行的一价密封拍卖中,发现获胜者对标的物的平均竞价高于标的物的真实价值。巴泽曼和萨缪尔森还探讨了讨价还价拍卖中的赢者诅咒问题,比较了存在货币激励和没有货币激励情况下博弈结果的差异。他们在研究中发现,在这两种情况下有超过 90% 的被试遭受了赢者诅咒,对于期望价值小于零的标的物,绝大多数参与者给出了正报价。

波士顿大学的工商管理学硕士生在课堂上参与了 4 个一价密封拍卖。竞拍人对 4 个商品进行估价，这 4 个商品分别是装有以下物品的 4 个瓶子：800 个 1 美分的硬币，160 个 5 美分的硬币，每个价值 4 美分的 200 个大纸夹以及每个价值 2 美分的 400 个小纸夹。竞拍人不知道每个瓶子值 8 美元（竞拍人对商品的价值而不是对商品本身竞价）。除了他们的竞价外，竞拍人还给出了他们对商品价值最接近的估计，置信区间是估价上下 90％ 的波动范围。对于每个拍卖中真实价值最接近的估价将给予 2 美元的奖励。结果显示，对 4 个商品的平均估价是 5.13 美元（比真实价值低 2.87 美元）。正如作者所认为的那样，低估会降低赢者诅咒发生的概率和力度。与平均估价相比，获胜的平均竞价是 10.01 美元，这就导致了赢的平均损失为 2.01 美元。

由没有经验的竞拍者参加的拍卖实验的结果表明，"赢者诅咒"现象非常普遍，因此而破产的被试比比皆是。表 3－11 给出的数据说明了这一点。在前 9 轮拍卖中，平均利润为 −2.57 美元，而风险中性纳什均衡预测值则为 1.90 美元，而且在全部拍卖轮次中，仅有占比 17％ 的轮次观察到了正利润。显然，不能用"运气太差"来解释这一结果，因为全部出价中占比 59％ 的出价、最高出价中占比 82％ 的出价能高于 $E[x_0 \mid X = x_1]$。更进一步地，全部被试中，占比 40％ 的人最后都落到了破产离场的境地。对于没有经验的被试来说，"赢者诅咒"几乎是无法避免的，在各种各样的实验设置中都观察到了这种现象（Kagel et al., 1989；Lind and Plott, 1991）。此外，当被试来自不同的群体时，也观察到了"赢者诅咒"现象，甚至在由来自建筑业的职业竞拍者参加的实验中也是如此（Dyer, Kagel and Levin, 1989b）。

表 3－11　没有经验的被试参加一价密封拍卖的前九轮拍卖中的利润与出价

实　验	正利润拍卖所占的百分比	实际平均利润（t－统计量）	SRNNE 下的平均预测利润（S_m）[a]	竞价 b_i 超过 $E(V \mid S_i = s_1)$ 的百分比	高信号持有者中标的百分比	高竞价 b_i 超过 $E(V \mid S_i = s_1)$ 的百分比	破产的百分比 c
1	0.0	−4.83（−3.62）**	0.72（0.21）	63.4	55.6	100.0	50.0
2	33.3	−2.19（−1.66）	2.18（1.02）	51.9	33.3	88.9	16.7
3	11.1	−6.57（−2.80）*	1.12（1.19）	74.6	44.4	88.9	62.5
4	11.1	−2.26（−3.04）**	0.85（0.43）	41.8	55.6	55.6	16.7
5	33.3	−0.84（−1.00）	3.60（1.29）	48.1	44.4	88.9	50.0
6	22.2	−2.65（−1.53）	2.55（1.17）	67.3	66.7	100.0	33.3
7	11.1	−2.04（−2.75）*	0.57（0.25）	58.5	88.9	66.7	50.0
8	11.1	−1.40（−2.43）*	1.59（0.34）	51.9	55.6	55.6	16.7
9	44.4	0.32（0.30）	2.37（0.76）	35.2	88.6	66.7	16.7
10	0.0	−2.78（−3.65）**	3.53（0.74）	77.2	66.7	100.0	20.0
11	11.1	−3.05（−3.35）**	1.82（0.29）	81.5	55.6	88.9	37.5
平均 b	17.2	−2.57	1.90	59.4	59.6	81.8	41.1

注：a. S_M 平均值的标准差；b. 实验中所有市场期的比例；c. 每次实验中以拍卖次数加权。另外，* 5％ 的显著性水平下，双侧检验；** 1％ 的显著性水平下，双侧检验。

资料来源：Kagel, Levin, Battalio and Mayer（1989）。

2. 二价共同价值拍卖

林德和普罗特(Lind and Plott, 1991)对他们自己的发现提出疑惑:虽然存在"赢者诅咒",但是风险中性纳什均衡对实验数据的拟合程度在所有模型中最高。同时他们也提出了一个猜测:"由于目前没有成熟的风险厌恶(第一价格)共同价值拍卖理论模型,因此进一步的研究有点困难。如果风险厌恶倾向在共同价值中的影响与在私人价值拍卖中一样,都体现在抬高出价函数上面,那么风险厌恶倾向也许能够解释一些不解之谜。"二价拍卖实验为检验他们的猜测提供了极佳的机会。

卡格尔、莱文和哈尔斯塔德(Kagel, Levin and Harstad, 1994)研究了第二价格共同价值拍卖中的公共信息的影响,同时检验了上述比较静态预测结果。他们采用一个固定效应回归模型,对有 4~5 个竞拍者的拍卖与有 6~7 个竞拍者的拍卖进行了比较,结果发现,有适度经验的竞拍者不会对竞争对手数量的增加做出反应。这直接违背了纳什均衡的预测。不过,这种结果与假设竞拍者无法克服只是想要赢得拍卖就会出现的逆向选择问题的幼稚出价模型的预测是一样的。

在竞拍者人数为 4 或 5 的拍卖中,通过公布最低信号价值 x_L 的取值而发布的公共信息使平均收益提高了 16%(这是相对于对称性纳什均衡的预测结果而言的,但是与通常水平相比并不显著)。与此形成鲜明对照的是,在竞拍者人数为 6 或 7 的拍卖中,通过公布 x_L 的取值而发布的公共信息却使得平均收益减少了 4.00 美元(与通常水平相比,这种下降幅度是显著的,因为对称性纳什均衡模型的预测结果是,平均收益将上升 1.80 美元)。与一价拍卖中发生的情况类似,在这里,公共信息提升收益水平的能力似乎取决于"赢者诅咒"所带来的最糟糕的结果能否被有效地消除,这方面的差异导致在竞拍者人数为 4 或 5 的拍卖中,竞拍者可以获得的平均利润为正;而在竞拍者人数为 6 或 7 的拍卖中,竞拍者却只能得到数额不低的负利润。

3. 不对称信息情况下的赢者诅咒

存在不对称信息状况的拍卖中,部分竞拍者比其他竞拍者拥有更多的关于 x_0 的信息。丹·莱文和卡格尔在实验中随机地抽取出一位竞拍者,让其确切地了解被拍卖的物品的准确价值(内部人),而且这一信息是所有竞拍者的共同知识。至于其他的竞拍者(局外人)则像通常的对称信息拍卖实验中一样,可以获得私人价值信号。在这样一个拍卖中,拥有内幕信息的竞拍者面临的是一个纯粹的策略性问题:如果能够赢得拍卖,那么出价越低,自己可以获得的利润越高;但是,假设其他竞标者也会给出有一定竞争力的出价(即其他竞标者的出价总是不低于 $x-\varepsilon$),那么他自己出价越低,赢得拍卖的机会也就越小。至于那些不拥有内幕信息的竞标者,则仍然会遭受"赢者诅咒"的伤害,唯一不同之处在于,他们现在要与一个确切知道被拍卖物品价值的内幕人士竞争。

在这样一种拍卖环境下,不拥有内部信息的竞拍者既然知道存在内幕人士,就应该会在出价时更保守一些,从而缓解或消除"赢者诅咒"现象。如果这一猜测是正确的,那么就有助于解释在实验室之外的真实世界的拍卖是如何避免逆向选择问题的,因为许多以具有共同价值的物品为拍卖物的市场(如二手车市场)的信息结构都是不对称的。

萨缪尔森和巴泽曼(Samuelson and Bazerman, 1983)较早地对信息不对称情境下个体的竞价行为进行了研究。其研究发现,在信息不对称的拍卖情境中,谈判的买方往往会错误地考虑卖方行为中所包含的信息,从而忽视了卖方对所有买方的出价所具有的选择性接受

(selective acceptance)的权利,因而导致他们使用了次优的竞拍策略,最后得到一个消极的收益(比如"赢者诅咒")。

信息不对称经常会使个体陷入赢者诅咒的陷阱之中。罗尔等(Roll et al.,1986)的研究发现,那些拥有信息多且信息处理能力强的个体受到赢者诅咒的影响就比较小,而那些信息处理能力较差的个体,即使他们拥有与别人相同的信息,他们也不能有效地减少赢者诅咒带来的损失。亨德里克斯和波特(Hendricks and Porter,1988)研究指出,在近海油气田的租赁拍卖中,由于信息的不对称性,拍卖中赢家的出价远高于租赁协议的实际价值。罗尔(Roll,1986)、查尔斯(Charles)和罗杰(Roger,2000)的研究也发现,在审计信息平等对称的前提下,那些参与者往往可以做出相似的审计决策,而在信息不对称的情境下,那些拥有信息优势的个体倾向于做出更为合理的决策。也就是说,那些信息丰富的一方更容易避免赢者诅咒带来的损失。在竞价情境中,信息的不对称性导致了竞价者竞价决策的差异性,但是个体处理信息的能力对个体的决策结果的影响也不容忽视。

表 3-12 给出了由没有经验的竞拍者参加的一系列非对称信息拍卖实验的最高出价数据,同时给出了由源于同一被试群体的被试参加的相对应的对称信息拍卖实验的相关数据。表 3-12 只给出了没有内幕信息的竞拍者在非对称信息拍卖实验中的最高出价数据。从表 3-12 可知,无论 ε 取哪个值,没有内幕信息的竞拍者的利润都是负值,而且显著地低于零,这说明在非对称信息拍卖中,"赢者诅咒"依然大量存在。更进一步地,竞拍者的出价一般都高于被拍卖的物品的取决于能否胜出拍卖的预期价值,这又说明了他们只能得到负的利润的原因,并不在于他们没有很好地理解 x_0 的取值。从实验结果来看,内幕竞标者的出现似乎并没有使不拥有内幕信息的竞拍者实质性地调低了自己的出价,因为与相应的对称信息拍卖相比,不拥有内幕信息的竞拍者的信号价值与出价之间的差异变小了一些,同时平均损失则反而变得更大了。

表 3-12　非对称信息一价拍卖与对称信息一价拍卖:竞拍者无经验

	$\varepsilon=6$				$\varepsilon=12$			
	实际利润[a]	折扣$(x-b)$[a]	信号价值最高的竞标者赢得拍卖所占的百分比[b]	$b_1>E[x_a\mid X=x_1]$的频率[b]	实际利润[a]	折扣$(x-b)$[a]	信号价值最高的竞标者赢得拍卖所占的百分比[b]	$b_1>E[x_a\mid X=x_1]$的频率[b]
非对称信息拍卖[c]	−3.67 (0.46)	−0.46 (0.53)	61.5 (8/13)	100.0 (12/12)	−2.71 (0.98)	−47.72 (0.89)	70.8 (17/24)	87.5 (21/24)
对称信息拍卖	−3.38 (0.91)	−0.89 (0.780)	33.3 (5/15)	80.0 (12/15)	−0.61 (0.85)	−6.67 (0.65)	63.6 (28/44)	65.9 (29/44)
非对称信息拍卖与对称信息拍卖的差异	−0.29 (1.07)	0.43 (0.99)	28.2	20.0	−2.10 (1.32)	1.95 (1.10)	7.20	21.6

注:竞标者人数 $n=7$。表中只给出了最高出价者的数据。a 表示均值,圆括号内的数则是平均值相对应的标准差。在非对称信息拍卖中,平均利润取决于不拥有内幕信息的竞标者能否赢得拍卖。b 表示均值,圆括号内的数是拍卖的轮次。c 表示只包括不拥有内幕信息的竞标者的数据。

资料来源:Kagel 和 Levin(1992)。

（二）赢者诅咒的影响因素

1. 竞价商品价值的不确定性

商品价值的不确定性程度是影响赢者诅咒的重要因素。在共同价值拍卖中，竞价者出价的主要依据就是被拍卖商品的价值。因为被拍卖商品价值的不确定性，竞价者对于商品的估价和出价也会有所差异。

萨缪尔森和巴泽曼（Samuelson and Bazerman，1983）很早就撰文指出，在竞价情境中，所拍卖商品价值的不确定性程度会显著地影响竞价拍卖中赢者诅咒发生的强度。在他们设计的实验中，他们给予不同被试关于商品价值的不同程度的信息，然后让被试进行竞价，结果发现，拥有更多商品价值信息的个体较之于那些信息匮乏者来说，他们的出价更接近于商品的真实价值。也就是说，随着商品价值不确定性程度的减小，赢者诅咒发生的概率和强度也会不断降低。

谢弗（Shaffer，1998）的实验也证明，竞价者对于商品的价值信息知道得越多越明确，出价也会越合理，陷入赢者诅咒陷阱的概率就比较低，而在商品价值信息越模糊的情况下，竞价者过高出价并陷入赢者诅咒陷阱的概率也就越大。

2. 竞价人数

参加竞价的竞拍者人数也是影响竞价者决策的因素之一。道格拉斯、戴尔和和凯格尔（Douglas，Dyer and Kagel，1987）通过一系列低价拍卖实验发现，无论竞价者人数多少，这些拍卖结果都存在一定程度上的亏损，而在竞价者较多的大团体中，竞价者的出价行为更积极，带来的损失也更大。帕勒等（Parlour et al.，2007）的研究也发现竞价者人数会显著地影响竞标者的出价行为，特别是当竞争者人数众多（$N > 7$）且重新商议定价的可能性很小时，赢者诅咒表现得更明显。

根据赢者诅咒的原理，竞标者在与其他竞争者竞拍价值不确定的商品时，在竞价者增加的情况下，理应学会向出价分布的低端调整自己对于这件商品的估价，并相应地降低自己的报价。如果这样，那么如果他们胜出时出价过高的可能性就会降低，或者说出价过高的幅度会下降。然而大多数参加者忽略了竞价者人数的影响，甚至错误地认为，竞价者越多商品的价值和质量就越有保证（Ellis and Fisher，1994）。吉尔伯托和微皮娅（Giliberto and Vapaiya，1989）的研究发现，随着竞价者人数的增加，每位竞价者都会增加自己的出价，而所有竞价者的竞价水平随着竞争的加剧也会提高，这与竞价者不能有效调整自己的出价策略是一致的，即竞争者人数的增加导致竞争加剧，进而导致竞价者调整出价策略的能力下降。

对于同一竞价行为来说，商品价值的不确定性程度与竞价者的人数两个因素对赢者诅咒的影响是紧密联系的，要准确地说明两者之中哪个的作用更显著是很困难的，但是一个普遍的结论是，如果个体不能有效地调节自己的出价策略，赢者诅咒出现的概率和强度将伴随商品价值的不确定性程度和竞价者人数的增加而增加。

3. 信息反馈与干扰

竞价过程中竞价信息的反馈与干扰也是影响决策结果的因素。萨缪尔森和巴泽曼（Samuelson and Bazerman，1983）在"收购公司"任务中发现，给予反馈信息的竞价者对拍卖品的出价比那些没有给予反馈信息的竞价者的出价更接近商品的真实价值。格伯雷诺和斯洛尼姆(Garbarino and Slonim,2007)利用他们的实验证明,提供竞价情境中的统计数据和相关的反馈信息可以帮助决策者减少由赢者诅咒所带来的损失。约翰内斯·莫泽(Johannes Moser,2019)的两阶段实验表明,在反馈被试第一阶段的出价后(比如让受试者了解他们的初始出价是否为中标出价),当被试在面对与第一阶段相同的决策问题时,他们非理性出价过高和出价过低的问题可以得到弱化。

而对于所提供的反馈需要满足一些什么条件,研究者的看法不一。鲍尔温和福特(Baldwin and Ford,1988)认为,我们所提供的反馈要固定频率,并且还要具备一定的针对性。如果反馈模棱两可,没有针对性甚至具有误导性,那么个体肯定不能成功地将那些反馈信息用于自己后续的竞价中,相反还有可能强化那些不合适的行为。卡尼曼和特维斯基(Kahneman and Tversky,1981)则认为,反馈应该精确而又迅速,如果反馈延迟就会削弱学习效应的作用。但是,史密斯和瓦尔克(Smith and Walker,1993)的实验证明,过多的信息对于参加者的决策来说也不一定是好事,因为当竞价活动受到过多信息干扰时,参加者的决策能力会不断下降。彼得·卡图切克、法比奥·米凯卢奇和扎耶切克·米罗斯拉夫(Peter Katuščák,Fabio Michelucci and Miroslav Zajíček)在实验中考虑了三种反馈信息:最小(仅知道是否中标)、失败者(也知道中标)和赢家(知道中标的第二高出价),然而在他们利用624个样本研究后发现,事后反馈类型的信息对投标者的平均出价/价值比并没有系统性的影响。

4. 竞价经验

行为主义认为人们会从自己先前处理问题的经验之中获得反馈并进行学习,以此来提高自己在后面遇到此类问题时的处理能力。自从卡彭等(Capen et al.,1971)提出赢者诅咒的概念以来,竞价经验对于赢者诅咒影响的争论也一直在进行。许多研究者坚持认为,通过让参加者在其内部或者之间来对比他与其他人的选择,可以提高他们在"收购公司"任务中的学习机制(Smith and Walker,1993)。凯格尔和理查德(Kagel and Richard,2001)研究了有经验的竞拍人(以前参加过两个或更多的拍卖)的竞价。在一价共同价值拍卖中,这些极有经验的竞拍人已经学会了克服赢者诅咒最坏的影响,尽管其获得的仍然不到纳什均衡利润的50%。亚民特(Armantier,2004)也认为人们可以通过尝试错误学习,逐渐降低他们的出价直到达到他们所期望的平均收益。但他们的看法还只是建立在日常的决策经验之上,仍然缺乏实证数据的支撑。

但是也有许多研究者认为,被试并不能通过经验的积累来有效降低或者避免赢者诅咒效应。鲍尔(Ball,1991)和福尔曼(Foreman,1996)等人的研究认为竞价经验并不能帮助决策者有效地减少赢者诅咒所带来的损失。前者通过"收购公司"任务研究发现,在参加竞价的69个被试中,只有5个人在实验中学会了降低他们的出价以避免赢者诅咒的负面作用,而其余被试很少出现学习效应。后者则尝试通过向参加者提供经验性的学习来提高他们在"收购公司"任务下的学习效应,他们让MBA专业的学生参加一个四轮重复的"收购公司"的竞拍活动,并提供四周时间给他们来认识和思考这个任务,同时还提供其他参加者的出价、收益等竞价信息供他们参考。但是最后的结果显示,信息、经验、时间等变量都不能帮助他们学会如何避免赢者诅咒效应。

博柏利·格劳斯科夫、约拉·贝雷比·迈耶和麦克斯·巴泽曼（Brit Grosskopf, Yoella Bereby-Meyer and Max Bazerman, 2007）的实验也表明，在"获取公司任务"的一系列操作中，他们试图提高决策者对任务的认知理解。他们通过向被试展示不同的任务参数，让被试比较这些不同的参数，给被试关于选择的历史和结果的完整反馈，并且让被试与人类对手而不是与电脑程序互动。令大家惊讶的是，这些操作都没有让被试更好地理解这个任务。结果证明并强调了赢者诅咒现象的强相关性。

5. 其他因素

作为人类行为决策中一种不可避免的偏差，影响赢者诅咒的因素还有很多，比如情感和市场情景因素（Ku, 2005）、个体的选择偏好与误差（Garbarino and Slonim, 2007）、最高出价者的人数和竞价人数的比例（Parlour and Prasnikar, 2007）等。

特别是情感和市场情景因素，如库等（Ku et al., 2005）研究发现，在竞价情境中，个体容易受到那些非理性作用的强烈情绪的影响而产生过高的估价和出价行为，很多竞价者在描述自己的决策过程时指出，自己那个时候受很强的"想要赢得拍卖"的心理影响。在相关价值拍卖中，由于受拍卖现场气氛的感染，竞买人也会不理智地竞价，导致赢者诅咒现象的发生。

安摩尔·拉坦和文延吉（Anmol Ratan and Yuanji Wen, 2016）也曾提出，赢者诅咒的一种可能解释是，如果实验参与者没有赢得这些竞标，他们可能会尝试避免因中标知识而引起的遗憾。这些考虑因素可能促使投标人在一价拍卖中积极竞标。虽然对于竞价者的人格特质是否会影响他们的竞价决策的研究还很少，但是我们认为对于同一竞价结果，不同人格特质的竞价者会有不同的看法，由此所带来的赢者诅咒效应也会有差异。而如何在真实情景中研究竞价者的人格特质对赢者诅咒效应的影响，对于赢者诅咒来说是一个新的研究视角。

（三）赢者诅咒效应的应对策略

赢者诅咒现象与我们的生活息息相关，前文对常见的赢者诅咒形式和其影响因素进行了论述。那么究竟应该如何应对，以便帮助人们最大程度地减少赢者诅咒所带来的负面结果？在整合大量的研究结论后，我们认为目前对于赢者诅咒的应对策略主要包括联合竞标、信息共享以及学习等。

1. 联合竞标

联合竞标是有效减少赢者诅咒效应的途径之一（Clare and Peter, 2005）。在通常的拍卖中，出价最高的竞标者最终获胜并支付竞标金额。这时他们需要考虑的是，竞价人数的增加意味着为了赢得这场拍卖他需要更积极地出价，但如果他真的赢得拍卖，竞价人数的增加也会使他高估拍卖品的价值，而此时又需要他更加谨慎地进行出价。

所以，与其他竞价者进行联合或许是一个好的选择。与其他竞价者进行联合，可以减少竞价人数，联合之后的竞价者的竞价实力更强，因此有效避免赢者诅咒的能力也更强。克莱尔和彼得（Clare and Peter, 2005）用实验方法发现，在做出收购决策时，团体的共同决策相较于个体的单独决策有着显著的优越性。在实验中，那些联合起来做出共同决策的个体的损失显著小于那些独自决策的个体。格劳斯科夫（Grosskopf, 2003）也建议，为了避免赢者诅咒所带来的消极的收益,竞价者在做出竞价决策时,最好是由两个或两个以上的个体联合商议决定,那样可以有效减少因单独出价导致过高估价带来的损失。

不过,也有研究者指出,联合竞标能否减少赢者诅咒带来的损失与其拍卖类型有关。亨德里克斯等(Hendricks et al.,2008)认为,有效的联合竞标在私人价值拍卖环境中是可能的,但是在共同价值拍卖环境中可能就不是很适用,因为后者有最低价格的约束。在其他的研究中也发现,在私人价值拍卖中联合竞标对于减轻赢者诅咒效应更有效。因为联合竞标不是简单的物品所有权从商品卖方向联合买方的转移,他同时也给予商品联合买方一个在交易之前,整合自己和他人的信息,做出有效投资决策的机会,所以身处拍卖情境中的竞价者要学会与他人进行联合以减少由赢者诅咒所带来的损失。

2. 信息共享

另一种可以减少赢者诅咒效应的方法就是与竞争对手分享信息,可分享的信息包括反馈性信息和情境性信息两种。反馈性信息,即在每一轮实验后将所有参与者的平均盈利或平均损失信息提供给被试,使被试能够认识到无论如何努力他们都将面临亏损,所以他们要做的就是努力减少自己的出价与商品的真实价值之间的差距。众多的实验证明这一方法有效地降低了被试的出价,也减少了赢者诅咒所带来的损失。

巴泽曼和萨缪尔森(Bazerman and Samuelson,1983)提出通过在竞价者之间合作分享有关商品价值以及竞争者数量的信息可以帮助个体获得一个较为满意的竞拍结果。他的后续研究建议决策者在面对竞价情境时要学会从自己先前的经验中进行学习,并向专业人员请教相应的策略,增强自己面对决策时的判断力(Case,1979;Aronson & Holt,1983;Bazerman,1983;Coate & Lobe,1997)。泰勒(Thaler,1988)也曾提出与之类似的建议,即与你的竞争对手分享你所获得的新知识,促使他们也降低自己的出价。

在现有研究中,赢者诅咒产生的情境性信息主要包括竞价商品价值的不确定性程度和竞价人数。个体首先需要明确这些信息的可靠性,并进一步认识到自己所获得的这些信息是否可以用于竞标活动之中。哈里森和李斯特(Harrison and List,2008)提出,赢者诅咒之所以产生是因为身处其中的个体不能正确地处理与拍卖情境相关的信息。特别是,他们没有考虑过,在竞价人数和竞价商品价值不确定的情境中,如果他们"赢"得拍卖则他们极有可能高估了商品的价值。因此要学会分享和辨识信息,促使所有的竞价者都减少自己的出价,这也会帮助竞价者减少因赢者诅咒效应所带来的潜在损失。

3. 学习因素

尽管前面的众多研究认为,竞价经验对于决策者有效克服赢者诅咒的作用很不显著,但是作为人类生存和发展的重要条件,研究者从来都没有放弃过研究如何通过学习来避免赢者诅咒效应。

爱迪生等(Idson et al.,2004)通过让参加者在内部或者之间来对比他和其他人的选择,然后进行多轮学习。最终结果显示,这种方法确实可以提高竞价者在竞价情境中的学习和决策能力。早期的一些研究也认为通过练习,拍卖中的竞价者确实可以策略性地修正自己的出价,减小赢者诅咒所带来的负面影响,但是这种修正仍然不能有效避免赢者诅咒的产生(Kagel and Levin,1986)。哈里森和李斯特(Harrison and List,2008)认为,学习是唯一可以有效避免赢者诅咒的方法。他们认为个体最终的决策是从不断的反馈中学习。一次愉悦的经历可以增加人们将来在相似情境中做出愉悦选择的倾向;相反,一次令人厌恶的经验则会减少这种倾向(Erev and Barron,2005)。鲍尔、巴泽曼和卡罗尔(Ball,Bazerman and Carroll,1991)在"收购公司"任务中强调,确实有被试在实验中学会了如何降低自己的出价,尽管人数比较少,但是我们绝不能忽视这些个体的学习效应。

因此,赢者诅咒的学习需要一个漫长的过程,如果具备循序渐进的学习,并配合以多次的竞价经验,竞价者能够逐步学会如何去减少赢者诅咒带来的损失。正如经济学家所说的那样,尽管人们会被赢者诅咒愚弄一次或者两次,但他们最终会通过实践学会如何避免其带来的损失。

第四节 拍卖制度的设计

一、降低拍卖效率的主要因素

近年来,拍卖变得极受欢迎。各国政府现在对用拍卖来出售无线通信牌照,管理解除管制的电力市场、私有化企业等特别感兴趣。电子商务的发展也导致了很多原来通过双边议价来交易的 B2B 拍卖。经济学家对他们在推广拍卖的过程中所起的作用深感自豪。例如,科斯(Coase,1959)首先提出用拍卖来分配无线电波段。但是很多拍卖设计,包括一些由顶级经济学家帮助设计的拍卖,在实际的拍卖中效果都非常糟糕。例如,欧洲的六个国家在 2000 年拍卖了"3G"无线通信波段牌照。在德国和英国,牌照拍卖筹得了人均 600 多欧元(总额约 800 美元,超过 2% 的国民生产总值)。但在奥地利、荷兰、意大利和瑞士,牌照拍卖只分别筹得了人均 100、170、240 和 20 欧元。这么多国家的拍卖都失败了,究其原因主要就是糟糕的拍卖设计。

那么,什么样的拍卖设计才是成功的呢? 拍卖设计成功的关键,仍然是那些产业管制者最关心的问题:打击合谋、进入阻挠和掠夺性行为。简言之,好的拍卖设计其实只需要对初级经济学的良好理解。相比之下,就实用拍卖设计而言,大多数详细的拍卖文献都是次要的。大多数文献都只考虑固定数量的买方,各买方之间进行非合作性的出价竞争,强调诸如风险规避、信息关联、预算约束、互补性等问题的影响。拍卖理论家对这些问题的研究取得了重要的进展,这些研究也使其他经济理论受益匪浅。拍卖理论现在已经被用于政治经济学、金融、法律经济学、劳动经济学、产业组织等领域中很少被视为拍卖的问题上面。但对于实际拍卖设计而言,这些文献大多数都用处不大。

这一节列出并举例说明了拍卖设计中的关键陷阱,并讨论了如何避免它们。我们说明了升价拍卖和相同价格拍卖都很容易产生合谋,以及阻止潜在的买方参与拍卖。我们考虑了在一个升价拍卖的最后阶段增加一个密封价格拍卖,从而创造一个英荷混合拍卖的情形。同时,我们还强调了在拍卖市场中实施更严格的反垄断政策的必要性。

（一）合谋

由于市场过度竞争，在各类拍卖活动中，擅自泄露竞买人信息、故意压低或抬高拍卖价格、竞买人恶意串标等现象时有发生。事实上，拍卖活动中的合谋行为已成为一种行业潜规则，不仅严重损害了有关当事人的权益，也损害了整个拍卖行业的声誉。如何有效防范和抵制此类合谋行为，已成为拍卖实践中亟须研究和解决的问题。

1. 合谋行为的危害

拍卖合谋行为的危害性在于：一是破坏了拍卖市场规则，损害了"公开、公平、公正"和"诚实信用"原则，使拍卖活动失去了本来的意义；二是严重损害了相关当事人的合法权益，使权益人欲借助拍卖手段由市场公开竞价方式取得拟处置资产最大交换价值的目的落空；三是极大地损害了拍卖行业的整体声誉和社会公信度。

2. 合谋的表现形式与手法

（1）"内部人"与拍卖机构串谋，低价定向成交。

此类合谋中的"内部人"，特指委托人及工作人员，具体包括但不限于行使国有资产管理职能的机构、银行或金融资产管理公司、法院、海关等机构及工作人员。这些"内部人"为小团体的利益或个人谋取私利，与拍卖机构恶意串通合谋，弄虚作假、违规操作，损害国家、集体或相关当事人的合法权益。

常见的合谋手法：委托人及工作人员故意泄露标的评估价、拍卖保留价等重要信息、授意拍卖机构选择公休或节假日在非主流报纸的特定位置（如中缝）刊登拍卖公告、在拍卖标的物展示或推介时，有目的地进行虚假介绍或向其他竞买人故意夸大标的瑕疵、纠纷等，意在排斥其他竞买人参与竞争，减少竞争对手，使拍卖标的以低价拍卖给内定竞买人。内部人从拍卖机构或成功竞买人处谋取私利。

（2）竞买人之间合谋，造成人为流标或低价成交。

据媒体报道，近年来，一些地区出现了专门参加拍卖会的"职业竞买人""赶场""围标"现象。这些"职业竞买人"要么事先约定由其中一人举牌以起拍或象征性竞价用约定的低价受让拍卖标的物；或者串通约定在拍卖时均不举牌应价，人为导致拍卖流标，形成下次拍卖降价预期，等待降价后低价成交机会。这些串通者得手后，往往利益均沾，或当场兑现，坐收分红，或形成"利益预期"。拍卖机构一般都有相对固定的客户群，常年在拍卖市场淘金的"职业竞买人"往往相互熟识，在行业内容易形成一个圈子。竞买人在交纳保证金后相互串通，或在竞买报名知悉彼此后临时串谋，在拍卖中故意抬高或压低价格，甚至采用威胁、利诱等办法，将其他竞标者排除在外，以便操纵拍卖现场竞价。

关于合谋的一个典型案例是1999年德国采用同步升价拍卖出售10组通信波段的拍卖。拍卖规定，对任何一组波段的新出价，必须超过前一最高出价的10%。曼纳斯曼的第一个出价是1～5组波段1 818万德国马克/兆赫兹，而6～10组则是2 000万马克/兆赫兹。唯一的另外一个真正的买主——T-Mobile在第一轮出价更低。T-Mobile的一位经理事后说："我们和曼纳斯曼之间没有协议，但是我们知道曼纳斯曼的第一轮出价是给我们的一个报价（Steve，1999）。"这是因为，1 818万德国马克加上10%约等于2 000万德国马克。现在看来似乎T-Mobile知道，如果它对第1～5组波段出价2 000万/兆赫兹，但不再对6～10组波段出价,两个公司就会平分 10 组波段,而不会互相残杀。事实恰是如此。拍卖在两轮之后即告结束。每一买方以相同的价格各自获得一半的牌照(Jehiel and Moldovanu,2001b;Grimm, Riedel and Wolfstetter,2003)。

(3) 竞买人与相关方合谋,损害当事人的合法权益。

一是竞买人和拍卖机构合谋。如拍卖机构故意对其他竞买人夸大标的物的瑕疵,意在使其他竞买人放弃竞买;将拍卖机密信息泄漏给竞买人,使竞买人在规则之外获取不正当利益。二是竞买人与委托人合谋。如委托人将标的物的评估价、保留价等重要信息泄漏给竞买人,甚至相互合谋共同设计具体拍卖方案、竞买规则,企图将其他竞买人排除在外,形成"内部人"控制的"定向拍卖",达到低价成交目的。三是竞买人与评估机构及工作人员合谋,企图采用高值低估的办法达到降低标的物评估价的目的,增大低价成交的可能性。四是个别竞买人甚至与具有黑社会性质的社会人员串通合谋,采取暴力、威胁等欺行霸市手段打压其他竞买人,阻止其他竞买人举牌应价,达到控制或垄断拍卖市场的目的。

在某市国土资源局公开拍卖国有建设用地使用权中,其中一宗国有土地,因其用途规划为加油站项目,拍卖出让文件就申请人资格设置了一项"特殊条款"。这项"特殊条款"规定,只有取得省商务部门出具的"预核准文件",才具备招标和竞买资格。可现实是,省商务部门回应称,加油站审批权限已下放到市一级。当地商务部门则表示,不会出具"预核准文件",因为它不是招标和竞买过程中该涉及的手续,"只有拿到了土地手续,才能启动其他各项手续,包括商务部门的程序。"如此一来,会让我们明显感觉到,该市国土局设这项"特殊条款",一则无视审批权力下放,故意给招标和竞买资格抬高门槛。二则通过手续前置,让有意参与招标和竞买者拿不到"预核准文件",也就无从谈起有资格参与。后经知情人透露,该市国土局设置这项"特殊条款",实为该市一家石油有限公司定制的。不光这次设置的"特殊条款"只有该公司持有,包括前两次的取消拍卖,也同样依据该公司持有的相关批复文件设置前提条件。[①]

(二) 进入阻挠和掠夺

实用拍卖设计的第二个主要问题是吸引尽可能多的买方。这是因为如果买方太少,卖方就可能无利可获,并可能导致无效率。升价拍卖在这一方面尤其糟糕,因为它允许某些买方阻止竞争对手的进入和打压竞争对手的价格,因而进入阻挠和掠夺成为降低拍卖效率的一大因素。

1. 竞拍者出价很高

在升价拍卖中,一个很强的推测是,对标的物估价最高的买方总会获胜,因为即使在拍卖初期竞争对手的出价更高,它也总可以最终超过竞争对手。这样一来,其他买方参与拍卖的积极性就会很低。如果买方存在参与成本,他们就甚至根本不会参与。

例如,考虑格拉索(Glaxo)公司 1995 年对维尔康(Wellcome)制药公司的收购。在格拉索(Glaxo)第一次出价 90 亿英镑后,泽尼卡(Zeneca)公司表示如果它能肯定获胜的话,它愿意出价 100 亿英镑。但是,某些公司之间的协同性使得维尔康公司对格拉索比对其他公司更有价

---

① 拍卖设"特殊条款"涉嫌"量体裁衣"。

值,而且出价的成本是以数千万英镑计。最终,若挈和泽尼卡公司都没有参与收购战,维尔康公司以最初的 90 亿英镑卖给了格拉索公司。这一价格实际比公司股东可能获得的价格最终低了 10 亿～20 亿英镑。维尔康公司的首席执行官承认"确实没有卖到最好价钱"。

2. 买卖双方间的非对称性

虽然升价拍卖特别容易导致进入不足,但是如果进入成本或买方之间的非对称性充分大,其他的拍卖形式也可能产生类似的问题。

英国 1991 年出售电视转播权的密封价格拍卖是一个极好的例子。虽然南部和东南部、西南部、东部、威尔士、西部、东北部、约克郡都卖了人均 9.36～15.88 英镑不等的价钱,但是中部地区的唯一的出价(也是成交价)是在位的企业递交的,而且人均只有 12 便士! 类似的事情同样发生在苏格兰。在那里,中部地区的唯一买方出价是人均 1/7 便士。这是因为按照竞标要求,买方必须提供非常详细的各个地区的节目计划单。在这两个地方,各自的唯一买方都知道,没有其他的买方制订如此详细的节目计划。

3. 弱势买方自动退出

最后,升价拍卖通常都能有效地阻止弱势买方的进入,从而鼓励优势买方联合出价或进行合谋。这是因为他们知道,没有其他买方会进入并窃取合谋产生的租金。2000 年 11 月,瑞士政府举行了 4 张"3G"无线通信牌照的拍卖。这场拍卖的结果是灾难性的。尽管最初有相当多的潜在买方对牌照表示了极大的兴趣,但弱势买方都最终被拍卖形式给吓退了。不止一家公司聘用了专门的竞标咨询顾问,但在获悉自己在既定升价拍卖规则下很难有胜出的机会后退出了。而且,政府的规则允许最后时刻的联合出价。这实际上是官方允许的合谋。在拍卖举行的前一周,参加拍卖的买方从 9 个猛降为 4 个,而牌照张数也是 4 张! 因为任何买方至多获得一张牌照,牌照的销售价格等于政府设定的保留价格。而该价格带来的人均收入只有英国和德国的 1/30,只有瑞士政府事先估计的 1/50。

二、降低拍卖效率的次要因素

(一) 保留价格

在拍卖活动中,大多数拍卖物品对于竞标者而言价值是不同的,竞拍者在拍卖活动中为了规避风险可能会出价极低。对于卖方而言,为了在一定程度上规避低价成交的风险,卖方会根据预期设置保留价格防止拍卖方的损失。比如在国土资源拍卖中,房地产商之间的互动是较为频繁的,国家作为拍卖活动的卖方就可以设置拍卖的门槛,也可以根据竞标者的特质营造一定的拍卖氛围,以促使最终的成交价更合理。[①] 如果政府在拍卖时未能设立一个合适的保留价格(即赢家必须支付的最低价格),就极可能引发上面讨论的很多拍卖灾难。以上文所说的最后一个例子为例,瑞士政府设立的保留价格仅是德国和英国从类似资产中获得收入的 1/30。这是非常荒谬的事情。拍卖五天前,政府发言人都预测将筹得 20 倍于保留价的收入。政府到底是在玩什么游戏呢? 过低的保留价也增加了掠夺性行为的吸引力,并鼓励了事

---

① 王倩.基于保留价格和风险规避竞标者的关联价值拍卖[D].厦门大学,2018.

实上并不符合所有买方利益的合谋行为。在升价拍卖中，优势买方既可以与对手默契合谋，以很低的价格结束拍卖，也可以把价格抬高，从而挤走弱势买方。形成合谋的保留价格越低，对我们讨论过的拍卖灾难可能有越大的影响。

（二）政治问题

尽管保留价格规避了低价成交，降低了卖方的损失概率。但在现实生活中，合适而又严格的保留价格不仅通常为业界所反对，也通常为政府官员所反对。对政府官员来说，最糟糕的事情莫过于买方出价没有达到保留价格，从而流拍而被视为"失败"的拍卖。

类似地，在一级价格密封拍卖中，买方同时选择"最好和最后"的出价，赢家支付其所报价格，有时候可能会令买方非常尴尬。正如 BSCH（西班牙最大的银行）在巴西私有化圣保罗州立银行时经历的那样。当所有报价公布后，BSCH 的经理非常惶恐地发现，他们超过 70 亿里亚尔（约 36 亿美元）的报价是第二高价格的 3 倍多，因此他们不必要地多付了 50 亿里亚尔（约 25 亿美元）。同时，在其他拍卖中，如果输家发现他们只是比赢家少报些许的话，他们就会很难向老板和股东交代。因此，企业，至少他们的经理，会反对采用一级价格拍卖。另一方面，在二级价格拍卖中，赢家支付最高输家的价格，有时候会令卖方非常尴尬，如果他们最终发现赢家的出价比第二高的价格高很多的话。这即使在该拍卖事前既是有效的又是收入最大化的情况下也不例外。麦克米伦（Macmillan，1994）记述了新西兰的一次二级价格拍卖。在此拍卖中，赢家的出价为 700 万新西兰元，但实际出价只是第二高报价——5 000 新西兰元。当然，新西兰应当设立一个赢家必须支付的最低保留价格。但是，即使设立保留价格在政治上是可行的，赢家的出价仍然可能超过其实际支付价格。因此，这一拍卖可能是一个经济上但不是政治上正确的拍卖。

（三）可能的漏洞

在一些拍卖案例中，拍卖规则可能存在漏洞，从而被参与者利用。在 2000 年，土耳其依次拍卖了两张电信牌照。但是它们的规则有一个新花样：第二张牌照的保留价格等于第一张牌照的售价。结果，一个企业对第一张牌照的出价远超过如果它需要在电信市场与获得第二张牌照的企业进行竞争时，该牌照对其的价值。但是，这个企业非常明白，没有竞争对手会愿意为第二张牌照出如此高的价钱。事实确实如他们所料，第二张牌照没有被卖出去，从而该企业实际上垄断了电信市场！

另一个例子是车牌拍卖中的"伏击"报价现象。广州的车牌竞价拍卖是一个允许多轮修改报价，有限信息公开的密封价格拍卖机制。竞价采用网上报价方式进行，竞买人自行登录竞价系统进行报价。竞价时间从竞价日上午 9:00 开始至 15:00 结束。在竞价时间内，竞买人可以报价 1 次，并可对其报价修正 2 次，以最后一次有效报价为准。等于或高于保留价的报价为有效报价，保留价为 1 万元。竞价系统在竞价日当天上午 11:00 时和下午 13:00 时分别公布当前平均价格。

相对于传统的密封价格拍卖，车牌拍卖是一个多轮出价拍卖。虽然在竞价过程中两次公布当前平均价格，但是竞买人之间的利益是竞争的。有经验的竞买人会延迟报价或者先报低价，在竞价最后阶段再提交有效报价。使用四个城市车牌竞价数据分析发现，71% 的最后一名买受人的出价时间是在公布第二次当前平均价格的下午 13:00 之后,并且最低成交价的平均值比第二次公布的平均价高。这意味着有经验的竞买人通过"伏击"延迟报价。这种在固定时间截止的拍卖中在拍卖最后结束阶段集中提交有效报价的现象,类似动态拍卖中的"伏击"现象。

(四) 规则的可信度

当只需要剔除一个买方就可以结束拍卖时,卖方就很难令人信服地惩罚违反规则的买方。这是因为剔除犯规的买方就会立即结束拍卖,而且卖方很难强加一个数额大到足以阻止违规的罚款。在欧洲某些国家的"3G"无线通信牌照拍卖中,阻止企业违规的行为可能需要数以亿计,甚至数以十亿美元计的罚款。例如,在荷兰的一个竞争五张牌照的升价拍卖中,六个买方中的每一个最多只能获得一张牌照。其中的一个买方——泰尔弗(Telfort)发了一封信给另外一个买方——范思特(Versatel),威胁如果范思特继续竞争的话,他将采取法律行动以获得补偿,泰尔弗声称,范思特"知道自己的出价总是会被其他竞争对手超越,因此他必然是试图想提高竞争对手的成本或者接入他们的网络"。很多观察者都认为泰尔弗对范思特的威胁是非常无耻的行为。但是,政府没有采取任何行动,甚至都没有展开调查。最终,范思特退出了拍卖,而拍卖筹得的收入则不到荷兰政府根据英国数月前类似拍卖估计收入的三成。

对政府来说,不改变将来的游戏规则是一个特别重要的问题。例如,如果管制制度可能变化,拍卖就很难顺利进行。但是,对现任政府来说,要求将来的政府承诺不改变现行管制制度是非常困难的。保留价格的可信度也特别重要。如果保留价格不是一个严肃的承诺,如果价格没有达到保留价时标的物仍然可以出售的话,保留价就没有任何意义,买方就不会把它当回事。例如,在前面讨论的土耳其拍卖事故中,政府现在在考虑新的方案以出售第二张牌照。但他们是否知道,这样做会牺牲将来拍卖的可信度并将为此付出代价呢?

(五) 什么时候拍卖设计更不重要?

拍卖问题的关键是合谋和进入阻挠,以及更一般的买方市场结构。这一事实表明,如果市场上有大量潜在的买方而且进入非常容易,那么拍卖设计就可能不太重要。例如,虽然人们对政府证券拍卖讨论得非常多,但在这一市场上,无论是就效率还是价格而言,拍卖设计都无关宏旨。实际上,美国最近的国债拍卖试验了不同的拍卖方案,结果也不尽一致。其他经验证据的结论也不尽相同。当然,当涉及大量的金额时,即使是很小的差别也非常显著。合谋在政府证券拍卖中历来就是一个问题,仍然需要进一步研究。

三、解决方案

(一) 使升价拍卖更稳定

我们的讨论主要强调升价拍卖容易导致合谋和掠夺性行为。但是,升价拍卖也有很多优点。升价拍卖尤其可能将标的物分配给价值最高的买方,因为即使低价值买方的初始出价非常凶猛,更高价值的买方总有机会出更高的价钱。而且,如果标的物之间存在互补性,多单位升价拍卖比买方没有机会了解对手意图的纯密封价格拍卖,更可能使得买方获得有效的商品组合。允许买方间在拍卖过程中了解彼此的价值,会使买方更相信自己的估计价值,从而竞价不会过分谨慎。如果按照米尔格罗姆和韦伯(Milgrom and Weber,1982a)的定义,信息是"关联"的,它还可以提高卖方的收入。

有几种明显可以使得升价拍卖更稳定的方法。例如,卖方可以要求买方的出价是整数,卖方可以事先确定每一增价的额度,买方的出价可以匿名等。这些措施使得买方很难用出价数字来向竞争对手发送信号。不公布仍然参与竞拍的买方人数也会使得合谋更难达成。奥苏贝尔(Ausubel,1998)提出了一种改进的升价拍卖,这种拍卖方式可以减弱买方缩减需求从而降低最终价格的积极性。有时候,卖方也可以为买方支付参与费用,鼓励买方参与。例如,企业经理在面临一个优势收购方时,可以邀请"白色骑士"(white knights)——善意的收购者参与收购。

虽然这些措施都有效,但并不能消除所有合谋或买方人数不足的风险。另外一个选择是采用不同的拍卖形式。

(二)采用密封价格拍卖

1. 密封拍卖的优势

在标准的密封拍卖(或一级价格密封拍卖)中,每一买方同时选择"最好和最后"的出价。因此,任何企业都不能报复不遵守合谋协议的买方,从而合谋在密封拍卖中比在升价拍卖中难得多。由于企业不能利用出价作为信号,形成默契合谋尤其困难。确实,在序列密封拍卖中,信号传递和报复也可能存在,但是合谋仍然比序列升价拍卖中困难得多。

从鼓励进入的角度看,密封拍卖的好处是其结果远不如在升价拍卖中那样确定。一个优势买方可能能够赢得一个密封拍卖,但他必须在不知道竞争对手出价的情况下,选择自己的最终出价。由于他总会想获得一些剩余,故他在密封拍卖中的出价总是低于其在升价拍卖中愿意出的最高价格。因此,劣势买方至少有赢的机会,即使他们在升价拍卖中肯定会输(Vickrey,1961,Appendix Ⅲ)。这表明,潜在的进入者会更愿意参加一个密封价格拍卖,而不是升价拍卖。

密封价格拍卖还会鼓励只想转卖的买方进入,进一步加剧拍卖中的竞争。这种买方不太可能会参加升价拍卖,因为转卖给升价拍卖中的输家是不可能获利的。由于密封价格拍卖有利于吸引进入者,实际上也就打击了合谋的形成。如果优势买方形成合谋,他们就更可能吸引劣势买方进入,试图在价格上胜过合谋者。因此,优势企业在密封价格拍卖中更可能独立出价,从而使竞争更加激烈。

2. 密封拍卖的不足

虽然密封价格拍卖有很多优点,但它并非没有缺点。密封拍卖虽然给了劣势买方胜出的机会,却不像升价拍卖那样更能得到有效的配置结果。而且,在标准的密封价格拍卖中,赢家支付自己的报价。但是,买方必须知道对手的价值分布才可能做出正确的报价(Persico,2000)。相比之下,在升价拍卖或相同价格拍卖中,任何只知道自己价值的买方的最优策略都是参与竞拍,直到价格等于自己的价值。同时,赢家的价格由最高的输家的价值决定。因此,"报多少付多少"(pay-your-bid)的密封价格拍卖可能会阻止小额交易的买方,以及不愿付费获取市场信息的买方。

但是,在多单位拍卖中,如果小额买方可以从大的中介那里购买,而中介又可以汇总所有小额买方的需求并代表小额买方出价,就像在国债拍卖中那样,那么进入问题就小得多。如果小额买方可以选择非竞争性的报价(non-competitive bids),也就是说,选择固定数量的需求,并支付赢家的平均价格,就像在某些国债拍卖中那样,那么进入问题也不会太大。

(三)混合拍卖

如何在升价拍卖和密封价格拍卖之间进行选择呢?解决这一难题的一个方法是将这两种拍卖方式组合起来,形成一个混合拍卖,这种拍卖方式往往可以保留两种拍卖的优点。首先提出和描述这一拍卖机制的是柯伦柏(Klemperer,1998)。为简单起见,假定只拍卖一个标的物,首先拍卖方举行一个升价拍卖,价格连续升高直到只剩两个买方为止。然后,两个买方各自提交一个密封报价给卖方,提交的报价不能低于当前的价格,最终出价最高的一方赢得拍卖。这种拍卖和住宅销售大体相似,虽然和很多住宅销售不同,这里的卖方会事先明确说明将举行混合拍卖。

一种类似的拍卖(可能动机也类似)是汉布雷克特(W.R. Hambrecht)销售公司债券的公开账户(open book)拍卖。在此拍卖中,初期的报价是公开的,且逐步升高。但在拍卖结束前的最后1小时,买方可以提交密封报价。虽然所有的买方都可以提交密封报价,第一阶段出价较高的买方会被给予相当的优势,从而使得在拍卖初期积极出价有利可图。

混合拍卖通常可以结合单纯升价拍卖和密封拍卖的所有优点。首先,混合拍卖可以有效避免弱势买方退出拍卖。决胜阶段的密封拍卖给最终哪个买方会胜出增加了不确定性,由于买方知道他们有可能能够进入最后的决胜阶段,这使得进入拍卖更加具有吸引力。其次,混合拍卖也导致合谋更难形成。由于最后阶段是密封出价,企业可以违反合谋协议而不用担心遭到报复,买方之间的合作协议也较难形成。最后,混合拍卖比纯密封价格拍卖更可能将标的物卖给出价最高的买方。一方面是因为它直接减少了进入密封价格拍卖的人数,另一方面是进入决胜阶段的两个买方可以根据此前的升价拍卖中的出价行为,了解到彼此及其他对手对标的物的估价,导致最终的出价更合理。

(四)反垄断问题

有效的反垄断对打击拍卖中的合谋和掠夺性行为至关重要。但是,在拍卖市场上,反垄断的实施好像比普通的经济市场要弱得多。尽管美国的司法部曾经追查了一些在拍卖中传递信号的案件,但是本节中讨论的很多行为在法律意义上是否违规,仍然不是一个非常清楚的问题。在美国,公司收购战中的合谋是合法的。

欧洲各国在拍卖市场上的反垄断措施更弱,正如前面所讨论的T-Mobile愿意明显地确认其信号传递行为。确实,在德国的"3G"波段拍卖中,我们也可以观察到类似的行为,但是企业拒绝承认他们是在向对手传递信号以图尽早结束拍卖。即便如此,《金融时报》(Financial Times)的报道说:"一个运营商私下承认,他们曾经试图改变报价的最后一位数字,以向对手传递信息,表明其愿意接受更少的波段而结束拍卖。"在欧盟和英国的法律框架下,这种信号传递行为或许可以作为滥用"联合市场优势"来追究。但是,欧洲的管制者没有显示出任何兴趣来追查它们。如果政府想有效实施反垄断政策,管制者应当严肃处理这些威胁,同时也应当将拍卖市场看作"普通"的经济市场。

(五) 拍卖设计应当因地制宜

好的拍卖设计并不是千篇一律的,设计者必须充分考虑拍卖所处大环境的影响。这一原则和其他原则的一个很好的例子是千禧年欧洲的"3G"无线通信手机牌照拍卖。

第一个举行"3G"拍卖的英国最初的计划是拍卖四张牌照。在这个方案下,由于市场上恰好有四个在位运营商,它们拥有品牌和网络优势,故升价拍卖很可能会阻止新进入者积极竞价,甚至会阻止它们的进入。因此,政府计划举行一个英荷混合拍卖。第一阶段的升价拍卖将产生五个决胜者。然后,这五个决胜者各自选择一个密封报价(报价不得低于当前价格),竞争四张牌照。在实践中,这一方案无论是从收入还是从效率角度看,表现都非常好。但是,一旦政府可以发行五张牌照,升价拍卖就会更有吸引力。由于任一买方最多只能获得一张牌照,所以至少有一张牌照会卖给新进入者。在英国,没有谁知道到底哪个新进入者会成功,这就意味着增多的一张牌照可以吸引几个新进入者。因为牌照是不能分割的,买方无法在没有单边支付的情况下通过合谋来分割市场。因此,合谋和市场进入的问题都不大。考虑到配置效率,政府最终采用了一种升价拍卖。这一拍卖普遍地被认为是一个巨大的成功。九个新进入者在拍卖中积极出价,与四个在位企业展开激烈竞争。整个拍卖最终筹得了创纪录的225亿英镑(约340亿美元)。

在英国之后是荷兰的拍卖。它们的错误在于牌照数和在位企业数相同的条件下,照搬了英国的实际拍卖方案。不难预测,很少有新进入者会参与拍卖。荷兰的反垄断政策和荷兰的拍卖设计一样存在漏洞,使得最强的潜在进入者可以与在位的运营商达成交易。最终,只有一个新进入者(范思特)与在位企业竞争。正如我们前面已经讨论的,在升价拍卖中如果只有一个多余的买方,那么弱势买方由于担心竞争对手的掠夺性行为会迅速退出竞争。最终筹得的人均收入只有英国的30%。在荷兰的背景下,英荷式混合拍卖可能效果会更好。我们有理由相信,在密封价格拍卖阶段,范思特的出价会比其在升价拍卖中的退出价格要高。由于担心这一点,在位企业出价就会更高。而且,密封价格拍卖阶段给了弱势买方梦想和希望,从而吸引了更多的进入者,并阻止了联合出价的形成。

在荷兰之后是意大利的拍卖。意大利政府认为,它们从荷兰的灾难中吸取了足够的教训。它们也选择了和英国拍卖设计相近的方案。同时它们规定,如果"严肃"(根据预选条件)的买方人数不足牌照张数,那么政府可以(实际上也将会)减少牌照张数。初看上去,这是一个非常聪明的主意,可以避免缺乏竞争的拍卖。但是,这一方案有严重的漏洞。第一,这是一种"本末倒置"的做法,它为了使拍卖看上去没有问题而创造了一个不必要的集中市场。第二,我们前面的讨论说明,多一个买方并不能保证升价拍卖中的竞争程度。显然,升价拍卖中的可能进入者比英国的拍卖中少得多。这主要是因为弱势买方从此前的拍卖中意识到他们更弱,从而没有什么机会在这种拍卖中胜出。在意大利的实际拍卖中只有六个买方竞争五张牌照。拍卖进行不到两天即在合谋的指控中结束,最终筹得的人均收入不到英国的40%,只有该国政府期望的一半。同样地，一个英荷混合拍卖或纯粹的密封价格拍卖可能会更好。

（六）结论

我们对拍卖设计的许多讨论，都不过是标准反垄断理论的应用而已。无论是拍卖还是反垄断，核心的问题都是合谋和进入。在拍卖中支持合谋的信号传递和惩罚策略，非常类似于"普通"产业市场中的类似策略；企业对合谋的口头鼓励和掠夺性威胁也非常相似。即使是不高的报价成本也可能严重影响潜在买方的进入决策。类似地，在有关产业组织理论的文献中，即使进入的沉没成本很低，市场的可竞争性也会受到极大的影响。我们还指出，由于优势企业在升价拍卖中比在密封价格拍卖中更可能胜出，升价拍卖更难吸引买方，从而获利会少于密封价格拍卖。这实际上不过是标准产业组织理论中竞争性的市场（如伯川德而不是古诺）很难吸引进入，从而实际可能缺乏竞争这一观点的翻版。拍卖市场的一个特殊现象是所谓的"福兮祸所伏"效应。这一效应意味着密封价格拍卖和英荷混合拍卖不仅可以比升价拍卖吸引更多的企业，即使给定企业个数，对卖方来说，它们也可能导致比升价拍卖更好的结果。拍卖市场中的反垄断政策仍然非常不完善，但这是没有道理的。管制者应当将拍卖市场作为普通的经济市场看待。

但是，所有拍卖失败的例子都不应当用来作为反对拍卖的依据。绝大多数拍卖都非常有效。当然，在某些情况下当买方人数太少或买方收集必要信息的成本太高时，某种合理的议价活动可能会比拍卖更好。但是，一般来说拍卖都比议价更有吸引力，尤其是销售的成功依赖于潜在的买方时。即使是相对不成功的拍卖，如我们讨论的荷兰和意大利的拍卖，也可能比其他欧洲国家通过议价从而分配"3G"波段的"选美"要好得多。例如，西班牙的"选美"竞赛只筹得了人均13欧元，却引起了相当大的政治和法律争论。公众也普遍怀疑结果的公平和效率。在法国，"选美"竞赛导致的困难意味着，法国不仅错过了政府最初计划的波段分配日期，而且错过了欧盟的最后日期。

总之，拍卖最重要的特征是其抵抗合谋的稳定性和对潜在进入者的吸引力，忽略这两个问题将导致失败。任何设计拍卖方案的人，绝不能盲目模仿以前的成功设计，因为拍卖设计不是千篇一律的事情。虽然密封价格拍卖在某些环境下非常成功，但英荷混合拍卖在其他环境下可能更为合理，升价拍卖也经常被成功应用。因此，在实用拍卖设计中，局部环境非常重要。

参考文献

[1] Armantier O. Does observation influence learning？[J]. Games and Economic Behavior，2004，46(02)：0 - 239.

[2] Baldwin T T, Ford K J. Transfer of training：A review and directions for future research[J]. Personnel Psychology，1988，41(01)：63 - 105.

[3] Ball S B, Bazerman M H, Carroll J S. An evaluation of learning in the bilateral winner's curse[J]. Organizational Behavior and Human Decision Processes，1991，48(01)：1 - 22.

[4] Brocas I, Carrillo J D, Castro M. Second-price common value auctions with uncertainty，private and public information：Experimental evidence[J]. Journal of Behavioral & Experimental Economics，2017(67)：28 - 40.

[5] Capen E C, Clapp R V, Campbell W M. Competitive bidding in high risk Situation[J].

Journal of Petroleum Technology, 1971, 23(06):641 - 653.

[6] Erev I, Barron G. On adaptation, maximization, and reinforcement learning among cognitive strategies[J]. Psychological Review, 2005, 112(04):912 - 931.

[7] Garbarino E, Slonim R. Interrelationships and distinct effects of internal reference prices on perceived expensiveness and demand[J]. Psychology and Marketing, 2003, 20(03): 227 - 248.

[8] Grimm V, Riedel F, Wolfstetter E. Low price equilibrium in multi-unit auctions: The GSM spectrum auction in Germany[J]. International Journal of Industrial Organization, 2003, 21(10).

[9] Hendricks K, Porter R H, Spady R H. Random reservation prices and bidding behavior in OCS drainage auctions[J]. Discussion Papers, 1989, 32(02):S83 - S106.

[10] Jehiel P, Moldovanu B. The European UMTS/IMT-2000 licence auctions[J]. Cepr Discussion Papers, 2001.

[11] Kagel J H, Dyer D. Learning in Common Value Auctions[M]. Bounded Rational Behavior in Experimental Games and Markets. Springer Berlin Heidelberg, 1988.

[12] French K R, Roll R. Stock return variances: The arrival of information and the reaction of traders[J]. North-Holland, 1986, 17(01).

[13] Laohakunakorn K, Levy G, Razin R. Private and common value auctions with ambiguity over correlation[J]. Journal of Economic Theory, 2019, 184.

[14] Max H, Bazerman, William F. I won the auction but don't want the prize[J]. The Journal of Conflict Resolution, 1983, 27(04):618 - 634.

[15] Parlour C A, Prasnikar V, Rajan U. Compensating for the winner's curse: Experimental evidence[J]. Games and Economic Behavior, 2007, 60(02):0 - 356.

[16] Shaffer J A, Cerveny R S. Long-term equilibrium tides[J]. Journal of Geophysical Research, 1998, 103(C9):18801.

[17] Tversky A, Kahneman D. The framing of decisions and the psychology of choice[J]. Science, 1981, 211(4481):453 - 458.

[18] Vickrey, William. Counter speculation, auctions, and competitive sealed tenders[J]. Journal of Finance, 1961, 16(01):8 - 37.

[19] Wilson P N, Foreman N, Tlauka M. Transfer of spatial information from a virtual to a real environment in physically disabled children[J]. Disability and Rehabilitation, 1996, 18(12):633 - 637.

[20] Moser J. Hypothetical thinking and the winner's curse: an experimental investigation[J]. Theory and Decision, 2019, 87(1):17 - 56.

[21] Peter Katuscak, Fabio Michelucci, Miroslav Zajicek. Does feedback really matter in one-shot first-price auctions? [J]. Journal of Economic Behavior and Organization, 2015, 119.

[22] Grosskopf B, Bereby-Meyer Y, Bazerman M. On the Robustness of the Winner's Curse Phenomenon[J]. Theory & Decision, 2007, 63(4):389 - 418.

[23] Ratan A, Wen Y. Does regret matter in first-price auctions? [J]. Economics Letters, 2016, 143(JUN.):114 - 117.

[24] 蔡志明.拍卖理论与实验研究[J].经济科学,1999,000(002):117 - 125.

[25] 陈建伟.中国国有资产拍卖机制设计和串谋防范研究[D].湘潭大学,2012.

[26] 陈兴,刘金平,余俊,孔元.采矿权最优拍卖方式分析[J].能源技术与管理,2009(02):

121 - 123.

[27] 陈玉光,邓子部.我国城市土地出让制度的缺陷分析及其完善[J].北京行政学院学报,
2012(02):77 - 82.

[28] 程振源,高鸿桢.拍卖的实验设计及其统计分析[J].统计与决策,2003(05):8 - 9.

[29] 道格拉斯·D.戴维斯,查理斯·A.霍尔特.实验经济学[M].连洪泉,左聪颖,译.北京:中
国人民大学出版社,2013.

[30] 冯中越.城市公用事业特许经营合约的承诺与再谈判[J].晋阳学刊,2019(02):89 - 100.

[31] 符蕾.我国并购市场的"赢者诅咒"问题研究[J].海南大学学报(人文社会科学版),
2013,31(04):110 - 114,123.

[32] 贡永红.司法拍卖中串谋行为的防范[N].人民法院报,2009 - 12 - 11(006).

[33] 郭红霞.行为主义学习理论对早期教育技术发展的影响[J].中国教育技术装备,2006,
000(008):73 - 76.

[34] 贺孟.信息不对称条件下共同价值拍卖研究[D].湖南师范大学,2011.

[35] 黄文斌.车牌指标在线竞价系统的设计与实现[D].华南理工大学,2015.

[36] 柯伦柏,拍卖:理论与实践[M].钟鸿钧,译.北京:中国人民大学出版社,2006.

[37] 李卫东.文物艺术品拍卖中竞拍人的非理性行为分析[J].学海,2011(03):145 - 149.

[38] 李稚,俞沛齐,谭德庆.拍卖市场上不同经验类型竞价者竞价行为研究[J].数学的实践与
认识,2010(12):48 - 54.

[39] 刘云.我国国有土地使用权拍卖出让中存在的问题及对策研究[D].西安建筑科技大
学,2005.

[40] 聂海峰.车牌拍卖中的"伏击"报价现象分析[J].经济学报,2019,6(02):99 - 124.

[41] 彭树宏,汪贤裕.独立私人价值拍卖与共同价值拍卖下的卖主收益及竞买人行为的实验
研究[C].中国数量经济学会.21世纪数量经济学(第5卷).中国数量经济学会:中国数
量经济学会,2004:410 - 421.

[42] 汝州市国土资源局.汝州市国土资源局国有建设用地使用权拍卖出让公告汝国土告字
[2013] 006 号[J].资源导刊:行政综合版,2013(11):62 - 63.

[43] 施钰,拍卖引发赢者诅咒现象的现实探讨[J].人民论坛·学术前沿,2010(01):96 - 97.

[44] 宋起柱.无线电频谱资源的市场分配机制研究[D].北京邮电大学,2010.

[45] 谭保罗.IPO重启,A股能否"逆袭"? [J].南风窗,2015,555(25):61 - 63.

[46] 田剑.增价拍卖中投标者跳跃报价策略研究[D].电子科技大学,2010.

[47] 王兵兵,冯中越.国外"赢者诅咒"研究综述[J].产业组织评论,2012,6(02):174 - 181.

[48] 王恩亮.拍卖设"特殊条款"涉嫌"量体裁衣"[N].企业家日报,2018 - 11 - 19(003).

[49] 王倩.基于保留价格和风险规避竞标者的关联价值拍卖[D].厦门大学,2018.

[50] 文昕.中国书画艺术品市场泡沫化问题的计量分析[D].辽宁大学,2013.

[51] 谢安石,李一军.拍卖理论的研究内容、方法与展望[J].管理学报,2004(01):46 - 52,3.

[52] 徐富明."赢家诅咒":一种值得警惕的决策偏差[N].中国社会科学报,2011 - 08 -
11(012).

[53] 许鹏.人民法院应防范竞买人妨害司法拍卖[J].法制与社会,2007(11):394 - 395.

[54] 严伟.公共资源拍卖中的共谋防止研究[D].大连理工大学,2007.

[55] 杨颖梅.拍卖与招标保留价综述[J].现代商业,2011(33):12 - 14.

[56] 约翰·H.凯格尔,丹·莱文.共同价值拍卖与赢者灾难[M].董保民,王勇,译.北京:中国
人民大学出版社,2007.

[57] 张海亮.中国花卉拍卖交易市场运作分析与研究[D].昆明理工大学,2007.

[58] 张鸿飞,徐富明,刘腾飞,张军伟,蒋多.赢者诅咒:心理机制、影响因素及应对策略[J].

心理科学进展,2011,19(05):664-672.

[59] 张军果.电子化供应链协调问题研究[D].同济大学,2008.

[60] 张妙曦.我国城市土地使用权出让制度研究[D].福建师范大学,2006.

[61] 张晓.博弈任务中个体的内在冲突对决策行为的影响[D].陕西师范大学,2012.

[62] 张志元,丁焕强.国有资产拍卖:理论、缺陷及相关制度安排[J].工业技术经济,2006(11): 68-72.

[63] 赵瑞,申金山,刘晓君."钓鱼工程"的博弈分析[J].建筑经济,2008,000(011):56-59.

[64] 周乐欣.拍卖理论在物流交易中的应用研究[D].武汉大学,2010.

[65] 朱志强.拍卖活动中的串谋行为及防范对策[J].产权导刊,2010,000(006):63-65.

附录 四种拍卖方式比较的课堂实验设计

一、实验目的

1. 探究四种拍卖方式的特点;
2. 探究四种拍卖机制的结果和效率。

二、实验设计

本实验共进行 7 局,每局中又分为不同的时段,在各自连续的时段中安排了不同类型的拍卖实验。如表 3-13 所示,第 1 局中安排了 10 个时段的英式拍卖,第二局中先进行 5 个时段的英式拍卖,再进行 5 个时段的荷式拍卖。以此类推。

表 3-13 实验设计

拍卖类型 局 数	英 式	荷 式	一价密封	二价密封
1	10	—	—	—
2	5	5	—	—
3	—	5	5	—
4	—	—	5	5
5	5	—	—	5
6	5	5	5	5
7	10	10	10	10

三、实验步骤

1. 准备实验。将全体被试随机进行抽签,并按照抽到的序号座位就座,实验人员发放基准局实验说明与基准局实验表格,被试填写基本信息。

2. 实验讲解。实验人员讲解实验规则,并回答被试问题,指导被试阅读实验说明,确保被试完全理解实验规则。

3. 开始第一局实验,工作人员认真记录每一次报价,包括报价人的序号和价格。第一局实验结束后,实验人员记录并公布中标额,本轮结束。

4. 继续实验,依次完成2~5局实验,实验人员收集前5局的表格。

5. 在原座位上休息10分钟,注意提醒被试,彼此间不要互相交谈。

6. 完成第6~7轮的实验,实验人员收集实验表格,实验结束。

7. 统计所有被试的收益情况并从高到低排序,对前三名进行奖励。

四、实验说明

实验说明一(基准实验)

你将要参加一个有关决策的实验,如果你遵照以下指示认真思考并做出决策,你可以获得相应的报酬,在实验结束时我们将以现金支付。在整个实验过程中,参与者之间任何形式的沟通都是严格禁止的。参与者之间的交流将使得参与者退出实验并没收其所有报酬。如果你有任何问题,请举手示意,我们研究小组的成员会私下回答你的问题。

实验分为两个部分,这两个部分是完全独立的,这就是说你和其他成员第一部分所做的决策对于第二部分没有任何影响。完成第一部分之后,中场在原地休息10分钟后再进行第二部分实验。在本实验中获得的收入将以"代币"的形式记录。在实验结束后,代币将被按比例转换为课堂成绩。

实验说明二(四种实验)

1. 英式拍卖

在拍卖开始前,工作人员会发给你一张纸条,上面写着你对本次拍卖物标的的估价。其次,工作人员会告知大家本次拍卖中的报价时的最小递增价格。拍卖一开始,工作人员会报一个价格,若你的估价比当前价格高,那么你就可以出价。比如假设你的股价是100元,报价最小增幅为2元,当前出到的价格是85元,那么你的出价不能低于87元。要注意的是,你可以多次报价,但你的报价最好也不要高于自己一开始对标的物的估价,否则即使拍下了收益也会为负。当没有人再继续出价时,工作人员会提醒并喊"1""2""3",当"3"喊出时,即意味着本轮拍卖结束。

2. 荷式拍卖

荷式拍卖与英式拍卖规则类似,工作人员也会发给你对标的物的估价。只是拍卖开始时工作人员报的是最高价,然后依次往下降,直到工作人员报出的价格低于或等于你的估价时,你就可以拍下,成交价就是你拍下的价格。

3. 一价密封拍卖

一价密封拍卖与前两种拍卖略微不同。此时你们不会公开叫价,工作人员也不会发给你纸条,告诉你们各自对标的物的估价是多少,真实价格只有工作人员知道。游戏一开始时工作人员会统一告诉大家关于标的物的几条信息,你们各自形成对标的物的估价,然后将你得到这件标的所愿意出的价格写在纸条上交给工作人员。工作人员在收集所有人的纸条后,会公布最高的出价和获胜者,获胜者支付的价格就是他自己所提交的价格。

4. 二价密封拍卖

二价密封拍卖与一价密封拍卖,你在实验开始前会获得关于拍卖标的公开信息,你也是将自己愿意出的价格写在纸条上并上交,获胜的仍然是出价最高的人。所不同的是,获胜者所支付的并不是他自己提交的出价,而是比他的出价略低的第二高的价格。

实验说明三(收益计算)

表 3 - 14 收益计算

	英式拍卖	荷式拍卖	一价密封拍卖	二价密封拍卖
中标者	报价—估价	报价—估价	报价—真实价格	支付价格—真实价格
未中标者	0	0	0	0

五、实验表格

英式拍卖实验被试表格

被试编号_____ 第_____局 第_____次

估价:_____ 报价:_____ 是否中标:_____,若中标,中标价是:_____

荷式拍卖实验被试表格

被试编号_____ 第_____局 第_____次

估价:_____ 报价:_____ 是否中标:_____,若中标,中标价是:_____

密封一价拍卖实验被试表格

被试编号_____ 第_____局 第_____次

你的估价:_____ 你的报价:_____

密封二价拍卖实验被试表格

被试编号_____ 第_____局 第_____次

你的估价:_____ 你的报价:_____

第四章 博弈论实验

第一节 概　述

博弈论又称对策论,其初期思想的出现可以追溯到两千多年前,如中国古代的"田忌赛马"。近代渐渐涌现带有博弈性质的数学模型,如 1883 年的伯川德价格竞争模型(Bertrand competition)、1838 年的古诺产量竞争模型(Cournot duopoly model)等。真正将博弈论规范化为一般理论的是冯·诺依曼和摩根斯坦(Von Neumann and Morgenstern),1928 年冯·诺依曼通过证明博弈论的基本原理宣告博弈论的诞生。接着,冯·诺依曼和摩根斯坦(Von Neumann and Morgenstern,1944)搭建出了博弈论的基本概念和分析工具,并提出了以研究博弈者联盟问题为核心的合作博弈的思想。

在此基础之上,普林斯顿大学数学系两个博士生夏普利和纳什(Shapley and Nash)分别将博弈论研究推向了不同的方向。夏普利(Shapley,1952)将核仁(nucleolus)发展为合作博弈的一般解,即它是一种博弈中所有成员均无法提升自身效用的稳定联盟状态。而由于核这个概念不能给出联盟内成员分配的唯一预测,夏普利(Shapley,1953)在合作博弈的框架中加入了其他公理,这些公理着重于描述"公平"分配合作利益。加入这些公理后,夏普利证明此时效用分配方案唯一,这就是著名的夏普利值(Shapley Value)。

与夏普利不同,纳什的研究跳出了合作博弈的思维框架,他不再以联盟而是以个人作为利益分析的出发点。纳什(Nash,1950)提出了非合作博弈的解,即纳什均衡的概念,它奠定了当前经济博弈分析的理论框架。泽尔腾(Selten,1965)对纳什均衡(Nash Equilibrium)在动态博弈中进行了精炼,提出了子博弈完美纳什均衡(Subgame perfect Nash Equilibrium)。海萨尼(Harsanyi,1967)则将纳什均衡(Nash Equilibrium)扩展到不完全信息条件,引入了贝叶斯纳什均衡(Bayesian Nash Equilibrium)的概念。自此,非合作博弈的研究理论发展基本趋于成熟。

由于主要研究策略型行为,收集实证数据的困难自博弈论诞生以来就如影随形,造成了博弈论研究出现多规范、少实证的特点。因此,在博弈论取得重大发展的基础上,在博弈中引进了实验方法。在博弈实验中,被试的行为动机、类型和模式,行为选择以及结果都能得到更加深刻的分析。理论上的规范分析均衡解可以在实验中得到验证,同时由于实验设计可以添加现实场景中更广泛的因素,因此实验结果也有助于丰富博弈论理论框架。在经济学研究中实验方法也适用,这既可以验证已有的理论结果的解释力和预测力,也可以丰富扩展和发现一些新的经济行为特征和经济运行规律。尤其是 2012 年诺贝尔经济学奖授予研究博弈的实验经济学家,极大地推动了博弈实验的研究。

博弈论研究从规范分析走入实验,这不仅是一种研究方法的转变,也是经济学认知观念上的转变,是从观察、描述性的演绎推理走向实验、模拟和归纳推理。这不是对已有经济学研究方法的颠覆,而是对经济学研究框架的拓展,特别是实验经济学在应用心理学、行为科学和基于计算机模拟方面的优势。这种模拟的通常做法为细致分析经济系统环境和因素,设计实验并实施控制变量,在经理理论模型中增加行为参数,辅以计算机进行实现。

实验证据逐步对博弈论规范分析理论结果进行检验,这必然引起方法论的变革,产生博弈论新的模型。尽管实验研究具有一定的理想化与局限性,如工具性和思想性的进一步协调、研究成本高等,但实验研究可以加入经济理论、经济实证、心理学、社会学和计算机技术等众多学科的理论和技术,这是无法在理论分析中得到的,可以说一定程度上撼动了现代经济学的基础,甚至是悄然进行一场经济学革命。

本章将博弈实验分为合作博弈与非合作博弈两大部分,针对每一部分再介绍具有代表性的经典实验,每个实验按照以下步骤引入:首先介绍实验的理论基础,说明早期经典实验研究结果,再次介绍每个实验的最新进展和一些现实意义。结构上,本章主要分为三个小节,除了第一小节导论之外,第二小节主要介绍几个非合作博弈论实验,包括单阶段博弈和多阶段博弈。第三小节主要介绍合作博弈。在以往的实验经济学教材中,主要侧重于对于非合作博弈论实验的介绍,本书则加入合作博弈实验,让读者能够对于合作博弈有所了解,并掌握相关的研究结论。最后是两个博弈实验设计的例子。

第二节　非合作博弈实验

依据当事人的行为相互作用之间能否达成一个具有约束力的协议,博弈论可分为合作博弈和非合作博弈。如果各方能够达成一个有约束力的协议或者承诺、威胁具有完全约束力,就是合作博弈;而如果不满足这个条件,那么就是非合作博弈。非合作博弈按照博弈各方决策是否存在时间上的先后次序,又可以划分为静态博弈和动态博弈。静态博弈就是各方同时进行决策选择,或者虽非同时但后行动者并不知道先行动者采取了什么具体行动;考虑时间因素,博弈需要多阶段重复进行下去,就成为动态博弈。动态博弈有两种类型,一为各博弈方的选择和行动有先后次序且后选择、后行动的博弈方在自己选择行动之前可以看到其他博弈方的选择和行动;二为同样结构的博弈重复多次,其中每次博弈称为阶段博弈,根据次数有限与否,又可分为有限次重复博弈和无限次重复博弈。再者,考虑各方是否拥有其他决策方的信息,又可将非合作博弈分为完全信息博弈和非完全信息博弈。至此,可将非合作博弈分为完全信息静态博弈、完全信息动态博弈、不完全信息静态博弈和不完全信息动态博弈四种类型。下面将针对每一类型给出实例进行详细探讨。

一、完全信息静态博弈实验

如前所述,完全静态信息博弈指的是具有如下特征的博弈:各博弈方都完全了解所有博弈方在各种情况下收益,同时决策或者虽然时间不真正一致,但各博弈方做出选择之前不知道其他博弈方的策略。在这其中最为经典的要数"囚徒困境"博弈。

1. 囚徒困境博弈的理论模型

囚徒困境讲的是这样一个博弈:两个囚徒作案后被警察抓住,分别被关在不同的屋子里接受审讯。警察知道两人有罪,但缺乏足够的证据。警察告诉每个人:如果两人都抵赖,则各判刑一年;如果两人都坦白,各判刑八年;如果两人中一个坦白而另一个抵赖,坦白的获得释放,抵赖的判十年。于是,每个囚徒都面临两种选择:坦白或抵赖。其支付矩阵如表 4-1 所示。

表 4-1 囚徒困境博弈的支付矩阵

囚徒2 \ 囚徒1	坦 白	抵 赖
坦白	$(-8, -8)$	$(-10, 0)$
抵赖	$(0, -10)$	$(-1, -1)$

从支付矩阵中可以看出,当囚徒 2 选择坦白时,囚徒 1 为最大化自己的效益,应该选择坦白,因为坦白的收益-8 大于抵赖收益-10;当囚徒 2 选择抵赖时,囚徒 1 的最优选择仍然是坦白,因为坦白的收益 0 大于抵赖收益的-1。因此,该博弈的唯一纳什均衡是(坦白,坦白)。对于该理论给出的均衡,实验经济学从各种影响因素对其进行深化研究,以下将介绍一些主要研究成果。

2. 囚徒困境博弈的实验研究

查尔斯·霍尔特和莫尼卡·卡普拉·库珀(Charles A. Holt and Monica Capra Cooper,1998)为了研究合作收益的高低对"囚徒困境"博弈中合作行为的影响做了一个博弈实验。为了简化实验设计,他们在实验中用卡片的颜色来区分被试的两种选择。其中,黑色代表背叛(也就是上边矩阵的坦白),红色代表合作(上边矩阵中的抵赖)。一个被试做出决策之前,另一个被试看不到他的选择,以此来模拟完全信息静态博弈的条件。同时,为了比较不同收益水平对于博弈结果是否具有影响,他们设计了两个支付矩阵,并命名为高合作收益实验和低合作收益实验(见表4-2和表4-3)。

通过实验,他们发现合作收益对于被试的选择具有重大影响。在低合作收益情况下,选择合作的被试占比是17%;在高合作收益下,选择合作的被试占比增加为58%。同时,他们还发现,如果实验重复进行,被试选择合作的概率会大大增加。如果实验重复2次,选择合作的被试占比从17%上升为58%。

表4-2 低合作收益矩阵

		B	
		红	黑
A	红	3,3	0,5
	黑	5,0	2,2

表4-3 高合作收益矩阵

		B	
		红	黑
A	红	8,8	0,5
	黑	5,0	2,2

我们在南京大学商学院的本科生中进行了此项实验,将被试分为两大组,分别设置低合作矩阵和高合作矩阵进行两组实验,实验结果如表4-4和表4-5所示。

表4-4 低收益合作矩阵结果

	第一大组	第二大组
红红	37.88%	38.16%
黑黑	21.21%	19.74%
红黑	40.91%	42.11%

表4-5 高收益矩阵合作结果

	第一大组	第二大组
红红	54.90%	61.90%
黑黑	0.00%	7.14%
红黑	45.10%	30.95%

从上表可以看出,当提高了合作收益之后,无论是第一大组还是第二大组,被试都显著增加了对"红牌—红牌"的选择,也就是合作行为,并且降低了"黑牌—黑牌"即互相选择背叛的选择。这说明高收益合作矩阵确实对"囚徒困境"实验中的被试合作行为起到了正向激励作用。

宋群等(Qun Song et al.,2019)设计的实验引入一种条件中性惩罚机制,观察在该种惩罚机制下囚徒困境中各博弈方合作行为的变化。该惩罚机制原理为,当某博弈方收益低于他周围的博弈方的平均值时,他可以选择采取惩罚策略。实验分为两个阶段,采用数值模拟的方式进行并对结果进行统计分析,每个被试为二维矩阵中一个节点,周围有四位相邻博弈方,得益为分别与相邻博弈方之间进行博弈得益的总和。在实验开始时,每个博弈方有50%的概率被随机设定为合作者,也有50%的概率被随机设定为背叛者。实验针对不同的惩罚强度进行多次模拟,结果发现,当惩罚强度越高时,博弈方选择合作的比例越高。

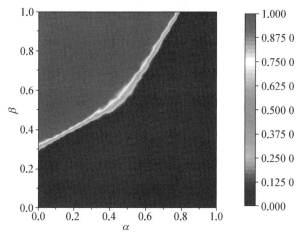

图4-1　$b=1.3$ 时在 $\alpha-\beta$ 参数空间上的合作实验

如图所示,α 代表惩罚成本,β 代表社会罚金;由图4-1可以看出,当其他条件不变,β 越高时,合作率越高,α 越高,合作率越低。

也有文献针对参与"囚徒困境"博弈方的专业背景显示出的行为差异进行了研究。特别的,具有经济学背景的博弈方会在"囚徒困境"博弈中采取更低的合作率,也称更高的背叛率。弗兰克等(Frank et al.,1993)通过实验发现,在"囚徒困境"博弈中,经济学从业者的背叛率为60.8%,显著高于非经济学从业者的背叛率38.8%。其背后的原因机制主要集中在两点,一为具有经济学背景的人在决策中更加自利,二为受到经济学训练的人更容易选择博弈模型中的均衡解。弗兰克和舒尔茨(Frank and Schulze,2000)研究发现当个体开始学习经济学时,其决策行为就会变得和其他人不同,而随着经济学训练的增加,这种自利行为也并不会增强;另一些研究则反映了经济学中的模型以及前提假设对人的抉择行为影响,弗兰克等(Frank et al.,1993)发现经济学模型中的自利假设会引导人做出自立抉择。针对上述争论,崔俊京和苏兰·帕克(Jung-Kyoo Choi and Sulan Park,2015)设计了一组实验,结果发现具有经济学背景的人在一定条件下所显示出的合作率与普通人并无差异,即具有经济学背景的人实现的是有条件的合作。

实验过程如下:从校园里招募122名学生作为被试,其中54名学生来自经管学院,68名学生来自其他学院;实验分为两个阶段,被试参加实验之前并不知道会进行两阶段的实验。在第一阶段实验中,被试被随机配对,双方被试同时自行决定将手上多少代币给予对方,主试将会给出三倍于给予者决定的代币数量于接收者。第一阶段实验结束之后,保留实验结果不告诉被试,同时将被试重新随机配对,进行第二阶段实验。在第二阶段实验中,双方被试存在先后顺序进行决策,首先由先行被试决定自己给予后行被试的代币数量,在观察到先行被试的行为之后,后行被试再决定自己给予先行被试的代币数量,被试双方的行动顺序随机决定。在两阶段的实验结束之后,对实验结果数据进行分析并进行显著性检验。

实验结果发现:① 第一阶段实验中,具有经济学背景的被试所决定给予的代币数量均值虽低于非经济学背景的被试给予的代币数量均值,但差异并不能通过显著性检验,这表明经济学背景与自利抉择间的严相关性有待商榷;② 在第二阶段实验的先行被试中,具有经济学背景的先行被试决定给予的代币数量显著低于非经济学背景的先行被试决定给予的代币数量,这表明具有经济学背景的被试对于后行被试的合作行为采取了更加不信任的态度,因此具有经济学背景的被试会选择更少的给予来保证自己的得益而不是通过给予更多期待对方的高回报给予;③ 在第二阶段的后行被试中,计算回应率(后行被试选择回馈的代币数量与自己从先行被试得到的代币数量比值),结果发现,具有经济学背景的后行被试与非经济学背景的后行被试回应率并无显著差别,这说明在观察到博弈对手的合作态度之后,具有经济学背景的人并不因为专业背景或者经济训练而选择在抉择中采取更加自利的行为。

综上,实验表明经济学专业背景并不表示人们会在博弈中更加自利,只是由于经济学专业知识带来的均衡分析使得具有经济学背景的人对合作行为的条件要求更加苛刻,但在观察到对方的合作行为时,专业背景将不会影响被试的合作抉择。

表 4-6 在同时和序贯博弈中的平均转移代币数量

	同时博弈	序贯博弈		
		先行方	后行方	回馈率(针对后行方)
所有被试	6.71	9.00	6.20	0.56
经济学背景被试	5.98	7.32	5.96	0.51
非经济学背景被试	7.29	10.42	6.37	0.59

注:在反馈率计算中需要清除从先行方获得 0 代币的数据,在被分配到后行方角色的被试中共有 26 位经济学背景的被试,其中有 9 位获得 0 代币转移;35 位分配到后行方角色的非经济学背景被试中有 6 位获得了 0 代币转移。

表 4-7 先行者代币转移状况 因变量:$Transfer_{II} - Transfer_I$

变 量	系 数
截距	6.95*** (1.36)
$Transfer_I$	−0.42** (0.16)
$Econ$	−3.87** (1.88)
$Transfer_I \times Econ$	0.30 (0.23)
R^2	0.14

注:样本容量为 61,*** 表示 $p<0.01$,** 表示 $p<0.05$,* 表示 $p<0.1$。$Transfer_{II}$ 表示的是在序贯博弈中被分配为先行方被试转移的代币数量,$Transfer_I$ 为在序贯博弈中被分配为先行方被试在之前同时博弈时转移的代币数量,$Econ$ 为是否具有经济学背景的哑变量。

表 4-8 后行方回馈代币(回馈率) 因变量:$Transfer_{II}^{Second}$

变 量	系 数
截距	0.59 (2.17)
$Transfer_I^{Second}$	0.25** (0.11)
$Transfer_{II}^{First}$	0.38** (0.17)
Econ	1.03 (2.74)
$Transfer_{II}^{First} \times Econ$	−0.07 (0.24)
R^2	0.21

注:样本容量为 61,*** 表示 $p<0.01$,** 表示 $p<0.05$,* 表示 $p<0.1$。$Transfer_I^{Second}$ 指的是在序贯博弈中被分配为后行方的被试在之前同时博弈中所选择转移的代币数量,$Transfer_{II}^{First}$ 指的是在序贯博弈中先行方选择的转移数量,Econ 为是否具有经济学背景的哑变量,$Transfer_{II}^{Second}$ 指的是序贯博弈中后行方所选择的回馈代币数量。

二、完全信息动态博弈实验

相比于完全信息静态博弈而言,完全信息动态博弈在博弈方先后次序上进行了区分,或者是同样结构的博弈重复多次,和完全信息静态博弈一样,完全信息动态博弈的各博弈方都拥有所有其他博弈方的特征、策略及收益函数等方面的准确信息。下面就两种博弈类型给出具体实例进行阐述。

(一) 先后次序博弈

先后次序博弈中非常典型的要数舒尔茨和弗兰克(Schulze and Frank,2000)首次提出的腐败行为博弈实验,主要研究因素为被试专业、性别。实验结果发现,性别会影响腐败行为,但不显著;专业方面,相较于其他专业而言,具有经济学专业背景的被试更容易腐败。舒尔茨和弗兰克(Schulze and Frank,2003)继续研究了监督机制对腐败行为的影响,实验结果表明,监督机制的引入显著减少了行贿人数,但行贿额却有所增加。

之后相继有许多学者将实验经济学与腐败行为结合在一起进行更深入的研究,主要分为以下几个方面。

1. 风险态度、信仰和信息

齐格弗里德等(Siegfried et al.,2013)设计了一组实验来研究风险态度、信仰及信息对腐败决策的影响。研究发现,人们的风险态度对腐败决策没有显著性影响;信仰会影响人们的腐败行为;对于不确定性而言,不确定性的增加会显著降低腐败行为。因此,采取措施增加腐败行为收益的不确定性对减少腐败将有显著效果。

实验分为三组:第一组为彩票选择;第二组为腐败博弈;第三组为改良腐败博弈。

在第一组实验中,被试被要求在确定支付策略 A 和有一定概率获得高收益(腐败行为成功)或者收益为 0(腐败被抓)策略 B 中进行选择,这组实验主要用来探测人们的风险态度。

表 4-9 可供选项以及切换点

序 号	选项 A	选项 B	$\{0,(1-w);1\,000,w\}$	选择 A 人数	选择 B 人数	两种选项无差别人数
1	600 点	0.99	0.01	63	5	4
2	600 点	0.95	0.05	67	3	2
3	600 点	0.90	0.10	68	3	1
4	600 点	0.80	0.20	70	1	1
5	600 点	0.70	0.30	68	2	2
6	600 点	0.60	0.40	68	4	0
7	600 点	0.50	0.50	52	12	8
8	600 点	0.40	0.60	42	12	18
9	600 点	0.30	0.70	18	42	12
10	600 点	0.20	0.80	9	55	8
11	600 点	0.10	0.90	3	68	1
12	600 点	0.05	0.95	1	70	1
13	600 点	0.01	0.99	0	72	0

如表 4-9 所示,当策略 B 中得到高收益的概率 w 越高时,选择策略 A 的被试就越少,选择策略 B 的被试就越多。

在第二组实验中,每位被试被告知将在一个六人小组中博弈,并被告知得到高收益的概率为函数 $w(m)$,其中 m 为六人小组中选择策略 B 的被试人数,$w(m)$ 是关于 m 的增函数且被试知晓函数形式。

表 4-10 腐败博弈中可供选项

轮 数	选择 A 人数	选择 B 人数	两种选项无差别人数
1	9	27	0
2	10	36	0
3	5	31	0
4	7	29	0
5	8	28	0
6	4	32	0
7	5	31	0
8	8	28	0
9	4	32	0
10	8	28	0

实验结果如表 4－10 所示,可以看到每一轮中的实验结果相对稳定,且被试更愿意去尝试决策 B 来获得有风险的高收益。

在第三组实验中,被试仅仅被告知 $w(m)$ 是关于 m 的增函数,但具体的函数形式并不知晓。

表 4－11　改良腐败博弈中可供选项

轮　数	选择 A 人数	选择 B 人数	两种选项无差别人数
1	14	22	0
2	12	24	0
3	18	18	0
4	16	20	0
5	16	20	0
6	12	24	0
7	14	22	0
8	16	20	0
9	14	22	0
10	18	17	1

如表 4－11 所示,实验结果依旧相对稳定,并没有随时间和实验轮数的增加显现出某种趋势。

为了检测信仰对于腐败行为的影响,齐格弗里德等人统计了第三组实验中每一轮选择 A 和 B 的被试对于获得高收益的信仰(即被试认为自己选择 B 能获得高收益的概率)。

表 4－12　被试对于选项带来的高收益信仰均值(改良腐败博弈)

轮　数	选择 A 被试信仰均值	选择 B 被试信仰均值
1	0.28	0.67
2	0.28	0.71
3	0.25	0.75
4	0.21	0.71
5	0.26	0.67
6	0.15	0.73
7	0.17	0.69
8	0.31	0.76
9	0.26	0.76
10	0.25	0.84
所有轮数均值	0.24	0.72

可以看到，随着时间的增加，被试的信仰并没有显著改变，且选择 B 的被试对自己获得高收益的信仰均值远远高于选择 A 的被试。

为了得到更进一步的实验结果，齐格弗里德等人对实验结果做了 Probit 模型回归，结论如第一段所示，在此不再赘述。

2. 文化背景

卡梅伦等(Cameron et al.,2009)设计实验分析文化背景对于腐败的影响，这里的文化背景主要指被试在不同的社会、经济、制度等生活环境中受到影响积累的经验，而实验结果表明文化差异确实会对腐败产生影响。巴尔和塞拉(Barr and Serra,2010)在牛津大学对来自不同国家的学生被试进行实验，采用 Probit 模型分析被试来自国家的腐败水平同被试在实验中腐败行为的关系，结果表明国家的腐败水平能够显著解释个体的腐败行为决策。

3. 惩罚机制

阿尔(AIR,2002)研究了惩罚机制对腐败行为的影响，有研究发现行贿金额和官员提高腐败行为的概率之间有显著的正相关关系，而惩罚机制的存在是否会对索贿发生率产生影响也得到众多学者的研究。阿宾克等(Abbink et al.,2014)设计实验探究了这一问题。实验设置了四种情境，第一种情境中受贿方与行贿方都需罚款，但行贿方的行贿金额可以被返还；第二种情境中只有受贿方需要罚款，且行贿方行贿金额可以被返还；第三种情境在第一种情境的基础上增加受贿方可以报复行贿方；第四种在第二种情境的基础上增加受贿方可以报复行贿方。从实验设计角度来看，第一种和第二种情境主要观察责任对称性和不对称性对索贿发生率的影响；第一种和第三种、第二种和第四种情境主要是考虑在增加报复的基础上对索贿发生率的影响。从结果来看，惩罚的责任对称可以有效减少腐败行为。

实验设计：

实验中有两个角色，厂商和官员。首先厂商出于利润最大化需求，会考虑是否向官员进行行贿；若厂商决定向官员行贿，官员可选择接受贿赂并向厂商提供腐败服务、不接受贿赂、接受贿赂但不向厂商提供腐败服务。即厂商有 2 种策略：不行贿、行贿。官员有 3 种策略：接受贿赂并向厂商提供腐败服务、不接受贿赂、接受贿赂但不向厂商提供腐败服务。

将被试随机两两分组，并随机选择每组种的厂商与官员角色，实验开始后配对的双方角色不会改变直到实验结束。

实验开始时，给予厂商和官员 F 和 P 数量的代币，且 F≫P。首先，由厂商决定是否向官员行使贿赂，如果厂商决定实施贿赂，则需决定向官员贿赂 t(t 属于[0,F])数量的代币；其次，官员需要决定是否接受贿赂，如果官员拒绝接受贿赂，实验结束，否则，实验进入第三步；再次，官员在决定接受贿赂后需要在事件{X,Y}中做出决策，其中 X 表示提供腐败服务，Y 表示不提供腐败服务，但官员的选择并不会影响他在第二步中所获得的贿赂收益；最后，引入监管机制，设置腐败行为以一定概率被发现，若被发现，厂商和官员双方的收益都要清零。

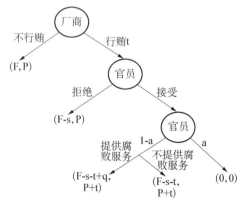

图 4-2　腐败博弈树状图

实验的博弈树如图 4-2 所示。

其中，s 是厂商决定行贿的成本，不管行贿成功与否都无法收回；q 为官员为厂商提供腐败服务时厂商的收益；a 为腐败行为被发现的概率。

（二）重复博弈

1. 有限次重复博弈

库珀等（Cooper et al.，1996）研究了有限次重复囚徒困境博弈在没有声誉的情况下的合作问题，实验采用两个处理方法：① 与不同的匿名对手进行一系列一次性囚徒困境博弈，40 个参与人组成 20 次的一次性博弈；② 30 人分成三组，每组分别进行两个 10 阶段有限重复囚徒困境博弈，两组次重复博弈的参与人都是随机且匿名配对，第一次重复博弈结束后参与人与新的对手配对完成第二次重复博弈。

结果发现：① 一次性囚徒困境博弈中，合作率是正的并且一般随着时间下降；② 有限重复囚徒困境博弈中，合作率是正的并且一般随着时间下降；③ 有限重复囚徒困境博弈的合作率比一次性囚徒困境博弈高。观察到的合作率相对于预测的合作率更高，观察到的合作率是时间的凹函数，预测的合作率是时间的凸函数。

利他主义在一定程度上解释了一次性囚徒困境博弈中的合作行为，因为如果参与人是严格自利的，在一次性囚徒困境博弈中将看不到合作行为；重复进行博弈能诱使那些在一次性博弈中不选择合作的利他主义者增加合作；在利己主义者没有建立任何声誉的情况下，有限次重复博弈中可以观察到更高的合作率。

利己主义者没有建立声誉的重复博弈均衡有一个特别的结构，在第一期利他主义者合作而所有利己主义者背叛；若两个参与人在第一时期合作，则都被认为是利他主义者并且他们在剩下的博弈中合作；其他所有情况下，两个参与人在剩下的博弈中都背叛。实验结果合作率在第一时期最高。内曼（Neyman，1985）则指出，如果不能确知时间的长短，那么即使是在完全信息条件下，在有限次重复囚徒困境博弈中进行合作也是可能的。

克雷普斯等（Kreps et al.，1982）的声誉模型把不完全信息引入重复博弈揭开囚徒困境悖论。他们证明，参与人对对手支付函数或战略空间的不完全信息对均衡结果有重要影响，只要博弈次数足够长，未来收益的损失超过短期被出卖的损失，合作行为在有限次重复博弈中也会出现。

克雷普斯等（Kreps et al.，1982）的模型假设，所有参与人事实上都是利己主义者，但参与人相信有一部分对手是利他主义者，这种"非理性信念"对有限重复博弈中的合作行为有相当的影响力，但一系列一次性博弈中的合作率仍是 0。在利他主义模型中，假设对某一个参与人子集的合作会有额外的收益，额外收益的取值不同，策略的选择也会不同，合作不一定是劣策略。只要有足够的参与人具有，一次性博弈中观察到合作行动是合理的。即使自利主义者在重复博弈中不合作（即使他们不建立声誉），大多数利他主义者在某些条件下将由于博弈的重复性质而选择合作。重复博弈相对于自利者没有建立声誉的一次性博弈来说，合作的概率增加。

我们在南京大学的商学院本科生中进行了 20 轮囚徒困境重复博弈实验，实验结果却出人意料，结果如下：

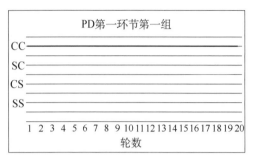

图 4-3(a)　第一组博弈实验中每轮选项

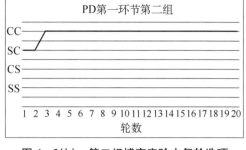

图 4-3(b)　第二组博弈实验中每轮选项

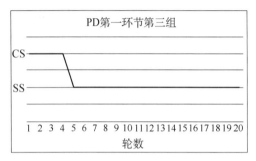

图 4-3(c)　第三组博弈实验中每轮选项

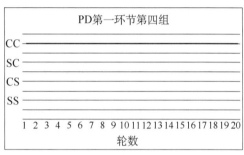

图 4-3(d)　第四组博弈实验中每轮选项

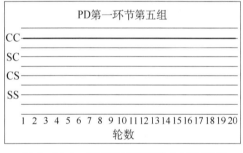

图 4-3(e)　第五组博弈实验中每轮选项

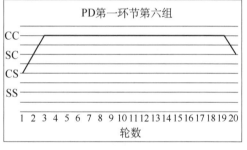

图 4-3(f)　第六组博弈实验中每轮选项

其中 S 表示背叛,C 表示合作。如图所示,第一组、第四组和第五组从实验一开始就达成了合作,直到实验结束,原因可能是同学们都学过博弈论并且对同学展现出极大的信任,所以得出这一不符合常理的行为决策。第二组和第六组也在调整中展现出良好的合作行为,其中第六组在结尾展示出了背叛行为,即端部效应(End-Effect)。而第三组则展现了恶意背叛,双方一直不采取合作行为。

从学生的实验结果中我们可以看出,实际结果与理论可以出现很大差距,对于被试的背景、被试是否具有经验、被试之间的关系是否不构成干扰这些因素都要再三斟酌。

2. 无限次重复博弈

无限次重复博弈最典型的属艾克斯罗德(Axelrod)重复博弈,艾克斯罗德的实验是以计算机程序对弈、竞赛的方式进行的。他要求参与竞赛的编程者充当囚徒困境的局中人,以谋求博弈收益的长期最大化为目标,用计算机程序编成特定的策略。每一策略按一定的规则实施合作或背叛来对付对手。然后用单循环赛的方式将所有参赛程序两两对弈。

在一次囚徒困境博弈中，由于回报机制无法实施，不会出现合作解；在有限次重复囚徒困境博弈中，考虑到利益最大化，个体与其对手在最后一次会背叛，进而在最后一次博弈的前一次提前背叛，以此类推，导出博弈从一开始就背叛，也不会出现合作解。艾克斯罗德认为无限次博弈使双方有相遇的机会，当再次相遇的概率足够大时，即使是没有任何亲缘关系的群体中，基于回报的合作也能繁荣且进化稳定，因而"合作的基础是关系的持续性和未来影响的重要性，而非信任"，有限次重复囚徒博弈就不可能产生合作解。

艾克斯罗德为了寻求重复博弈中"囚徒"能获得较高收益的策略进行开始了三次著名的实验。实验是以计算机程序对弈的方式进行，每一策略按一定的规则实施合作或背叛来对付对手，通过参赛策略两两对弈比较每个策略得分的多少来衡量其优劣。第一次实验有 145 名被试参加比赛，将每一被试分别于其他所有被试对弈，每对被试对弈 5 次，每次 200 步，参赛者不知道实验何时结束；第二次实验共有来自 6 个国家的 623 名被试，包括第一次实验的所有被试，每对被试对弈 5 次，每次对弈的实际长度是随机抽样决定的；第三次实验是模拟生态适应性的"生态比赛实验"，假设博弈者所组成的群体是一代代进化下去的，依据复制动态理论，进化的规则就是试错、学习、遗传的过程，把个体的得分看作个体的后代期望数，谁在第一轮中的得分高，它在第二轮的群体中所占的比例就越高，较优的被试就能繁衍更多的后代，较差的被试就会被抑制，直至灭绝。

实验中几种具有代表性的策略：

（1）一报还一报策略（Tit for tat）：第一回合选择合作，以后各回合均重复对方在上一个回合中的策略：对方背叛，自己也背叛；对方合作，自己也合作。

（2）弗里德曼策略（Friedman）：这是一个缺乏宽容性的策略。它不首先背叛，但一旦对方背叛，就永远选择背叛。

（3）道宁策略（Downing）：这是非常复杂的一个策略，第一步背叛，然后每走一步，估计自己合作或背叛后对方合作的概率，如果对方似乎仍然倾向于合作，则选择背叛；反之，选择合作。

（4）乔斯策略（Joss）：试图偶尔背叛而不受惩罚。若对方背叛则马上背叛，但十次有一次是对方合作之后而背叛。

（5）TF2 策略（Tit for 2tats）：较为宽宏大量的 TFT，仅当对手连续背叛两次以上才选择背叛，其他与 TFT 相似。

（6）检验者策略（Tester）：是被设计成专门欺负软骨头的一个策略。第一步选择背叛，然后观察对方的态度。如果对方背叛，就改为按 TFT 行事；如果对方不背叛，则在第 2、3 步合作，但以后每隔一步就背叛一次。

（7）哈灵顿策略（Harrington）：首先合作，当发现对方一直在合作，它就突然来个不合作，如果对方立刻报复它，它就恢复合作；如果对方仍然合作，它就继续背叛。

三次实验的计分公式基本相同，结果都是"一报还一报"被试获胜，排名靠前的被试都具有善良性、可激怒性、宽容性、清晰性的特点。艾克斯罗德证明了在重复博弈条件下，一次性囚徒困境博弈的双背叛占优策略将会被有条件的合作策略所取代；友谊不是合作的必要条件，肯定了在纯由利己主义者组成的世界中建立互惠合作关系的可能性；有效的回报机制能够激发持续的合作，生物的"互惠利他"行为也是因为他们期待在以后的重复博弈中能得到回报,个体才会去帮助与自己没有血缘关系的另一个个体;当未来相对于现在足够重要,即贴现率足够大,每个博弈者就可以用隐含的报复来威胁对方,从而使合作得以维系。另外,在信息不对称的环境中,个体需要使自己的立场清晰化,通过良好的声誉增加个体间的信任,降低促成合作的协调成本,引导合作更快的出现。

艾克斯罗德(Axelrod,1984)在研究中指出博弈双方都使用 TFT(一报还一报策略)很容易受到微小干扰的侵袭,即如果在双方都选择合作的前提下,如果一方因为某种错误或干扰在下一轮选择了背叛,则按照 TFT 策略,双方会陷入不能达成合作的困境。莫兰德(Molander,1985)针对这一现象进行了研究,在文中,他将微小干扰定义为在下一回合中有小概率 p 不重复对手上一回合的策略,此时,采取混合策略即以一个正的概率 c 选择合作,$1-c$ 的概率选择 TFT 策略将会使博弈双方获益更高。

翼等(Yi et al.,2017)发现选择 TFT-anti-TFT 策略作为 TFT 策略的修补能够增加博弈双方合作概率,ATFT 策略指的是在下一轮做出的决策与上一轮对手所做出的决策相反,决策的选择原理如下:博弈方通常会选择 TFT 策略,但当它发现自己在 TFT 策略实施发生错误时会从下一轮开始转向 ATFT 策略,当双方合作的现象再度出现或者对手连续单方面背叛两次时再转向 TFT 策略;作者采用随机过程中 Markov 链的方法对博弈双方的行为与收益进行分析,发现采取 TFT-anti-TFT 策略的博弈双方最终会达到纳什均衡。

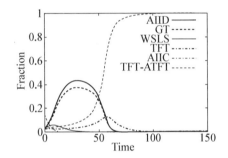

图 4-4 各种策略随着时间达到均衡比例

三、不完全信息静态博弈实验

(一) 概述

在完全信息博弈中假定博弈的结构、规则和支付函数是所有人的共同知识(Common Knowledge),即所有局中人在各种情况下的收益和损失都是"公开秘密"。实际上,这种类型的博弈在现实生活中较少遇到。在 1967 年以前,普遍观点认为,如果在博弈中至少有一个参与人不知道其他参与人的支付函数或支付函数不是共同知识,局中人就不知道他在与谁博弈,博弈的规则是没有定义的。博弈论专家认为此时博弈的结构特征是不确定的,无法进行分析。

只要在博弈中包含不完全信息,那么这样的博弈通常就被称为贝叶斯博弈,其中"不完全信息"是指博弈中至少有一个博弈方不完全清楚剩下的一个或多个博弈方的收益函数。不完全信息不是说完全没有信息,而是得到的信息不够完整,否则博弈方的决策选择就会完全失去依据,博弈分析也就没有意义了。不完全信息静态博弈的均衡通常被称为贝叶斯纳什均衡(Bayesian Nash Equilibrium)。

本节主要就"最后通牒"博弈实验和"独裁者"实验展开进行详细阐述。

(二) 最后通牒博弈的实验研究

1. 最后通牒博弈实验框架的提出

在经典的最后通牒博弈中,被试被规定与陌生的对手进行博弈,其中提议者提出一个具体的出价,而回应者决定是否接受该出价。如果回应者同意这个分配,那么二者各得到这个分配的相关收益;如果回应者不接受这个出价,那么他们两者均一无所得。该博弈中,先出价者具有先行优势。如果假定回应者是完全理性的话,那么他会接受任何先出价者的大于零的分配方案。然而,实际上的实验结果会如该博弈预测的那样达到均衡吗?

最早的最后通牒博弈实验由古斯、斯科密特伯格和施瓦茨(Güth, Schmittberger and Schwartz,1982)提出,实验过程如上面的经典最后通牒博弈所示。实验结果显示,提议者平均将 40% 的奖金分给对方,而有 50% 的回应者拒绝了 20% 左右的分配方案。

该实验结果与参与者最大化其收益的假定不符。任何经济学家们能够想到的解释方法被发现都不能完全解释这个结果。该实验在当时引起了巨大的轰动,经济学家们通过反复实验之后,认为参与实验的被试做出这个抉择是基于激励理论中亚当斯(Adams,1965)在 1965年提出的公平原则:当一个人做出了成绩并取得了报酬以后,他不仅关心自己所得报酬的绝对量,而且关心自己所得报酬的相对量。因此,他要进行种种比较来确定自己所获报酬是否合理,比较的结果将直接影响今后工作的积极性。因此,一个回应者如果拒绝从 10 美元中分得 2 美元的方案,即他用 2 美元的价格来表明他不愿受到不公平的对待程度。

最后通牒博弈实验一经提出,吸引了经济学家尤其是实验经济学家的极大兴趣。许多经济学家在古斯等人最后通牒博弈实验的基础上做了一系列实验,其结果如表 4 - 13 和 4 - 14所示。实验结果非常有规律。在最后通牒实验中,提议者出价的众数和中位数通常出现在40%—50% 的区间,而平均数则在 30%—40% 的水平;在 0、1—10 和 51—100 区间的出价很少出现;40%—50% 的出价很少会被拒绝,而低于 20% 左右的出价则有一半被拒绝。如果提议者给出了一个慷慨的出价,这可能是由于提议者内心深处是追求公平的,或者是因为提议者担心过低的出价会遭到对方的拒绝或者二者兼而有之,这两种因素可以在独裁者博弈中能轻易地被区分开来。

这些引人注目的结果所产生的影响使得这篇文献从错误的解释立场解放出来。许多人认为,有关最后通牒结果的主要问题在于,研究提议者的方案是基于内心的公正还是仅仅出于策略上的考虑。

2. 最后通牒博弈的经典实验研究

在古斯等(Güth et al.)实验研究的基础上,有许多经济学家做了许多拓展研究,主要是从实验设计、文化因素以及描述性因素三方面对被试或者实验条件做一些改变,来观察他们自己感兴趣的结果,以从不同角度更准确的解释最后通牒博弈的结果。

(1) 实验设计对分配比例的影响。

实验设计主要是通过改变实验的奖金额度以及将最后通牒实验重复进行等来实现的。

① 奖金额度的影响。

大多数经济学家宣称提高奖金总额会使最后通牒博弈行为趋于自私化。实际上,多支付一单位货币并不会改变实验被试的思考难度,然而,奖金的提高可能会改变被试赋予的在自身所得和他人所得上的相对权重。实际上,大部分理论分析都认为当奖金上升时,回应者会拒绝的出价将上升而他们会拒绝的比例将下降,也就是说相对于从 20 美元中得到 10 美元,他们更可能拒绝从 100 美元中得到 10 美元;而相对于从 20 美元中得到 10%,他们可能更愿意接受从 100 美元中得到 10%。

卡梅伦等(Cameron et al.)首先在印度尼西亚进行了实验。他们将最后通牒博弈中的奖金额度分别设定为 5 000 卢比、4 万卢比和 20 万卢比。从表 4-3 可以看到,不同的奖金额度没有造成不同的结果。斯洛伐克、斯洛尼姆和罗思(Slovakia,Slonim and Roth)发现在中等和高水平的奖金条件下拒绝行为显著减少。里斯特和凯瑞(Riester and Carrey)在佛罗里达州进行了一次富有新意的实验,该实验的一个不同之处在于:能够正确回答更多常识性问题的"实验被试"能够得到对 400 美元而不是 20 美元的分配权力。里斯特和凯瑞(Riester and Carrey)推断这种授权会导致较低的出价,并且针对两种额度的不同拒绝行为进行了更有力的统计观察。实际结果是,对于 400 美元的分配额度拒绝的比率确实要小一些,并且随着时间的推移有某种程度的下降。

通过以上的实验研究,我们发现奖金的较大变化对于拒绝行为只有有限的影响,提高奖金对于提议者的出价也几乎没有影响,可能的原因是对拒绝的规避导致实验被试在奖金上升时其出价更接近于 50%。在大额度奖金情况下,拒绝的频率是惊人的。在霍夫曼、麦卡布和史密斯(Hoffman,Mccab and Smith)的实验中,六人中有两个被试拒绝了从 100 美元中获得 30 美元;在里斯特和凯瑞(Riester and Carrey)的实验中,四分之一的被试拒绝了从 400 美元中获得 100 美元。

② 重复进行。

为了更为清楚地探讨被试出价的动机,经济学家们还对最后通牒博弈进行了重复实验。罗思等(Roth et al.)、鲍尔顿和兹维克(Bourton and Zwick)、奈斯和凯莫勒(Neith and Camerer)、斯洛尼姆和罗思(Slonim and Roth)以及里斯特和凯瑞(Riester and Carrey)对最后通牒博弈进行了重复实验,并让被试每次面对不同的陌生者。

鲍尔顿和兹维克(Bourton and Zwick)没有观察到任何有意义的结果,而其他研究显示了出价和拒绝行为从长期来看呈轻微的下降趋势。随着实验的延长,当被试逐渐了解到所有其他被试将会怎样去做,或者当与特殊的被试进行重复博弈时,他会对出价进行更苛刻的调整。哈里森和麦卡布(Harrison and Mccab)对这种效应进行了观测,他们让被试被告知有关其他被试的出价以及最小可接受出价时,实验发现在进行到第 15 次时被试的出价和最小可接受出价都降到了 15%左右。如果回应者发现其他许多人未对不公平的待遇做出惩罚,则他也不会这样去做,或者说他对于什么是公平的认知受到别人行为的影响。在另一种实验设计中,当 16 个富有同情心的被试数据被公布给具有 16 个附加随机选择并且最小可接受支付为 1%~14% 的被试时,有同情心的出价与最小可接受出价将随着时间的推移而稳定地下降。

从上述实验研究中可以发现只有很小的一部分经验效应存在,即当这些人中被安插了自私且精明的被试时。值得留意的是,拒绝的降低可能是源于学习或者来自临时满足报复感的偏好,如果拒绝行为是针对不公平待遇的一种情绪上的不满表现,那么这种表现出的报复欲望,正如人类其他的一些本能欲望一样,可以在短时间内得到满足。一种简单区分拒绝的减少是由于"疲于愤怒表达"还是"记忆中早已习惯于不拒绝"的方法是一天或者一周之后"重启"这个实验,如果被试不再做出拒绝行为是由于疲于表达愤怒,一段时间后再进行该实验时拒绝的频率再次上升。如果是由于记忆中已习惯不再做出拒绝,则在一段时间之后的重新实验将不会得到什么结果。目前,这方面的文献还比较少。

(2)文化因素对分配比例的影响。

为了探究文化差异对实验结果的影响,实验经济学家选择在不同国家进行最后通牒实验。实验结果表明,不同的文化背景下被试的表现各有不同。

罗思等(Roth et al.,1991)第一次谨慎地比较了美国、以色列、日本和南斯拉夫进行的最后通牒博弈实验的结果。从人类学角度来看,这些国家的文化实际上是很类似的,但是罗思等(Roth et al.)的研究却代表了一个重要的开端。实验发现,美国和斯洛文尼亚的参与者出价较为接近,并且比在日本和以色列的参与者出价要慷慨一些,后两者的出价要低于10%。在第十轮,所有的出价分布都更集中于起始的均值,并且这10%的缺口仍旧存在。在日本和以色列,参与者拒绝的次数要少一些,尤其是和斯洛文尼亚相比更是如此。一个关键点是,虽然日本人的出价较少并且以色列的出价更小,但是这两个国家内的拒绝比率却不高。罗思等人得出结论认为:"在被试之间造成不同行为的原因不是基于某种个性特点,而是因为在不同环境下对什么是合理出价的构成要素有着不同理解。"

巴肯、约翰逊和格罗森(Bakken,Johansson and Grossan,1997)也对日本和美国的最后通牒实验结果进行了比较。他们推断,日本的集体主义文化表现出一个相对较强的分享理念。事实证明他们的推断是正确的,在该实验中,日本的出价是较高的,这与罗思等人的结果恰好相反。这种差异显示了文化效应是多么微妙并可交互作用。巴肯等(Bakken et al.)运用的是最小可接受支付法,而罗思等(Roth et al.)则采用的是特别出价法这可能是产生差异的原因,在最小可接受支付法中,提议者会考虑到若自己的出价低于回应者所能接受的最低价格,回应者会直接拒绝这一提议,因此更愿意给出更高出价;而在特别出价法中,提议者更关注的是如何使自己的收益最大化。因此,巴肯等人的实验结果与罗思等人出现分歧,其中可能的原因之一是日本的集体文化让被试更愿意为了达成合作进行更多的分享。另外,在这两个实验中所用的日本学生的构成也是不同的,这可能是另外一个对结果差异的解释。

由11个人类学家和一些经济学家在2001—2002年进行了一次最为引人注目的跨文化最后通牒博弈实验。该研究肇始于一个有进取心的研究生乔·亨利奇(Joe Henrich)对秘鲁马奇根加的农夫所进行的实地最后通牒实验,他发现此地农夫的还价比在其他地方所观察到的被试的还价要低得多——平均值是讨价的26%而众数是讨价的15%,并且除了一次拒绝外,其余的都接受了任何还价。这里的讨价指的是提议者被赋予的初始禀赋,还价为提议者的提议出价。当亨利奇把实验结果呈献给罗勃·波伊德(Rob Boyd)时,他还不确定是他扭转了实验结果还是他第一次发现了行为特点接近博弈理论的推断的人群。在美国的一次类似的实验却得到了通常的结果—50%的支付,于是证明了亨利奇在文化效应方面找到了一个很好的例证。亨利奇的一个研究人类学的同事注意到,在马奇根加军民的社会性联系非常少,这里以家庭作为经济单位,家庭成员之间共同进行狩猎活动,村子内部与不熟识的人进行交易的现象很少。也许正是这种极端的社会和经济单位的独立性可以解释为什么在马奇根加人们没有分享观念。

为了检验这种假说,亨利奇和波伊德召集并形成了一个由人类学家和经济学家构成的小组在世界许多他们感兴趣的文化区域进行了最后通牒博弈实验。他们的实验结果如表4-15所示。大约十个文化区域中,出价的众数和平均值比许多发达国家中所观察到的要低,拒绝的比例也较低,但在文化之间又存在差异。通过统计学的仔细分析之后,可以发现这些出价始终要高于效用最大化时的出价。提议者表现出的"对被拒绝的规避"不仅仅是因为被拒绝后存在效用损失,许多被试解释说他之所以会出价较高是因为拒绝行为会在村子中引起骚乱。甚至,巴拉圭的猎手和印度尼西亚的拉玛莱拉捕鲸人的出价超过了总金额的一半。人类学家认为这些超乎公平的出价行为表明或许存在一种分出更多的原则,这是在狩猎过程中形成的,因为没有人可以独自占有猎物;又或许这是一个有挑衅意味的馈赠行为。接受一个不寻常的慷慨馈赠会导致接受者在今后偿还更多的义务,并且接受这种馈赠会被认为是某种侮辱。正如这种解释所说的那样,超乎公平的出价经常是被拒绝的。这些出价行为值得我们记住,因为在这些博弈中人的自私行为被完全破坏了,并且这些出价和拒绝行为是显示文化微妙差异的一种语言。

这种跨文化研究的一个重大收益就是找寻可以解释文化差异的变量。通过各种对比,最终找到了两个可以解释出价上差异的变量:其一是生产中的合作行为或者经济规模;其二是"市场一体化"的程度。一个文化如果具有更多的合作行为和更强的市场一体化,则更容易形成公平分配的原则。

表 4-13 跨文化最后通牒博弈实验的结果

组别(地区)	国 别	奖 金			众数 (样本百分比)	标准差	拒绝比率(百分比)	小于20%的拒绝比率
		N	大小	均值				
马其根加	秘鲁	21	2.3	0.26	0.15/0.25(72%)	0.14	4.8	10(1/10)
哈扎(小群体)	坦桑尼亚	29	1.0	0.27	0.20(38%)	0.15	28	31(5/16)
茨玛尼	玻利维亚	70	1.2	0.37	0.50/0.30/0.25(65%)	0.19	0	0/5
盖丘亚	厄瓜多尔	13	1.0	0.27	0.25(47%)	0.16	15*	50(1/2)
托古德	蒙古	10	8.0	0.35	0.25(30%)	0.09	5	0/1
卡扎克斯	蒙古	10	8.0	0.36	0.25	0.09		
马鲁切	智利	30	1.0	0.34	0.50/0.33(46%)	0.18	67	20(2/10)
奥乌	巴布亚新几内亚	30	1.4	0.43	0.30(33%)	0.14	27	1/1
哥劳	巴布亚新几内亚	25	1.4	0.38	0.40(32%)	0.19	40	50(3/6)
哈扎(大群体)	坦桑尼亚	26	1.0	0.40	0.50(28%)	0.17	19	80(4/5)
桑古(农场)	坦桑尼亚	20	1.0	0.41	0.50(35%)	0.12	25	100(1/1)
未定居者	津巴布韦	31	1.0	0.41	0.50(56%)	0.14	10	33(2/5)
阿彻尔	厄瓜多尔	16	1.0	0.42	0.50(36%)	0.20	0	0/1
桑古(牧场)	坦桑尼亚	20	1.0	0.42	0.50(40%)	0.09	5	1/1

（续 表）

组别（地区）	国 别	奖 金			众数（样本百分比）	标准差	拒绝比率（百分比）	小于20%的拒绝比率
		N	大小	均值				
欧妈	肯尼亚	56	1.0	0.44	0.50(54%)	0.092	4	0/0
匹兹堡	美国	27	0.28	0.45	0.50(52%)	0.096	22	0/1
定居者	津巴布韦	86	1.0	0.45	0.50(70%)	0.10	7	57(4/7)
洛杉矶	美国	15	2.3	0.48	0.50(93%)	0.065	0	0/0
阿克	巴拉圭	51	1.0	0.51	0.50/0.40(75%)	0.15	0	0/8
拉玛莱拉	印度尼西亚	19	10.0	0.58	0.50(63%)	0.14	20	37

注：如果表中列出多个众数，那么第一个更具一般性，第二个次之，与各众数相对应的总样本比例在括号中给出。在拉玛莱拉这一组实验中，以香烟作为货币单位（在这里香烟与货币的功能相似）。并用这种"准货币"的较低出价来检验实验对象是否拒绝了低出价。表中这一次的拒绝也是依据这种"准货币"出价给的。

* 原书为"015"，疑误，应为"15"，表示有15%的拒绝率。——译者注

（3）描述性因素的影响。

除了从实验设计和文化差异寻找最后通牒博弈实验结果的影响因素之外，经济学家还从描述性因素方面对该实验的影响做了详尽的研究。自从谢林（Schelling，1960）在协调博弈中对"心理上显著的聚点"进行研究以来，人们开始明确了解到，对策略的描述方法可以改变对这些策略的关切程度，从而改变人们行为的方式。心理学中一个研究选择行为的相关文献表明，如何对被选择物进行描述和"限定"可以影响选择行为。因此，考虑对最后通牒博弈的不同描述是否会影响博弈的进行是十分有意义的。

霍夫曼等（Hoffman et al.，1994）发现，把对最后通牒博弈的描述方式改称为"一次交易"——卖者对一件商品定一个价格，而买者决定买或者不买，则会导致出价降低10%而拒绝比例并未发生变化。拉里克和布劳恩特（Larrick and Blount，1997）指出，最后通牒博弈在策略选择上与"资源困境"问题是很类似的，后者是指参与者对已出固定的共有资源依次提出索取量，如果他们各自的索取量累加起来大于资源总量，他们将一无所获。当一个参与者对这些资源提出一个索取量后，他的行为其实意味着给第二个参与者一个索取所有剩余量的机会，这正像最后通牒博弈那样。他们对最后通牒博弈和资源困境问题的策略均衡进行比较后发现，在资源困境中的出价要更慷慨一些而拒绝行为也较少发生。他们得出结论，认为运用索取的语言可以激起对公共所有权的意识，从而使博弈双方都更慷慨。

霍夫曼、麦卡布和史密斯（Hoffman，Mccab and Smith，2000）让提议者去"考虑你希望回应者怎样去选择，同时也要考虑买者会希望你怎么去选择"。这些"促进式的引导"使得出价上升了5%～10%。他们推断这种引导使提议者对被拒绝更为担心。

3. 最后通牒博弈实验的最新研究

（1）动机公平或者结果公平。

正如上文所述，一个响应者做出拒绝行为可能是出于不愿接受不公平分配的心理，也可能是出于惩罚"恶意"提议者的目的。博尔顿和茨维克（Bolton and Zwick，1995）设计免惩罚的最后通牒实验，即当响应者拒绝提议者的提议时，提议者仍然能获得分配给自己的收益，实验

结果表明,响应者确实是出于惩罚"恶意"提议者的心理而拒绝不公平提议。同一个方案的不同出价形式也会影响个体行为决策,布劳恩特(Blount,1995)设计了一个由计算机出价而非提议者出价的最后通牒实验,实验结果表明,人们更愿意接受来自第三方如计算机作为提议者的不公平分配方案。竞争压力也会影响人们在最后通牒博弈中的决策行为,卡梅伦(Camerer,2003)设计了一组实验,在实验中,若提议者获得较高收益则可以参加下一轮的博弈,因此为了能继续参加博弈,提议者倾向于出价更低,而响应者也更愿意接受这样的提议。

对于最后通牒博弈中人们决策行为尤其是拒绝行为的研究主要集中在人们所关注的究竟是动机公平还是结果公平,加罗德(Garrod,2009)设计了一组由标准最后通牒博弈、免惩罚博弈及保证博弈组成的实验检验了差异厌恶理论对人的行为决策影响,实验结果表明,差异厌恶理论即分配结果公平只能解释提议者的行为,而对于响应者而言,差异厌恶理论并不能解释作为响应者的被试在免惩罚博弈中放弃一个正的收益来扩大自己的收益劣势,在保证博弈中倾向于减少提议者的收益来扩大自己的收益优势。因此,陈叶烽和周业安等(2011)依据加罗德的实验基础也设计了一组实验来考察分配动机公平对响应者在最后通牒实验中决策行为的影响,实验结果发现动机即互惠偏好确实影响了响应者的拒绝正的分配方案行为,而使用平均化分配规则并不显著影响响应者的拒绝行为,这进一步说明基于结果差异的差异厌恶偏好并不能解释响应者拒绝正的分配行为。

(2) 在心理学上的运用。

最后通牒实验还被应用于抑郁症等心理疾病患者在社会功能上的评估,舍勒等(Scheele D et al.,2013)通过对抑郁症患者在最后通牒实验行为的研究发现患者对不公平方案的接受率低于正常对照;王赟等(2014)通过实验发现抑郁症患者对于动机公平反应并没有正常对照那么敏感,即抑郁症患者对于不公平方案由人或者由计算机提出,其拒绝反应并没有显著差异。

王赟等(2019)设计了标准最后通牒博弈实验来研究缓解或部分缓解期抑郁症患者的社会决策行为特征,他们选取了患者组和正常对照各 30 例,事先检验了被试年龄、性别以及受教育程度方面的差异,结果发现都无统计学上的显著性,表明实验结果的受被试个体特征干扰因素较小,能更好地解释患者与正常对照之间的由抑郁引起的行为差异。

表 4-14　两组被试在不同公平水平条件下面对不同提议者时接受率(%)的比较

组　别	公平水平	人类对手	计算机	Z 值	P 值
抑郁症患者	公平	100.0(50.0,100.0)	100.0(62.5,100.0)	-0.23	0.063
	不公平	94.0(12.5,100.0)	88.0(0.0,100.0)	0.00	1.000
	极不公平	31.5(0,100)	31.5(0.0,100.0)	-0.87	0.388
正常对照	公平	100.0(75.0,100.0)	100.0(75.0,100.0)	0.00	1.000
	不公平	87.5(0.0,100.0)	94.0(0.0,100.0)	-1.61	0.454
	极不公平	6.5(0.0,100.0)	38.0(0.0,100.0)	-1.78	0.039

表 4-15　两组被试面对不同回应者时提议给对手比例(%)的比较

组　别	人类对手	计算机	t 值	P 值
抑郁症患者	43.2±13.5	39.8±13.0	1.94	0.064
正常对照	33.1±9.8	29.3±9.8	2.37	0.025

实验结果从回应者和提议者两个角度进行解释,从回应者角度来看,对照组对计算机提出的极不公平方案,其接受率高于由人提出的,而抑郁症组面对人机提议者时,其接受率的差异无统计学意义;从提议者角度来看,抑郁症组的提议比例显著高于对照组,当面对不同的回应者类别时,对照组面对人类对手时提议比例显著高于计算机,而患者组面对人机回应者其提议比例差异无统计学意义。

(三)独裁者博弈实验

在独裁者博弈中,回应者被剥夺了可以拒绝的权利,基于理性经济人、纯粹自利的假设,提议者 P 应该分给响应者 R 的份额为 0。但大量实验表明,P 分配给 R 的份额显著大于 0。在福赛斯等(Forsythe et al.,1994)的实验中,有 20% 的提议者分配份额约为 50%,60% 的提议者分配份额在 0 到 50% 之间,只有 20% 的纯粹自利者选择分配份额为 0。对于实验结果偏离于理论均衡有诸多解释,一种合理解释为人们具有公平偏好,即提议者会考虑响应者是否会感受到极不公平,因此会分给响应者一个相对较为公平的收益分配。

如果提议者提出一个慷慨的出价,可能是因为提议者内心深处是公平的,或者是因为提议者担心低额出价会遭到对方的拒绝,当然也可能两种原因都有。而这两种因素在独裁者博弈中可以很轻易地区分开来,在该博弈中,响应者被剥夺了拒绝的权利。如果提议者在一个独裁者博弈中,愿意给响应者一个正的出价,即提议者没有最大化自己的收益,这说明他更多的是出于内心的利他主义因素而非策略上的考量。

独裁者博弈中的给付行为体现了人们在决策行动中对于不平等的厌恶,然而当独裁者博弈中独裁者初始禀赋来源发生改变时,即将独裁者博弈的选择集从"给予"框架扩展为"给予"与"拿取"框架,实验结果不再能被社会偏好理论合理阐释。奥克索比和斯帕兰根(Oxoby and Spraggon,2008)做了这样的三组实验,第一组为标准独裁者博弈组,称为标准组;第二组的初始禀赋来源为独裁者通过努力挣得,称为给予组;第三组的初始禀赋来源为接受者通过努力挣得,称为拿取组。实验结果显示:标准组独裁者的平均分配比例为 20%;给予组中独裁者分配比例接近于 0;而拿取组中的独裁者表现得最为慷慨,平均分配比例超过了 50%。卡佩伦等(Cappelen et al.,2013)做了类似的实验,并对结果给了这样一种解释:在原先的独裁者博弈中禀赋的初始权利界定是模糊的,而当选择集扩展到"给予"与"拿取"框架时,独裁者可能在给予实验中获得了禀赋是完全属于自己的信号,因此在分配行为才发生了巨大的变化。

对此,崔驰和路智雯(2018)设计了一组实验研究禀赋来源和分配框架的结合对人们分配行为的共同影响,其中,禀赋来源指的是通过努力或运气得到初始禀赋,分配框架分为"给予"和"拿取",指分配自己挣得的禀赋或者接受者挣得的禀赋。

崔驰和路智雯的实验分为四组:

① 努力—给予实验组:第一阶段由角色 A 通过完成努力组的实验任务来获得初始禀赋;第二阶段由角色 A 分配其在第一阶段所获得的初始禀赋,角色 B 填写期望角色 A 分配给自己的禀赋。② 努力—拿取实验组:第一阶段由角色 B 通过完成努力组的实验任务来获得初始禀赋;第二阶段由角色 A 分配角色 B 在第一阶段所获得的初始禀赋,角色 B 填写期望角色 A 分配给自己的禀赋。③ 运气—给予实验组:第一阶段由角色 A 通过完成运气组的实验任务来获得初始禀赋;第二阶段由角色 A 分配其在第一阶段所获得的初始禀赋,角色 B 填写期望角色 A 分配给自己的禀赋。④ 运气—拿取实验组:第一阶段由角色 B 通过完成运气组的实验任务来获得初始禀赋;第二阶段由角色 A 分配角色 B 在第一阶段所获得的初始禀赋,角色 B 填写期望角色 A 分配给自己的禀赋。

实验结果如下:

表 4 - 16　分配比例的基本统计量

变　　量	独裁者的数量	分配比例均值	标准差	最小值	最大值
努力—给予(T1)	21.00	0.23	0.16	0.00	0.48
努力—拿取(T2)	21.00	0.48	0.22	0.00	1.00
运气—给予(T3)	20.00	0.42	0.15	0.04	0.61
运气—拿取(T4)	16.00	0.34	0.20	0.00	0.57

表 4 - 17　基本统计量对比

	努力—给予(T1)	努力—拿取(T2)	运气—给予(T3)	运气—拿取(T4)
独裁者挣得禀赋均值	28.9	0	25.12	0
接受者挣得禀赋均值	0	24.23	0	24.59
独裁者平均分配额	6.52	12.43	8.40	10.43
接受者平均所得额	6.52	12.43	8.40	10.43
独裁者平均剩余额	22.38	11.80	16.72	14.16
完全理性的独裁者	4.00	1.00	0.00	2.00

注:(1)给予组为独裁者挣得禀赋,接受者不参加实验任务,所以挣得禀赋为 0;拿取组为接受者挣得禀赋,独裁者不参加实验任务,所以独裁者挣得禀赋为 0。(2)完全理性的独裁者表示其分配额为 0。

通过对统计量进行假设检验发现,在其他条件相同的情况下,努力—给予实验组中独裁者的分配比例显著低于运气—给予实验组,努力—拿取实验组中独裁者的分配比例显著高于运气—拿取实验组,这说明相比于运气挣得的财富,人们更加认同由努力挣得的财富,即在分配问题上人们更倾向于支持机会平等,更加支持勤劳致富。努力—给予实验组的分配比例显著低于努力—拿取实验组,且运气—给予实验组与运气—拿取实验组分配比例无显著差异,说明在由努力挣得初始禀赋的情境下,强化了人们应得权利的意识,进而激发了框架对人们分配行为的影响。而在由运气挣得初始禀赋的情境下,则没有这种强化作用,从而使得框架对人们分配行为的影响并不显著。

四、不完全信息动态博弈实验

（一）信任博弈的实验研究

1. 信任博弈提出的背景

在实验经济学兴起之前，对信任水平的测度一般运用以 GSS(General Social Survey)为代表的社会调查问卷方法，该问卷调查主要包括了对个体信任、公平、助人态度 3 个方面的问题。通过 3 个问卷变量进一步构造一个综合标准化的信任指数。很多实证研究已经发现GSS问卷调查测度的信任水平与经济增长、犯罪率、公民参与性、交通设施等具备显著正的相关性。

然而作为问卷调查的一种，上述方法还是摆脱不了问卷调查法的一些缺陷：被调查者可能不愿意或不能够提供所需的信息。其次，封闭性的问题限制被调查者选择答案的范围，有可能使某些类型的数据的有效性受影响。另一方面，一般情况下问卷调查很少进行利益激励，即使有的话也很难对参与者进行差别化激励，可能并不能促使参与者表达出内心的真实想法。正是由于问卷调查法的这些缺陷，催生了经济学上用来测度信任的实验方法——信任博弈。

2. 信任博弈实验的早期研究成果

（1）信任博弈实验的提出。

伯格、迪克豪特和麦卡布(Burger，Dickhout and Mccab，1995)提出了一个博弈模型来度量信任程度。博弈中有一个投资者，投资者拥有 X 的资产，他可以继续持有这些资产或者进行投资。假设他投资资产份额为 T 并保留资产份额 $X-T$，设投资额 T 的收益率为 r，期终收益变成了$(1+r)T$。博弈中有另一个投资代理人，必须决定如何与投资者分享这部分新资产$(1+r)T$。假设投资代理人留下了 Y 而把$(1+r)T-Y$ 返还给投资者，则代理人的总收益为 Y，投资者期终总资产为$(X-T)+(1+r)T-Y$，即 $X-Y+rT$。

在该博弈中，信任是指愿意相信对方与之在某种风险活动中互惠。信任是有风险的，因为投资者会因为没有获取足够的回报而对自己的委托行为感到后悔。T 体现了信任程度，获得的回报$(1+r)T-Y$ 体现了值得信任的程度。根据博弈论的逆向归纳法，在最后一阶段，代理人知道这种博弈是一次性的，如果按照自我利益最大化原则，他就应该持有所有的钱而不选择返还。同样理性的委托人能预计到代理人的策略，所以他就不会投资任何钱给代理人，即这个博弈的纳什均衡是委托人选择不投资，代理人选择不返还，双方无法建立信任。

实验的结果并不与理论预测的纳什均衡相吻合。伯格、迪克豪特和麦卡布(Burger，Dickhout and Mccab，1995)对信任博弈进行了具体实验，其中期初总资产为 $X=10$ 美元，回报率 $r=2$，并且使用一个信箱来保证"彼此未知"。实验结果如图 4-5 所示。根据投资额的多少，条形码由左至右进行排列。每个条形码上的空心圆代表投资额(T)，条形码的高度代表投资加收益的总额(3T)，实心圆表示代理人给投资者的回报额，如果实心圆位于空心圆之上则表明信任被偿付了。结果显示：平均来看投资者一般会将总资产的 50% 进行投资；32 人中有

5个人把总资产全部进行了投资,而只有两个人一点也没有投资。平均的回报额为投资额的95%,然而离散程度还是很大——有一半的代理人什么也没有返还给投资者或者侮辱性地返还1美元。

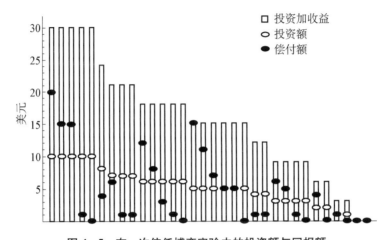

图 4-5 在一次信任博弈实验中的投资额与回报额
资料来源:根据 Based,Dickhaut and McCabe(1995)的数据而做。

其他的一些实验研究也得到了类似的结果,但也伴随着一些有趣的差异。科福特(Coford,1998)发现保加利亚的学生信任程度非常之高,投资额为总资产的70%并且回报率为150%。他认为保加利亚人之所以如此相互信任,其原因是他们对当局的信任程度非常低。威灵格、劳曼和乌苏斯涅尔(Willinger,Laumann and Wususnier,1999)发现法国人相互信任程度较德国人来说是很低的,但他们都返还了约投资额的40%,奥特曼、费茨格拉尔德和伯音(Ultraman,Fitzgerald and Boyin,2000)在美国的马萨诸塞州用与伯格等人稍有不同的设计方案来进行了实验,通过询问被试的预期收益并告知他们有关别人的所为来影响被试本身的行为。其结果发现博弈中的投资额是总资产的40%~60%不等,而回报率平均为投资额的110%。

恩斯明格(Ensminger,2000)发现在肯尼亚的奥玛地区,牧人之间的信任和值得信任的程度是很小的(见图4-6)。实心圆表示返还额高于投资额,空心圆表示返还额低于投资额。奥玛的牧人平均把50货币单位中的40%用来投资,其中只有一个人投资超过了总资产的一半;而他们只返还了投资额的55%。肯尼亚是世界上最腐败的国家之一,因而这个简单的博弈也相应地表现出了低水平的信任程度。

杰科布森和塞得里(Jakobson and Sedri,1996)在德国进行了一个信任博弈实验,实验中将被试分为三组并告知被试实验过程将被全程记录。实验结果表现为被试投资了总资产的60%并获得110%的回报。所有由投资者构成的组关心的是投资能够获得更多收益机会的大小,并且大部分人讨论的是到底把总资产全部用来投资还是分文不投,同时有一半的人谈论到是否应该对代理人表现的慈善和慷慨。而所有的由代理人构成的组谈论的是与投资者的互惠问题。这些参与实验的学生都明确注意到在一次匿名博弈中有可能发生道德风险,这使得人们对流行的假设也就是一次博弈和重复博弈之间的表现没有区别产生怀疑。

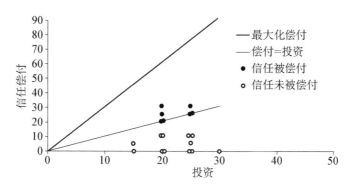

图 4-6　在肯尼亚进行的一次信任博弈中的投资额与回报额
资料来源：根据 Ensminger(2000)的数据而做。

（2）信任行为的影响因素。

许多学者对信任博弈实验中影响信任行为的因素和制约进行了深入研究，主要从以下因素得出重要的成果：

① 交流。

本内尔、普特曼和雷恩(Ben-Ner, Putterman and Ren, 2011)设计了一组实验研究交流对经济信任及可信赖水平的影响，他们设计了三组实验：第一组为经典信任博弈，第二组为允许被试之间以数字形式的信息进行交流，第三组在第二组基础上再允许被试进行一分钟的语言交流。实验结果发现，第二组与第三组均显著地提高了被试的信任及可信赖水平，且第三组效果更为稳健，这说明交流帮助增强了人们对经济的信任以及提高了人们的信赖水平。

② 声誉。

布拉赫特和费尔托维奇(Bracht and Feltovich, 2009)通过信任博弈实验研究了直接观察对人们经济信任水平的影响，在实验中博弈者通过观察对方过去行为的信息来判断对方的声誉。实验表明，当受托人事先被告知在下一轮博弈中的行为将会被观察时，受托人更倾向于表现出信赖特质的决策；同时，当投资者被允许观察受托人的博弈行为决策并能在下一轮中选择声誉更好的受托人进行搭档时，投资者也会增强自己的信任行为。这说明在社会中声誉能够建立一个正向循环的机制，使投资—回报相互增强。

③ 经验。

多尔、沃特、弗兰克和桑菲(Doll, Wout, Frank and Sanfey, 2010)探讨了初始信任和基于经验的信任对经济信任的影响。其中，初始信任指的是博弈双方在没有任何过往信息参考时在初次互动中表现出的信任水平，基于经验的信任则是在多次博弈中从经验和信息中表现出的信任水平。实验结果表明，初始信任与基于经验的信任协同影响博弈者的经济信任水平，即博弈者对对方的信任以初始判断为基准，然后以在多轮互动中以获得的经验为基础不断更新信任水平。也有学者的实验表明基于经验的信任更加重要，如马剑虹等(2011)的实验表明影响合作行为的主要是基于经验的信任，初始信任的作用可以忽略不计。

④ 面部特征。

沃特和桑菲(Wout and Sanfey, 2008)设计了一组实验，实验中每位被试需要分别与其他

79 位受托人进行博弈,并在博弈前对这 79 位受托人的可信赖程度进行评估。在后续的每次博弈中,被试需要说出在多大程度上信任受托人并用投资总额衡量信任程度。实验结果表明,拥有值得被信赖面孔的受托人能够获得更多的投资。李斯、盖尔霍夫和基尔希(Lis, Gallhofer and Kirsch,2011)和弗兰岑等(Franzen et al.,2011)也发现,积极的面部情绪(如微笑)与信任博弈中的高投资额之间存在相关。这意味着人们更愿意相信那些面部表情积极的人。

3. 信任博弈实验的最新进展

戈里和霍尔特(Goeree and Holt,2001)提出了另外一个可以用来衡量信任的博弈模型。该模型包含了四次博弈实验。前两个实验可以从图 4-7 中看到。首先看上半部分,博弈方 1 首先必须做一个决策,安全性选择(S)或者风险性选择(R)。S 之所以叫作安全性选择是因为它的收益是既定的:博弈方 1 得到 80,博弈方 2 得到 50。而选择 R 的收益博弈方 2 的反应,P 或者 N。博弈方 2 选择 P 可以得到 10,选择 N 可以得到 70,因此理性的博弈方 2 会选择 N。同样地,只要博弈方 1 认为博弈方 2 是理性的,他应该会选择风险性选择 R。这个实验只进行一次,所有的收益通过美分支付。

实验结果显示,84% 的博弈方 1 自信地选择了 R,所有这些选择都得到了博弈方 2 的 N 的回应。注意如果博弈方 2 选择 P 来回应 R 的话他的收益会降低 60 美分。

图 4-7 的下半部分展示的博弈基本相同,唯一的差别在于如果博弈方 2 选择 P 来回应的话他仅仅损失 2 美分。在这个情况下,超过半数的博弈方 1 对于博弈方 2 选择 P 表示担忧,因此他们选择了 S。这个担忧确实成立,因为 1/4 的选择 R 的博弈方 1 遭到了博弈方 2 的 P 的回应。实际上,博弈方 1 选择 S 比选择 R 的平均收益更多。

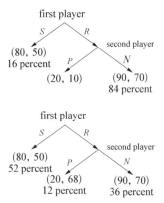

图 4-7 戈里和霍尔特(Goeree and Holt,2001)的信任博弈模型

对两个博弈进行标准博弈论分析会产生相同的预期,因为这个分析是建立在每个博弈方都是理性的,而且关注他们自己的收益最大化假设下。这个假设暗示,博弈方 2 会选择 N,不管他的收益会增加 60 美分(上半部分的博弈),还是 2 美分(下半部分的博弈)。在两个博弈中,我们从博弈方 2 的最优决策入手(N),通过它我们可以算出博弈方 1 的最优选择是 R。这一对选择,N 和 R,构成了一个纳什均衡,因为如果偏离了均衡,两个博弈方都不会增加自己的收益。

除了上述纳什均衡之外,还存在一个纳什结果(S 和 P)。特别地,博弈方 2 得到 50 的收益,单方面从 P 到 N 的偏离并不能改变他的收益,因为他的收益被博弈方1的 S 决策决定了。第二个均衡被剔除了因为它暗示博弈方2不是顺次理性的。然而,从图4-7的下半部分可以看到,第二个均衡所预测的 S 是最普遍的观测结果。

图4-8展示了另外两个博弈。和之前的一样,都存在两个纳什均衡:S 和 P,R 和 N。首先看 R 和 N,博弈方1将获得90而博弈方2将获得50的收益,如果博弈方2偏离到 P,则博弈方2的收益会更低。同样地,博弈方2选择 N,博弈方1不会偏离策略 R。这个均衡 R 和 N 是博弈方1更喜欢的均衡。对于均衡 S 和 P,你可以将它看成潜在的惩罚,因为 P 会将博弈方1的收益从90降低到60。这个惩罚存在的原因是博弈方2更偏好图中左边的策略。两个博弈不同的是惩罚的成本在图4-8上半部分博弈中是40美分,而下半部分仅是2美分。

对这两个博弈进行标准博弈论分析结果是一样的:S 和 P 这个均衡是不可能的,因为它暗示博弈方2准备好采取一个带有成本的惩罚,因而是不可行的。因此在每个博弈中纳什均衡都是 R 和 N。在上半部分博弈中,它的预测是很准确的,88%的结果与预测的一样。而下半部分的博弈中,结果完全偏离这个预测,因为只有大概 1/3 的结果是和所预测的一样。

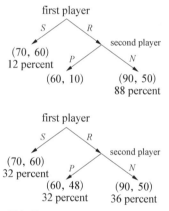

图4-8　戈里和霍尔特(Goeree and Holt, 2001)的信任博弈模型

总的来说,顺次理性的假设排除了图4-8中博弈方2犯错误和图4-7中博弈方2采取一个有成本的惩罚的可能。因而预期的结果都是一样的,均为 R 和 N。这个预期仅仅与每幅图的一个博弈实验结果相吻合,与另一个博弈实验结果不相符合。这个完美顺次理性假定的问题在于它不允许任何随机偏离和误差存在。实际上如果犯错误的成本很低的话,它是很可能发生的。

为了研究信任博弈中信任的培养效果,何志芳、杨艳和刘建平(2019)基于"特殊信任",即建立在稳定互惠行为基础上的信任招募120名被试随机分为三组进行了实验。实验中被试均为投资者,代理人角色为虚拟。但为了模拟真实的实验效果,被试被告知他们被网络程序系统两两配对组成一组,并被随机指定为投资人或代理人。博弈过程中,投资人每轮博弈将获得系统分配的10个网络币。博弈过程分两个步骤:先由投资人决定将投资多少给代理人(假设为 x 个网络币)。当投资人完成决策后,系统将投资额乘3倍,然后交到代理人手中。然后,代理人决定返还给投资人多少个网络币(假设返还 y 个)。一轮博弈结束时,投资人获得$(10-x+y)$个网络币,而代理人获得$(3x-y)$个网络币。

三组被试设定如下:

(1) 直接强化组:① 被试完成初始信任测试后,系统会向被试显示投资者本轮投资金额、代理人返还金额和个人账户余额等信息。② 被试随后参加6轮博弈,每轮博弈的前一轮博弈收益情况会反馈给被试,作为强化物。系统设置每次公共账户返还的金额都是被试投资额的1.5~2倍。

(2) 替代强化组:① 被试完成初始信任测试后系统会向被试显示投资者本轮投资金额、代理人返还金额和个人账户余额等信息。② 被试随后观看"直接强化组"的博弈实验视频。视频先呈现上一轮实验的结果,再播放下一轮博弈实验的过程。如此循环播放6次。本部分实验材料是用屏幕录制软件事先录制好视频,在被试完成初始信任测试后播放给被试观看。视频实验中,每次系统返还给投资人的金额是该投资人投资金额的1.5~2倍。

(3) 对照组(无强化组):① 被试完成初始信任测试后,系统会向被试显示投资者本轮投资金额、代理人返还金额和个人账户余额等信息。② 被试随后学习博弈实验规则并做练习。系统会对每一轮练习给出对错的信息反馈,共练习6轮。对照组被试公共账户返还的金额由系统通过随机函数生成。为使所有被试返还金额的倍数相同,使用相同随机数种子。不同被试的倍数出现顺序不同,由系统随机呈现。公共账户返还金额的范围为投资人投资金额的0.8~1.2倍。实验结束时,被试账户最终持有10个网络币。

结果如下:

表4-18 三个信任培养组的基本统计量与差异分析

分 组		m	s	t	p	d
对照组	培养前	4.78	1.93	−1.10	0.278	0.17
	培养后	5.15	1.89			
替代强化组	培养前	4.55	2.21	−6.73	0.000	1.06
	培养后	7.33	1.67			
直接强化组	培养前	4.45	1.95	−13.41	0.000	2.12
	培养后	8.75	1.78			

由上表结果可以看出,相较于对照组而言,替代强化组和直接强化组都出现了显著的信任水平上升,这表明特殊信任关系能以直接强化和替代强化的方式建立和培养起来并且直接强化组的信任培养水平高于替代强化组。

(二)蜈蚣博弈的实验研究

1. 蜈蚣博弈实验的提出与早期的实验研究

罗森塔尔(Rosenthal,1982)提出了一个包含100个阶段的顺次博弈,由于它的扩展式看起来像一条蜈蚣,因此这个博弈又叫作"蜈蚣博弈"。图4-9显示了蜈蚣博弈的一个缩短形式。在每个节点上,博弈方(Red和Blue,红和蓝)选择向下(结束博弈),或者继续向右。这个博弈从左边开始,红决定是终止这个博弈还是继续。终止博弈的话,红得到 40 美分,蓝得到 10 美分。如果红决定继续向右,那么蓝就进行一次选择,他也可以选择继续或者结束,当选择结束时,红得到 20 美分,蓝得到 80 美分。蓝可以选择结束博弈并得到 80 美分,也可以选择继续得到 40 美分(如果 Red 在下一阶段结束博弈)或者 320 美分(如果 Blue 在最后一个阶段结束博弈)或者 160 美分(如果 Blue 在最后一个阶段选择继续向右)。

显然,对于蓝来说,最后一个阶段结束博弈更有利。意识到最后一个阶段的选择之后,我们运用逆向归纳法。如果蓝预期会在最后阶段结束博弈,那么红更好的选择是在第三阶段结束博弈,然后得到 160 美分的收益。总的来说,我们可以发现蓝会在最后阶段结束博弈,而红则会在第三阶段结束博弈。类似地,蓝会在第二阶段结束博弈,红会在第一阶段结束博弈。因而,逆向归纳法产生了一个非常特别的结果:这个博弈会停在最初阶段,双方都会产生很低的收益。

麦克尔维和帕弗里(McKelvey and Palfrey, 1992)做的这个实验包含了 20 个被试,每个角色有十个被试扮演。在实验中,每个被试都会和另外一个角色的十个人进行博弈。每个结果的加总比例如图 4-9 所示。只有 8% 的红在第一阶段结束博弈,因此这个实验结果与基于逆向归纳法的预测有很大程度的不相符合。

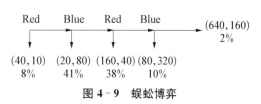

图 4-9 蜈蚣博弈

在这个博弈中,逆向归纳法预测失败可能是由于对后边阶段的他人行为低程度的不可预测性会导致早期阶段的继续博弈行为,因为继续博弈的收益很高。麦克尔维指出,有一小部分人具有无私的心理,尽管这部分人不会太多,对于自私的人来说,继续这个博弈也将会更好。实际上,任何形式的干扰或者不可预测性都有类似的性质。注意到大约有 1/6 的蓝在最后了一个阶段选择继续向右,这个将他们的收益从 320 减少到 160,但是将红的收益从 80 提高到 640。这是由于无私,或者其他一些干扰至今尚无定论。

2. 最新的研究进展

对于蜈蚣博弈在偏离均衡时能够继续进行下去,即被试不选择在第一阶段结束博弈的原因,许多学者从利他主义角度进行了探讨。

莱文(Levine,1998)将博弈对手的收益纳入效用函数中,建立了利他主义理论,在模型设定的基础上利用公共品博弈实验和蜈蚣博弈实验的数据对利他主义参数进行估计,发现所估计出的模型对其他形式的蜈蚣博弈实验以及其他博弈实验具有广泛的解释力。泽纳(Zauner,1999)利用海萨尼转换(the Harsanyi transformation)建立蜈蚣博弈(Centipede Game)的收益不确定性模型,通过研究收益中随机扰动项的 5 种不同方差形式,得出了 2 个最符合蜈蚣博弈实验结果的模型。

饶育蕾、张媛和彭叠峰(2010)借鉴泽纳的研究框架,将随机扰动项定义为经济含义更加明确的心理效用,且该心理效用呈现出个体之间的异质性,其期望水平反映了参与者整体的利他倾向。文章利用模型来拟合蜈蚣博弈的实验数据,结果发现:① 高收益会削弱实验参与者的利他程度,而博弈节点的增加则会增强利他偏好,这表明高收益下一部分人可能受利益诱惑而变得更加自利,而博弈的多阶段性会促使人们更多地采取利他合作态度;② 较高的收益和较长的博弈阶段对应着较大的心理效应方差值,表明高收益条件下以及博弈阶段更长的情况下,人们利他倾向的异质性程度更大,多阶段性会促使人们更多地采取利他合作态度。

这些结论对于真实的经济生活中的博弈有很好的借鉴意义。例如,在委托—代理雇用关系中,如何设计委托和经理人之间的薪酬与雇用期限来减少道德风险等问题的发生,这就需要充分考虑参与人的心理效用。

兰布斯多夫等(Lambsdorff et al.,2018)从以团队角度思考决策来研究蜈蚣博弈中博弈不会停在初始阶段的情形。他们设计了一个标准四阶段蜈蚣博弈实验作为对照,并在另两组改进实验中强调合作收益的重要性。在第一组改进中,他们一直强调双方的共同收益是200欧元,并且随着博弈的进行,达到200欧元共同收益的概率越来越高;在第二组改进中,他们将蜈蚣博弈描述成足球比赛以使博弈双方感受到自己是作为足球团队中的一员在合作。

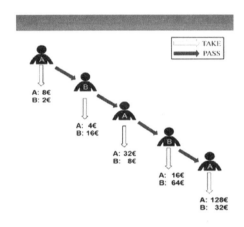

注:在标准四阶段蜈蚣博弈中,传球使总收益增加了一倍,并将更大的份额移交给其他参与者。

图 4-10　标准四阶段蜈蚣博弈实验

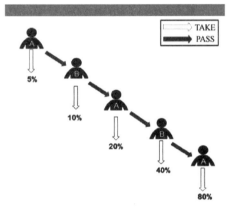

注:将博弈传递下去能够加倍双方达到成功的概率,而中途结束博弈能够保证选择结束博弈方获得160欧元,另一方获得40欧元的概率。

图 4-11　第一组改进四阶段蜈蚣博弈实验

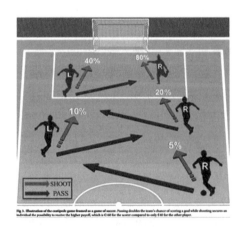

注:对被组织成足球比赛形式的蜈蚣博弈的解释。传球行为加倍了总得分的概率,射门行为保证个体有更高概率获得更多支付,得分者将被支付160欧,另一玩家将仅被支付40欧。

图 4-12　第二组改进四阶段蜈蚣博弈实验

　　实验结果显示,在第二组改进中传递行为更多,其次是第一组改进,最后是对照组。这一结果可以被团队意识和共同目标理论很好地解释,当博弈方有了团队意识时,他们就会期待另一方表现得更为合作,这就减少了早期的背叛风险。

　　现实世界中有很多这种情形,商业经理谈论着长远规划,学者们规划项目的学术前景,爱人们承诺家庭稳定。尽管很多时候他们低估了在实践阶段遇到的困难,但这种团队意识仍旧保证了合作。事实上,采取强调团队目标而不是通过激励来减少错误能更好地提升工作效率;在反复领域,如果政府代理人能够分享福利提升目标而不是仅仅控制个人违法可能效果更好;在冲突调解时,如果去强调双方的共同目标而不是区别能够使措施运行得更好。

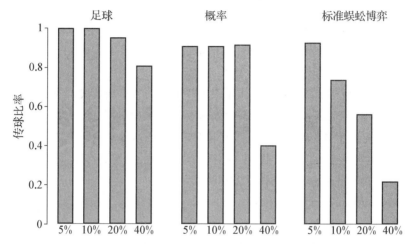

注:经过处理后的传球概率。百分比表示到达特定传球阶段后的被试传球百分比,如图所示,传球比例最高的为"足球"组,传球比例中等的为"概率"组,传球比例最低的为"标准蜈蚣博弈"组。

图 4 - 13　经过处理后的传递概率

第三节　合作博弈实验

一、合作博弈概述

　　资源的稀缺性带来社会的竞争,但为了更好地利用稀缺资源,人们有时也会选择合作,比如比较优势的存在。显而易见,一味竞争只能造成资源配置的低效和社会福利的损失,而合作却可能实现资源的更有效配置并提高全社会福利。因此,如何构建行之有效的社会经济制度来解决资源配置中的冲突与合作问题成为经济理论研究中的一个重要课题。

　　传统的经济理论研究了以价格为中心的市场机制和制度在配置资源中的作用,证明了在满足特定条件的情况下竞争性市场机制能够调解各方的利益冲突,并使社会福利最大化。然而,现实经济生活中存在很多价格机制因受到这样或那样的限制而不能很好地发挥资源配置功能的情形。例如,很多公立学校不能向学生收取学费,器官移植因受到伦理道德的约束而不能进行单方面的转移支付等。于是,在价格机制不能发挥作用的情况下如何实现有效的资源配置,就成为经济理论研究所关注的课题。

2012 年诺贝尔经济学奖获得者罗思和夏普利(Roth and Shapley)研究的主要问题为价格机制失效时的资源配置问题。在一个需要匹配的市场中,他们设计了一套匹配算法或程序从而使经济参与人更有效率地实现资源配置。由于解决这类问题需要考虑相互作用的交易双方如何合作或者结盟以更好地实现双方的福利,因此属于合作博弈理论的研究范畴。夏普利作为合作博弈论发展的领军人物,不仅夯实了合作博弈论的理论基础,而且还提高了合作博弈论在应用研究和政策制定方面的实用性。他与他的合作者盖尔(Gal)于 1962 年发表的《大学录取与婚姻稳定性》一文中,在合作博弈论框架下提出了盖尔—夏普利算法,奠定了稳定配置研究的理论基础。

20 年以后,罗思将稳定配置理论运用于美国医生劳动力市场研究,并且发现全美住院医生匹配计划(NRMP)与盖尔—夏普利(Gal-Shapley)算法不谋而合。盖尔—夏普利算法在实践中的应用又进一步推动了理论研究的发展。总之,他们通过理论研究、实证分析和实验研究加深了我们对市场运行机制的理解,直接推动了对现实世界中许多重要市场的重新设计。

下面给出一个应用盖尔—夏普利算法的具体实例。

假设有 4 男(m1,m2,m3,m4)和 4 女(w1,w2,w3,w4)要配对结婚,且他们都认为结婚比单身好。男士和女士对对方有如图 4 - 14 所示的偏好。

第一轮配对开始时由每个男士先挑选自己最喜欢的女士。如果一个女士收到一个以上男士发出的婚约,那么就接受其中她最喜欢的男士的婚约,并且拒绝其他男士的婚约;如果一个女士只收到一个男士的婚约,那么就接受他的婚约。这样,男士就分成婚约被接受和被拒绝两类。在所有的男士都找到配偶以后,配对结束,否则就进入下一轮配对。经过第一轮配对,m1 被拒绝,并有(m2,w4)、(m3,w1)、(m4,w2)三对男女配对成功。

第二轮配对时由所有被拒绝的男士向自己的次优选择对象发出婚约,每个女士都可以接受新的婚约,并接受自己最喜欢的男士发出的婚约,而拒绝其他男士的婚约。这样,原先婚约已经被接受的男士现在也可能遭到拒绝。当所有的男士都找到配偶以后,计算就终止,即配对结束,否则就进入再下一轮配对。计算或配对过程一直持续到所有男士都找到配偶为止。在这一轮配对中,m1 向 w3 发出婚约,w3 接受婚约,两人配对(m1,w3)成功。

这样,经过两轮配对,所有的男士都找到了配偶。配对过程结束,最终的配对结果是(m1,w3)、(m2,w4)、(m3,w1)、(m4,w2)。

$$
男人的偏好:
\begin{cases}
m1:w4>w3>w2>w1 \\
m2:w4>w1>w3>w2 \\
m3:w1>w2>w4>w3 \\
m4:w2>w1>w4>w3
\end{cases}
\quad
女人的偏好:
\begin{cases}
w1:m1>m2>m3>m4 \\
w2:m1>m3>m2>m4 \\
w3:m1>m2>m4>m3 \\
w4:m3>m4>m2>m1
\end{cases}
$$

图 4 - 14　婚姻匹配

在上述博弈中,参与人之中出现有行动约束力的联盟,而每个人都不会背叛这个联盟(因为背叛并不能改善自身的处境),这样的博弈叫作合作博弈。虽然,合作博弈的概念出现得比较早,但是由于合作博弈比非合作博弈论复杂,在理论上的成熟度远远不如非合作博弈论。因此现今国内的大多数博弈论教材中仅仅论述了非合作博弈。本节论述合作博弈的实验,以让读者对于合作博弈能对其有所了解。

二、游客困境博弈

1. 游客困境博弈的提出

游客困境是指这样一种情景。很久以前,两名从热带度假回来的游客购买了相同的古董,并装在相同的箱子里。在运输过程中,两个箱子丢失了。在索赔时,需要他们出示购买物品的收据。但是由于他们当时是用现金购买的,并没有索要收据。航空公司代表了解了这个情况之后,对他们说:"你们分别去一个房间,然后将旅行箱的东西填在索赔表上,只有满足以下两个条件时,你们两个的索赔才执行:① 两个索赔水平是相等的;② 二者都不会超过 200 美元的最高限额。"他们也有一个最低索赔限额 80 美元。如果两个索赔金额不同的话,航空公司代表将认为更高的那个索赔是虚假的,航空公司将赔给他们更低的那个索赔,同时对于更高索赔者处以 5 美元的罚款,而对于更低索赔者则给予 5 美元的奖励。

这个困境在于,如果他们匹配最高的 200 美元索赔的话,他们都将会得到合理的赔偿。但是,如果某人抵制这个诱惑而索赔 199 美元,那么作为更低索赔金额,他将得到 5 美元的奖励。如果一个人预计另一个人将会索赔 199 美元的话,他的最优反应是 198 美元,但是如果另外一个人也这样预期的话会发生什么呢? 这种推理方法可能会产生一个不好的可能:这种周期性的预期行为可能会导致每个游客得到一个很低的索赔。不幸的是,两个游客没有办法进行沟通。

这个博弈是由巴苏(Basu,1994)提出的,他把这个博弈看作博弈论专家的一个困境。在一个很低的惩罚条件下,要一个很高索赔的风险很低,但是每个人都会有一个低于这个索赔水平的激励。例如,假设两个游客均索赔 200 美元,也许他们在进入房间之前都会小声嘟囔道。但是进入房间之后,每个人都可能将索赔变成 199 美元,这样加上更低索赔获得的 5 美元奖励,就能让自己收益最大化。实际上,没有理由认为游客会索赔 200 美元。如果一个游客预期更低的索赔,那么对于另一个游客来说让自己的索赔低于这个更低水平是更有利的。通过这种方式推理,我们排除了除最低索赔水平 80 美元之外的所有常见的索赔水平。同样的推理可以知道任何不相等的索赔水平都不是一个均衡。

游客困境的独特纳什均衡有另一个有趣的特性:它源自一个假设,每个人都知道对方是完全理性的。回想一下,不存在任何证据证明另一个人的索赔水平会是 200 美元。因为他们每个人都知道对方绝对不会索赔 200 美元,因此最高索赔上限变为 199 美元,但是又没有任何证据证明对方会索赔 199 美元。假定索赔金额必须是整数美元,那么 199 美元就是对另一游客 200 美元索赔的最优反应,但是它不是任何更低索赔的最优反应。由于每个理性的人都不会索赔 200 美元,那么 199 美元也不会是对于对方任何一个决策的最优反应。通过这种方式推理,我们排除了除最低索赔限额之外的所有可行的索赔水平。

专家们的困境在于,只要惩罚/奖励的水平大于每个人可以降低的最少索赔水平,那么纳什均衡对于这个惩罚/奖励水平就不敏感。例如,如果惩罚/奖励水平从 5 美元变为 4 美元,游客困境中单方面偏离任何常见索赔水平的激励并不受到影响。如果两个人都计划索赔 200 美元,然后一个人偏离到 199 美元,那么他的总收益就不是 200 美元,而是 199+4 美元。不管这个惩罚/奖励水平是 2 美元还是 200 美元,都会存在一个降低索赔水平的激励。因而,只要这个惩罚/奖励水平大于 1 美元,纳什均衡对这个水平不敏感。

2. 游客困境博弈的经典实验研究

卡普拉等(Capra et al.)对于游客困境进行了实验研究,这是一个令人兴奋的实验。即使纳什预测与惩罚/奖励因素无关,我们仍预期这个因素会对实验结果产生强烈影响。这个实验包含两个部分,A 和 B,他们的惩罚/奖励水平不同。每个阶段包含 10～12 个被试,在每轮开始之前他们被随机分组,实验一共进行十轮。索赔水平在 0.8 美元到 2 美元之间。根据 A 部分的平均数据可画出图 4-15,横轴代表轮次,其惩罚/奖励水平为 R。

当惩罚/奖励水平在一个较高水平 0.8 美元时,第一轮索赔水平在 1.2 美元左右,在最后四轮跌至接近 0.8 美元(如图 4-15 最下边的曲线所示)。当 $R=0.5$ 时,前几轮的索赔水平较高,但是到最后几轮也会接近纳什预期。与之相反,当 $R=0.1$ 或者 0.05 时,索赔水平从一个高于纳什预期 1 美元的结果开始,之后会越来越偏离纳什预期。

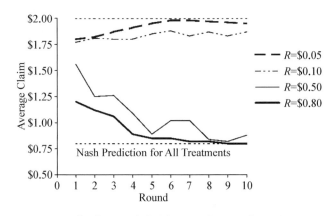

Data for the Traveler's Dilemma (Capra et al. 1999)

图 4-15 游客困境博弈的实验结果

注意到,游客困境的最鲜明的特点是惩罚/奖励因素对结果的具有较强影响,但是它却没有被纳什均衡所预测到。虽然有人可能会以这些结果从某种程度上说是人为辩解,但它还是有一定的道理,尽管很多标准经济博弈的收益取决于最低价格,如伯特兰价格竞争或者下节即将提到的最低努力合作博弈。另一种观点是这个博弈包含一个人为抽象的设置,它可以看作特定形式策略的相互作用的一个范例。游客困境中游客丢失行李不会比因徒困境中真正的因徒更糟糕。如果标准博弈论在简单的情形下不能很好地预测结果,那么就需要重新思考其中的原因。至少,知道什么时候纳什均衡有用而什么时候没用是很有必要的。更好的是能够得到一个理论模型,它既能够解释一些与纳什预期相符合的结果,也能解释一些与纳什预期不相符合的结果。

本节剩下的部分解决这个问题的几种方法。我们从学习这个因素开始讨论。

在实验中,重复一遍又一遍的实验行为会让被试学会预测。例如,表 4-21 是在弗吉尼亚大学所做实验的数据。索赔水平在 80 美分到 200 美分之间,惩罚/奖励水平是 10 美分。20 个被试分成 10 个小组。每两个人持有无线 PDA 设备和彩色显示屏,显示屏上通过 Veconlab 软件显示 HTML。所有的学生在草坪上,围成一个半圆。表 4-21 显示了其中 5 个小组前 4 轮的表现。10 个索赔的平均值也显示在表 4-21 中。剩下的显示了部分组的决策。

表 4-19　游客困境的教室实验数据($R=10$)

轮　数	平均值(10组索赔)	SuzSio	K Squared	Kurt/Bruce	JessEdu	Stacy/Naomi
1	137	100(133)	080(195)	139(140)	133(100)	150(135)
2	131	095(191)	098(117)	135(140)	80(130)	127(200)
3	144	125(135)	096(117)	135(100)	199(199)	134(200)
4	142	115(125)	130(100)	125(115)	198(115)	150(134)

注:带括号的单元格的值为自己索赔(对手索赔)。

首先看第一轮的 Stacy/Naomi,一个索赔 150 美分,另一个索赔 135 美分,因此 Stacy/Naomi 的收益是更低的索赔 135 美分减去 10 美分的惩罚,也就是 125 美分。SuzSio 开始更低,他索赔 100 美分,另一个则索赔 133 美分。这个组然后将他们的索赔变成 95 美分,然而在第二轮中他们遇到了更高的索赔 191 美分。这让他们在第三轮中将索赔水平提高到 125 美分,最后他们在第十轮中索赔 160 美分。

K Squared 这个组在第一轮索赔 80 美分,也就是纳什均衡。他们是更低的索赔水平,因此他们的获利是 80 美分加上 10 美分的奖励。观察到另一个组本轮索赔 195 之后,他们在第二轮将索赔水平变为 98 美分,最后在第十轮变为 120 美分。这个例子显示,博弈中的纳什决策并不总是最好的决策,它还取决于另外一个小组的索赔水平。在四轮中,如果每次都坚持纳什均衡水平的索赔,即 80 美分,那么每轮的获利就是 80 美分加上 10 美分的奖励,四轮一共就是 360 美分。然而,K Squared 在四轮中实际上获得了 409 美分。而每轮索赔 200 美分甚至能够获利更多。

比起其他组索赔更低的组在接下来的轮次中倾向于提高他们的索赔额,而比其他组索赔更高的组在接下来的轮次中更倾向于降低自己的索赔额。但是这并不能解释 SuzSio 组在第一轮是更低索赔水平的条件下第二轮的索赔出现了下降,这个下降可能是由于预期另一个小组的索赔有下降的可能。在最后一轮,索赔水平从 110 美分一直到 200 美分,平均值在 146 美分。

一种描述这个结果的方法是人们基于不同的经验有不同的索赔水平,但是到第十轮平均期望水平在 150 美分左右,而且人们的索赔水平差别很大。如果索赔水平收敛于一个很窄的水平,如 150 美分,那么博弈论逻辑的削弱可能会导致他们低于 150 美分的索赔。但是索赔水平的差异并没发生变化,可能是由于人们有不同的经验,而人们对这些经验的反应也不同。这个差异使对另外组索赔水平做出最优反应变得更为困难。实际上,索赔并没有随着时间的推移降低。JessEdu 组的获利最高,他们在十轮中平均获得了 177 美分。

在 A 部分的实验之后,我们将奖励/惩罚水平变为 50 美分之后又进行了十轮实验。结果显示,这激励人们进行更低水平的索赔,经过前几轮实验之后,人们的索赔水平下降到纳什均衡水平,即 80 美分。因而,我们看到这个向纳什均衡的收敛不仅仅取决于一个决策获利比另一个更多,还在于激励因素。

游客困境实验所得数据最突出的特点是:它的结果对于 R 比较敏感,然而在纳什预测中,R 是毫无作用的。从这个实验中可以得到一个重要的教训是如果其他人不使用纳什策略,那么使用纳什策略的代价是昂贵的。

这个教训可以从网上的实验演示中得到。在这个实验中,一共有超过 1 000 个被试,他们的索赔水平在 80~200 美分之间,惩罚/奖励水平为 10 美分,进行五轮实验。其他的决策来自弗吉尼亚大学行为博弈论课程上的法律系学生索赔水平的数据库。进行五轮之后,演示的被试被告知在面临同样选择时法律系学生的索赔水平。法律系学生的索赔水平相当的高,达到了 180 美分左右。实际上,有一个诺贝尔经济学家曾经做过这个实验,他得到了一个索赔水平为 130 美分的结果。

由于本节的这个实验一共进行了十轮,因此即使人们在每一轮面对不同的被试,但是他们还是可以在这个过程中学到一些经验。戈里和霍尔特(Goeree and Holt,2001)做了一个只进行一轮的游客困境实验。在这个实验中,人们不能学到其他人的决策,他们只能依据其他人的可能索赔水平来决定自己的索赔水平。平均的索赔水平也与惩罚/奖励水平具有强烈相关性,即使它对于纳什均衡毫无用处。当然,被试没有过去的经验而让结果与纳什均衡相符合是不合理的。因为纳什均衡暗示其他人的策略是已知的。

3. 游客困境博弈的最新实验研究

为了研究游客困境博弈中均衡的稳定性,许多学者从算法层面进行探讨并利用计算机进行模拟实验观察算法效果,如传统的费米法则、基因算法等。叶文兴等(Wenxing Ye et al.,2019)将改进的粒子群算法引入演化游客困境博弈模拟实验中。在该实验中不再是两个游客进行博弈,而是将一群游客放置于不同的连接网络中,每个游客根据粒子群算法来更新自己的策略,算法如下:

(1) 游客 i 与相邻游客 j 博弈的得益。

$$A_{ij} = \begin{cases} s_i, & s_i = s_j \\ s_i + R, & s_i < s_j \\ s_j - R, & s_i > s_j \end{cases}$$

其中,S_i 为游客 i 的出价;S_j 为与游客 j 相邻的游客 j 的出价;R 为惩罚/奖励水平。这样,游客 i 的总得益为

$$P_i = \sum_{j \in \Omega_i} A_{ij}$$

其中,Ω_i 为与游客 i 相邻的游客集合。

(2) 计算游客 i 更新自己的策略为游客 j 的策略概率。

$$W(s_j \to s_i) = \frac{1}{1 + \exp[(P_i - P_j)/k]}$$

其中,k 为噪声影响,在本实验中设为 0.1。

（3）利用粒子群算法更新策略。

$$s_i(t+1) = s_i(t) + v_i(t+1)$$

$$v_i(t+1) = w \times v_i(t) + c_1 \times (s_t^* - s_i^t) + c_2 \times [S_i(t) - s_i(t)]$$

其中，C_1和C_2为正的学习系数且$C_1 + C_2 = 1$；$s_i^*(t)$为到时间 t 为止游客 i 得益最高的策略；$S_i(t)$为在时刻 t 时与游客 i 相邻的游客中得益最高的策略；w 为设置在$[0.5,1]$中均值为0.75的随机数。

实验模拟结果如下：

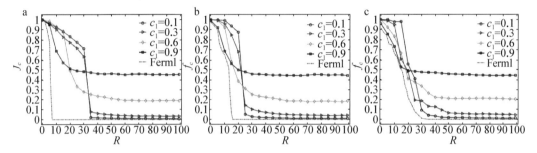

图 4‑16　不同学习系数下合作指数的发展
注：纵轴为在不同博弈中不同的c_1值带来的合作率f_c。

图 4‑16 给出了三种不同网络中不同的学习系数下合作指数的结果，从图中可以发现，不管是在哪一种网络下的博弈中，粒子群算法都要优于传统的费米法则。

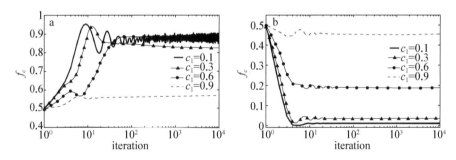

图 4‑17　不同选择范围[R,M]对合作率影响
注：a 图中$[R,M]=[15,100]$，b 图中$[R,M]=[70,100]$。结果显示更大的社会干预带来了系统合作行为的更大震荡。

图 4‑17 展示了$[R,M]=[15,100]$和$[R,M]=[70,100]$时在同一网络下不同的学习系数对合作率的影响，由图 4‑17 可以看出，更大的选择范围带来了合作率更大的震动。

图 4‑18 展示了对于更大的 R 而言，增大学习系数C_1能够显著提高所有博弈者的策略。

通过此次模拟可以发现，改进的粒子群算法显著提升了$[R,M]$差值大且 R 较小下的合作率，但在$[R,M]$差值小且 R 较小时效果不好。并且随着博弈次数增多，博弈方将渐渐采取自己过去时间中最好的策略，这种情形会带来社群的混乱和解体。

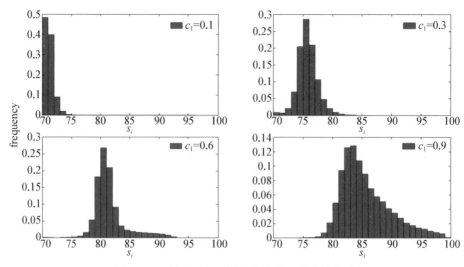

图4-18 学习系数对于投资者策略分布的影响

三、弱链博弈

1. 弱链博弈的提出

绝大多数生产过程都包括许多一连串的专业化生产活动。相互独立的个人或团队生产出各种不同的零部件,并最终合并组装成一个最终产品。最终产出的产品数量受制于生产环节中最小产量产品的产出量,也就是所谓的木桶效应。例如,一个生产船舶的工厂,生产了100船体和80台发动机,那么他们只能够向市场推出80艘。因此,总产出的瓶颈是由产量最小的生产环节决定的。

最早,卢梭讨论过的关于最省力博弈的一个例子是围鹿狩猎,猎人一组形成了一大圈,并等待试图逃跑的雄鹿。杀死雄鹿的可能性大小取决于包围猎人的警觉和努力程度。如果雄鹿观察到某个猎人在午睡或在做其他游戏,而不是狩猎,那么雄鹿将企图通过猎人的猎区逃跑。如果雄鹿能够准确判断出猎人中最薄弱的一环,那么在位列圈内,雄鹿逃生的机会大小就取决于猎人的最低努力程度。对于单个猎手来说,其个人努力的代价是比较昂贵的,其代价(努力的成本)是在其他方面的收益,比如,放弃套一只野兔或放弃休息的潜在收益。

表4-22中的2∗2表格就是一个说明弱链博弈的例子。首先,假如每个人都采取低的努力程度,那么均衡结果就是左下角的各自得到70的回报;假如此时位于横排的参与者提高了自己的努力程度,而位于竖排位置的参与者仍然保持低程度努力,结果就是左上角的那个格子。事情是这样发生的:新增加的努力并没有能增加产出,反而确实增加了成本,横排参与者的收益从70降低到了60,也就是说额外增加努力的单位成本是10。

现在,我们假设初始均衡状态是左上角的位置,即在 R 高努力的同时 C 低努力。那么,如果此时 C 提高了他的努力程度,那么 R 的收益将从60提高到80。也就是说,如果保持一个人的努力程度不变,最小努力程度提高一个单位,就可以提高20的收益。这样的观察结果可以用方程来表达并应用到更复杂的情况中。假设低努力为1,高努力为2,那么,表格中的收益就可以表达为如下方程(M 为最小努力的数值、E 为某人自己的努力程度的数值)：

表 4‒20　弱链博弈示例

<table>
<tr><td rowspan="2"></td><td colspan="2" style="text-align:center">列被试</td></tr>
<tr><td style="text-align:center">低努力(1)</td><td style="text-align:center">高努力(2)</td></tr>
</table>

行被试	高努力(2)	60,70 ⇩	⇨ 80,80
	低努力(1)	70,70 ⇦	⇧ 70,60

$$own\,payoff = 60 + 20M - 10E$$

举个例子来说，右上角的状态下，M 和 E 都是 2，那么各人的收益就都是 80。

在这个努力值可以视为从 1 到 7 变动的例子中，该方程可以用来表达表格中收益的大小（见表 4‒23）。可以注意到，表格中左下角的四个数字形成的矩阵就是上面例子中 R 的四种收益情况，在有更高潜在努力值的情况下，R 与 C 的努力程度相互协调能够产生显著的收益提升的效果。在努力程度可以为 7 的状态下，两人的协调收益可以达到 130，而此时最低的可能收益仅为 70。沿着对角线从左下角向右上角移动，就能看出协调努力可以产生的良好收益，最小努力程度提升 1，就可以提高 20 的产出，减去增加 10 的成本，会有 10 的收益增加，这在图标上看来，就是对角线上的收益数字比它同列下方的数字大 10。

除了协调可以增加收益这一特征外，该表格也显示了另一个特征，那就是风险性。如表格所列示，只要 C 的努力值为 1，其收益就确定是 70 了，而 R 的收益在 10 至 130 之间波动。显然，R 面临着极大的风险，其收益依赖于 C 的努力程度。这就是协调博弈的战略困境：虽然有很大的激励去协调行动，但是做出更高努力仍然是充满风险的。

表 4‒21　行被试回报被其他人最低努力程度决定的弱链博弈

行被试努力程度	列被试努力程度(其他被试努力程度最低值)						
	1	2	3	4	5	6	7
7	10	30	50	70	90	110	130
6	20	40	60	80	100	120	120
5	30	50	70	90	110	110	110
4	40	60	80	100	100	100	100
3	50	70	90	90	90	90	90
2	60	80	80	80	80	80	80
1	70	70	70	70	70	70	70

当参与者超过两个人的时候，另外一种风险因素又被加了进来。假设收益方程仍然同上，M 是所有人中的最小努力程度，收益分布还是和表格里一样。所不同的是，之前 R 的收益大小取决于 C 的努力程度，而此时 C 的收益大小也依赖其他人。加入大量相互独立的参与者进入这个博弈中，并没有降低风险水平，反而使得各人的选择更具风险性，更多的变动因素使得大家更可能选择小的努力水平。这类似于，许多猎人围猎雄鹿，却使得雄鹿更有机会找

到一个缺席的或者打盹的猎人从而逃走。

这些很直观的想法(协调行动的收益与并不相匹配的高努力值所承担的风险)并不是此博弈中纳什均衡的结构因素,如表4-23所示。如果一个人采取低努力,另一个人最好的回应是也采取低努力值以节省成本。从而得到左下方的结果,是一个纳什均衡。但是,如果一个人预计另一方选择高努力值,那么最好的反应就是一个高努力值,因为增加一个单位的努力值其增益为20,这超过了努力成本10。因此,在双方均采用高努力值情况下,就会得到右上角纳什均衡。这是协调博弈的一个重要特征:有多重均衡,其中一个均衡优于另一个均衡。

多重均衡的存在是一个此种博弈不同于一个囚徒困境的重要特征,这上述博弈中,每个参与者都是倾向于合作以获得高收益。因为每个囚犯都面临一个单向的、倾向于破坏合作的激励。表4-23中的均衡结构并不受新增参与者数量的影响,参与者都会选择低努力值或者都会选择高努力值。但是,只将注意力集中在纳什均衡的结果上并不全面,因为参与人数的增加是增大最小努力值M降低的可能性,所以如果参与者人数增加,那么选择高努力值的人将面临更大的风险。

在努力值可选范围更大时(1~7),多重均衡所带来的问题就变得更为明显了,在5~11的例子中,对角线上的每一个点都可以视为纳什均衡点。随便选取一行,R的收益最高点都在被标出阴影的对角线上。就像上段所讲,如果参与者数量变动了,这些均衡点的存在并不受影响。

2. 相关的实验研究

那么相关实验的结果如何呢? 1990 年,海克(Van Huyck,1990)和其他一些人依据上述观点(均衡结构不受参与者人数影响)进行了实验,实验的参与者基于上述的公式和表格来计算各自的收益,研究人员还分别做了小群体实验(2 人)和大群体实验(14~16 人)。大群体实验是这样进行的:每组参与者连续进行 10 轮博弈,每次博弈后都会立即公布所有人中最小的努力值M,以便让参与者计算自己的收益情况。

结果显示:尽管大多数参与者在第一轮时会选择 6 或者 7 这样的高努力值,但是所有大群体组的首轮最小努力值均没有超过 4,更高的努力值被浪费了,在接下来的几轮中,参与者的努力值都在下降。最终,末轮的结果是所有大群体组的最低努力值均为 1,并且几乎所有参与者在最后一轮都做出了努力值为 1 的选择。

这个实验相当有意义。因为在此之前人们普遍觉得,既然参与者都想得到好收益,并且存在这样好的均衡点,那么参与者就会采取协作以取得高的均衡点,就像表 4-23 里标识的那样。恰恰相反,(大群体组)实验中的参与者却最终达成了最差的那个均衡。在只有两个人的小群体组里,除非是让小群体组每轮博弈前要重新随机配对,如果固定博弈对手,参与者就能采取合作,均付出最大的努力值并取得最高的收益。如果是让小群体组每轮博弈前重新随机配对,博弈的结果就更具可变性,最终结果是中等的努力值水平和中等的收益水平。因此可以得出结论:尽管参与者人数并不影响均衡的理论结构,但是却会对最终的博弈结果产生影响。

大群体合作失败的结论吸引了许多宏观经济学家的注意,尤其是那些长久以来思考认为,存在这样的可能性,即在一个宏观经济体中,因为其他人不参与市场行为,这个经济体内的个人均不会高度参与市场行为,这样会导致整个经济处于低生产率水平。比如,在布莱恩特(Bryant,1983)、库珀和约翰(Cooper and John,1998)和罗默(Romer,1996)的文章中,就有了关于合作失败的宏观经济方面的暗示和猜测。

下面我们观察一下,当单位努力值的成本可变的时候,博弈会发生什么样的变化。比如,假如成本从 10 变为 19,那么收益函数就变成 $P=60+20M-19E$。在这种情况下,右上角的收益比左下角的大 1。同时,我们可以注意到,成本改变之后,纳什均衡依然有两个均衡点,并且右上角的均衡依然比左下角的均衡要好。然而,直觉告诉我们,参与者的努力值水平会因成本的改变而变化。从 R 的角度来看,付出更多的努力值可能只能够得到 1 的收益,却一定要付出 19 的成本。

表 4-22　高努力成本下的弱链博弈示例

		列被试	
		低努力(1)	高努力(2)
行被试	高努力(2)	42,61	62,62
	低努力(1)	61,61	61,42

戈里和霍尔特报告了成本改变情况下的实验结果,他们使用了如下的收益函数 $P=M-cE$,M 是最小努力值,E 是参与者自己的努力值,c 是代表成本的参数,其大小在不同的实验组中不同。与以前一样,只要 c 在 0 和 1 之间,所有的参与者协同点(参与者努力值相同的点)都是纳什均衡的均衡点。

从均衡点出发,每减少一个单位的努力值,参与者的收益会减少 1,其成本会减少 c,这样的话,其收益变动为 $c-1$;相反的,从均衡点出发,每增加一单位的努力值,参与者偏离均衡点的努力并不能带来收入的增加,成本增加了 c,其收益变动为 $-c$。尽管偏离均衡点都会给参与者带来损失,但是成本的大小却可以决定努力值向两个不同方向偏移的相对成本大小。当成本很高时,比如 $c=0.9$,增加努力值的成本就很高,而降低努力值的成本就很低。

图 4-19 展示了分组实验的结果,每组包含 10～12 个参与者,参与者被随机配对做 10 轮博弈。有三组实验的成本参数值为 0.25,这些组每轮的平均努力值用细间断线标识出来了,粗的间断线表示这三组每轮的平均努力值。相似的,细实线表示了高成本组每轮的平均努力值。

第一轮中,每组的平均努力值从 1.35 到 1.50 之间,两类参数的分组之间平均值并没有显著差异。两类分组努力均值的差异在几轮过后就凸显出来了,最后一轮时,低成本组的平均努力值达到了 1.60,而高成本组相应值为 1.25。因此,尽管纳什均衡的点依然是参与者协作的点,但是我们可以观察到很强的成本效应。

实验中,不同成本参数分组的均值似乎有接近某个边界的趋势,这提出了一个问题:这些实验中的均值会被锁定在某个极端边界值上吗?类似的图形趋势也出现在了 Veconlab 教室实验中,在该实验中,10 轮以后努力均值上升到了 1.70。然而,这种极端的情况并不常见。戈里和霍尔特做了一个 20 轮的实验,在成本为 0.25 的情况下,努力均值向 1.55 收敛;在成本为 0.75 的情况下,努力均值下降到了 1.38。但是,这两个实验的结果都显示了和图 4-19 相似的趋势。

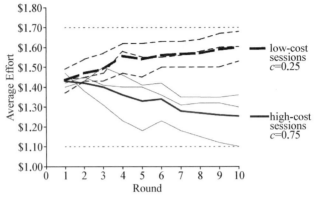

图4-19 不同参数下的分组实验结果

3. 弱链博弈最新实验研究

许多学者通过关注集体内部协调问题来研究如何提高弱链博弈中的协调问题,如局部互动、激励与惩罚、组容效应、学习效应以及决策者性质等。但这与现实世界的复杂状况并不相符,经济环境中还存在与本集体进行同质生产的其他竞争对手,这一竞争对手可能是同一企业内部的其他集体,也可能是企业外部的其他企业。

赵爱莉(2016)进行了一组复杂弱链博弈实验研究竞争设置下群体协调行为。实验原理如下:复杂弱链结构中集体 A 和集体 B 进行互动,集体内为弱链博弈结构的协调过程,即 n 组参与者在集合 $e \in \{1,2,3,4,5,6,7\}$ 中选择努力水平,e_i 为参与者 i 的行动选择,e_{-i} 为其他参与人选择的努力水平,根据所有参与人的选择确定最小努力水平为 $\text{Min}(e_i, e_{-i})$,集体最终产出由集体内最低努力水平 $\text{Min}(e_i, e_{-i})$ 决定,集体内最低努力水平越高则集体产出越高,集体内参与者获取的收益越高,但同时集体内各参与者因自身付出的努力水平 e_i 与集体内最低努力水平 $\text{Min}(e_i, e_{-i})$ 的差异而承担成本损失。在确定两个集体的最终产出后,集体间进行竞争,集体产出高的一方将获取胜利并获得额外奖励 R。集体 A 内各成员的支付函数见(*)式,该博弈为对称结构,故集体 B 内各成员的支付函数与集体 A 成员一致:

$$\pi^A(x_i, \text{Min}^A) = \begin{cases} a\text{Min}^A(x_i, x_{-i}) - b[x_i - \text{Min}^A(x_i, x_{-i})] + C + R \\ \quad \text{当} \text{Min}^A(x_i, x_{-i}) \geqslant \text{Min}^B(x_i, x_{-i}) \\ a\text{Min}^A(x_i, x_{-i}) - b[x_i - \text{Min}^A(x_i, x_{-i})] + C \\ \quad \text{当} \text{Min}^A(x_i, x_{-i}) < \text{Min}^B(x_i, x_{-i}) \end{cases} \quad (*)$$

其中,参与者 i 为群体决策者;a 是集体选择结果的系数;b 是参与者的决策与集体选择结果的差异系数;c 是常数。为了便于说明将由独立群体担任的决策者称为群体(Group)决策者,而将多组群体决策者组成的整体称为集体(Team)。在复杂弱链结构中竞争结果可能使参与者策略选择原则发生变化,如不再采取安全原则(最大最小策略)而考虑选择更大的数字以尽量获取额外的奖金,同时也会考虑自身选择与最小值不一致将受到的惩罚,但竞争并没有改变博弈结构,决策者仍然面临协调至较大数字以获取更高收益以及靠近最小数字以避免受到惩罚的两难选择。

结果如下：

表 4 - 23　变量描述

变量名称	变量描述	取值范围
Choice	决策者选择的数字	$x_{it} \in \{1,2,3,4,5,6,7\}$
Minchoice	当期最小值	$\text{Min}_t \in \{1,2,3,4,5,6,7\}$
Complete	协调是否成功	达成一致为1，不一致为0
Competition	是否存在竞争	有竞争为1，无竞争为0
Period	实验期数	$t=1,\cdots,20$

表 4 - 24　复杂结构群体决策主要数据结果

项目内容	实验设置	NCG		CG
Choice(t＝1)	Mean	3.6		2.778
	S. D.	1.673 3		1.394 4
	Min	1		1
	Max	5		5
Choice	Mean	1.43		1.248
	S. D.	0.807 2	*** (3.544)	0.770 2
	Min	1		1
	Max	5		6
Minchoice	Mean	1		1
	S. D.	0		0
	Min	1		1
	Max	1		1

　　根据上表结果，CG 为复杂弱链博弈中被试的决策结果，NCG 为对照组，即无竞争条件下弱链博弈中被试决策结果。根据实验结果，在第一期时，实验组与对照组的均值差异不显著，这表明竞争机制不会影响群体决策在弱链博弈中的先验信念，被试依然倾向于风险占优策略即策略1。同时，每期最小值 Minchoice 变量在20期实验中两种设置下没有差异，这说明竞争机制的引入不会影响弱链博弈中的协调效率。但每期选择的数据均值在两种实验设置下有显著差异，这说明在竞争机制中群体决策更加谨慎。

　　对因变量 Complete 进行 Probit 模型计算边际效用值（括号内数值为标准误差），结果可知竞争机制对协调成功与否的影响显著且边际效用值为正，也就是说竞争机制使协调成功的可能性增加。

表 4-25 回归结果

解释变量	被解释变量:Complete
	dy/dx
Competition	0.571*** (0.016)
Period	0.035*** (1.34)
LR χ^2	242.65
Prob$>\chi^2$	0.000
Log likelihood	30.69
样本量	300

注:*,**,***分别表示在 0.1,0.05,0.01 水平上显著。

在政策建议方面,可将以上结论扩展到企业管理实践中,李晓义等研究认为在企业内部集体间进行绩效考核时奖励或惩罚机制的效果会受到集体内成员风险偏好的影响。当企业内参与竞争的主体由个体转变为群体,即针对群体进行激励时,群体自身较强的风险厌恶偏好可能会使竞争作为提高协调效率机制的效果受到影响。因此在进行激励机制设计时要考虑组织决策结构和决策环境的匹配关系。

参考文献

[1] Abbink K. Fair salaries and the moral costs of corruption[R]. Bonn Econ Discussion Papers,2000.

[2] Alatas V,Cameron L,Chaudhuri A,et al. Gender,culture,and corruption:Insights from an experimental analysis[J]. Southern Economic Journal,2009:663-680.

[3] Anderson S P,Goeree J K,Holt C A. Stochastic game theory:Adjustment to equilibrium under noisy directional learning[R]. Working Papers,University of Virginia,1999.

[4] Axelrod R,Hamilton W D. The evolution of cooperation[J]. Science,1981,211(4489):1390-1396.

[5] Axelrod R. The evolution of strategies in the iterated prisoner's dilemma[J]. The Dynamics of Norms,1987:1-16.

[6] Ball G G,Adams D W. Intracranial stimulation as an avoidance or escape response[J]. Psychonomic Science,1965,3(1-12):39-40.

[7] Barr A,Serra D. Corruption and culture:An experimental analysis[J]. Journal of Public Economics,2010,94(11-12):862-869.

[8] Basu K,Cordella T. Asymmetric punishment as an instrument of corruption control[R]. The World Bank,2014.

[9] Berninghaus S K,Haller S,Krüger T,et al. Risk attitude,beliefs,and information in a corruption game-an experimental analysis[J]. Journal of Economic Psychology,2013(34):46-60.

[10] Blount S. When social outcomes aren't fair:The effect of causal attributions on preferences[J]. Organizational Behavior and Human Decision Processes,1995.

［11］ Bolton G E, Zwick R. Anonymity versus punishment in ultimatum bargaining［J］. Games and Economic Behavior, 1995, 10(01):95 - 121.

［12］ Bracht J, Feltovich N. Whatever you say, your reputation precedes you: Observation and cheap talk in the trust game［J］. Journal of Public Economics, 2009, 93(9 - 10): 1036 - 1044.

［13］ Bryant J. Polarization in southeast Asia［J］. Harvard International Review, 1983: 41 - 42.

［14］ Cappelen A W, Nielsen U H, Sørensen E Ø, et al. Give and take in dictator games［J］. Economics Letters, 2013, 118(02):280 - 283.

［15］ Capra C M, Goeree J K, Gomez R, et al. Anomalous behavior in a traveler's dilemma ［J］. American Economic Review, 1999, 89(03):678 - 690.

［16］ Chang L J, Doll B B, Van't Wout M, et al. Seeing is believing: Trustworthiness as a dynamic belief［J］. Cognitive Psychology, 2010, 61(02):87 - 105.

［17］ Choi J K, Park S. Beliefs matter in the prisoners' dilemma game: Revisiting economists' free-riding［J］. Working Papers, Kyungpook National University, 2004.

［18］ Cooper R, DeJong D V, Forsythe R, et al. Cooperation without reputation: Experimental evidence from prisoner's dilemma games［J］. Games and Economic Behavior, 1996, 12(02):187 - 218.

［19］ Yi S D, Baek S K, Choi J K. Combination with anti-tit-for-tat remedies problems of tit-for-tat［J］. Journal of Theoretical Biology, 2017(412):1 - 7.

［20］ Forsythe R, Horowitz J L, Savin N E, et al. Fairness in simple bargaining experiments ［J］. Games and Economic Behavior, 1994, 6(03):347 - 369.

［21］ Frank B, Schulze G G. Does economics make citizens corrupt［J］. Journal of Economic Behavior & Organization, 2000, 43(01):101 - 113.

［22］ Frank R H, Gilovich T, Regan D T. Does studying economics inhibit cooperation［J］. Journal of Economic Perspectives, 1993, 7(02):159 - 171.

［23］ Franzen S. A comparison of peptide and folate receptor targeting of cancer cells: From single agent to nanoparticle［J］. Expert Opinion on Drug Delivery, 2011, 8(03):281 - 298.

［24］ Fudenberg D, Levine D. Learning in games［J］. European Economic Review, 1998, 42(3 - 5):631 - 639.

［25］ Garrod L. Investigating motives behind punishment and sacrifice: A within-subject analysis ［J］. SSRN Electronic Journal, 2009.

［26］ Goeree J K, Holt C A. Ten little treasures of game theory and ten intuitive contradictions［J］. American Economic Review, 2001, 91(05):1402 - 1422.

［27］ Graf L J, Giamattei M, Werner K, et al. Team reasoning—experimental evidence on cooperation from centipede games［J］. Plos One, 2018, 13(11).

［28］ Güth W, Schmittberger R, Schwarze B. An experimental analysis of ultimatum bargaining ［J］. Journal of Economic Behavior & Organization, 1982, 3(04):367 - 388.

［29］ Harsanyi J C. Games with incomplete information played by "Bayesian" players, I-III. Part I. The basic model［J］. Management Science, 1967, 14(03):159 - 182.

［30］ Irlenbusch B, Renner E, Abbink K. An Experimental Bribery Game［J］. Journal of law, economics and organization, 2002, 18(02):428 - 454.

［31］ Kreps D M, Milgrom P, Roberts J, et al. Rational cooperation in the finitely repeated prisoners' dilemma［J］. Journal of Economic Theory, 1982, 27(02):245 - 252.

［32］ Lis S, Schönwetter T, Mier D, et al. Gestörte integration sozial-emotionaler hinweisreize bei schizophrenen patienten[J]. Nervenheilkunde, 2011, 30(06):385 – 393.

[33] McKelvey R D, Palfrey T. Stationarity and chaos in infinitely repeated games of incomplete information [R]. California Institute of Technology, Division of the Humanities and Social Sciences, 1992.

[34] Molander P. The optimal level of generosity in a selfish, uncertain environment[J]. Journal of Conflict Resolution, 1985, 29(04):611 – 618.

[35] Morgenstern O, Von Neumann J. Theory of games and economic behavior [M]. Princeton University Press, 1953.

[36] Nash J F. Equilibrium points in n-person games [J]. Proceedings of the National Academy of Sciences, 1950, 36(01):48 – 49.

[37] Neyman A. Bounded complexity justifies cooperation in the finitely repeated prisoners' dilemma[J]. Economics Letters, 1985, 19(03):227 – 229.

[38] Normann H T, Wallace B. The impact of the termination rule on cooperation in a prisoner's dilemma experiment [J]. International Journal of Game Theory, 2012, 41(03):707 – 718.

[39] Oxoby R J, Spraggon J. Mine and yours: Property rights in dictator games[J]. Journal of Economic Behavior & Organization, 2008, 65(3 – 4):703 – 713.

[40] Putterman L, Tyran J R, Kamei K. Public goods and voting on formal sanction schemes [J]. Journal of Public Economics, 2011, 95(9 – 10):1213 – 1222.

[41] Romer P M. Why, indeed, in America? Theory, history, and the origins of modern economic growth[J]. American Economic Review, 1996, 86(02): 202 – 206.

[42] Rosenthal R, Rubin D B. A simple, general purpose display of magnitude of experimental effect[J]. Journal of Educational Psychology, 1982, 74(02):166.

[43] Scheele D, Mihov Y, Schwederski O, et al. A negative emotional and economic judgment bias in major depression[J]. European Archives of Psychiatry and Clinical Neuroscience, 2013, 263(08):675 – 683.

[44] Schelling T C. The strategy of conflict: Prospectus for a reorientation of game theory [J]. Journal of Conflict Resolution, 1958, 2(03):203 – 264.

[45] Schulze G G, Frank B. Deterrence versus intrinsic motivation: Experimental evidence on the determinants of corruptibility[J]. Economics of Governance, 2003, 4(02):143 – 160.

[46] Seltenhammer L. Die haftlänge von vorspannankern nach rechnung und versuch[M]. Stahlbau und Baustatik. Springer, Vienna, 1965:242 – 247.

[47] Shapley L S. Notes on the n-person game, Ⅲ: Some variants of the von Neumann-Morgenstern definition of solution[J]. Santa Monica, CA: RAND Corporation, 1952.

[48] Shapley L S. Stochastic games[J]. Proceedings of the National Academy of Sciences, 1953, 39(10):1095 – 1100.

[49] Stankiewicz B J, Hummel J E, Cooper E E. The role of attention in priming for left-right reflections of object images: Evidence for a dual representation of object shape[J]. Journal of Experimental Psychology: Human Perception and Performance, 1998, 24(03):732.

[50] Van H J B, Battalio R C, Beil R O. Tacit coordination games, strategic uncertainty, and coordination failure[J]. American Economic Review, 1990, 80(01):234 – 248.

[51] Van W M, Sanfey A G. Friend or foe: The effect of implicit trustworthiness judgments in social decision-making[J]. Cognition, 2008, 108(03):796 – 803.

［52］ Werner G，Schmittberger R，Schwarze B. An experimental analysis of ultimatum bargaining［J］. Journal of Economic Behavior & Organization，1982，3(04)：0 - 388.

［53］ Willinger M，Ziegelmeyer A. Framing and cooperation in public good games：An experiment with an interior solution［J］. Economics Letters，1999，65(03)：323 - 328.

［54］ Willinger M，Ziegelmeyer A. Non-cooperative behavior in a public goods experiment with interior solution［R］. Bureau d'Economie Théorique et Appliquée，UDS，Strasbourg，1999.

［55］ Xu J，Deng Z，Gao B，et al. Popularity-driven strategy updating rule promotes cooperation in the spatial prisoner's dilemma game［J］. Applied Mathematics and Computation，2019(353)：82 - 87.

［56］ Ye W，Fan S. Evolutionary traveler's dilemma game based on particle swarm optimization［J］. Physica A：Statistical Mechanics and its Applications，2019：123410.

［57］ Zauner K G. A payoff uncertainty explanation of results in experimental centipede games［J］. Games & Economic Behavior，1999，26(01)：0 - 185.

［58］ 陈叶烽,叶航,汪丁丁.超越经济人的社会偏好理论：一个基于实验经济学的综述［J］.南开经济研究,2011(05)：63 - 100.

［59］ 陈叶烽,周业安,宋紫峰.人们关注的是分配动机还是分配结果?——最后通牒实验视角下两种公平观的考察［J］.经济研究,2011(06)：31 - 44.

［60］ 陈莹,周耿,武志伟等.腐败的影响因素及治理：来自实验经济学的证据［J］.南大商学评论,2017(39)：106 - 120.

［61］ 崔驰,路智雯.禀赋来源和框架影响人们的分配行为吗?——基于Dictator game的实验研究［J］.南方经济,2018(09)：107 - 122.

［62］ 韩笑.复杂环境下主观博弈学习过程的研究［D］.扬州大学,2017.

［63］ 何志芳,杨艳,刘建平.人际信任与合作的培养：基于信任和公共品博弈的实验研究［J］.心理学探新,2019(06).

［64］ 胡晓娟,秦承忠."颤抖"蜈蚣博弈［J］.产业经济评论,2011,10(2)：29 - 39.

［65］ 马剑虹,徐美玲.信任及其对公共财物两难博弈中合作行为影响［J］.应用心理学,2011,17(01)：10 - 17.

［66］ 饶育蕾,张媛,彭叠峰.利他偏好是否导致博弈均衡的偏离——对蜈蚣博弈实验的解释［J］.系统管理学报,2010,19(06)：676 - 683.

［67］ 史燕伟,徐富明,罗教讲等.行为经济学中的信任：形成机制及影响因素［J］.心理科学进展,2015,23(07)：1236 - 1244.

［68］ 王赟,崔少娟,范晨晓等.缓解期抑郁症患者最后通牒博弈中的社会决策行为［J］.中国心理卫生杂志,2019,33(11)：801 - 806.

［69］ 张欢欢.腐败行为及其治理［D］.南京大学,2016.

［70］ 张亚维,张莉,魏清.不平等厌恶与利他捐赠行为——基于独裁者实验的研究［J］.世界经济文海,2014(6)：88 - 98.

［71］ 张占录,王义发.基于完全信息动态博弈的中国征地问题分析［J］.中国土地科学,2011,25(6)：49 - 53.

［72］ 赵爱莉.复杂弱链结构下群体决策实验研究［J］.现代管理科学,2016(06)：100 - 102.

［73］ 周骏宇.艾克斯罗德重复博弈实验及其应用［J］.自然辩证法研究,2005,21(03)：60 - 68.

附录一　囚徒困境博弈实验设计

一、实验准备

1. 实验器材：宽敞的教室、足够多的桌子和板凳、话筒或其他的扩音器、大小完全相同一面为黑色另一面为红色的纸牌若干（视被试的多少而定）。

2. 实验被试分组：被试被随机地分为固定的两人一组，分别记为 A1、A2 等，组内每位被试扮演角色无差别，均可自由选择，每组均进行若干轮实验。

3. 其他注意事项：为保证被试的选择完全尊重自己内心的决定而不受外界选择的干扰，在实际座位选择时应将不同组别的被试隔开一定的距离；同时，同一组中的被试之间不得交头接耳以防止出现串谋而让实验结果出现偏离。

二、实验原理

1. 实验说明

本实验为囚徒困境博弈实验，你将与教室内某一未知但固定的同学博弈。你手里有一张纸牌，你通过出背面还是正面（分别是红色和黑色）来进行选择。当你出的是红色时，代表你的收益增加 3 个单位；当你出的是黑色时，代表对方收益增加 5 个单位。当然，对于另一名被试这个规则也适用。因此，你们最终的收益不仅取决于自己的选择，还取决于对方的选择。例如，对方选择黑色而你选择红色，那么你的收益是 8 个单位，而对方的收益是 0 个单位；对方选择红色而你也选择红色时，你的收益和对方收益均为 3 个单位；而当你们俩均选择黑色时，你的收益和对方的收益均为 5 个单位。每轮结束后，工作人员统计数据后将会把你对手的选择结果告知你，你根据博弈结果得出分数。实验分为若干轮，每轮分为若干组。实验结束后，你的真实货币收益与你在实验中的最后收益成正相关。实验结束，每人最低可以获得 20 元的货币激励。

2. 注意事项

在这里，如果是为了检测有限次重复博弈被试的实验选择，那么在实验之前就公开告知被试本次实验进行的轮数；如果是为了模拟无限次重复博弈被试的实验选择，那么实验之前不告知被试实验进行的轮数，而在某轮实验结束后突然宣布本次实验结束。

另外，本实验还可以考虑在低合作收益和高合作收益情况下被试的选择变化。例如，低合作收益的实验规则如上所示，高合作收益将黑色代表的含义改为对方的收益增加 9 个单位。这样如果双方均选择黑色的话，二者的收益均为 9 个单位。通过同一组被试在合作收益高低不同情况下观察他们的选择变化来考察合作收益对于被试选择的影响。

三、实验过程

在实验开始之前给参加实验的所有被试每人分发一份实验说明并由实验主持人大声宣

读实验说明确保所有的被试都能清晰地听到。一般情况下,该实验需要进行两轮预实验,以让被试熟悉实验流程以及找出实验存在的一些问题,同时被试如果对于实验有什么不解之处也可以提出,由工作人员现场回答。当然,预实验的实验结果不计入最后被试的收益之中。预实验结束之后,实验正式开始,每轮实验被试做选择的时间不应超过 30 秒,选择结束后由工作人员告知对手的实验结果,被试根据对手的选择得出自己的收益,工作人员还需要记录下本轮实验中每组被试的具体选择以方便以后的研究。本轮统计完成后,方可进行下一轮实验。以此类推,直到实验结束。

四、实验材料

实验所需的表格如下所示:

1. 个人收益记录表

组号			总收益		
姓名			学号		
轮次	我方		对方		我方收益
1	红	黑	红	黑	
2	红	黑	红	黑	
3	红	黑	红	黑	
4	红	黑	红	黑	
5	红	黑	红	黑	
6	红	黑	红	黑	
7	红	黑	红	黑	
8	红	黑	红	黑	
9	红	黑	红	黑	
...					

2. 实验数据记录表

实验数据记录表								
轮次 ＼ 组别	一	二	三	四	五	六	七	...
1								
2								
3								
4								
5								

（续　表）

实验数据记录表								
组别＼轮次	一	二	三	四	五	六	七	…
6								
7								
8								
9								
…								
记录人								

3. 实验总记录表

轮　数	红牌:红牌(出现次数)	红牌:黑牌(出现次数)	黑牌:黑牌(出现次数)
1			
2			
3			
4			
5			
6			
7			
8			
9			
…			

五、相关讨论

1. 实验结束后,需要将结果与纳什均衡进行对比。在本次实验中,不管高合作收益还是低合作收益情况下,它们的纳什均衡都是(红色,红色),然而一般情况下,实验结果并不能很好地与其相吻合。

2. 实验结束后,需要对于不能吻合的可能原因进行细致的分析。通过这些分析,得到一些可能对于实验结果有影响的因素,如性别,被试之间熟悉与否,高合作收益与否,等等。通过实验数据的对比,得出这些因素是否与实验结果存在关系,以及存在什么关系(正相关或者负相关),同时还可以为下一次控制某些变量的实验设计打下基础。

附录二　弱链博弈实验设计

一、实验准备

1. 实验器材:宽敞的教室、足够多的桌子和板凳、话筒或其他的扩音器、大小完全相同视选择项数多少而定的标有数字 1,2,3,4,5……的卡片若干组(视被试的多少而定)。

2. 实验被试分组:被试被随机的分为若干人一组(每组人数相同),分别记为 A1,A2,A3……组内每位被试扮演角色无差别,均可自由选择,每组均进行若干轮实验。

3. 其他注意事项:为保证被试的选择完全尊重自己内心的决定而不受外界选择的干扰,在实际座位选择时应将不同组别的被试隔开一定的距离;同时,同一组中的被试之间不得交头接耳以防止出现串谋而让实验结果出现偏离。

二、实验原理

1. 实验说明

本实验为弱链博弈实验,你将与教室内若干未知但固定的同学博弈。你手里有一组卡片,上面标有你可以选择的策略数字,你通过选择一张卡片进行博弈。你的收益如下:每一轮博弈结束时,将选出小组内数字最小的策略,若你的选择数字等于最小数字,你将会获得最高收益,否则,随着你选择的数字比最小数字高得越多,你所获得的收益越少,下面以一个含有 7个选择的收益矩阵为例加深理解。

你选择的数字	本期本组最小数字						
	7	6	5	4	3	2	1
7	130	110	90	70	50	30	10
6	—	120	100	80	60	40	20
5	—	—	110	90	70	50	30
4	—	—	—	100	80	60	40
3	—	—	—	—	90	70	50
2	—	—	—	—	—	80	60
1	—	—	—	—	—	—	70

如上表所示,如果你本期选择 1,而小组内最小数字为 1,则你获得收益 80,若你选择数字2,而小组内最小数字为 1,则你获得收益 60。当然,对于其他被试这个规则也适用。因此,你们最终的收益不仅取决于自己的选择,还取决于小组内其他成员的选择。每轮结束后,工作人员统计数据后将会把小组内最小选择告知你,你根据博弈结果得出分数。实验分为若干轮,每轮分为若干组。实验结束后,你的真实货币收益与你在实验中的最后收益成正相关。

实验结束,每人最低可以获得 20 元的货币激励。

2. 注意事项

在这里,如果是为了检测有限次重复博弈被试的实验选择,那么在实验之前就公开告知被试本次实验进行的轮数;如果是为了模拟无限次重复博弈被试的实验选择,那么实验之前不告知被试实验进行的轮数,而在某轮实验结束后突然宣布本次实验结束。

另外,本实验可以通过设置每组分组人数来考察分组规模对于协调行为的影响,也更改支付函数加入激励机制来考察激励对于协调行为的影响。

三、实验过程

在实验开始之前给参加实验的所有被试每人分发一份实验说明并由实验主持人大声宣读实验说明确保所有的被试都能清晰地听到。一般情况下,该实验需要进行两轮预实验,以让被试熟悉实验流程以及找出实验存在的一些问题,同时被试如果对于实验有什么不解之处也可以提出,由工作人员现场回答。当然,预实验的实验结果不计入最后被试的收益之中。预实验结束之后,实验正式开始,每轮实验被试做选择的时间不应超过 30 秒,选择结束后由工作人员告知对手的实验结果,被试根据对手的选择得出自己的收益,工作人员还需要记录下本轮实验中每组被试的具体选择以方便以后的研究。本轮统计完成后,方可进行下一轮实验。以此类推,直到实验结束。

四、实验材料

实验所需的表格如下所示:

1. 个人收益记录表

组号		总收益		
姓名		学号		
轮次	我方选择数字	小组内最低数字		我方收益
1				
2				
3				
4				
5				
6				
7				
8				
9				
...				

2. 实验数据记录表

	一	二	三	四	五	六	七	…
实验数据记录表								
轮次　　组别								
1								
2								
3								
4								
5								
6								
7								
8								
9								
…								
记录人								

3. 实验总记录表

轮　数	最小选择数字	1出现次数	2出现次数	3出现次数	4出现次数	5出现次数	……	总收益
1								
2								
3								
4								
5								
6								
7								
8								
9								
…								

五、相关讨论

1. 实验结束后,需要将结果与纳什均衡对比。在本次实验中纳什均衡为策略 1,然而一般情况下,实验结果并不能很好地与其相吻合。

2. 实验结束后,需要对不吻合的可能原因进行细致的分析。通过这些分析,得到一些可能对于实验结果有影响的因素,如性别,被试之间熟悉与否,激励机制是否有效,等等。通过实验数据的对比,得出这些因素是否与实验结果存在关系,以及存在什么关系(正相关或者负相关),同时还可以为下一次控制某些变量的实验设计打下基础。

第五章 公共品实验

第一节 引言

一、概述

公共品是公共经济学中最重要和基础的概念,保罗·萨缪尔森(Paul Samuelson,1954)在《公共开支的纯理论》中给公共品下了明确定义,"公共品是每个人的消费不会减少任意其他人对这种物品的消费的物品"。曼瑟尔·奥尔森(Mancur Olson,1965)在出版的《集体行动的逻辑》中指出,一个公共的或集体的物品可以定义为:"集团中任何个人的消费都不妨碍同时被其他人消费的物品。"丹尼斯·缪勒(Dennis C. Mueller,2003)则给公共品下了一个比较数理化的定义:"能以零的边际成本给所有社会成员提供同等数量的物品。"

在理论研究上,公共品的非排他性及非竞争性导致的公共品供给不足和市场失灵问题,也是经济学长期以来一直在尝试研究和解决的难题。在现实生活中,随着经济社会的发展、收入水平的提高,人们对公共安全、医疗保健、社会保险、文体设施、公正自由等公共物品的需求不断增长,还有许多诸如社区公共服务提供、全球温室气体减排、公海过度捕捞等公共品供给问题均亟须解决。本章从公共品自愿捐赠机制出发,梳理了一些经典的行为与实验经济学的研究结论,并基于实验经济学方法,探讨了公共品资源供给问题的激励机制与约束机制,为实验经济学的课堂提供了完整的公共品自愿供给实验的实验设计安排。

本章具体安排如下,第一节为引言部分,主要介绍了公共品及其供给问题的研究意义。第二节介绍了自愿捐赠机制的实验设计与一些经典的经济学实验结果,并且梳理了自愿捐赠机制背后的行为基础与其影响因素的相关文献研究。第三节分析了能够在自愿捐赠机制中减轻搭便车行为的因素。第四节则讨论公共品实验研究的一些最新进展,并梳理相关的文献研究结果。在本章最后附上了一份完整的实验经济学课堂实验设计与相关实验用表,以作参照。本章的研究对象主要是广义的公共品,从实验经济学的研究视角与方法,对其特性与供给机制设计进行梳理总结。

二、公共品供给与搭便车

公共品供给主要分为政府供给机制、市场供给机制和自愿供给机制这三种机制。政府供给公共品是在经济生活中十分普遍,政府以强制征税为主要手段筹集资金,编制政府支出,提供纯公共品和准公共品;市场供给机制则是指营利组织根据市场需求,以收费的方式供给教育、基础设施等准公共品的机制;自愿供给机制是指公民个人或单位,以自愿为基础,以社会捐赠或公益彩票等形式无偿或部分无偿地筹集资金,直接或间接地用于公共领域支出,并接受公众监督的机制。

传统的公共品供给为政府主导模式,普遍存在着公共品供给质次价高、结构失衡和供给水平不足等问题,人们对公共物品的需求不能得到充分的满足。同时,公共品支出过度依赖财政也导致了政府的过度负债和系统性金融风险。公共品具有非竞争性、非排他性、收费困难、价格机制信号弱等特点,导致了公共品供给领域的市场失灵现象。因此在当前的经济环境下,公共品自愿供给问题的研究对于提高公共品的供给水平和供给效率,减少公共品供给对政府的过度依赖具有重要的意义。

针对公共品自愿供给机制的可行性,布坎南(Buchanan,1965)提出了公共品供给的俱乐部机制,科斯(Coase,1974)也以灯塔为例具体地说明了公共品私人供给的有效性,但奥尔森(Olson,1965)提出的搭便车者的出现,还是使得公共品自愿供给机制的可行性大大弱化。在奥尔森看来,公共品供给是一种集体行动,而集体成员必然存在着搭便车的动机,并且随着集体中社会成员数量的增加,这种搭便车的动机会更加强烈,从而导致公共品自愿供给水平显著降低。在理性经济人自利的假设条件下,搭便车策略始终是公共品博弈中参与者的纳什均衡策略,这也是私人提供公共品的无效性和由政府来供给公共品的必然性的理论基础。

现实生活的直觉和观察却又往往与此结论相悖,例如,人类社会生活中大量的慈善捐赠行为、社会公共事业的发展等,均表明除了政府这一供给主体之外还存在一定数量的由私人提供的公共品。对此,实验经济学和实验心理学的相关研究收集了大量证据。道斯和塞勒(Dawes and Thaler,1988)曾指出,公共品中的搭便车问题一方面肯定会存在,但在另一方面又肯定与传统的经济理论预测不符。安德里尼(Andreoni,1988)、艾萨克和沃克(Issac and Walker,1988)等大量传统的公共品博弈实验都表明,人们既不会像自利模型预测的那样选择完全的搭便车,也不会选择使整个社会最优的捐赠全部初始禀赋的策略,这从另一个侧面说明合作在一个社会两难困境中确实存在。

莱迪亚德(Ledyard,1995)在其关于公共品博弈实验的综述文献中总结道,大量相关实验中的一个一致结果是,在实验初始时人们一般会捐赠大于一般的初始禀赋,但随着实验的重复进行,其投资水平会逐渐降低,并最终接近于自利模型预测的零水平投资。卡德纳斯和卡彭特(Cardenas and Carpenter,2008)总结的来自不同国家不同类型被试的大量公共品博弈实验数据均证实了人们的行为系统地偏离了经济人的自利假设。

基于此,宋紫峰等(2011)研究了初始禀赋不平等、个体投资公共品边际收益不平等和出场费不平等等3种方式体现的收入不平等。实验发现,公共品自愿供给具有可实现性,但在多期重复中明显下降。初始禀赋不平等、公共品边际收益等因素都会对公共品自愿供给产生显著影响;个体公共品投资行为主要可由互惠和不平等厌恶理论所解释。罗俊、叶航(2015)结合中国慈善捐赠事业的发展现状与趋势、国内外有关慈善捐赠的研究以及国外前沿研究进展,结合逻辑与经验提出了中国慈善捐赠行为研究的思路,根据捐赠者偏好来设计多元化的捐赠激励机制。

三、实验方法在公共经济学中的应用

随着行为经济学和实验经济学的兴起和发展,公共品的自愿供给问题的实验研究不断壮大。实验研究有助于人们对公共品问题形成更切实、可观的认知,在公共品理论中的搭便车问题、公共地悲剧现象和投票理论等领域有广泛而深入的应用。具体来讲,利用合理的实验机制设计和恰当的情景及实验程序控制,能够从个体层面对公共品自愿供给问题予以定量分析,揭示原本隐蔽的组内成员的搭便车动机、社会偏好特征及其行为后果,为公共品供给的治理提供有效机制。

已有的大量行为经济学和实验经济学的研究都得出结论,组内成员的搭便车动机存在,但有一定限度。随着实验的进行,组内的公共品自愿供给能够逐渐趋近一个相对可观且比较稳定的水平。另外,公共品供给制度和环境的改变也会在一定程度上影响组内成员搭便车的动机和搭便车行为发生的程度。如丹尼尔和库尔兹班(Daniel and Kurzban,2002)的实验结果表明,被试对实验原理的错误理解导致了公共品实验中出现的合作,随着实验次数的增多,对于相同的被试,这样的错误发生的概率越来越小,所以合作的程度也逐渐降低。

莱迪亚德(Ledyard,1995)指出,实验经济学对公共品所做的实验可以分为四大类型:"第一,大范围环境下的自愿捐助机制实验:第一类实验倾向于隔离集体行为的基本面(fundamental aspects of group behavior),即自愿捐助从全社会角度来讲是可取的,但从个人的角度来看则是不好的。第二,对于有限阶层经济环境中的大范围机制实验:第二类实验旨在区分机制在哪些方面可以导致社会最优结果的出现。第三,政治环境机制的实验:第三类实验是针对政治环境而做的。在这样的环境中,没有给集体决策以相应的补偿,可以说是政治市场中的讨价还价实验。第四,应用或政策问题的实验:第四类可以看作是前三类的应用实验。"

第二节 自愿捐赠机制的实验研究

本节我们在此描述一个传统的公共品博弈实验研究框架,即自愿捐赠机制(Voluntary

Contribution Mechanism,简称 VCM)。这一制度框架已经广泛地应用于公共品自愿供给的实验研究,具体的实验说明与指导如本章附录所示。自愿捐赠机制是一个简单重复博弈,同组的被试被告知共同参与一个投资决策实验,在每个投资期被给予一定的实验代币,可以将其在私人投资和公共品投资中进行分配。其中,投资于私人账户的代币以固定比率转换为现金,投资于公共品账户的代币则会加总起来以稍低的资本边际回报率产生回报,并平均分配在同组的成员内。

一、自愿捐赠机制(VCM)

(一)自愿捐赠机制的提出背景

公共品的非排他性和非竞争性促使了公共品供给中的"搭便车"问题,因此公共品主要由公共部门来提供;然而公共部门的过度垄断,引发公共部门规模膨胀、财政负担过重、公共品配置效率低下以及寻租行为猖獗、腐败现象蔓延等诸多积重难解的问题。从国外经验来看,以私人为主体的自愿捐助机制是解决上述弊病的可行途径之一。据统计,全世界每年有数以千亿美元被无偿捐赠给一些慈善机构、政治组织和文化团体,用于社会公共事业的发展。在美国,用于教育、卫生和救济的慈善捐赠 10% 来自企业,5% 来自大基金会,85% 则来自全国民众的自愿捐助,全国自愿服务参与率为 44%(龚欣等,2010)。

自愿捐助机制已经被广泛应用于公共品私人供给领域的实验研究,史密斯最早对这一机制进行实证研究。目前,公共品自愿捐助机制已经成为这一领域最广泛使用的实验方案。早期的 VCM 实验发现,实验参与者行为显著偏离自利假设下的搭便车预测。20 世纪 90 年代中期前的文献主要用引入非自利假设的"社会偏好假说"和坚持自利假设的"混淆/错误假说"两种不同的理论加以解释(张晏和夏纪军,2009)。莱迪亚德(Ledyard,1995)对此做了系统的回顾。随后的实验分析更多地集中讨论两个问题:① 针对关于个人自愿贡献不同原因的争论,试图通过实验设计定量识别不同因素的相对重要性;② 通过实验设计分析哪些制度安排会影响参与者的贡献行为。

(二)自愿捐赠机制的基本原理

1. 自愿捐赠机制的原理

自愿捐赠机制可以被描述如下:假设每组共有 N 个被试共同参加实验,在每一轮实验前给予每个被试 Y 单位代币的初始禀赋,被试可以将其在私人投资和某种公共品投资中进行分配。每个被试独立地做出投资决策,他们做出决策依赖的信息有:

① 每个被试拥有相同的初始禀赋(数量相同的代币券),知道集体中代币券总量,但不知道其他被试的具体投资决策。② 被试知道集体中的总人数,知道每个人的公共品投资边际收益都是一样的,知道自己拥有的确切数额的私人品投资收益,但实验者不会告诉被试他们的私人边际报酬率是一样的。③ 被试知道总共有 n 次决策,每次给的代币券数量是相同的。④ 每个被试的总收益等于 n 次实验中公共品投资收益和私人品投资收益的总和。每次实验完成后,被试都能收到其公共品投资收益额和私人品投资收益额的信息以及集体中总的

贡献给公共品的代币券数额。⑤ 在下一次投资决策之前,被试都能获得前几次实验的上述信息。

实验开始后,所有被试需独立同时决定向公共品投资多少单位代币,用 G_i 表示被试 i 投资到公共品账户中的代币额。当该轮投资完毕后,将组内对该公共品的投资总额进行公布,并且将其乘以系数 ∞ 后再平均地回报给组内所有参与实验的被试(无论该被试是否进行了投资),其中系数 ∞ 被定义为资本边际回报率(Marginal Per Capita Return,简称 MPCR),设定 $0<\infty<1<Na$。因此每轮实验中,被试 i 得到的收益就是被试的初始禀赋减去向公共品投资的禀赋再加上从公共品投资中所得到的回报,可用公式表达为:

$$\pi_i = Y - G_i + a\sum_{j=1}^{N} G_j$$

组内各成员的私人收益加总即得到群体总收益,可用公式表达为:

$$\sum_{i=1}^{N} \pi_i = NY - \sum_{i=1}^{N} G_i + aN\sum_{j=1}^{N} G_j \,。$$

在公布公共品投资总额并计算收益之后,重新给予被试初始禀赋,进入新一轮,如此重复(一般是 10 轮左右)。在 VCM 这一研究机制中,被试的投资额 G_i 被用来度量被试的公共品自愿捐赠水平,投资额 G_i 越高,则说明被试的公共品自愿捐赠水平越高,而投资额 G_i 越低,则说明被试的公共品自愿捐赠水平越低,搭便车的行为也越多。

与现实生活中的公共品自愿捐赠问题相比,VCM 实验具有以下几个特征:① 匿名性:实验设计一般要求匿名,被试不知道关于其他被试的信息;② 平等性:每个被试都拥有相同的初始禀赋,所以在博弈中每个被试拥有相同的策略集;③ 对称性:所有成员具有相同的策略集和对称的支付函数,每个成员既是公共品的贡献者又是公共品的受益者;④ 在每一期,所有被试同时行动,在自己决策时不能观察到其他被试的当期决策;⑤ 每一期结束后,被试只能观察到公共品的供给总量,不能观察其他被试的具体贡献量(方钦等,2017)。

我们举一个例子来说明自愿捐助机制。考虑组内有 2 个被试的实验情形,分别为被试 1 和被试 2,每个被试在每轮实验开始时都被给予 50 代币的初始禀赋,假定 MPCR $=\infty=0.6$,则各轮中被试的收益与群体公共品投资总额之间的关系如表 5-1 所示。

表 5-1 自愿捐赠机制中群体公共品投资总额带来的回报

公共品投资总额	10	20	30	40	50	60	70	80	90	100
被试相应的收益	6	12	18	24	30	36	42	48	54	60

注:为简化使其更直观,捐赠水平以 10 代币的增量从 0 到 100 表示,实际上被试可以选择区间中的任一数额的总捐赠额。

自愿捐赠机制下具体的决策过程如表 5-2 所示。若在某一实验轮中,被试 1 捐赠 20 代币到公共品投资中,而把剩余的 30 代币作为私人投资,被试 2 捐赠 40 代币到公共品投资中,而把剩余的 10 代币作为私人投资。在决策完成后公布被试的公共品投资总额,即群体捐赠水平为 60 代币。最后,被试根据配置到私人投资和公共品投资的捐赠水平所带来的收益,计算本轮最终收益,之后进入下一实验轮。

表 5 - 2   自愿捐赠机制中的一个决策样本

轮 数	初始禀赋	配置决策		群体捐赠水平	本轮收益
		公共品投资	私人投资		
1	50	20	30	60	30＋0.6×60＝66
2	50				
3	50				
·	·				
·	·				
·	·				

注：表中只展示被试 1 的决策过程，被试 2 的与之类似。

2. 自愿捐赠机制中的囚徒困境

在前文中描述的公共品自愿捐赠实验机制中，被试 i 得到的收益公式为 $\pi_i = Y - G_i + a\sum_{j=1}^{N} G_j$，该轮中群体的总收益为 $\sum_{i=1}^{N} \pi_i = NY - \sum_{i=1}^{N} G_i + aN\sum_{j=1}^{N} G_j$。对于被试 i 来说由于 $\frac{\partial \pi_i}{\partial G_i} = -1 + a < 0$，故在每一轮中被试 i 的最优策略是使得 G_i 最小化，即公共品自愿捐赠水平为零。但从群体的总收益角度来说，由于 $\frac{\partial \sum_{i=1}^{N} \pi_i}{\partial G_i} = -1 + aN > 0$，所以群体的最优策略是每个人公共品自愿捐赠水平最大化。因此形成了个体利益与群体利益相矛盾的囚徒困境。

以 2 个被试的实验情形为例，用 G_1 和 G_2 分别表示被试 1 和被试 2 在该实验轮中的自愿捐赠水平。对于被试 1 来说，其该轮收益为 $50 - G_1 + 0.6 \times (G_1 + G_2)$。相应地，被试 2 在该轮中的收益为 $50 - G_2 + 0.6 \times (G_1 + G_2)$。被试的禀赋分配约束为要么全部进行私人投资，要么全部捐赠给公共品投资，这一自愿捐赠机制退化为一个标准的囚徒困境。若被试 1 和被试 2 均全部进行私人投资，则群体捐赠水平为 0，进而二者的收益均为 $50 - 0 + 0.6 \times 0 = 50$。若被试 1 和被试 2 均全部捐赠给公共品投资，则群体捐赠水平为 100，进而二者的收益均为 $50 - 50 + 0.6 \times 100 = 60$。若其中一人全部进行私人投资，另一人全部捐赠给公共品投资，则群体捐赠水平为 50，进而全部进行私人投资的被试收益为 $50 - 0 + 0.6 \times 50 = 80$，全部捐赠给公共品投资的被试收益为 $50 - 50 + 0.6 \times 50 = 30$。

具体决策收益如表 5 - 3 中博弈矩阵所示：

表 5 - 3   自愿捐赠机制中的囚徒困境情形

被试 2

		公共品投资	私人投资
被试 1	公共品投资	60,60	30,80
	私人投资	80,30	50,50

因此,若被试均全部捐赠给公共品投资则会最大化群体总收益,而每一个被试都会有把部分禀赋投入私人投资以获得更高的个体收益的动机,即搭便车动机。这一博弈的唯一纳什均衡结果为二者均选择搭便车,将全部禀赋投入私人投资,没有人对公共品投资做出自愿捐赠。当组内被试数目增加时以此类推,在人类完全自利完全理性的传统经济学假定下,理论上最终结果也是所有被试都会选择搭便车,自愿捐赠水平为零。

(三)自愿捐助机制的实验结果

标准的自愿捐赠实验为我们分析公共品自愿供给行为提供了一个基本参照系,关于VCM机制的大量实验都得到以下类似的基本结果:① 平均供给量为正,但被试自愿捐赠额存在很大差异,除部分被试选择零捐赠,有相当一部分被试选择正的捐赠额;② 在有限次重复博弈中,第一轮的平均捐赠额较高,约占初始禀赋的 40%～60%(刘建华,2012),随后逐轮递减,在最后一轮平均捐赠额依然显著大于零,大约占禀赋的 20%(Ledyard,1995;Hauser and Kurzban,2002)。

不同经济学家所做的实验结果差异很大。马维尔和埃姆斯(Marwel and Ames,1979,1980,1981)、施耐德和波美芬(Schneider and Pommerhene,1981)等人的实验结果显示,极少存在"搭便车"行为。在一系列的条件下,被试大概贡献 40%～60% 的"代币券"给公共品。唯一的例外是马维尔和埃姆斯(1981)用 32 名经济学专业一年级学生所做的实验,该实验的结果表明只有 20% 左右的"代币券"贡献给了公共品,远远大于贡献率为 0 的纳什均衡。另一方面,基姆和沃克(Kim and Walker,1984)以及艾萨克、麦丘和普洛特(Isaac,Mc Cue and Plott,1985)的实验结果却支持几乎完全的"搭便车"行为(尤其是在几组实验的最后决策阶段)。

图 5-1 总结了周业安、宋紫峰(2008)的 8 次实验局中的公共品投资点数,横轴是期数,每一条折线代表了一组实验的各期公共品贡献点数(由于本节用来衡量自愿捐助比例的指标是公共品贡献率,此图表中的数据可以通过 $g=Q/N$,其中 g 是贡献率,V 是每组的投资点数,N 是每组的总点数)。

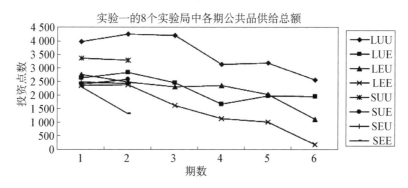

图 5-1　8 个实验局中各期公共品的供给总额
资料来源:周业安,宋紫峰(2008)。

从理论上讲,公共品的贡献率要么是 0,即完全的搭便车行为,要么为 100%,即每个被试都把所有的"代币券"贡献给公共品。然而,从图 5-1 中我们可以看出,几乎各种行为都被观察到,在一定的条件下,有些人表现出很强的搭便车倾向,有些人则是轻度的搭便车或者从不搭便车,个体的差异性很大,这与上述理论的预测不符。下面我们通过引入一个自愿捐助机制实验来探讨搭便车程度强弱差异的影响因素。

二、自愿捐赠机制的影响因素

搭便车问题的初始实验研究产生了两种明显分歧的结果。一部分学者通过实验发现搭便车行为远远少于传统经济学中经济人自利的预测,自愿捐赠行为显著存在。在一系列广泛的控制条件下,被试的投资一般处于帕累托最优水平和搭便车水平之间,可以持续地捐赠40%~60%的禀赋到公共品投资中去[1],远远超过了纳什均衡水平下的0捐赠水平。还有一部分学者在实验中,特别是在多轮实验的终止轮中,发现了被试几乎完全搭便车的行为。在自愿捐赠机制(VCM)中,实验设计涉及的几个要素也会对被试的公共品自愿捐赠水平产生重要的影响,如重复、有无经验、资本边际回报率(MPCR)、组群规模和初始禀赋等。

(一) 重复与经验

对自愿捐赠机制中实验重复轮数的研究主要集中在早期。总的来说,自愿捐赠水平会随着实验轮数的增加呈现出一定的期数效应,即重复次数的增加而单调下降。施耐德和波美芬(Schneider and Pommerhene,1981)以及马维尔和埃姆斯(Marwell and Ames,1979,1980,1981)报告了单期的40%~60%的自愿捐赠水平。艾萨克、麦丘和普洛特(Isaac,Mc Cue and Plott,1985)以及金和沃克(Kim and Walker,1984)的初始决策轮也观察到了类似的自愿捐赠水平,其中前者的实验结果中平均自愿捐赠水平从初始轮的38%下降到终止轮的9%,表明当被试的自愿捐赠机制的实验经历时,会降低对公共品的自愿捐赠水平。国内研究中,宋紫峰(2011)、陈莹等(2017)也通过实验研究表明公共品自愿供给是可能的,但实验次数对被试捐助意愿存在显著的负面影响,捐赠次数过多会降低被试的捐赠意愿。

总的来说,产生重复条件下期数效应的原因有几点。其一,存在学习效应。随着实验轮数的增加,被试在过程中对实验情境和规则学习得越来越熟悉,观察到其他被试的搭便车行为后,逐渐学习到占优策略并相应地调整自己的决策,增加自己搭便车的倾向(Andreono,1988;Hichri and Kirman,2004)。其二,存在惩罚心理。也许被试并不了解私人投资是占优决策,仅仅是将搭便车作为对前几轮中搭便车者的惩罚,以降低他们的收益,体现对公平的追求。其三,存在困惑心理,即个体出现了计算错误或者不能理解实验的激励手段,而随着实验重复进行,困惑的减少会导致公共品自愿供给水平的下降(Andreono,1995;Palfrey and Prisbrey,1996,1997;Houser and Kurzban,2002)。其四,异质性个体,即个体本身在合作上就有差异,除了一直选择搭便车和一直选择投资的个体之外,还有一部分个体初始时会选择公共品,但是随着合作尝试的失败,转而选择搭便车,因此导致公共品自愿供给水平的下降(聂左玲和汪崇金,2013)。

---

[1] 如 Ledyard(1994)及 Chaudhuri(2011)对公共品博弈文献的综述。

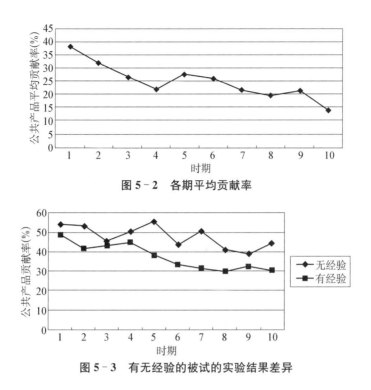

图 5-2 各期平均贡献率

图 5-3 有无经验的被试的实验结果差异

(二) 资本边际回报率(MPCR)

艾萨克、沃克和托马斯(Isaac,Walker and Thomas,1984,1988)开创了对 MPCR 的系统性研究,高的资本边际回报率相当于减少了投资到公共品中的成本,提高了收益,因此 MPCR 与公共品自愿捐赠水平显著正相关。艾萨克和沃克(Isaac and Walker,1988)明确提出了 MPCR 的概念,设计了两档 MPCR 水平和两档组群规模的 VCM 实验,共 2×2＝4 个实验局,结果表明当 MPCR 较低时,投资水平会随着组群规模的扩大而提升;MPCR 较高时,投资水平却会随着组群规模的扩大而减少。

后续的实验研究可以分为直接研究和间接研究两类。一部分实验明确提出研究 MPCR 作为控制变量的影响(Isaac et al.,1984,1988,1994;Gachte and Renner,2004;Carpenter,2007;Gunnthorsdottir,2007),结果表明 MPCR 和公共品供给水平显著正相关。一部分实验从实验设计角度间接研究 MPCR(Marwell and Ames,1979;Isaac et al.,1985;Chan et al.,1999;Cherry et al.,2005;Buckley and Croson,2006),比较 MPCR 对个体公共品供给的影响,在组间公共品总收益相等的情况下还可比较收益分配模式对个体 MPCR 差异和公共品供给水平的影响,绝大多数实验结果均表明 MPCR 和个体或者组的公共品供给水平显著正相关。

周业安等(2012)发现,收入不平等情境下奖惩机制对个体公共品供给的显著影响,在相同机制下,拥有高 MPCR 的个体的公共品投资点数显著更高。马晓(2017)构建了两个全局公共品下的自愿供给实验来探究区域间的合作问题,得到以下结论:① MPCR 存在差异时,主体的合作意愿更强;② 在两个全局公共品下,差异过高或过低都无益于合作,MPCR 的差异适中时,个体对全局公共品的贡献水平会更高;③ 外在互惠情形下,当 MPCR 存在差异时,随着实验的重复进行,人们具有更稳定的合作意愿。

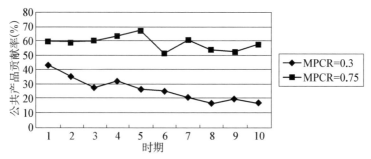

图 5-4 Isaac 和 Walker(1988)的实验结果

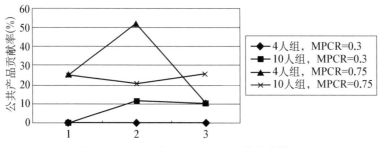

图 5-5 Isaac 和 Walker(1988)的实验结果

(三) 组群规模与搭配结构

一般来说,搭便车的动机会随着组群规模的扩大而增加,这符合人们的心理预估。因为当组群规模扩大时,甄别搭便车行为变得更加困难,施加惩罚的成本也增加了。在自愿捐赠机制的实验研究中,组群规模对于自愿捐赠水平的影响是不确定的。早期关于组群规模的作用机制的理论分析主要有两种代表性观点:一是奥尔森(Olson,1965)的理论,认为组群规模越小,组内成员的不合作行为就越容易被察觉,从而在一定程度上限制搭便车行为,提高组内的公共品供给水平。二是以张伯伦(Chamberlin,1974)的分析为代表的其他理论,认为奥尔森的理论只是针对准公共品,不适用于纯公共品。由于纯公共品严格满足非竞争性,人数的增加不会减少在某一特定公共品供给水平下单个个体的公共品消费,这会导致大组的公共品供给更高。陈叶烽等(2012)也在讨论组群规模对公共品博弈合作水平的影响时发现,在MPCR 相同的情况下,组群的规模越小则被试的合作水平越高,即组群规模的大小对公共品自愿供给水平存在显著的负向影响。陈莹等(2017)的实验研究也发现小组规模对自愿捐赠水平的正向作用。

群体的搭配结构,即固定合作伙伴(固定搭配)还是陌生合作伙伴(随机搭配)对公共品博弈的合作水平存在重要影响。菲尔和加赫特(Fehr and Gachther,2000)、凯斯和范文登(Keser and VanWinden,2000)、达菲和奥克斯(Duffand and Ochs,2009)等认为,组群间的固定搭配因为存在着策略互动,从而在实验过程中建立起个体声誉,使得公共品自愿供给实验中的个体保持一个比较高水平的投资额。

但安德内(Andreoni,1988)的研究却发现随机搭配的组群中的公共品自愿供给水平反而比固定搭配的组群中来的高。安德内和克罗松(Andreoni and Croson,2008)在关于组群随机还是固定搭配的研究综述中认为该影响因素的效应是多样化的。他们比较了相关文献中的 9 个公共品博弈实验,其中克罗松(Croson,1996)、内曼斯(Sonnemans et al.,1997)、凯斯和范文登(Keser and VanWinden,2000)三个实验表明固定搭配的组群比随机搭配的组群的公共品自愿供给水平更高。而安德内(Andreoni,1988)、帕尔弗里和斯布雷(Palfrey and Prisbrey,1996)两个实验结果与之相反,随机搭配的组群的公共品自愿供给水平反而更高,另外的韦曼(Weiman,1994)、勃兰茨和施拉姆(Brandts and Schram,2001)两个实验表明两者之间无差异。

有趣的是,波兰多和埃(Burlando and Hey,1997)在英国和意大利的实验以及勃兰茨等(Brandts et al.,2004)在美国、西班牙、日本和荷兰的实验表明随机搭配和固定搭配对实验结果呈现巨大的地域差异性,其中在意大利和美国的实验表明固定搭配组群的公共品自愿供给水平高于随机搭配的组群,而在英国和西班牙与之相反,在日本和荷兰两者无差异。

(四)友谊与集体认同感

有研究发现,被试之间的友谊和集体认同感会增加被试的合作倾向,提升公共品的自愿捐助比例(Ledyard,1995)。相对于陌生人环境,同伴环境的公共品投资水平会更高,因为被试之间的友谊和集体认同感的存在会增加被试的合作倾向,进而提升自愿捐助的比例。

武志伟等(2012)进行的公共品自愿捐赠机制实验引入了友谊与集体认同这个因素。进行了三次实验,实验一和实验二是在同班同学之间进行的,被试之间的熟悉程度较高,普遍存在着同学友谊和集体认同;而实验三的被试来源于南京大学十几个专业的同学,被试之间熟悉度较低。在其他条件相同的前提下,通过比较实验一、实验二中被试的捐助比例与实验三中被试捐助比例的差异来检验友谊与集体认同感的影响。实验发现,在友谊与集体认同感更高的实验一和实验二中,被试的总体平均捐助水平明显高于实验三,而完全搭便车者和强搭便车者的比例明显低于实验三。可以解释为,实验一和实验二中被试之间的友谊和集体认同有利于增强被试之间的利他偏好、光热效应和条件性合作,进而显著提升被试的平均捐助水平。由此,得出友谊与集体认同有助于提升被试的捐助水平。

(五)初始禀赋

关于初始禀赋分配对公共品自愿供给水平的影响的相关实验研究最早源于马维尔和埃姆斯(Marwell and Ames,1979),关注的主要问题有二:一是当组内总资源一定时,资源分配不平均对于公共品供给数额的影响(Marwell and Ames,1979;Chan et al.,1999;Anderson et al.,2004;Cherry et al.,2005;Sadrieh and Verbon,2006);二是拥有不同资源的个体的公共品投资绝对值及其占个体资源的比重是否有显著差异(Laury et al.,1999;Buckley and Croson,2006;宋紫峰,2011)。针对第一个问题的实验研究没有得到统一结论,第二个问题的实验结果基本一致,即拥有较高禀赋的个体的公共品自愿供给水平的绝对值较高,但其占个体资源的比重不变或者略低。

(六)不确定性

在 2007 年至 2008 年的金融危机之后,系统性风险已成为快速发展的研究议程的一部分。正如考夫曼和斯科特(Kaufman and Scott,2003)所定义的那样,系统性风险是指系统本身大部分之间的相关性而导致整个系统崩溃的可能性。施瓦茨(Schwarcz,2008)提供了另一种定义:"系统性风险是由一种公地悲剧造成的,在这种悲剧中,市场参与者缺乏足够的动力,缺乏监管来限制冒险行为,以减少对他人的系统性危险。"搭便车由于产生过多风险时,系统性风险可以定义为负外部性(Masciandaro and Passarelli,2013)。

在不确定情况下的公共产品供给实验研究中,被试同时决定捐赠额,菲施巴赫等(Fischbacher et al.,2010)、马龙等(Morone et al.,2018)指出由于他人行为的不确定性,被试面临自然的不确定性,但当被试重复博弈并建立合作伙伴时,被试会通过观察先前时期的决策来了解他人的偏好和未来行为,不确定性可能会减少。安纳里塔等(Annarita et al.,2020)设计了基于自愿贡献机制的有限重复线性公共品实验,将没有不确定性的基准实验结果与两种风险实验(MPCR 不同)进行比较。结果表明,足够的不确定性会导致个人贡献大大降低。

除了上述影响因素之外,还有很多其他的对公共品自愿捐助水平存在影响的因素(包括一些未经实验检验的),莱迪亚德(Ledyard,1995)做了尽可能全面的归纳(见表 5-4)。

表 5-4 公共品自愿捐助机制实验中对公共品贡献率的影响因素

	影响方向及程度
1. 环境变量——容易控制	
边际资本报酬率	++
集体人数	0
重复次数	——
常识	+
性别	0
同质性	+
起征点	+
2. 系统变量——不容易控制	
信仰	+
不确定性	—
经济学训练	——
经验	——
友谊、集体认同感	+
学习	0
利他性、公正	?
努力	?
风险厌恶	?
3. 设计变量	
交流	++

（续　表）

	影响方向及程度
回扣	＋
一致同意	－
道德劝导	?

资料来源：Ledyard(1995)。

注："＋"表示正相关；"0"表示没有影响或者几乎可以忽略；"－"表示负相关；"?"表示不知道该变量是否被实验检验过。两个"＋"或"－"表示相关的程度更大和实验的可重复性，单个"＋"或"－"或"0"表示相关性比较弱和难以重复实验。

第三节　减轻搭便车的因素和机制

不同的自愿捐赠机制的制度规则会在不同程度上降低公共品自愿捐赠水平，通过实验设计可以将独特的制度性控制变量从复杂的环境决定因素中剥离出来，从而检验变量对自愿捐赠水平的影响。这一部分主要讨论五个个体与制度性变量：个体异质性与社会偏好、交流、信息披露、领导和惩罚。

一、个体异质性与社会偏好

不同于传统经济学具有同质性和利己特征的理性经济人假定，行为经济学主要采用具有异质性和利他特征的社会偏好理论解释现实个体的合作行为。著名的行为经济学家卡默勒(Camerer,1997)首次完整地提出了"社会偏好"的概念。菲尔和施密特(Fehr and Schmidt, 1999)、博尔顿和奥肯菲尔斯(Bolton and Ockenfels,2000)把社会偏好和实验经济学完整地结合，构造和分析理论模型，标志着社会偏好理论的完善发展。实验证据和大量现实经济行为表明个体是在自利与利他之间进行复杂权衡(Eroni and Miller,2002)，个体成员的社会偏好、个体异质性、社会角色的存在性等影响因素对自愿捐赠水平均有影响(Burl and Guala,2005；Fischbacher and Gachter,2006；陈叶烽,2010；周业安,2013)。

个体社会偏好的异质性可分为以下几种类型：条件合作者(互惠)会根据对他人行动动机的感知而不是对未来收益的预期来选择自己的行动；积极合作者(利他)因为先天的或长期的文化和习俗教化而具有纯粹利他主义；非合作者(利己)则理性地关心自己的货币收益；策略型合作者的目标则是最大化各期收益的总和。

互惠偏好是一种有条件的基于心理动机的社会偏好，是一种条件性合作行为倾向(Rabin,1993；Fehr and schmidt,1999)。具有互惠偏好的个体会根据对他人行动动机的感知而不是对未来收益的预期来选择自己的行动，以友善的行动回应友善的动机，以敌对的行动回应敌对的动机,主要体现了个体对互动过程中的对等性的考虑。利他偏好是一种无条件的纯粹的社会偏好,不以任何物质回报为基础,是一种个体改善他人处境的意愿(周业安和宋紫峰,2008)。在公共品自愿供给实验中表现为,即使其他个体选择搭便车,也会愿意进行公共品投资,不会采取可能减少他人收益的行为(Reoni,1995;Palfrey and Prisbrey,1997)。

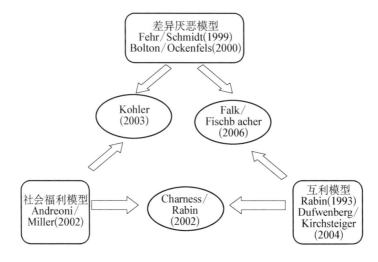

图 5-6 社会偏好各模型

资料来源:陈叶烽,叶航,汪丁丁(2012)。

许多学者尝试通过实验测度个体社会偏好,并将被试划分为不同的合作者类型:搭便车者、条件型合作者、倒 U 型合作者和其他类型。菲施巴赫等(Fischbacher et al.,2001)首先利用策略性方法在实验室中设计出一个两阶段公共品博弈,并在此基础上发现了被试异质社会偏好。此后,很多实验经济学家开始采取改进的测度方法进一步探讨异质社会偏好问题。伯尔和瓜拉(Burl and Guala,2005)进一步引入博弈分解技术(Decomposed Game Technique)、重复线性公共品博弈以及问卷调查方法,发现 92 个被试中,搭便车者占 32%,互惠者占 35%,合作者占 18%,噪音者占 15%。菲施巴赫和盖希特(Fischbacher and Gachter,2006)把被试规模增加到 140 人,发现条件性合作者占 55%,搭便车者占 22.9%,倒 U 型合作者占 12.1%,而其他类型比例为 10%。

费拉罗和沃斯勒(Ferraro and Vossler,2004)发现,互利者是公共品的主要捐赠者之一,而利他和奉献的作用相对较小。周业安等(2013)研究发现,异质社会偏好类型个体会表现出差异性的公共品自愿供给水平,理性自利的搭便车者和条件性合作者的自我服务偏向行为两种形式。武志伟等(2017)在南大课堂进行的公共品自愿捐赠机制的实验数据显示,总体均值的分布并不能完全显示个体捐献倾向的差异。在实验中,各种类型的行为都可以观察到,其中强搭便车行为和完全搭便车行为的占比最高,但很多被试也表现出较强的合作意愿,而且同一被试在实验的不同阶段也会表现出不同类型的行为。

汪敏达和李建标(2019)将偏好结构和远见综合在一起,对线性公共物品自愿供给类型的集体行动进行了理论分析。模型的结果是,具有自利和社会偏好耦合结构的个体更有可能做出贡献,其贡献取决于公共物品的价值、社会偏好维度权重和不平等厌恶强度系数等。无论个体偏好如何,远见可以导致个体理性地做出贡献,即使搭便车才是占优均衡策略。存在一定比例的表达远见考虑且真实地做出了较高贡献的被试。总体上看,在单期公共物品博弈中,具有自利和社会偏好且具有一定程度的远见的个体,是提供较高贡献的主体。

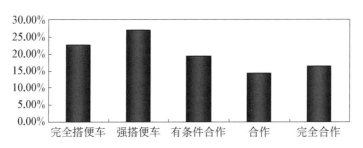

图 5-7　被试捐助行为分布

资料来源:陈莹,武志伟.公共品私人供给的影响因素研究[J].统计与决策,2017(02):140-143.

实验环境下的每个成员都是对称的,每个成员既是公共品的贡献者,又是公共品的消费者。而现实生活中的贡献者和直接受益者一般是不同的,在这种不对称情形下,存在需要帮助的一方,利他与奉献的作用会比实验环境下更显著。

二、交流

被试之间的信息交流机制的存在,就构成了自愿捐赠机制的一个变体。从传统经济理论来看,交流不会改变理性经济人的最优决策,因为廉价的对话或者信息对于后续合作缺乏约束力。从社会偏好的角度来看,一定的交流机制可促进被试相互了解彼此的身份特征与社会偏好,判断彼此的合作者类型,为其提供一个信号和协调机制。

已有的研究普遍表明,在一个交流机会非常组织化的公共品博弈实验中,交流可以显著改进效率(Palfrey and Rosenthal,1991)。当实验中被试有机会相互讨论时,合作显著增加,交流还会对群体具有其他积极的效果。梅西克和布鲁尔(Messick and Brewer,1983)认为交流能够促进合作是因为交流能够允许被试收集组内其他成员可能采取的行动的信息,也使得被试有机会达成一致的行为承诺,还为被试提供了道德说服的机会,同时交流也会产生或强化一种群体身份感。莎莉(Sally,1995)也通过对 37 个囚徒困境实验数据进行的多因素回归分析,发现交流对自愿捐赠水平的影响最大。汪毅霖等(2016)实验发现,交流机制可以但不一定能够促进合作,被试在开放性的长效交流机制下最倾向于合作。交流尤其是跨组重复交流机制有效地促进了合作,并提高了效率。

交流在实验机制的设计中可以有不同的实现形式,如面对面的交流、电话交流、视频会议或者控制面部表情及声音等电子文本或纸质文本的信息传递方式等,不同类型的交流机制下的合作效果尽管存在差异,但是都明显地高于无信息交流信号的合作效果,需要对比分析影响交流效果进而影响自愿捐赠水平的关键因素(陈翔云和连洪泉,2012)。

艾萨克和沃克(Issac and Walker,1988)的实验中,交流通过以下方式进行:在每一轮实验前,4 个被试聚集在一起,允许他们讨论他们感兴趣的话题,但交流需要服从的约束是:① 不能泄露他们的禀赋或收益信息;② 既不允许身体威胁,也不可以进行单边支付的安排。在每轮做出决策前被试可以交流 4 分钟,之后再独立进行公共品自愿捐赠的决策。如图 5－8 所示,公共品博弈中面对面的交流会有效提高自愿捐赠水平。

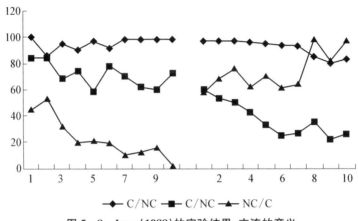

图 5－8　Isaac(1988)的实验结果:交流的意义

布罗西格等(Brosig et al.,2003)对比了面对面、视频交流和语音交流等三种交流方式对自愿捐赠水平的影响,发现面对面交流和视频交流都能有效提高自愿捐赠水平,两者没有显著的差异,而单纯的声音交流只能微小地提高自愿捐赠水平,自愿捐赠水平显著低于前两种交流方式。作者认为交流对于被试行动的协调作用是交流提高自愿捐赠水平的关键因素,通过三种交流方式之间的比较认为交流中能否看得见对方对于交流的效果起着关键作用,认为"见面"可以有效缩短被试彼此之间的距离,从而提高自愿捐赠水平促进合作。

布切特、佩奇和普特曼(Bhchet,Page and Putterman,2006)发现,没有表情、声音和肢体语言交流的"在线匿名交流"也能够显著提高自愿捐赠水平,且平均的自愿捐赠水平与面对面交流情境下相比较低。值得注意的是,在他们的"在线匿名交流"实验中,被试集中在同一个实验房间内,也就意味着尽管他们不知道其他被试具体是谁,但是可以明确他们就是实验房间内视线范围内的某些人。而布罗西格等(Brosig et al.,2003)的视频和语音交流中被试是被完全分隔开的,这一实验设计的差别可能导致了二者实验结果的差异。因而,"见面交流"与"在线交流"对于交流效果与公共品自愿捐赠水平的影响还有待深入研究。

交流中约束力程度的不同实现形式会对自愿捐赠水平带来不同的影响。在公共品实验情境中引入无约束力的交流类似于在寡头垄断中明显的合谋。总的来说,无约束力的交流在充分简单的环境和很小规模的被试当中能够有力地提高公共品自愿捐赠水平。哈洛伦、沃克和威廉姆斯(Halloran,Walker and Williams,2005)的实验在每一期博弈中引入一个有约束的关于最低捐赠水平的承诺,被试同时选择承诺,在观察承诺总量的情况下选择实际捐赠水平,需满足实际捐赠水平不能低于承诺捐赠水平。实验结果发现,这种有约束的承诺对于组群总的自愿捐赠水平没有显著的影响,但是在组群中显著地起到了成员间协调作用,即组群内自愿捐赠水平的方差降低,但组群间自愿捐赠水平方差上升。这一结果也支持了互惠偏好的假说,如果被试具有互惠偏好,那么被试的决策可以协调达到不同的自愿捐赠水平。在实验中发现,被试如果观察到自己的承诺捐赠水平低于组群内平均承诺捐赠水平,那么实际捐赠水平就会更大程度地显著高于承诺水平;相反,如果被试观察到自己的承诺捐赠水平高于组群内平均承诺捐赠水平,则实际捐赠水平仅会小幅高于承诺水平。

然而这一结果并不是特别稳定的。普特曼(Putterman,2006)、威尔逊和塞尔(Wilson and Sell,2007)的实验同时发现,如果交流仅仅是"事先在线宣布无约束力的捐赠水平",那么这种交流对于自愿捐赠水平没有显著影响。

三、信息披露

在标准的自愿捐赠机制实验中,每个被试拥有的信息十分有限。在实践中,募捐者会公布某些或所有捐款人的捐款金额甚至个人信息,这种决策信息和身份信息的披露也会在一定程度上对个人的自愿捐赠水平产生影响。信息披露在实验经济学文献中大多以信息反馈的形式出现,公共品供给合作中的信息反馈指的是是否披露成员的前期决策或前期收益信息,或者在反馈中引入身份识别。

(一)决策信息的披露

安德内和皮特里(Andreoni and Petrie,2003)的实验结果说明,单纯地披露决策信息对被试行为没有显著影响。因为单纯的决策信息披露对自愿捐赠水平可能存在正负两方面的影响:

(1)事前的正面影响。在决策前,由于搭便车者担心自己的搭便车行为被披露,尽管不会披露自己的身份,但是当自己的搭便车行为被公之于众进而受到他人的道德指责,也会影响个人的效用与福利;反过来,如果预期到自己的自愿捐赠行为会被公开后会得到大家的认可和赞许,那么被试就很可能提高自己的自愿捐赠水平,以提高自己的效用和福利。所以,决策信息披露的可能性会提高成员的自愿捐赠水平。

(2)事后的负面影响。在决策后披露负面信息,当被试观察到组群内其他成员的搭便车行为时,搭便车者则发现了同类,从而减轻了自己搭便车的心理成本,而合作者则会受到打击,从而在下一期选择不合作的搭便车行为;相反,如果披露正面信息,则可能鼓励合作者。所以,决策信息披露对合作水平的影响存在不确定性,如果搭便车者所占比例较高,那么决策信息披露带来的负面影响就会压过正面的影响。

早期的实验主要在争论决策信息披露能否促进公共品的供给。威尔逊和塞尔(Wilson and Sell,1991)通过设置无信息反馈、小组总信息反馈和个人信息反馈的机制实验发现,个人信息反馈的小组平均捐赠额显著高于无信息反馈和小组总信息反馈两个组。安德森和斯塔福德(Anderson and Stafford,2003)和卡彭特(Carpenter,2004)的实验结果都发现,增加决策信息被披露的概率会提高自愿捐赠水平,但是对搭便车信息的披露会显著降低自愿捐赠水平。黄国宾(2014)发现,在环境不确定性的情况下信息披露没有发挥作用,信息披露无法促进公共品的合作供给。

在不同种类的捐赠信息披露的讨论中,比戈尼和苏滕斯(Bigoni and Suetens,2012)比较了捐赠额披露和收益披露这两种不同的信息披露方式。艾伦布施和里尔克(Irlenbusch and Rilke,2013)重点考察了正负披露的作用。正披露指的是只披露上一期中最高的捐赠额,负披露则是只披露上一期中最低的捐赠额。

关于过往捐赠信息对人们当下捐赠行为的影响。尚和克罗森(Shang and Croson, 2009, 2013)开展的田野实验研究了社会信息对公共品捐赠水平的影响。结果显示,过去一年中捐款数额位于 90%~95% 区间的信息对于当期被试捐赠行为的影响最大。达菲和科尼年科 (Duffy and Kornienko, 2005)在公共品博弈的实验室实验中发现,将被试上一轮捐赠数额的排名公布,可以引致当轮被试更多的捐赠行为。

国内研究中,武志伟等(2017)的舆论机制实验设计中,实验共 10 轮,前 5 轮为自愿捐助实验,后 5 轮引入舆论机制,公布该轮的最高和最低捐助额,形成舆论压力,并按照 MPCR 将被试分为两组进行分析。在低 MPCR 组,实验结果显示舆论机制的引入在一定程度上起到了提升被试捐助水平的作用,被试的平均捐助水平由机制引入前的 70 左右,逐渐提升并稳定在 80~90 区间内。但高 MPCR 组的实验结果与低 MPCR 组存在显著的不同,在引入舆论机制后的前两轮,被试的平均捐助水平也呈现逐步上升的态势,但从第八轮起被试的平均捐助水平开始掉头向下逐步降低,到最后一轮平均捐助额只有 50,低于引入机制前后三轮的水平。

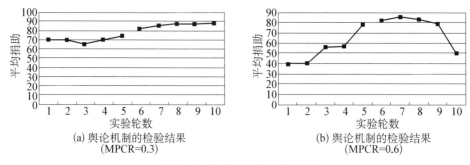

(a) 舆论机制的检验结果　　　　　(b) 舆论机制的检验结果
　　(MPCR=0.3)　　　　　　　　　(MPCR=0.6)

图 5-9　舆论机制的实验结果

实验结果发现,低 MPCR 组内的完全搭便车和强搭便车者的比例很低,引入舆论机制后,除了完全合作者之外,几乎所有被试都或多或少提升了自愿捐助的比例,组内平均捐助水平稳步上升。高 MPCR 组中在第一阶段完全搭便车者和强搭便车者比例相对较高,在引入舆论机制后上述被试并未受机制影响改变其行为取向,仍然持续在第一阶段的完全搭便车和强搭便车行为。与第一阶段实验不同的是,由于舆论机制的引入,组内存在完全搭便车行为成为公开信息。一些捐助水平较高的被试在实验的最后阶段也开始采用强搭便车行为,甚至是完全搭便车行为,作为对之前搭便车者的报复,最终导致整体的平均捐助水平急剧下降。

实验由此得出结论,在被试整体合作水平较高的情况下,舆论机制有助于提升被试的捐助水平;但当存在一定比例的完全搭便车者和强搭便车者时,舆论机制不仅无效,反而会引起合作者的报复行为,最终降低整体的捐助水平。

(二)身份信息的披露

在标准 VCM 实验中,被试对同一组群内的其他被试的身份一无所知,无从判断对方的合作者类型以及双方之间的社会距离。个人所属的社会身份最先被阿克洛夫和克兰顿(Akerlof and Kranton, 2000)正式引入经济学分析中,构建了一个身份影响个人之间的相互作用的博弈模型,并进一步改变基准模型下的经济结果。根据理论模型的设定,人们在面对与自己身份相同的人群时,会表现出更多利他、公平、合作等亲社会行为(prosocial behavior),而在面对与自己身份不同的人群时,则会表现出更少的亲社会行为。因此,要检验社会身份的引入对人们捐赠决策的影响,需要考察其他捐赠者身份与捐赠者本人身份的异同对捐赠者行为差异的影响。

在实验机制的设计中增加披露被试个人信息的机制存在以下影响:① 减小被试间的社会距离,增进相互认同,提高对组群内其他被试的效用与福利的关心程度,从而提高自愿捐赠水平;② 通过身份信息传递关于合作的信号,促进组群内部的协调与合作。某些被试的特殊社会身份可以传递关于具有该身份个体行为的特征,比如教师、学生、军人等信息,甚至面貌信息也能够起到协调与促进合作的作用。

实验经济学领域有关社会身份的引入对捐赠行为的影响研究可分为两个方向(罗俊,2014),一个方向是通过实验室实验环境建立不同的组群身份,从而检验组群身份的建立对被试固有利他偏好(捐赠行为)的影响(Eckel and Grossman,2005;Chen and Li,2009)。另一个研究方向是,将现实生活中的社会身份(如种族、性别、地域、长相等)引入田野实验,以直接检验社会身份的引入对人们捐赠决策的影响。女性更关心其他女性的公共品自愿捐赠水平,富人则更关心其他富人的自愿捐赠水平。当组群内男性比例提高,男性将所有初始禀赋投入在公共品上的概率显著提高。在每一期实验中都展示被试的照片对实验结果存在显著的影响,这一身份信息披露机制的引进显著提高了组群合作水平与自愿捐赠水平,只展示照片的情况下,组群内长相相对漂亮者的存在可以提高供给水平,但一旦漂亮者的决策信息被披露,这种效果就会消失(Andreoi and Petrie,2004,2008)。李斯特和普赖斯(List and Price,2009)发现捐赠者在面对白种人募捐者时有着更高的捐款数额。

在实践中,我们往往可以看到决策信息与身份信息这两类信息同时被披露,此时,被试会感受到源自社会认同或社会攀比的明显压力。安德内和皮特里(Andreoni and Petrie,2004)的实验结果显示,与只披露决策信息相比,决策信息和身份信息同时披露时平均供给水平可以提高78.8%;与只披露身份信息相比,两种信息同时披露时平均供给水平可以提高21.7%。照片信息能够减少搭便车行为;而决策信息能够鼓励合作行为。雷格和泰勒(Rege and Telle,2004)的实验结果显示公开的披露个人身份和决策信息能够有效地提高公共品自愿捐赠水平。

四、领导

在实验经济学中,学者通过在 VCM 机制的决策阶段引入领导机制。即在一组被试中确定某一被试作为先行者,首先做出向小组公共账户自愿捐赠的决策,并把决策结果向其他小组成员公开展示;其他小组成员在看到该先行者的捐赠情况后再做出捐赠决策,从而解决被试的信念而导致的合作问题(张元鹏和张皓辰,2017)。在序贯公共品博弈中,领导者具有信息优势,追随者的自愿捐赠决策往往会建立在领导者的自愿捐赠水平上,追随者的互惠型或条件合作型行为,群体合作水平会显著提高(Moxnes and Heijden,2003;Potters et al.,2001;Guth et al.,2007;Gachter et al.,2010;Rivas and Sutter,2011;马博,2013)。

一系列文献探讨了领导者在自愿提供公共物品方面的作用,领导者通过树立良好榜样,可以在公共利益方面积极影响追随者的贡献(Levati et al.,2007;Giovanna,2011;Jack and Recalde,2015;Drouvelis et al.,2017;Buchholz and Sandler,2017)。先行者和跟随者的自愿捐赠水平具有很强的正相关性,在大多数情况下有榜样机制的实验局中所有被试的平均自愿捐赠额要多于没有榜样机制的实验局下的平均自愿捐赠额。在先行者选择上,轮流担任和投票选举先行者的捐献效果要明显优于随机产生先行者(Moxnes,2003;Kumru,2010;Arbak et al.,2013;周业安等,2015;张元鹏等,2017)。

(一)外生性领导机制

在公共品博弈实验中,外生性领导机制中的领导一般由实验者指定或者由信息优势方扮演领导者角色。在领导者与追随者之间存在行为和信息不对称的背景下,赫玛琳(Hermalin,1998)发现,领导者通过榜样或者牺牲自己的利益可以积极的影响追随者的自愿捐赠行为。

最早是领导者榜样对慈善筹款影响。韦斯特隆德(Vesterlund,2003)研究了在序贯公共品博弈中领导者的捐赠信息对慈善筹款的影响,发现领导者慈善捐赠榜样在其他捐赠者的行为选择中发挥着框架效应,这有利于减少公共品供给中的"搭便车"行为。波特等(Potter et al.,2007)认为理论上在不完全信息的序贯公共品博弈实验中,有可能领导者捐赠行为起到了信号传递的作用,从而带动了追随者的贡献行为,并且提高了群体的合作水平。领导者类型、领导者的自愿捐赠决策以及领导者对追随者合作偏好的信念对公共品自愿捐赠水平的影响,研究发现领导者的贡献水平与他们的合作偏好之间具有显著正相关关系,自私型的领导自愿捐赠水平最低,强互惠型的领导自愿捐赠水平最高,而弱互惠型领导的自愿捐赠水平介于两者之间(马博,2013)。在互惠型领导者的领导下群体的自愿捐赠水平也更高。

集体领导者这一组织形式广泛存在于现实中,与个人领导者不同,集体领导者是由多个个人组成的领导集体。周业安等(2015)在一个领导者榜样的标准线性公共品博弈框架内对个人领导者和集体领导者孰优孰劣的问题进行了探讨,实验主要包括个人领导者实验局(Individual,简称"IL")与集体领导者实验局(Group Leader,简称"GL"),采用"策略性方法"(Selten,1967)对比个人领导者和集体领导者的捐赠行为及其追随者的捐赠行为。

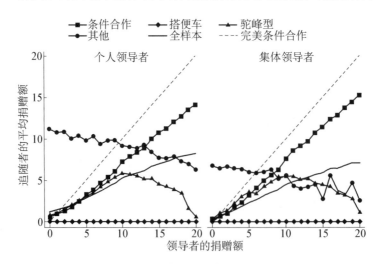

图 5-10 不同类型追随者的平均捐赠额

资料来源:周业安,黄国宾,何浩然,刘曼微(2015)。

实验结果部分地发现相比于个人领导者,集体领导者显著降低了条件合作追随者的数量,并且显著地提高了搭便车者的数量,集体领导者对驼峰型与其他类型的追随者则没有这种作用。顺序效应和学习效应减弱了被试扮演追随者时的条件合作性,加强了他们搭便车的可能性。实验由此得出结论,在领导者榜样的框架下,个人领导者比集体领导者更有利于公共品的供给。对现实中的环境污染治理、节能减排等公共品的供给有一定的启示。

(二) 内生性领导机制

波特等(Potter et al.,2005)研究了在有关公共品价值信息不对称的情景中,内生性领导机制对公共品自愿捐赠的作用,实验组内共有两个参与者,MPCR 不确定。在内生性实验设置中,第一阶段是投票阶段,在这一阶段被试 1 和 2 都投票 a1 和 a2(a1,a2=0 或 1),只有当 A=a1×a2=1 时,则采用序贯博弈,被试 1 的自愿捐赠水平要第一个被公布,第二阶段是捐赠决策阶段;如果投票决定采用序贯博弈,那么 MPCR 对于被试 1 就是已知的,而对于被试 2 是不确定的。为了对比外生性和内生性的差异,他们也设置了外生性序贯博弈和外生性同时博弈两个外生性实验。

研究结果显示,在内生性实验中具有私人信息的被试中有 82% 投票赞成采用序贯博弈顺序,而没有私人信息的实验者中有 99% 赞成,结果有 81% 的实验小组采用了序贯博弈顺序;无论博弈顺序是内生的还是外生给定的,在序贯博弈实验中的领导者与追随者的贡献水平与个人收益水平都显著高于采用同时博弈顺序时的水平。内生性的序贯博弈顺序时的公共品供给水平与实验者收益水平比在外生性的序贯博弈实验时的高(马博,2013)。张元鹏等(2017)也发现在先行者选择上,轮流担任和投票选举先行者带来的捐献效果要明显优于随机产生先行者的情况。

(三) 自愿充当领导的情况

在现实中一些群体中的领导是由群体成员自愿充当的。里瓦斯和萨特(Rivas and Sutter,2011)研究了自愿领导对于公共品博弈的影响。在自愿捐赠开始之前,由小组成员自愿担任领导的角色,自愿领导者做出公开的公共品自愿捐赠决策,其他成员随后做出捐赠,合作水平比标准 VCM 机制高出 50%,比外生领导实验设置高出 80%。

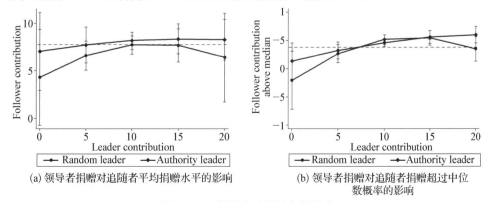

(a) 领导者捐赠对追随者平均捐赠水平的影响　　(b) 领导者捐赠对追随者捐赠超过中位数概率的影响

图 5-11　领导者对追随者的影响

资料来源:Kelsey Jack, B., Recalde, M. P., 2015. Leadership and the voluntary provision of public goods: field evidence from bolivia. J. Public Econ. 122, 80-93.

注:数字代表随机和权威领导者贡献的回归系数的边际效应。

凯尔西等(Kelsey et al.,2015)探索了领导力积极作用背后的重要因素之一:信息传递。在玻利维亚农村地区的 52 个社区中进行了小组实验,考察当地当选政府在以身作则时在自愿提供公共物品方面所起的作用。对比了权威和随机选择的贡献者领导者如何调整其行为。实验发现,即使没有监督、制裁或胁迫的能力,当局也会对自愿捐款产生重大影响。平均而言,当该小组由当选的地方政府领导进行首次公共捐款时,总捐款大约增加 20%。当以身作则时,相对于在私人同时做出的决策环境中做出贡献,当局会显著提高其贡献决策。此外,领导者决策可能受其对跟随者贡献的预期影响以及声誉考虑所驱动。

五、惩罚

在长期关系中,来自其他成员可信的惩罚威胁可以有效地维持成员之间的合作;而在短期关系中,自利假设下的惩罚威胁不再可信,声誉机制也就会失效。如果被试具有互惠偏好,那么即使在一次性的博弈中,面对他人的不合作行为,只要有机会就会愿意承担一定的私人成本去惩罚不合作行为。这种惩罚并不是为了获得未来的合作收益,而是源自面对不合作行为所产生的负面心理成本。这种惩罚的动机成为公共品自愿捐赠合作中惩罚机制的行为基础(郭珍,2017)。

惩罚与社会合作的文献主要分为几类:动静态博弈下的非正式惩罚治理研究、正式惩罚以及可自由选择的非正式惩罚治理研究。根据惩罚者与被惩罚者的关系,也可以将这种出自互利偏好的自愿惩罚分为两类:内部惩罚机制和第三方惩罚机制(连洪泉,2014)。

(一) 相互监督的内部自愿惩罚机制

内部惩罚机制由菲尔和盖特(Fehr and Gachter,2000)提出,他们同时比较进行 10 期的标准 VCM 公共品实验局和带惩罚机制的公共品实验局的合作效果。自愿惩罚机制的核心内容是,在自愿捐助实验中,捐助水平较高的被试有权利选择惩罚那些捐助水平较低的被试。惩罚的成本由惩罚者自己承担,但惩罚者每付出 1 单位的成本,将使被惩罚者的收益减少超过 1 个单位。自愿惩罚机制的实现机制为:在观察到组群内其他被试的自愿供给水平后,每个被试 j 有机会支付成本 $c(p)$ 使被试 i 的收益减少 $10\% \times c(p)$。

菲尔和盖特(Fehr and Gachter,2000)设置了惩罚机制的有限次重复博弈实验,平均自愿捐赠水平随着重复次数的增加不降反升,直至实现完全水平的合作;随机组队实验的平均自愿捐赠水平也可以达到初始禀赋的 58%。因此,在长期关系中的可信惩罚威胁能够有效提高贡献水平,维持合作,内部惩罚机制最终成为一种不需要真正实施的威慑力。公共品自愿供给水平较低的被试如果在上一轮中受到惩罚,那么下一轮的自愿捐赠水平会显著增加(Denant,Masclet and Noussair,2007)。随着惩罚成本的提高,惩罚倾向与自愿捐赠水平会显著降低(Anderson and Putterman,2006;Nikiforakis,2008)。

被试行为的可观察性是自愿惩罚机制能够发择作用的重要前提。鲍尔斯、卡彭特和金迪斯(Bowles,Carpenter and Ginti,2001,2006)的实验结果发现,组群规模较大的团队的自愿捐赠水平高于组群规模较小的团队的自愿捐赠水平。但是惩罚是有成本的,现实中主要是非货币的惩罚,如赞扬、认可,或给予批评、谴责。惩罚的人数越多,成本也越高,因此全体惩罚下福利结果不确定。当每个成员只能监督和惩罚一半集体成员时,效率最高。马塞雷特(Masclet et al.,2003)通过一个没有货币激励的惩罚机制对比分析了这种非货币惩罚机制的作用。实验结果显示,非货币惩罚机制能够显著提高合作水平,但是其效果要显著低于含货币惩罚的惩罚机制。

连洪泉等(2013)基于动态视角的惩罚机制效应的研究发现,如果个体为长期合作考虑在当期选择使用惩罚制度,将会形成后期的合作促进效应;但同时惩罚是有成本的,当期惩罚的使用会浪费后期的禀赋,掉入"贫困陷阱"(poverty trap)。对于集中式惩罚机制的设置,闫佳和章平(2016)设置了随机决定管理者和投票决定管理者的实验局,并根据公共品自愿供给水平将组别设定为"好管理者组别"和"差管理者组别",对比不同分组下的惩罚行为。实验发现,管理者的不同产生方式并不能使组内合作水平产生显著差异;与"差管理者"相比,"好管理者"更倾向于用高强度的强制性惩罚方式以维持较高水平的合作。

武志伟等(2017)在南京大学实验经济学课堂进行的实验设计中,实验共 10 轮,前 5 轮为自愿捐助实验,后 5 轮引入内部惩罚机制,最高捐助者有权选择惩罚最低捐助者。内部惩罚机制实验结果显示该机制的效果比较明显,无论是高 MPCR 组还是低 MPCR 组,引入内部惩罚机制后被试的平均捐助水平都显著高于机制引入前,而且随着实验轮数的增加,平均捐助水平呈现稳步上升的态势。出现上述结果与内部惩罚机制的运作机理有关,由于每一轮捐献最低的被试都会受到惩罚,促使其在下一轮提高其捐助水平,进而推动整体捐助水平的不断提升。在实验过程中还观察到一种有趣的现象,在引入内部惩罚机制后,很多被试采用策略性的捐助手段规避被惩罚的风险,如刻意捐助带有特定尾数的金额,如 51、61 等,希望通过能比其他被试多捐助很小单位的数额而不被惩罚,事实证明这也是一种有效的策略。

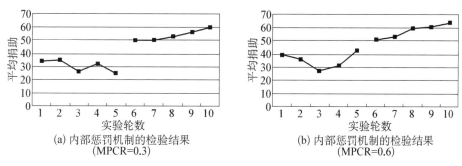

图 5 - 12 内部惩罚机制的实验结果

许多的后续扩展实验研究都表明,普通的惩罚机制的引进,不管是采用个体规则还是集体决策规则,不管惩罚力度和效果如何,无论是在静态还是动态的情境下,不同的惩罚制度类型促进合作的效果尽管存在差异,但是均显著地促进了合作。也有一些研究发现,公共品供给的有效治理机制影响着惩罚机制能否促进合作,还决定了个体相互之间是否会存在明显的报复行为。当个体存在着反惩罚动机时,惩罚行为就会引发受惩罚个体的报复行为,导致投资资源耗散,群体合作程度不高,惩罚产生毁灭性的主导效应,其促进合作的功能难以维系。

(二) 外部监督的第三方自愿惩罚机制

当公平分配与合作成为社会成员公认的社会规范时,违反这些规范的行为即使不涉及自身利益,具有较强社会偏好(或对社会规范具有较强认同感)的社会成员也有可能对非利益相关不合作者进行惩罚,这种惩罚倾向是第三方监督机制发挥作用的行为基础。卡彭特和马修斯(Carpenter and Matthews,2002)分析了公共品供给中的第三方惩罚机制,每个组成员不能惩罚本组的搭便车者,但是能够惩罚其他组的不合作者。此时,其他组成员的自愿捐赠水平与惩罚者的收益没有直接关系,具有第三方的性质。实验结果显示,这种惩罚机制同样能够支持较高的合作水平,而且大部分被试愿意去惩罚其他组中的不合作者。

但这一设计中不能排除惩罚行为的策略性动机,因为在有限次重复博弈中,两个组的合作者可能以自己的惩罚行为换取对方对本组搭便车者的惩罚,威慑本组内的搭便车者,以此提高自身的收益。为了解决这一问题,菲尔和菲施巴赫(Fehr and Fischbacher,2004)在合作博弈中引入完全独立的第三方。实验结果显示,当两个参与者一方合作另一方不合作时,有45%的第三方对不合作者进行了惩罚,当两个参与者都不合作时,也有20.8%的第三方对双方都进行惩罚。金斯利和布朗(Kingsley and Brown,2016)在正式惩罚机制中引入了监督水平条件,五人为一组,当将监督人数设置为 $z \in \{4,5\}$ 时,该监督为高威慑性的;当将监督人数设置为 $z=3$ 时,该监督为低威慑性的;当将监督人数设置为 $z \in \{1,2\}$ 时,该监督为非威慑性的。实验结果发现,随着监督水平的提高,公共品供给水平逐渐上升;内生选择的非威慑性的正式惩罚不但没有提高合作水平,反而使合作效率降低。

关于不同惩罚机制和被试人群异质性的研究,周晔馨等(2015)利用实验室实验和田野实验对条件合作和惩罚机制进行了检验。实验第一阶段借鉴菲施巴赫等(Fischbacher et al.,2001)的策略性方法来测试被试的个体合作偏好,第二阶段通过外生惩罚制度(ExoLaw)和内生惩罚制度(Endo)进行公共品自愿供给博弈。实验结果显示,合作实验的惩罚制度存在内生溢价,在不同群体的溢价可能方向和机理不一致,合作类型具有异质性,而且惩罚制度的影响机理也有所不同。因此,为了促进合作,我们需要针对不同人群的特点设计有差异的激励机制。在目前中国社会普遍存在道德滑坡、诚信缺乏与合作下降的情况下,这类研究具有现实意义。

以上实验证据表明,在 VCM 机制中引入惩罚机制,尽可能降低惩罚的成本,可以有效地提高合作水平,实现公共品的有效供给。

六、激励相容机制

在生活中,慈善捐赠行为往往会收获物质上的奖励或其他收益,如答谢礼品、税收减免等。通过减少个人对公共品的实际支出,改变捐赠者收益结构,同时保持公共品整体数量的不变,以此激励社会中的慈善捐赠行为,增加总的捐赠水平。

物质激励引致的外在捐赠动机与出自个人利他偏好的内在动机之间存在交互作用(Titmuss,1970;Frey and Oberholzer,1998)。我们无法确定,物质激励对人们慈善捐赠行为的作用是"挤入"效应还是"挤出"效应,近年不少实验研究尝试检验这一问题,但至今尚未得到统一的答案。总体来看,物质激励对于慈善捐赠行为的具体影响仍然受捐赠信息公开(Alpízar and Martinsson,2012)、被试身份公开、物质激励的方式和类型(Newman and Shen,2012)以及受捐对象(Aretz and Kube,2013)与性别等因素的显著影响。

税收补贴机制是由福尔金格(Falkinger,1996)提出的,该机制的核心思想是对偏离公共品贡献平均水平的相对值进行补贴,即被试的捐助水平高于平均捐助水平,将给予一定水平的补贴。反之,对捐助水平低于平均捐助水平的,则给予惩罚。税收补贴机制可以显著提升被试的捐助水平,减少实验中的搭便车现象(Falkinger et al.,2000)。

武志伟和陈莹(2012)关于税收补偿机制的自愿捐赠实验设计中,实验前5轮为自愿捐助实验,后5轮引入税收补贴机制,对于捐助水平高于(或低于)平均捐助水平的,差额部分给予税收系数为0.7的补偿(或惩罚)。税收补贴机制的实验结果显示,在引入该机制之初,被试的捐助水平显著高于机制引入前,但随着实验轮数的逐渐增加,被试的捐助水平开始逐轮降低。到实验最后一轮,被试的平均捐助水平已经接近引入机制前。

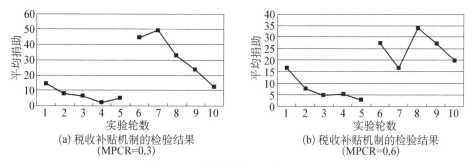

(a) 税收补贴机制的检验结果
(MPCR=0.3)

(b) 税收补贴机制的检验结果
(MPCR=0.6)

图 5-13 税收补贴机制的实验结果
资料来源:武志伟,陈莹.中国公共品私人捐助意愿影响因素的实验研究[J].南大商学评论,2012,9(01):138-152.

武志伟和陈莹(2012)认为上述结果与税收补贴机制的实验设计原理有关。税收补贴因子小于1,意味着对于捐助水平高于平均捐助水平的被试,其获得的补贴并不能完全抵补其超额捐助的部分。而对于捐助水平低于平均捐助水平的被试,在支付一定的惩罚之后,还能够获得一定的搭便车收益,因此被试的理性选择还是搭便车。在实验中,机制刚引入时很多被试对实验规则还不熟悉,纷纷提升捐助水平以规避惩罚。但随着实验的进行,大部分被试发现搭便车仍是其最佳策略后,又开始恢复其在机制引入前的行为选择,导致平均捐助水平逐步走低。

第四节 公共品实验其他研究进展

从国外现有实验研究来看,公共品实验研究还有三个正在扩展的研究方向:一是公害品实验,二是门槛公共品实验,三是多层次公共品实验。

一、公害品实验

(一) 公害品的定义

从公共经济学视角出发,立足于产品供给主体的差异性,可以将其分为公共品、一般产品和自然产品。公共品是指具有消费或使用上的非竞争性和受益上的非排他性的产品或服务，即指能为绝大多数人共同消费和享用的产品或服务；当一般产品在其供给过程中出现市场失灵时，需要政府介入提供公共品以弥补市场供给的不足；自然产品主要指不可抗力因素下大自然主动"提供"的产品（刘蓉和王雯，2013）。

公共品、一般产品和自然产品都会对第三方产生外部性。三类产品产生的负外部性就是公害品，产生的正外部性就是公益品。负外部性着重强调对受害第三方强加的额外成本和负面作用，公害品旨在说明对公众的有害影响，这就意味着公害品与负外部性在一定程度上是相关联的。因此，公害品可以定义为在一定时空范围内，对社会或无关联的第三方产生负外部性的一类产品或服务。

鉴于这种关联性，可以从负外部性的来源和供给主体这一角度着手，从以下三个角度对公害品进行界定（刘蓉和王雯，2013）。

1. 公共品产生的负外部性视角

从公共品产生的负外部性视角分析，公害品属于公共品的供给过程中产生负外部性的产品。公共品具有非排他性，因此公害品不仅导致产品供给超过社会合意产量，更会对社会公众造成普遍性伤害。比如在市场失灵前提下，政府合理干预经济时，可以优化资源配置，增加社会福利，可一旦政府干预超过合意的程度时，会对资源配置造成扭曲作用，产生收入分配不均、经济危机和环境污染等诸多问题。

2. 一般产品产生的负外部性视角

从一般产品产生的负外部性视角分析，公害品属于社会一般产品的供给过程中产生负外部性的产品，其供给主体是一般的社会组织、企业以及个人。由于私人消费或生产活动会产生无法"内生化"的成本，消费者或生产者并不负担这些成本，因而不会自觉地去控制外在成本，这些成本就会不恰当地为社会所负担，导致这类活动过分扩张。比如工业企业在生产过程中排放的废气废水直接影响附近居民的生活环境，在该小区内就是一种公害品。

3. 自然产品产生的负外部性视角

从自然产品产生的负外部性视角分析，公害品属于大自然产品的供给过程中产生负外部性的产品，如地震、海啸等。此类公害品是由不可抗力因素造成，不以人的意识为转移。

（二）公害品的效应与分类

判断产品的正负外部性是判断公益品和公害品的重要标准。在此基础上，根据二者对私人效用产生的不同影响可以将其进一步划分为四小类。由于这一划分依赖于个人的偏好和效用函数，而个人又因文化素质、利益取向等的不同，其偏好和效用函数也可能存在或大或小的差异而难以明确界定，因此这一细分可能相对略显模糊。

1. 对公众有益且对私人有益

该类产品可以看作是纯公益品，最佳的例子就是灯塔。它不仅满足了公共品非竞争性和非排他性的要求，同时以目前的科技水平而言，其产生的正外部性不可能通过某种方式而造成排他，即其益处的分享不可能排除某个个体。此外，更为典型的纯公益品还包括慈善事业、扶贫支农等。

2. 对公众有益但对私人有害

这类产品对社会的大部分群体来说是有益的,因此大家往往会忽视或者容忍其对小部分群体造成的危害。比如对疼痛特别敏感但为了他人及自己的健康而不得不打的疫苗,对落后企业造成巨大冲击甚至引致部分人失业,但对社会的进步带来巨大贡献的科技创新等。

3. 对公众有害且对私人有害

根据理性经济人假设,个人一般不会主动生产对自己不利且对社会其他人都不利的产品,即此时的"人为"公害品缺乏足够的激励。因此该类公共品多属于因不可抗力、非人为因素而产生的,比如瘟疫、自然灾害等。

4. 对公众有害但对私人有益

这类公害品在现实中较为普遍,如污染、食品安全事故以及网络谣言等。公益品与公害品的分类如表 5-5 所示。

表 5-5　公益品和公害品的分类

类　别	私　人	公　众	归　类
第一类	有益	有益	公益品
第二类	有害	有益	
第三类	有害	有害	公害品
第四类	有益	有害	

(三) 公害品的实验研究

1. 信息反馈

海登和莫克斯内斯(Heijden and Moxnes,1999)运用实验的方法研究公害品问题,他们首先构建了这样的实验:在每一轮试验中,被试被授予 20 代币,被试可以将此分配于项目 A 和项目 B,将 1 代币投资于 A 项目能获得 0.7 代币的私人回报,将 1 代币投资于 B 项目能获得 0.4 代币的私人回报。但是,每投资 1 代币于 A 项目将对全体成员产生 0.1 代币的负收益,即 A 项目具有负外部性,属于公害品。

收益 $\pi_i (i=1,2,\cdots,5)$ 的表达式如下:

$$\pi_i = 0.7\, x_i^A + 0.4\, x_i^B - 0.1 \sum_{j=1}^{5} x_j^A$$

为检验公害品实验中的信息反馈,他们引入了信息因素,即设置了两种信息场景:一是部分信息,即被试仅被告知小组对公害品的投资总额;二是完全信息,被试被告知所有成员的公害品投资。他们在挪威和荷兰均进行了两种场景的实验,结果显示出重启效应(restart effect)的存在性,且两种信息场景下被试对公害品的平均投资无显著差异。

2. 领导效应

海登和莫克斯内斯(Heijden and Moxnes,2003)指出,对单个国家来讲,排放污染物的边际收益大于边际成本;但对全球来讲,边际成本是高于边际收益的,解决上述公害品问题需要国家之间的协调与配合。他们认为,初看起来,单个国家在解决全球环境问题中的行动是有限的,但个体水平的公害品实验却发现了领导效应(leadership effect),即当领导(leader)在公害问题上做出好的榜样,跟随者(follower)也会做出类似的行为。

他们设计了这样的试验:12 组参与者进行两次公害品实验,一次有领导者,另一次没有领导者。无领导者时,所有参与者同时做出决策;有领导者时,领导者先做出决策,其他参与者随后同时做出决策。他们的实验显示:① 平均而言,与没有领导者相比,有领导者时追随者产生的公害品减少 13%;② 虽然领导者也会从公害品减少中受益,但收益不足以弥补树立榜样的成本。

随后,海登和莫克斯内斯依据成本因素进一步将有领导者时的实验情景细化为两种,即对如下三种公害品情景进行了对比实验:第一种,无领导者(no-leader,NL);第二种,有领导者且所有被试面临相同的成本(same-leader-costs,SLC);第三种,有领导者且领导者的行动无直接成本(no-leader-costs,NLC)。

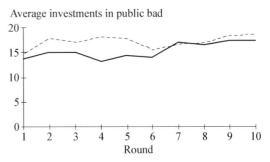

图 5 - 14   平均公害品投资的变化
注:虚线代表无领导者的组,实线代表有领导者的组。

他们的实验表明:① 在两种有领导者的情景中,公害品的数量显著低于无领导者时数量;与没有领导者的情景相比,SLC 情景中的合作水平上升 77%,NLC 情景中的合作水平上升了 90%;在 SLC 情景和 NLC 情景中,领导者的公害品排放量显著低于 NL 情景中参与者的平均水平,这意味着领导者愿意树立榜样。② 在有领导者的情景中,领导者和追随者的平均收益高于 NL 情景中的平均收益。③ 领导者的行为对追随者的行为具有正向影响,且当领导者树立榜样的成本较高时,这种影响更加强烈。

3. 框架效应

同一个项目,有时既可以描述成公害品也可以描述成公益品。在这两种描述框架下,人们的行为是否会出现差异呢?涅墨斯、施拉姆和奥弗曼(Sonnemans,Schram and Offerman,1998)借助双重基价公益或公害品的自愿供给实验检验了框架效应的存在性。他们所研究的基价公益品是指仅当个人捐助或贡献之和超过给定标准时才供给的公益品,即存在一个供给的门槛或起步水平,双重基价公益品是指个人有两种选择,要么捐助确定的金额,要么不捐助。他们认为,从战略的角度来看,公益品供给和公害品阻止在实质上是一致的,但两种框架下的选择合作百分比实验却显示,在 2 轮试验中,前 5 轮时二者几乎无差异,但第 6 轮至第 15 轮时二者大致相差 10 个百分点,到最后 5 轮时差异进一步拉大至 20 个百分点。

安德内(Andreoni,1995)的实验研究也曾发现,与负外部性时相比,被试在正外部性条件下更愿意合作,即使二者的潜在产出是一致的。小谷、真木和田中(Kotani,Managi and Tanaka,2008)则进一步研究了供给点机制(provision point mechanism)中的框架效应,相应的实验项目涉及两个步骤:第一个步骤,价值定位实验;第二个步骤,框架效应实验。他们的实验显示:具有合作特征的个体在公害品中比公益品中更合作;具有个人主义的个体在公害品中体现出比公益品中更少的合作;若把所有个体放在一起,则框架效用微不足道。

二、门槛公共品实验

门槛公共品实验是一种特殊的公共品,当整个群体的自愿捐赠水平没达到公共品的供给门限时则不提供公共品,此时所有群体成员均无法从公共品中获益。只有当自愿捐赠的总和超过公共品的供给门限值时,群体成员才能受益于供给的公共品。门槛值的约束与限制有现实情境含义,现实中没有半个灯塔、三分之二的桥梁、四分之一的铁轨。只有在募集资金能够抵消公共品的供给成本后,该公共品才会被真正供给。

有关"门槛公共品"的研究绝大多数都是实验研究。艾萨克等(Isaac et al.,1989)考察了在不同门槛条件下,退还规则(refund rules)对公共品供给的影响。退还规则规定了当募集的资金未到门槛时,资金是否退还。结果发现当门槛比较高时,退还规则可以显著提高供给,当门槛较低时,退还规则的作用并不显著。卡特赖特等(Cartwright et al.,2015)发现当且仅当参与者的初始禀赋相对于门槛足够小时,退还规则影响才会显著。

也有学者考察了回扣规则(rebate rules)对公共品供给的影响。回扣规则规定了当募集的资金超过门槛时,超过部分的资金该如何处理。马克斯等(Marks et al.,1998)比较了三种回扣规则:无回扣(超过部分不退还),按比例回扣(超过部分按照贡献的比例退还),回扣再用(超过部分用于提供连续公共品)。结果发现,回扣再用相比于按比例回扣和无回扣能显著提高个体对公共品的供给。门槛不确定性也破坏了合作,与因面临一定准备金门槛的人相比,处理因跨越不确定性门槛而导致的不确定性共同损失的被试发现维持合作更加困难。因此,临界点位置的不确定性加剧了协调任务(Barrett and Dannenberg,2012)。

在许多情况下,多个项目会同时争夺捐助者资金。捐助者不仅必须选择要捐款多少,还要选择要向哪些项目或慈善机构捐款。在这种情况下,捐助者面临着额外的风险,即他们无法在各个项目之间有效地分散捐款。科拉齐尼等(Corazzini et al.,2015)扩展了公共物品的良好环境门槛,探讨了多种捐赠方式的存在如何影响捐款和筹款成功。进行了一项涉及捐助者对多种门槛公共物品的捐赠量的实验。实验发现增加公共物品的数量会减少总捐款,增加所有公共物品失败的可能性。

一系列实验研究通过把公共物品筹集资金的自由裁量权赋予中介机构,皆证实了基于委托的机制在自愿捐款环境中产生的积极影响(Hamman et al.,2011;Bernard et al.,2013;Oxoby,2013;Makowsky et al.,2014;Hauge et al.,2015;Kocher et al.,2018)。基于此,科拉齐尼等(Corazzini et al.,2019)扩展了上述公共物品门槛框架,将中介组织纳入重复的多门槛公共利益博弈中。实验设计呈现了三种对多种公共物品的不同处理的结果:① 无委派(NoDel):基于CCV设置的对多个公共物品的基准处理,也没有委派;② 无限制委派(Del):使用多种公共物品进行处理,可以选择将捐款委派给中介机构,但没有目的地规则;③ 带有目的地规则的委派(DelRule):多种公共物品的处理,向中间人委派捐款的选项以及限制他行为的目的地规则。

实验结果显示,DelRule相较Del而言,中介可以提高集团总捐赠额,并帮助团体协调公共利益并增加其预期收益。实验得出结论,中介组织的有效性在很大程度上取决于对捐赠者资金使用的正式限制。只有当中介机构正式致力于直接捐赠对社会有益的商品时,中介机构的存在才能提高公众的良好成就和被试的收入,提高公共物品和整体福利的成功率;否则中介的存在会产生负面影响,甚至使捐赠环境变得复杂。慈善组织的规章制度和监督机制,如用于管理可能用于行政管理的捐赠部分的规则,可以促进慈善捐赠。

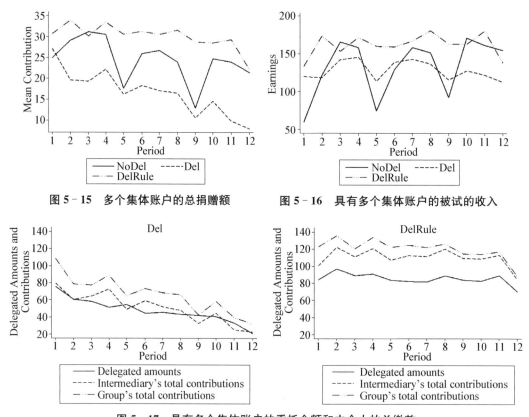

图 5 - 15 多个集体账户的总捐赠额　　　　图 5 - 16 具有多个集体账户的被试的收入

图 5 - 17 具有多个集体账户的委托金额和中介人的总缴款

正如标准公共品的实验研究,门槛公共品的后续实验研究也会涌现不同机制设计维系合作效果的研究内容。

三、多层次公共品实验

多层次公共品实验作为另一种变异的公共品实验研究类别,也可以同时归类为嵌套社会困境的一种主要的类别(韩杰,2016),也有学者称之为嵌套公共品。它实际上是在原有的私人账户和群体账户的基础之上加入一个集体账户,与原有两个账户并不成并列关系,是由多个群体账户组成。集体账户使得原有的公共品多了一层嵌套关系。集体账户所获得的收益,各个群体账户均可进行分享(陈翔云和连洪泉,2012)。多层次公共品更有现实应用的研究意义,可以研究与现实相对应的多层级科层结构下的公共品供给问题。

在多层次公共品实验的研究文献中,一个主要的研究方向是探讨分析不同账户的边际回报和沟通交流等因素对于个体的不同公共品账户的捐赠投资决策的影响。瓦克斯曼(Wachsman,2002)研究了个体面临着群体账户和集体账户不同的边际报酬时,沟通的差异如何交叉地影响到个体对于这两个公共品账户的投资差异,当不允许与本地组成员进行通信时,被试将更多资源分配给集体账户。布莱克韦尔和麦基(Blackwell and McKee,2003)则关注于集体账户的边际报酬发生变化时,它对于参与者的自愿捐赠行为会产生怎样的不同投资方向的影响。研究发现,当全球公共物品的人均回报超过本地物品的人均回报时,个人为全球公共物品做出的贡献更多,但不会减少他们对本地物品的贡献。费尔纳和伦瑟(Fellner and Lünser,2014)同时比较在群体账户和集体账户两种不同的边际报酬条件下,个体对这两个账户的投资差异,发现个人对当地公共物品的贡献更大,虽然被试首先尝试与全球公共利益进行合作,但合作迅速消亡,只有当地的公益产品才能实现稳定的合作。此外,当禀赋在地方群体之间是异质时,主体对当地公共物品的贡献更多,对全球公共物品的贡献更少(Nitta,2014)。

比耶多夫等(Bjedov et al.,2018)引入地方性和全球性两种公共物品,允许当地团体成员与其他团体互动,以提供全球性公益。实验使用2×2设计,对地方团体做出更多决策定义为权力下放,表示为与本地较小群体的其他成员进行排他性互动而做出的捐赠决策比全球较大群体的捐赠决策数量更大。实验由三部分组成,在第一部分,被试可以为三种本地(相同)公共物品做出贡献。在第二部分中,被试可以为本地和全球公共物品做出贡献。在集中化处理中,被试对两种全球(相同)公共物品和一种地方公共物品做出贡献;在权力下放中,他们贡献了一种全球公共物品和两种当地公共物品。在第三部分,被试对在第一部分和第二部分中经历过的两个制度进行投票,并在三个地方集团中至少两个地方获得多数票的配置下扮演着新的角色。

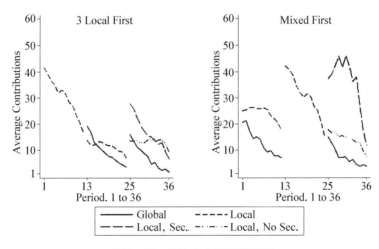

图 5-18 平均个人贡献的演变

资料来源:Tjaša Bjedov, Simon L, Madiès Thierry, et al. Does decentralization of decisions increase the stability of large groups? [J]. Social Choice and Welfare,2018.

实验结果表明,在不改变全球范围内合作的情况下,权力下放可以增加对地方公益的贡献。另外,当他们的全球团体合作更多而他们的本地团体更少合作时,被试对没有整体利益的配置贡献较少。相反,加强本地群体的身份不会影响贡献,投票行为或权力下放对没有全局利益的配置投票的可能性的影响。

从已有的研究成果来看,多层次公共品实验依照先前标准公共品实验的研究思路,初步分析影响个体对于公共品群体账户和集体账户捐赠投资差异的主要因素。由于引进嵌套关系,多层次公共品实验还有另一方面的研究内容。在集体账户下,群体账户是集体账户的子群体,子群体成员身份对于集体内部合作就是一个关键性因素,子群体之间的不同利益分成规则会对子群体合作产生差异效应;而在群体之间的相互竞争会增加群体成员的合作规范,强化群体内成员的士气或愧疚感,增加群体内的合作从而提高集体账户生产率。因此,能否利用子群体之间的相互制衡解决群体的"搭便车"问题,最终提高集体账户的有效供给,是后续研究可扩展和继续探讨的一个研究方向。

参考文献

[1] Akerlof G A, Kranton R E. Economics and identity [J]. Quarterly Journal of Economics,2000,115(03):715 - 753.

[2] Anderson C M, Putterman L. Do non-strategic sanctions obey the law of demand? The demand for punishment in the voluntary contribution mechanism [J]. Games & Economic Behavior,2006,54(01):0 - 24.

[3] Andreoni J, Croson R. Partners versus strangers:random rematching in public goods experiments[J]. Handbook of Experimental Economics Results,2008(01):776 - 783.

[4] Andreoni J, Mcguire M C. Identifying the free riders:A simple algorithm for determining who will contribute to a public good[J]. Journal of public economics,1993,51(03):447 - 454.

[5] Andreoni J, Petrie R. Public goods experiments without confidentiality:A glimpse into fund-raising[R]. Levines Working Papers, 2003,88(07):1605 - 1623.

[6] Arbak E, Villeval M. Voluntary leadership:motivation and influence[J]. Social Choice & Welfare,2013,40(03):635 - 662.

[7] Aretz B, Kube S. Choosing your object of benevolence:A field experiment on donation options[J]. Scandinavian Journal of Economics,2013,115(01):62 - 73.

[8] Barrett S, Dannenberg A. Sensitivity of collective action to uncertainty about climate tipping points[J]. Nature Climate Change,2013,4(01):36 - 39.

[9] Bernd I. Public good examples : On the role of limited feedback in voluntary contribution games[R]. Working Papers,2013.

[10] Bigoni M, Suetens S. Feedback and dynamics in public good experiments[J]. Journal of Economic Behavior & Organization,2012,82(01):0 - 95.

[11] Bjedov T, Lapointe S, Thierry M, et al. Does decentralization of decisions increase the stability of large groups? [J]. Post Print,2018.

[12] Blackwell C, Mckee M. Only for my own neighborhood?:Preferences and voluntary provision of local and global public goods [J]. Journal of Economic Behavior & Organization,2003,52(01):0 - 131.

[13] Bochet O, Page T, Putterman L. Communication and punishment in voluntary contribution experiments [J]. Journal of Economic Behavior & Organization, 2006, 60(01):11 - 26.

[14] Bolton, Gary, Erc E. A theory of equity, reciprocity, and competition. [J]. American Economic Review,2000.

[15] Bowles S, Carpenter J, Gintis H. Mutual monitoring in teams:Theory and evidence on

the importance of residual claimancy and reciprocity[R]. SFI Working Paper,2001.

[16] Brosig J, Weimann J, Ockenfels A. The effect of communication media on cooperation [J]. German Economic Review,2003.

[17] Buchholz W, Sandler T. Successful leadership in global public good provision: Incorporating behavioural approaches[J]. Environmental & Resource Economics,2017, 67(03):591 - 607.

[18] Chaudhuri A. Sustaining cooperation in laboratory public goods experiments: a selective survey of the literature[J]. Experimental Economics, 2011, 14(1):47 - 83.

[19] Carpenter J, Peter M. Social reciprocity [R]. Middlebury College Department of Economics Working Papers,2002.

[20] Croson R, Handy F, Shang J. Keeping up with the joneses the relationship of perceived descriptive social norms, social information, and charitable giving [J]. Nonprofit Management & Leadership,2009,19(04):467 - 489.

[21] Croson R, Shang J. Limits of the effect of social information on the voluntary provision of public goods: evidence from field experiments[J]. Economic Inquiry,2013,51(01): 473 - 477.

[22] Drouvelis M, Nosenzo D, Sefton M. Team incentives and leadership[J]. Journal of Economic Psychology,2017(62):173 - 185.

[23] Duffy J, Kornienko T. Does competition affect giving? An experimental study[J]. SSRN Electronic Journal,2005,74(74):82 - 103.

[24] Eckel C C, Grossman P J. Managing diversity by creating team identity[J]. Journal of Economic Behavior & Organization,2005,58(03):0 - 392.

[25] Falkinger J, Fehr E. A simple mechanism for the efficient provision of public goods: Experimental evidence[J]. American Economic Review,2000,90(01):247 - 264.

[26] Falkinger J. Efficient private provision of public goods by rewarding deviations from average[J]. Journal of Public Economics,1996,62(03):413 - 422.

[27] Fehr E, Fischbacher U .Social norms and human cooperation.[J] .Trends in Cognitive Sciences,2004,8(04):185 - 90.

[28] Fehr E, Schmidt K M. A theory of fairness,competition,and cooperation[J]. Quarterly Journal of Economics,1999,114(03):817 - 868.

[29] Feingold,Eugene. The gift relationship: From human blood to social policy[J]. Medical Care,1973,11(03):261 - 263.

[30] Felix O, Bruno S F. Public choice,cost-benefit analysis,and the evaluation of cultural heritage[J]. f1998,46(10):452 - 456.

[31] Fellner G, Luenser G K. Cooperation in local and global groups[J]. Journal of Economic Behavior & Organization,2014,108(dec.):364 - 373.

[32] Ferraro P J, Vossler C. 2004. The dynamics of other-regarding preferences and decision error: What's really going on in Voluntary Contributions Mechanism Experiments? [R]. Working Papers,Southern Economic Association 74th Annual Conference,2004.

[33] Fischbacher U, Gaechter S. Social preferences,beliefs,and the dynamics of free riding in public goods experiments [J]. The American Economic Review, 2010, 100 (01): 541 - 556.

[34] Francisco A, Peter M. Paying the price of sweetening your donation: Evidence from a natural field experiment[J]. Working Papers in Economics,2010,114(02):182 - 185.

［35］Gaechter S，Herrmann B，Thoeni C. Culture and cooperation［J］. Discussion Papers，2010，365(1553):2651 - 61.

［36］Gary B，Eyal W，Harel G. Experimental study of repeated team-games［J］. European Journal of Political Economy，1996，12(04):629 - 639.

［37］Gueth W，Levati M V，Ploner M. Let me see you! A video experiment on the social dimension of risk preferences［J］. Jena Economic Research Papers，2007，5 (02):211 - 225.

［38］Halloran M A，Walker J M，William A W. The voluntary provision of a public good with binding multi-round commitments［J］. Research in Experimental Economics，2006，11(11):225 - 246.

［39］Heijden E，Moxnes E. Leading by example? Investment decisions in a mixed sequential-simultaneous public bad experiment［R］. Working Papers，2003.

［40］Heijden E，Moxnes，E. Information feedback in public-bad games: A cross-country experiment［J］. Discussion Paper，1999(102):1 - 18.

［41］Hermalin B E，Weisbach M S. Endogenously chosen boards of directors and their monitoring of the CEO［J］. American Economic Review，1998，88.

［42］Isaac R M，McCue K F，Plott C R. Public goods provision in an experimental environment［J］. Journal of Public Economics，1985(26):51 - 74.

［43］Isaac R M，Walker J M. Communication and free-riding behavior: The voluntary contributions mechanism［J］. Economic Inquiry，1988(26):585 - 608.

［44］Isaac R M，Walker J M. Costly communication: an experiment in a nested public goods problem［R］. Contemporary Laboratory Research in Political Economy，University of Michigan Press，1991.

［45］Isaac R M，Walker J M. Group size effects in public goods provision: the voluntary contributions mechanism ［J］. Quarterly Journal of Economics，1988(103):179 - 199.

［46］Jack B K，Recalde M P. Leadership and the voluntary provision of public goods: Field evidence from Bolivia［J］. Journal of Public Economics，2015(122):80 - 93.

［47］Kaufman G G，Scott K E. What is systemic risk，and do bank regulators retard or contribute to it? ［J］. Independent Review，2003，7(03):371 - 391.

［48］Kingsley D C，Brown T C. Endogenous and costly institutional deterrence in a public good experiment［J］. Journal of Socio-Economics，2016，62(Jun.):33 - 41.

［49］Kotani K，Managi S，Tanaka K. Further investigations of framing effects on cooperative choices in a provision point mechanism［J］. Economics Bulletin，2008(03).

［50］Kotchen M J. Voluntary provision of public goods for bads: A theory of environmental offsets［J］. The Economic Journal，2009，119(537):883 - 899.

［51］Kumru C S，Vesterlund L. The effect of status on voluntary contribution［J］. Electronic Journal，2008.

［52］Laurent D B，Masclet D，Noussair C. Punishment，counterpunishment and sanction enforcement in a social dilemma experiment［J］. Economic Theory，2007(33)，145 - 167.

［53］Ledyard J O. Public Goods: A survey of experimental research［J］. Handbook of Experimental Economics Results，1994.

［54］Masclet D，Noussair. Monetary and nonmonetary punishment in the voluntary contributions mechanism［J］. American Economic Review，2003.

［55］Marks M，Croson R. Alternative rebate rules in the provision of a threshold public good:

An experimental investigation[J]. Journal of Public Economics, 1998, 67(2):195-220.

[56] Messick D M. Individual adaptations and structural change as solutions to social dilemmas[J]. Journal of Personality and Social Psychology,1983,44(02):294-309.

[57] Morone A, Temerario T. Is dyads' behaviour conditionally cooperative? Evidence from a public goods experiment[J]. Journal of Behavioral Experimental Economics,2018.

[58] Moxnes E, Heijden E. The Effect of Leadership in a Public Bad Experiment[J]. Journal of Conflict Resolution,2003.

[59] Newman G E, Shen Y J. The counterintuitive effects of thank-you gifts on charitable giving[J]. Journal of Economic Psychology,2012,33(05).

[60] Nikiforakis N. Punishment and counter-punishment in public good games:Can we really govern ourselves? [J]. Journal of Public Economics,2008,92(1-2):91-112.

[61] Palfrey T R, Prisbrey J E. Altuism, reputation and noise in linear public goods experiments[J]. Working Papers,1996,61(03):409-427.

[62] Potters H, Sefton M, Vesterlund L. Why announce leadership contributions?: An experimental study of the signaling and reciprocity hypotheses [R]. Working Papers,2001.

[63] Potters J, Sefton M, Vesterlund L. After you endogenous sequencing in voluntary contribution games[J]. Ssrn Electronic Journal,2005,89(08):1399-1419.

[64] Potters J, Sefton M, Vesterlund L. Leading-by-example and signaling in voluntary contribution games: an experimental study [J]. Economic Theory, 2007, 33 (01): 169-182.

[65] Rivas M F, Sutter M. The benefits of voluntary leadership in experimental public goods games[J]. Economics Letters,2011,112(02):0-178.

[66] Roberto B, John D H. Do Anglo-Saxons free-ride more? [J]. Journal of Public Economics,1997(64):37-95.

[67] Sally D. Conversation and cooperation in social dilemmas[J]. Rationality and Society, 1995,7(01):58-92.

[68] Samuelson P A. The pure theory of public expenditure[J]. Review of Economics and Statistics,1954,36 (04):387-389.

[69] Schwarcz S L, Anabtawi I. Regulating systemic risk:Towards an analytical framework [J]. Electronic Journal,2011,86(04):1349-1412.

[70] Sonnemans J, Schram A, Offerman T. Public good provision and public bad prevention:The effect of framing[J]. Journal of Economic Behavior & Organization,1998,34(01):143-161.

[71] Thaler R H. Misbehaving:The making of behavioral economics[J]. Journal of Real Estate Literature,2015,25(06):570-587.

[72] Vesterlund L. The informational value of sequential fundraising[J]. Journal of Public Economics,2003,87.

[73] Wachsman Y. Social sentiments and their effects on communities[R]. University of Hawaii at Manoa,Department of Economics,Working Papers,2002.

[74] 常玲.新农村背景下城乡公共产品供给差异研究[J].安徽农业科学,2011,39(23):14477-14478.

[75] 陈翔云,连洪泉.公共品供给的实验研究及其未来可能的进展[J].经济理论与经济管理,2012(12):52-60.

[76] 陈欣,赵国祥,叶浩生.公共物品困境中惩罚的形式与作用[J].心理科学进展,2014,

22(01):160 - 170.

[77] 陈信翰.不同博弈类型对门槛公共品供给结果的影响[J].系统工程理论与实践,2017, 37(02):322 - 338.

[78] 陈叶烽,何浩然.是什么影响了人们的自愿合作水平——基于公共品博弈实验数据的 分析[J].经济学家,2012(05):18 - 26.

[79] 陈叶烽,叶航,汪丁丁.超越经济人的社会偏好理论:一个基于实验经济学的综述[J].南 开经济研究,2012(01):63 - 100.

[80] 陈叶烽,叶航,汪丁丁.信任水平的测度及其对合作的影响——来自一组实验微观数据 的证据[J].管理世界,2010(04):54 - 64.

[81] 丹尼斯·C.缪勒.公共选择理论[M].韩旭,译.北京:中国社会科学出版社,2010.

[82] 道格拉斯·D.戴维斯,查理斯·A.霍尔特.实验经济学[M].连洪泉,左聪颖,译.北京: 中国人民大学出版社,2013.

[83] 丁建峰.社会选择的实证之维——当代西方实证社会选择理论评述[J].经济评论, 2010(01):148 - 154.

[84] 樊丽明.中国公共品市场与自愿供给分析[M].上海:上海人民出版社,2005.

[85] 方钦,苏映雪,李钧.公共品的起源、论题与逻辑[J].南方经济,2017(12):1 - 26.

[86] 付伟铮,李铁林,周建华,方健,任爱胜.基于随机动态合作博弈的农村公共品供给机制 研究[C].农业经济问题(2010 年增刊).中国农业技术经济研究会,2010:139 - 144.

[87] 龚欣,刘文忻,张元鹏.公共品私人自愿提供决策的实验研究[J].中南财经政法大学学 报,2010(04):26 - 32,143.

[88] 郭珍.回报性互利、惩罚性互利与小型农田水利设施自愿合作供给——基于 Z 村的个 案研究[J].南京农业大学学报(社会科学版),2017,17(06):92 - 100,164 - 165.

[89] 海晶晶.领导——追随机制下公共品博弈实验中合作行为的研究[D].山东大学,2018.

[90] 韩杰.收益存在差异的区域间合作公共品实验研究[D].陕西师范大学,2016.

[91] 韩舒波,李斌.农村基础教育信息化与地方政府责任探讨[J].中国教育信息化,2010(22): 16 - 18.

[92] 黄国宾,周业安.领导者博弈的实验经济学研究述评[J].经济理论与经济管理,2014, 000(010):48 - 59.

[93] 黄国宾. Can Information Disclosure Really Improve The Cooperation of Public Good Provision[J].南方经济,2014,000(008):105 - 112.

[94] 贾一鸣.基于实验经济学的疫苗接种搭便车困境研究[D].哈尔滨工业大学,2019.

[95] 李丽婷.基于实验经济学的不同惩罚制度对合作的影响研究[D].哈尔滨工业大 学,2018.

[96] 李增刚.全球公共产品:定义、分类及其供给[J].经济评论,2006(01):131 - 140,147.

[97] 连洪泉,周业安,左聪颖,陈叶烽,宋紫峰.惩罚机制真能解决搭便车难题吗?——基于 动态公共品实验的证据[J].管理世界,2013(04):69 - 81.

[98] 连洪泉.惩罚与社会合作——基于实验经济学的讨论[J].南方经济,2014,00(09): 128 - 134.

[99] 连洪泉.行为和实验经济学研究在传统经济学考试中的应用[J].考试周刊,2015(30):2.

[100] 刘建华.禀赋异质性、信息不对称与捐赠行为——基于公共品博弈实验的研究[J].漳州 师范学院学报(哲学社会科学版),2012,26(03):90 - 95,101.

[101] 刘茜.公共物品供给机制与政府定位研究[D].南开大学,2010.

[102] 刘蓉,黄洪.公害品问题研究述评[J].经济学动态,2011(09):132 - 138.

[103] 刘蓉,王雯.经济社会发展中的公害品:理论、形式及其治理[J].经济理论与经济管理,

2013(06):69-76.

[104] 芦卫侠.基于复杂网络的社会谣言传播治理问题研究[D].云南大学,2013.

[105] 罗俊,叶航,汪丁丁.捐赠动机、影响因素和激励机制:理论、实验与脑科学综述[J].世界经济,2015,38(07):165-192.

[106] 罗俊.田野实验——现实世界中的经济学实验[J].南方经济,2014(06):87-92.

[107] 马博.公共品博弈实验中的合作行为研究进展[J].经济论坛,2013(11):163-169.

[108] 马万里,李齐云.公共品多元供给视角下的财政分权:一个新的分析框架[J].当代财经,2012(06):42-51.

[109] 马晓.促进区域间合作的外在互惠路径的实验研究[D].陕西师范大学,2017.

[110] 曼瑟尔·奥尔森.集体行动的逻辑[M].陈郁,译.上海:上海人民出版社,1995.

[111] 毛云芳.城市公共产品的歧视性分配[J].重庆科技学院学报(社会科学版),2008(01):76-77.

[112] 聂左玲,汪崇金.公共品实验中策略性方法的有效性检验——来自中国的经济学实验证据[J].财经研究,2013,39(12):17-29.

[113] 宋紫峰,周业安,何其新.不平等厌恶和公共品自愿供给——基于实验经济学的初步研究[J].管理世界,2011(12):32-39,54,187.

[114] 汪崇金,聂左玲,岳军.个体异质性、预期与公共品自愿供给——来自中国的经济学实验证据[J].财贸经济,2012,00(08):36-45.

[115] 汪敏达,李建标,殷西乐.偏好结构、策略远见和集体行动[J].南开经济研究,2019(02):122-146,167.

[116] 汪毅霖,王国成.交流一定能够促进合作吗?——来自双重公共品自愿捐献实验的证据[J].财经研究,2016,42(09):16-29.

[117] 王春雷,罗宏清.心理学实验法在金融学专业课程教学中的应用[J].市场论坛,2016(07):92-95.

[118] 王国成.人类为什么合作——基于行为实验的机理研究[M].北京:商务印书馆,2015.

[119] 温冬梅.农村公共产品供给的利益均衡机制研究[D].电子科技大学,2008.

[120] 武志伟,陈莹.中国公共品私人捐助意愿影响因素的实验研究[J].南大商学评论,2012,9(01):138-152.

[121] 吴选辉.公共财政支出公众满意度调查报告——以北京崔各庄地区为例[J].国家治理,2016,82(10):22-33.

[122] 夏纪军.公平与集体行动的逻辑[M].上海:格致出版社,2013.

[123] 肖建.中国农村公共品供给自愿缴费机制研究——兼评《自为与共享:连片特困地区农村公共品供给的社会基础》[J].农业技术经济,2017(01):124-125.

[124] 徐玉兰."利己和利他经济人"假说下的社会主义市场经济合作研究[D].华中农业大学,2019.

[125] 闫佳,章平.集中式惩罚与公共品自愿供给:一项实验研究[J].经济学动态,2016,00(06):85-99.

[126] 杨志勇.实验经济学的兴起与公共产品理论的发展[J].财经问题研究,2003(04):58-61.

[127] 殷豪.各级政府事权划分问题研究及对策建议[D].吉林财经大学,2010.

[128] 张明明.基于多脑交互影像技术的社会决策行为神经机制研究[D].东南大学,2018.

[129] 张硕.北京市朝阳区卫生监督执法问题及对策研究[D].吉林大学,2019.

[130] 张晏,夏纪军.公共品自愿供给机制研究进展[J].经济学动态,2009(01):90-95.

[131] 张元鹏,张皓辰.群体活动中"榜样的力量"是无穷的吗——来自一项动态公共品博弈实验的证据[J].财贸经济,2017,38(12):80-94.

[132] 赵宝廷.公共品双层供给理论与实证研究[D].山东大学,2007.

[133] 赵建英.耕地生态保护激励政策对农户行为的影响研究[D].中国地质大学(北京),2019.

[134] 周业安,黄国宾,何浩然,刘曼微.集体领导者与个人领导者——一项公共品博弈实验研究[J].财贸经济,2015(05):20-34.

[135] 周业安,连洪泉,陈叶烽,左聪颖,叶航.社会角色、个体异质性和公共品自愿供给[J].经济研究,2013,48(01):123-136.

[136] 周业安,宋紫峰.公共品的自愿供给机制:一项实验研究[J].经济研究,2008(07):90-104.

[137] 周业安,宋紫峰.收入不平等、外部奖惩机制和公共品自愿供给[J].社会科学辑刊,2012(05):134-143.

[138] 周晔馨,涂勤,胡必亮.惩罚、社会资本与条件合作——基于传统实验和人为田野实验的对比研究[J].经济研究,2014,49(10):125-138.

附录　带有惩罚机制的公共品自愿捐赠课堂实验设计

一、实验目的

1. 探究公共品自愿捐赠实验中自愿捐赠意愿和水平的特点。

2. 探究惩罚机制对于公共品自愿捐赠意愿和水平的影响。

3. 探究公共品自愿捐赠实验中惩罚行为和惩罚力度的特点。

二、实验设计

本实验共进行 12 轮。为了检验惩罚机制对于公共品自愿捐赠实验中被试自愿捐赠水平的影响,将实验划分为前后两部分:前 6 轮为标准的公共品自愿捐赠实验(NP),如本章第二节所述;后 6 轮在标准的公共品自愿捐赠实验中引入一个内生的惩罚机制(P),被试可以在 VCM 的基础上选择惩罚组内其他成员,以此来探究惩罚机制的设置对于合作的影响,具体实验机制如下。

前 6 轮的无惩罚实验是标准的公共品自愿捐赠实验。每组 5 个被试,每个被试拥有 20 代币的初始禀赋。被试被告知参与一个简单的重复博弈,分别对私人物品和公共物品进行投资,其中投资私人物品的代币收益比率为 1,投资公共物品的代币收益率低于私人物品。对该公共品的总投资额会作为公共品的运行资金,并会对所有组内被试形成数值相等的公共物品投资收益,无论投资数额多少。被试收益公式为:

$$\pi_i = Y - g_i + m \sum g_i$$

其中,π_i 为第 i 名被试的收益;Y 为被试的初始禀赋代币额,即 20 代币;g_i 为第 i 名被试投资公共物品的代币额;m 为边际资本报酬率,即公共物品的投资收益率,$0 < m < 1$。本实验

中 m 定为 0.4。

后 6 轮的有惩罚实验是在前 6 轮实验的基础上增加惩罚机制,在每轮结束后匿名公布各被试投资额,被试可以选择惩罚组内其他成员,惩罚方式是对其施加惩罚点数减少其最终收益。被惩罚者每被惩罚一个惩罚点,就意味着其收益减少 10%(不会减少为负值,最低为 0),同时考虑到现实生活中施加惩罚也需要付出一定的成本,比如时间、精力或者金钱,因此我们的实验设计选取有代价惩罚。对他人施加某个惩罚点数 P_j,施加惩罚者也要付出相应的惩罚的成本 $c(P_j)$,对应关系见下表。为了避免声誉、社会关系等因素的影响,严格保证实验流程中的匿名性。有惩罚环节的被试初步收益与最终收益公式为:

$$\pi_{i1} = Y - g_i + m \sum g_i$$

$$\pi_{i2} = \pi_{i1} - P \times 10\% \times \pi_{i1} - \sum c(P_j)$$

其中,P 为第 i 名被试收到的总惩罚点数;$\sum c(Pj)$ 为第 i 名被试对其他被试施加惩罚所花费的总成本。

表 5-6 施加惩罚点数与惩罚成本对应关系

施加惩罚点数 P_j	1	2	3	4	5	6	7	8	9	10
惩罚成本 $c(P_j)$	1	2	4	6	9	12	6	20	25	30

三、实验步骤

1. 准备实验。将全体被试按照每组 5 人划分小组,被试按照分组与座位就座,实验人员发放基准局实验说明与基准局实验表格,被试填写基本信息。

2. 实验讲解。实验人员讲解实验规则,并回答被试问题,指导被试阅读实验说明并完成控制题,确保被试完全理解实验规则。

3. 开始第一轮实验。被试填写公共品投资额,实验人员记录并公布总投资额,被试计算本轮收益。本轮结束。

4. 继续实验,进入下一轮,基准局无惩罚实验共进行 6 轮。

5. 发放有惩罚实验的实验说明,再次进行实验讲解,并回答被试问题,指导被试阅读实验说明并完成控制题,确保被试完全理解实验规则。

6. 开始第七轮的实验。被试填写公共品投资额,实验人员记录并公布总投资额,被试计算本轮初步收益。匿名公布总投资额与各被试投资额,被试选择施加惩罚的对象与惩罚点数,计算最终收益。本轮结束。

7. 继续实验,进入下一轮,有惩罚实验共进行 6 轮。

8. 实验人员收集表格,实验结束。

四、实验说明

实验说明一(基准实验)

您将要参加一个有关决策的实验,如果您遵照以下指示认真思考并做出决策,您可以获得相应的报酬,在实验结束时我们将以现金支付。在整个实验过程中,参与者之间任何形式的沟通都是严格禁止的。参与者之间的交流将使得参与者退出实验并没收其所有报酬。如果您有任何问题,请举手示意,我们研究小组的成员会私下回答您的问题。

实验分为两个部分,这两个部分是完全独立的,这就是说您和其他成员第一部分所做的决策对于第二部分没有任何影响。完成第一部分之后,我们将发放第二部分的说明。在本实验中获得的收入将以"代币"的形式记录。在实验结束后,代币将被按比例转换为课堂成绩。

1. 基本决策过程

现在,您将学习实验是如何进行的。首先,我们将介绍基本的决策情况。此后我们请您回答一些控制问题,这些问题讲帮助您了解决策的制定。

您是一个 5 人小组的成员,除了实验者之外没有人会知道谁在哪个组。每个组的成员有 20 代币作为初始基金,并决定如何分配这个基金。您可以把全部基金存入您的私人账户,也可以将任意数量的代币存入公共账户。每个没有投入公共账户的代币将自动转入您的私人账户。

2. 来自私人账户的收入

对应于您私人账户的每一个代币而言,您可以另外得到一个代币。例如,如果您把您所有的 20 个代币的基金全部存入私人账户,那么您将另外获得 20 代币。相反,如果您只留下 6 个代币在自己的私人账户,那您只有 6 个代币的收入。

3. 来自公共账户的收入

组内的成员将平均分享公共账户里的收入,也就是说您将会得到其他组内成员放入公共账户的基金的收入。公共账户的分配规则如下:

个人从公共账户得到的收入=公共账户总额×0.4

举一个例子,如果公共账户的总额是 50 个代币,那么您和组内其他四名成员每人将会从公共账户中得到 50×0.4=20 个代币的收入。如果公共账户里只有 30 个代币,那么您和组内其他四名成员各自获得 30×0.4=12 个代币的收入。

4. 您的总收入

您的总收入将是私人账户和公共账户收入的总和。总收入的算法如下:

个人总收入=私人账户收入(=20-您投入公共账户的代币)+从公共账户中分配来的代币(=公共账户总额×0.4)

5. 控制题

请回答下列问题,我们设置的这些问题只是想让您熟悉一下不同金额数额分配条件下个人收入的计算方法,请回答下列问题并写下计算结果。

(1) 每个组里的成员都有 20 个代币,假定组内成员(包括您自己)都没有往公共账户里投入,您的总收入是_____,其他四人的收入是_____、_____和_____。

（2）每个组里的成员都有 20 个代币,假定组内成员（包括您自己）将所有初始基金投入公共账户,您的总收入是_____,其他四人的收入是_____、_____和_____。

（3）每个组里的成员都有 20 个代币,假定其他组内成员总共往公共账户中投入 30 个代币,

① 如果您并没有往公共账户内投钱,那么您的总收入是_____。

② 如果您在公共账户中投入 8 个代币,那么您的总收入是_____。

③ 如果您在公共账户中投入 15 个代币,那么您的总收入是_____。

（4）每个组里的成员都有 20 个代币,假定你往公共账户中投入 9 个代币,

① 如果其他人总共又往公共账户内投入 14 个代币,那么您的总收入是_____。

② 如果其他人总共又往公共账户内投入 18 个代币,那么您的总收入是_____。

③ 如果其他人总共又往公共账户内投入 22 个代币,那么您的总收入是_____。

如果您先于其他人完成了这些问题,我们建议您思考更多的例子以熟悉这个过程,这会有助于您的决策。

6. 实验过程

在该实验中您和另外四个同学被随机地分在一组,一开始你们将分别获得 20 个代币的初始基金作为初始禀赋,你们共同同时对某个公共项目进行投资。所有人对公共项目进行投资后,无论是否有投资,无论投资多少,均会获得相同的投资回报,回报率为 0.4。

您将决定把多少数量的基金捐入公共账户中。将数值填入表中。注意:您捐献的数额的最小值是 0 个代币,您必须写下您禀赋范围内的整数值。

该实验总共重复 6 轮,最后根据 6 轮的总收益支付报酬。

实验说明二（有惩罚机制的实验）

您将要参加一个有关决策的实验,如果您遵照以下指示认真思考并做出决策,您可以获得相应的报酬,在实验结束时我们将以现金支付。在整个实验过程中,参与者之间任何形式的沟通都是严格禁止的。参与者之间的交流将使得参与者退出实验并没收其所有报酬。如果您有任何问题,请举手示意,我们研究小组的成员会私下回答您的问题。

在本实验中获得的收入将以"代币"的形式记录。在实验结束后,代币将被按比例转换为课堂成绩。

1. 基本决策过程

现在,您将学习实验是如何进行的。首先,我们将介绍基本的决策情况。此后我们请您回答一些控制问题,这些问题将会帮助您了解决策的制定。

您是一个 5 人小组的成员,除了实验者之外没有人会知道谁在哪个组。每个组的成员有 20 代币作为初始基金,并决定如何分配这个基金。您可以把全部基金存入您的私人账户,也可以将任意数量的代币存入公共账户。每个没有投入公共账户的代币将自动转入您的私人账户。

2. 来自私人账户的收入

对应于您私人账户的每一个代币而言,您可以另外得到一个代币。例如,如果您把您所

有的 20 个代币的基金全部存入私人账户,那么您将另外获得 20 代币。相反,如果您只留下 6 个代币在自己的私人账户,那您只有 6 个代币的收入。

3. 来自公共账户的收入

组内的成员将平均分享公共账户里的收入,也就是说您将会得到其他组内成员放入公共账户的基金的收入。公共账户的分配规则如下:

个人从公共账户得到的收入＝公共账户总额×0.4

举一个例子,如果公共账户的总额是 50 个代币,那么您和组内其他四名成员每人将会从公共账户中得到 50×0.4＝20 个代币的收入。如果公共账户里只有 30 个代币,那么您和组内其他四名成员各自获得 30×0.4＝12 个代币的收入。

4. 您的总收入

您的总收入将是私人账户和公共账户收入的总和。总收入的算法如下:

个人总收入＝私人账户收入(＝20－您投入公共账户的代币)＋从公共账户中分配来的代币(＝公共账户总额×0.4)

5. 控制题

请回答下列问题,我们设置的这些问题只是想让您熟悉一下不同金额数额分配条件下个人收入的计算方法,请回答下列问题并写下计算结果。

(1) 每个组里的成员都有 20 个代币,假定组内成员(包括您自己)都没有往公共账户里投入,您的总收入是_____,其他四人的收入是_____、_____和_____。

(2) 每个组里的成员都有 20 个代币,假定组内成员(包括您自己)将所有初始基金投入公共账户,您的总收入是_____,其他四人的收入是_____、_____和_____。

(3) 每个组里的成员都有 20 个代币,假定其他组内成员总共往公共账户中投入 30 个代币,

① 如果您并没有往公共账户内投钱,那么您的总收入是_____。

② 如果您在公共账户中投入 8 个代币,那么您的总收入是_____。

③ 如果您在公共账户中投入 15 个代币,那么您的总收入是_____。

(4) 每个组里的成员都有 20 个代币,假定你往公共账户中投入 9 个代币,

① 如果其他人总共又往公共账户内投入 14 个代币,那么您的总收入是_____。

② 如果其他人总共又往公共账户内投入 18 个代币,那么您的总收入是_____。

③ 如果其他人总共又往公共账户内投入 22 个代币,那么您的总收入是_____。

如果您先于其他人完成了这些问题,我们建议您思考更多的例子以熟悉这个过程,这会有助于您的决策。

6. 实验过程

如您所知,在该实验中您和另外四个同学被随机地分在一组,一开始你们将分别获得 20 个代币的初始基金作为初始禀赋,你们共同同时对某个公共项目进行投资。所有人对公共项目进行投资后,无论是否有投资,无论投资多少,均会获得相同的投资回报,回报率为 0.4。

第一阶段您将决定把多少数量的基金捐入公共账户中。将数值填入表中。注意:您捐献的数额的最小值是 0 个代币,您必须写下您禀赋范围内的整数值。

在第二阶段中,您与其他组员将会得知组内各成员投入公共账户的数额,您可以选择

是否对您的某个组员施加惩罚,如果选择惩罚则相应的计算机界面会显示需要您输入一个惩罚的代币。比如您给对方惩罚一个单位的代币,您相应输入 1 之后,那么对方的收益将相应减少 10% 的代币,不会减少为负值,最低为 0。同时您的惩罚是需要付出成本的,如下表所示。

施加惩罚点数 P_j	0	1	2	3	4	5	6	7	8	9	10
惩罚成本 $c(P_j)$	0	1	2	4	6	9	12	16	20	25	30

该实验总共重复 6 轮,最后根据 6 轮的总收益支付报酬。

【实验表格】

基准局实验被试表格

被试编号_____

收益计算公式:

$$\pi_i = Y - g_i + m \sum g_i$$

	投资额 g_i	总投资额 G_i	本轮收益 π_i
1			
2			
3			
4			
5			
6			

有惩罚实验被试表格

被试编号_____

收益计算公式:

$$\pi_{i1} = Y - g_i + m \sum g_i$$

$$\pi_{i2} = \pi_{i1} - P \times 10\% \times \pi_{i1} - \sum c(P_j)$$

	投资额 g_i	总投资额	惩罚对象	惩罚点数 P_j	惩罚总成本 $\sum c(P_i)$	受惩罚总点数 P	最终收益 π
1							

（续　表）

	投资额 g_i	总投资额	惩罚对象	惩罚点数 P_j	惩罚总成本 $\sum c(P_i)$	受惩罚总点数 P	最终收益 π
2							
3							
4							
5							
6							

第六章 产业组织实验

第一节 引言

一、产业组织实验的开端

产业组织理论的第一个市场实验可以追溯到张伯伦，其后史密斯发现张伯伦实验中所运用的非中心化的交易制度不可能创造出与完全竞争理论相一致的市场环境，并自己构建了一个被称为口头双向拍卖制度的全新市场制度。在这一制度下，市场中所有出价、要价和成交价格都是公开和可观察的。买方可能从较低的价格开始出价，再逐步提高出价。同时，卖方则从一个较高的价格开始要价，然后逐步降价。买卖价差不断缩小，直到交易达成。史密斯通过大量的实验证明，即使少数交易者一开始对市场条件一无所知，双向拍卖市场仍然能够收敛到有效的竞争结果。

20 世纪 50 年代和 60 年代，还有很多研究团队在独立地进行着实验研究。最早公开报告的垄断市场实验是霍盖特（Hoggatt，1959）在加州大学伯克利分校完成的，不过与后来的实验相比，该实验相对缺乏控制，也没有金钱上的激励。在同一个时期，围绕着垄断环境下的合作问题与竞争问题，也出现了一系列经典的实验研究。包括索尔曼和泽尔腾（Sauermann and Selten，1959）、福莱克和西格尔（Fouraker and Siegel，1960）、西格尔和福莱克（Siegel and Fouraker，1963）。

到了 20 世纪 70 年代，绝大多数与产业组织理论有关的计量经济学研究都只与经济模型有松散的联系，这反过来又进一步刺激了对基础理论问题的研究兴趣。许多新提出的理论模型都很精巧，其政策含义也很重要，而且非常适合用实验来检验。在实验经济学领域，大多数早期研究都是由产业组织理论中的某个核心课题促发的，比如说竞争、合谋、市场有效性。近来,博弈论在产业组织理论中的广泛应用,也为实验研究提供了丰富的素材。

二、实验方法在产业组织研究的作用

现实社会中自然产生的市场(即自发市场)与实验室市场之间存在重要区别。自发市场极其复杂,因此许多关于产业组织的经验研究都不得不进行某种有"研究方法上的便利性"的简化,而且往往无法很好地把握简化的程度。而实验室市场通常要简单得多,实验市场的结构取决于由实验组织者确定的实验说明和支付过程。与自发市场相比,实验过程必须足够简单,不然参加实验的被试就无法理解,更加无法在两三个小时的时间内积累经验(绝大多数场次的实验都只延续 2 小时到 3 小时)。产业组织实验的基本作用有三个。

1. 评价行为假设

产业组织中的很多理论如寡头理论,其均衡都有很多前提假设。这些假设在现实世界中一般很难成立,也很难用现实数据来进行验证,而在实验室中构造的实验环境可以最大限度地接近这些理论假设,提供了验证理论的可能性。

被检验理论的假设可以分为结构假设(structural-assumptions)和行为假设(behavioral-assumptions)。实验方法通常是对实验环境进行控制,通过控制交易者的激励机制和市场信息,实验环境可以很好地符合某一特定理论中的结构假设。同时,研究者一般不会对实验被试的行为进行控制,目的是检验在与理论相同的结构条件下,行为假设是否成立。由此,我们就能够评价这个理论的内部运行机制,如非合作行为、理性预期等行为假设。在寡头理论中,其均衡结构常常附有一个或多个前提条件,那么这种理论如果不用实验方法就很难加以检验。

2. 检验产业组织实验对结构的敏感性

实验方法还可以在检验产业组织理论对结构性假设的敏感性方面发挥作用。例如,如果市场没有满足自由进出(进入成本足够小)等条件,完全竞争(perfect competition)和完全可竞争性(perfect contestability)理论的适用性就会降低。通过改变实验条件,理论的简化假设就可以一次次地得到检验评价。

很多博弈论模型中都把不完全信息或完全信息作为一项严格的条件,但是如果模型结构参数或参数分布稍微的不确定性都会影响其预测的精确度,那么博弈论作为产业组织理论建模的主要方法,其应用将会有很大局限。实验证据表明,无论在不完全信息下还是在完全信息背景下,非合作均衡的预测精确度都相差无几。这或许是因为人们不会像理论家一样去计算非合作均衡策略,他们只需要在得知其他人决策的时候制定出最好的对策就可以了。在完全信息的情况下,人们会更慎重地对待别人的收入,这种态度的确能导致自利和利他主义这对令人困惑的矛盾结果。因此,通过实验方法检验理论解释预测力和政策的有效性对简化不符合实际的假设敏感性是非常重要的。

3. 探寻经验规律

除了检验理论之外,实验方法能够用于探索新理论、寻找经验性规则。例如,用公司层面或行业层面的数据来评价理论非常困难,因为其中像边际成本等关键成本和收益参数无法靠观测得到而只能进行估计,所以对理论的非实验检验都是本身包含着多种辅助假设的综合性检验。探索可观察变量之间关系的规律性是一种对产业组织很有价值的实证研究,实验也可以用来发现和证明这些经验性规则。在实验市场中,其供给、需求和信息条件都是可以靠诱导得到的,也就是说是已知的,而且很少存在测量错误,这类研究在方法上的优势是非常明显的。

三、产业组织实验的基本框架

实验研究的科学性在于实验结果的可复制性,产业组织实验同样如此。当实验由不同的被试参加、由不同的实验者操作时,这个市场仍必须能够保持其有效性,也就是说,该市场的交易结果能够被复制。而且市场行为对实验被试的个人偏好、市场机制安排的细节等都很敏感,实验者必须设法把这些因素排除在实验过程之外,否则这个实验在被复制时,就有可能因为另外一个实验者没有能和原来一样操作这些实验细节而无法得出同样的实验结果。产业组织实验的基本框架包括以下几个方面。

(一) 构建实验市场

在产业组织实验中,实验市场的关键变量有两个:一是商品价值;二是市场制度。在实验中被试所交易的商品可以是一些没有真正内在价值的东西,然后根据一定的实验规则由卖者给定它的价值,由买者给定其赎回价值。买者从卖者那里买进商品,然后按照事先规定的赎回价值再将商品转卖给实验者,从而赚取收益。卖者根据规定的成本从实验者处买进商品,然后将商品卖给买者从而赚取利润。

表 6-1A 就是买者所看到的表格。以第一行数据为例,买者买进的第一个单位商品所面临的保留价格是 18 元,他把交易价格填入第四列,第一行的保留价格减去第四列的实际交易价格就是他的利润,填入最后一列。所以只有在购买价格低于 18 元的情况下,他才能从中赚取利润。表 6-1B 是卖者所看到的表格。仍以第一行为例,卖者卖出的第一个单位商品的成本是 6 元,第四列的交易价格减去第三列的成本,即得到买者交易所得的利润,填入最后一列。所以这个商品的卖家只有高于 6 元,卖者才有利可图。

表 6-1 购买者和销售者的交易记录表

表 6-1A 购买者 B1 的交易登记表

交易阶段	第_____阶段			
购买者	单位数	愿意支付的价格 (保留价格)	实际成交价格	实现剩余
B1	第一个单位	18		
	第二个单位	16		
	第三个单位	14		

表 6 - 1B 销售者 S1 的交易登记表

交易阶段	第_____阶段			
销售者	单位数	愿意销售的价格 （边际成本）	实际成交价格	实现剩余
S1	第一个单位	6		
	第二个单位	9		
	第三个单位	12		

在产业组织实验中,市场交易制度是一个十分重要的变量。买卖双方在市场上如何交易可以从根本上改变市场行为,也就是说,即使有着同样的激励,市场制度的改变也会促使市场行为改变。大部分传统的产业组织理论中的市场机制都是内生的。有关市场行为、卡特尔的发展演变等问题都是非常重要的问题,但在市场制度作为外生变量的前提下对这些问题进行研究的还不多。实验者把市场机制作为内生变量处理反映了我们还需要在市场制度的创造和演化方面做更多的研究。市场制度主要有拍卖市场、明码标价市场等。

(二) 实验步骤

1. 实验说明

全面而清晰的实验说明利于解释实验数据,并为重做该实验提供了便利条件。如果作者本人不能接受第三者利用其实验说明重做实验得到的结果,那么他(或她)本人提供的实验说明和对实验程序的解释就肯定是不充分的。一般以标准的、普遍使用的实验说明为基础进行一些修改。例如,考虑下面这个实验说明,它改编自普洛特和史密斯(Plott and Smith,1978)的论文。

实验说明(一般说明)

这是一个与市场决策理论有关的实验。本实验得到了好几个基金的资助。实验说明很简单,如果你遵从实验说明的指引,审慎决策,那么就有可能赚到一些钱。在今天本局实验结束之后,这些钱就会立即以现金形式秘密地支付给你。

在这个实验中,我们将会构建出一个市场,在参与实验的人当中,一些人将成为卖者,另一些人则成为买者,参加一系列"交易"。在本实验说明的后面,我们附上了一张表,它上面或者标着"卖者"字样,或者标着"买者"字样,同时列出了你可能做出的每一个决策将为你带来的价值。你不能把这个信息透露给任何其他参与者,它是你的私人信息。

在上面这段话中没有任何一句暗示了实验组织者所希望的行为类型。与之形成鲜明对照的是,例如,有一篇实验研究报告是这样开头的:"本研究部分受政府的资助,目的是研究竞争市场的运行……本实验的目标是让卖方与买方达成协调。"这种清晰地表明实验目标的做法会给激励结构带来干扰因素。在正式开始实验前进行预实验和让参与实验被试去解说实验说明,对于发现并纠正实验说明中的错误可以起到非常关键的作用。

实验说明中的数值例子在较简单的实验中比较容易避免,但是在复杂的环境中,它们就变得很重要。一种方法是用符号(比如说"P")代表实际的价格数值。道舒·戴维斯开发了一个发布价格信息的计算机程序,较好地解决了这个问题。他的做法是让计算机程序生成随机数字,用这些数字来表示实验说明中出现的价值、成本和价格;同时告诉被试这些数字都是随机产生的,每个人看到的数字都不一样。不过,最一般的做法是使用明显不可能在现实中发生的超大额美元数值,普洛特和史密斯在为身为买家的被试撰写实验说明时就是这样做的。以下这段实验说明基本上就是从普洛特和史密斯的前述论文中复制过来的。

对买家的特别提示

在每一个市场交易周期内,你都可以随心所欲地从任何卖家那购买任意单位的"商品"。请注意你的决策表。对于你买入的第 1 单位商品,其价值如决策表第 1 行所示("第 1 单位商品的价值"为"200"),这就是你将得到的数额。而对于你买入的第 2 单位商品,其价值则显示在决策表的第 4 行,其余依此类推。(在说明的时候,我们将只考虑两单位商品的情形。)每次购买行为产生的收益都将归你所有,计算方法是单位商品的价值减去买入价格。

比如说,如表 6-2 第 1 行所示,假设你买入的第 1 单位商品的价值为 200 美元;如第 4 行所示,你买入的第 2 单位商品的价值为 180 美元。如果你在购买第 1 单位商品时支付的价格为 150 美元(这一数值显示在第 2 行),那么你从第 1 单位商品中获取的收益为 200-150=50 美元,如第 3 行所示。类似地,如第 5 行所示,如果你在购买第 2 单位商品时支付的价格为 160 美元,那么你从第 2 单位商品中获取的收益为 180-160=20 美元,如第 6 行所示。这样一来,你在这一交易周期的总收益将为 50(第 1 单位商品的收益)+20(第 2 单位商品的收益),即 70 美元,如第 7 行所示。

表 6-2 买者的决策表

行		第 0 交易周期
1	第 1 单位商品的价值	200.00 美元
2	一购买价格	-150.00 美元
3	=第 1 单位商品的收益	=50.00 美元
4	第 2 单位商品的价值	180.00 美元
5	一购买价格	-100.00 美元
6	=第 2 单位商品的收益	=20.00 美元
7	本交易周期的总收益	70.00 美元
8	累积收益	0(实际)

决策表中的空格是供你记录你的收益用的。请把你在一个交易周期内买进第 1 单位商品时所支付的购买价格即时填入表中的第 2 行,而不要去理会其他人在本交易周期内是不是已经购买了什么。然后再把这次购买行为的收益记录下来(填入表中的第 3 行)。类似地,你在该交易周期内购买第 2 单位商品时,也要在表格的第 4 行到第 6 行做相应记录。当本交易周期结束时,请在表中的第 7 行记录本期的总收益。接下来的各个交易周期也都进行同样的处理。不过请注意,在每个新交易周期开始时,你都应该从表格的最上端开始往下执行。请不要在下个交易周期开始前就在下一行进行购买。你可以将累积收益记录在表格底端那一行。

上面这个实验说明与普洛特和史密斯(Plott and Smith，1978)原来的实验说明相比，只做了很少的改动：① 原来的实验说明禁止会带来损失的交易，在这里这个规定被取消了。② 原来规定每交易一单位商品，可以获得佣金 0.05 美元，在这也被取消了。除了卖家的成本是销售价格这一点之外，对卖家的特别提示与对买家的特别提示是类似的。

2. 实验步骤

实验步骤是实验最重要的方面之一。首先，实验方法的核心在于复制，而实验步骤包含了许多参数和实验条件，如果这些参数和实验条件改变了，那么实验就会产生不同的结果。所以实验步骤必须程式化以便其他研究者复制实验结果。其次，研究结果普遍认为，实验被试哪怕得到实验者关于实验目的的细微暗示，他们的行为也会受到影响。不管这样的观点是否客观，实验步骤的设计必须使得这种可能性最小化。被试者招募集中后，需要向他们宣读实验说明(instruction)，然后解答他们的疑问。说明中要竭力避免出现"竞争""串谋"等字眼，或者其他能够暗示实验者有关理论和实验目的的措辞。

实验步骤根据实验目的的不同而变化，如表 6-2 中直接给出了商品的价值而不需要再计算。在实验说明宣读完毕后，可以检测一下实验被试是否理解表 6-2 给出的表格，允许他们提出有关利润计算方面的问题。如果他们问及"我应该怎么做"之类的问题，那么实验者就再次朗读说明中的相关部分。产业组织实验通常分成连续的几个阶段进行，每个阶段的时间一般根据预期活动量的大小持续 5～15 分钟。此外，各个交易阶段一般都是相互独立的，它们的需求、供给、可能利润等都互不影响。随着实验的多阶段重复操作，一个市场均衡过程将会产生。

(三) 实验结果

实验经济学家将市场绩效概括成四个方面：价格形成模式、成交交易数量、买卖方之间的利益分配及市场效率。

价格通常通过给交易的价格的平均值来表示，有时候也由该实验阶段的最后一次交易价格来表示。价格形成模式指价格形成的机制与过程，由价格形成程序和价格决定权构成。如果市场上可以无休止地出价，价格就不能有效收敛，市场存在效率损失。

实验市场的效率指标(E)就是通过实验被试实际得到的收益。人们对市场绩效的认识还在不断扩展。最初的市场绩效指静态市场效率，把完全竞争所形成总剩余作为最大效率状态，把实际总剩余与完全竞争总剩余相除，即：

$$市场效率 = \frac{实际总剩余}{完全竞争总剩余} = 1 - 失效率$$

$\varepsilon = \sum (MV_i - P_i) + \sum (P_i - MC_i)$ 是与他们可能得到的最大收益 ε_c 的比较来衡量的。

$$E = \frac{\sum (MV_i - P_i) + \sum (P_i - MC_i)}{\varepsilon_c} \times 100\%$$

市场效率是其中的最重要影响因素，但不是唯一的因素。市场效率虽然包含了交易量这一概念，但在价格具有离散性的情况下，可能会存在相同总剩余对应不同交易的情况。用实现的实物财富来衡量，更大产量下的市场绩效会更高；交易价格不仅影响交易数量，也影响买卖双方的利益情况。垄断企业在能够扩大利润的情况下,能够通过提高价格降低消费者剩余,同时减少社会总剩余。从市场效率角度衡量,垄断企业的提价只带来了社会福利损失,而消费者在其中受到的损害是最严重的,市场效率没有将这一损害包括在内。

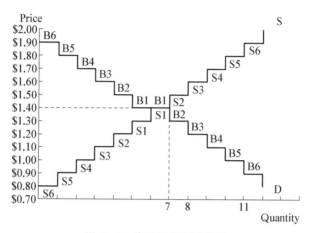

图 6-1　产业组织实验参数

图 6-1 说明了通常在实验市场结果中市场效率的衡量方式。在没有外部性的情况下,完全竞争下的产出是总剩余最大化的情况,是买者和卖者的利润总和。按照这种标准,通常用来衡量实验市场效率的标准就产生了。例如,完全竞争的市场中的总剩余是通过将 B6 和 S6、B5 和 S5 配对交易达成的。其中 B6 和 S6 交易利润为 1.1 美元,B5 和 S5 交易利润为 0.9 美元,最终 6 组交易获得的总利润将是 3.6 美元。这种利润分配达到了利润最大化,并且达到了 100% 市场效率。如果边际内的商品没有被完全交易或者交易了边际外商品,市场的效率将会下降。比如说,如果 B6 第一单位产品的保留价格大幅增加,那么本组实验的总体收入都会大幅增加,因为买者 6 会有很大的动机购买这一单位商品。这种模拟的实际或潜在收入的增加会人为地提高市场的效率

另外,不确定性等因素也会影响效率的度量。所以,如果对具有不同参数的市场之间的效率进行比较,对待其比较结果就必须慎重。如果市场参数保持不变,而仅仅变动交易制度,则比较结果就更可靠一些。

第二节　完全竞争市场的实验研究

一、双向拍卖实验

双向拍卖市场的特点是,采用多对多的拍卖形式,使买卖双方失去其在单向拍卖中的相对优势,并使双方关系变成一种供求平等的关系。双向拍卖机制主要分为两类,即口头双向

拍卖(oral double auction)以及计算机系统中的双向拍卖机制,下面主要介绍口头双向拍卖市场。

(一)实验设计

双向拍卖市场划分为一系列的交易区间或者时期,每期持续一个设定的时间。在交易开始时,赋予买者若干单位商品的价值、卖者若干单位产品的成本(见表6-3)。买者B4在这一交易期可以购买2单位商品,第一单位商品价值为4.60元,第二单位为4.40元。通常要求买者在购买了高价值单位商品后才能购买更低价值的商品,利润是商品价值和购买价格的差额。如果不购买商品,则盈利为零。卖者所获得的利润是成交价格超过单位成本的差,同样卖者必须先出售低成本的商品。

表6-3 买者和卖者的记录表格

记录表格——买者B4			记表表格——卖者S1		
产品单位1	(1) 单位价值	4.60	产品单位1	(1) 销售价格	4.30
	(2) 购买价格	4.30		(2) 单位成本	3.70
	(3) 单位利润(1)−(2)	0.30		(3) 单位利润(1)−(2)	0.60
产品单位2	(4) 单位价值	4.40	产品单位2	(4) 销售价格	
	(5) 购买价格			(5) 单位成本	4.40
	(6) 单位利润(4)−(5)			(6) 单位利润(4)−(5)	
	(7) 时期利润(3)+(6)			(7) 时期利润(3)+(6)	

在双向拍卖中,买卖双方都可以参与竞价,任何一个买方和卖方都可以在任何时候接受一个有效竞价。表6-4中举例说明了记录交易的方式,左边第一行所显示,卖者S2通过举手并且告知他或她的身份(S2)以及要价(5.00元)的方式开始交易。在下一行,B4通过告知身份(B4)和要价(4.10元)开始竞价,这些公开的提议形成了初始的竞价或要价。后续的叫价必须符合拍卖规则,如表6-4的后面几行,S2卖者的公开要价由剩下的三个卖者改善,而买者B1、B2和B4一起改善现存的有效竞价。第一个商品的谈判结果是其中的交易者接受另一个交易者所提出的条件。正如下划线所表示的,B4接受S1的4.30元的要价。

表6-4 第5期的合约序列

时 间	竞 价	要 价	时 间	竞 价	要 价
296		S2 5.00	279		S3 4.39
294	B4 4.10		276		S4 4.35
293		S3 4.50	271	B4 4.25	
291	B1 4.20		267	B2 4.26	
285	B2 4.21		265		S3 4.34
284		S1 4.40	261		S1 4.30

（续 表）

时 间	竞 价	要 价	时 间	竞 价	要 价
254	B4 接受		171		S1 4.45
249	B2 4.20		167	B4 4.20	
245		S3 4.39	165	B1 4.22	
244	B1 4.22		164		S2 4.40
241	B2 4.23		161	B4 4.25	
237		S4 4.35	160		S4 4.35
230		S3 4.34	151		S2 4.34
209	B1 4.25		143		S4 4.32
208		S4 4.31	135		S2 4.31
205	B2 4.26		131		S3 4.30
203		S2 接受	121		S4 4.29
198	B4 4.20		118	B1 4.26	
194	B1 4.22		112		S3 接受
190		S3 4.40	64		S3 4.28
188	B4 4.25		15	B4 4.25	
180		S4 4.35	13		S4 接受
176	B3 接受		10		S2 4.30

当达成一个交易时，实验者用圆圈把它标示在黑板上，并且合约的双方（在这一情形中是 B4 和 S1）在他们的记录表上记录价格并且计算利润。当一个商品交易合约完成以后，后面一个商品的竞价不受该商品成交价格的影响。例子里下一个商品对于 B4 和 S1 来说则是第二个单位商品，对于其他人来说是第一个商品单位。

在表 6-4 综述了一个 5 分钟（300 秒）的交易时期内所有竞价和要价的集合。阴影的一列显示了商品成交的时间，而时间是用这一回合的剩余秒数进行度量的。通常买者和卖者除了自己的价值或者成本，以及列示竞价、要价和交易的"行情显示系统"之外，并不能看见其他任何东西。一系列交易时期的合同价格在表 6-4 中按照时间顺序以点序列的方式表示。每个时期的价格用垂直线区分开来，时期的序号列示在图上方。

（二）实验结果的说明

在时期 1 中合同成交价格分布在虚线 4.20 元上方，接下来的时期中合同交易价格的区间范围变得更为狭窄。在时期 5 所有的合同交易价格都落在 4.25 美元和 4.35 美元之间。图 6-2 所代表的市场供求函数是通过合并每个交易者的成本和价值信息而产生的。四个买者和四个卖者，以及市场的供给曲线和需求曲线如图 6-3 所示。在每一阶段中的身份号码显示了每一单位买者和卖者的身份。供给和需求在4.20元的价格处相交,并且这一竞争性均衡的交易量将是5或6。

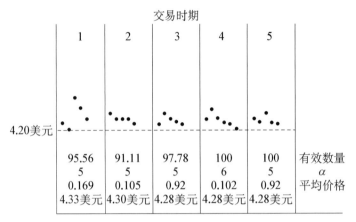

图6-2 在双向拍卖市场中的一个合约序列

结合图6-2可以发现,市场交易数量和平均价格指标很接近理论的预测结果,并且当消费者剩余大于生产者剩余时,均衡路径从均衡价格的上方开始;反之,则从低于均衡价格的位置开始。

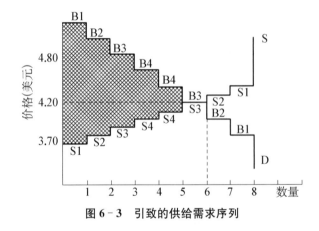

图6-3 引致的供给需求序列

在可能发生的所有交易组合中,竞争性价格理论预测组合将最大化交易中所产生的剩余(图6-3中的阴影区域)。这一最大化的剩余将以ε_c表示,效率E是交易中买卖双方的剩余之和与最大化剩余的比例:

$$E = \frac{\sum (MV_i - P_i) + \sum (P_i - MC_i)}{\varepsilon_c} \cdot 100$$

表6-5列示了一个概述表6-2回合中的交易时期5所提取的剩余。注意,因为ε_c=4.50元,买者和卖者的剩余分别为2.58美元和1.92美元,因此市场是100%有效的。对于在这一回合中的5个交易时期的每一个效率值标注在表6-2合约序列中。注意,每一期的E值接近100%,高效率也是双向拍卖市场的特征。

表 6-5 交易时期 5 的效率计算

单位	身份	单位价值	价格	利润	身份	价格	单位成本	利润
		买 者				卖 者		
1	B4	4.60	4.30	0.30	S1	4.30	3.70	0.60
2	B2	5.00	4.26	0.74	S2	4.26	3.80	0.46
3	B3	4.80	4.35	0.45	S4	4.35	4.00	0.35
4	B1	5.20	4.26	0.94	S3	4.26	3.90	0.36
5	B4	4.40	4.25	0.15	S4	4.25	4.10	0.15
买者总剩余				2.58	卖者总剩余			1.92

最后所考虑的市场表现的度量指标是收敛的系数。拥有一些能够同时捕捉到价格变动和偏离竞争性价格水平的定价行为指标,往往是很有用的。最为普遍的指标 α,是价格在所预测的均衡价格水平处变动的平方根。这个方差的计算是:

$$\alpha^2 = \frac{\sum_{k=1}^{Q}(P_k - P_e)^2}{Q}$$

其中,Q 为交易时期中的合约数量;P_k 是第 K 期的商品成交价格;P_e 是竞争性的均衡价格。

二、明码标价实验

明码标价市场制度有以下特点:第一,所有价格公开,没有任何折扣;第二,降低了谈判成本以及购买者的搜寻成本;第三,除双向拍卖制度之外,明码标价制度是在实验经济学中研究较多的一种交易制度;第四,在现实生活中,明码标价情况普遍存在。

(一)实验设计

标准的明码标价拍卖由一系列无限重复的时期所组成。每一期交易分两步完成。首先,每个卖者决定交易期的商品出售价格和在该价格上所提供的商品数量。所有卖者标示完价格之后,买者按照随机抽取的顺序依次购买商品,直到所有买者完成购买,或者所有待售的商品销售完毕。

图 6-4 和图 6-5 是由戴维斯和霍尔特(Davis and Holt,1991)使用的明码标价软件所显示的屏幕内容。正如图 6-4 中的长方形所显示的,卖者 S3 已经选择了时期 4 的 5.75 美元的商品销售价格,并且将选择一个有限的数量。在交易中卖者可获得的信息很少,仅能根据前一个交易期商品的销售价格和数量。

买者可获得的信息形式也类似。如图 6-5 列示的价格所显示的,商品销售价格会公开地显示给买者。买者 B1 的商品估价列示在左边第二列中。买者 B1 先从卖者 S4 以 5.72 元的价格做出一个购买决定并赚得 0.23 元,此时卖者 S4 的商品售空,用一个"售完"的符号信息替换在所有买者屏幕中,它表明在本期不能再从卖者 S4 处购买。然后 B1 转向下一个最低定价的卖者 S3,并通过以 5.75 元价格购买一单位产品从而赚得 0.10 元。

单 位	价 格	单位成本	利 润
1		5.05	
2		5.25	
3		5.80	

S3 时期 4	
明码标价,选择一个价格 然后输入	标价:5.75 美元 数量:
按 r 重新选择或者按 c 继续。	

图 6-4 一个明码标价卖者的定价决策

			卖者 价格	S1 5.80	S2 5.78	S3 5.75	售完 5.72	S5 5.85	S6 5.80
单位	价格	单位成本	利润						
1	5.95	5.72	0.23				5.72		
2	5.85	5.75	0.10			5.75			
3	5.50								
B1 Period 4									
选择卖者 S1,S2,S3 或 S5 进行购买,或者按 q 退出。									

图 6-5 一个明码标价买者的购物序列

(二) 实验结果的说明

表 6-6 显示了在交易期的一个完全合约序列的清单。所有商品都是按照从低到高的价格依次销售的,如卖者 S2 只在卖者 S4 和 S3 的商品售完之后才会出售其商品。卖者 S1、S5 和 S6 在交易期中没有出售单位,因为他们商品的售价过高,在交易期没有发生交易盈利为零。明码标价交易期内传递的信息量比在双向拍卖中传递的信息量要少,因为不需要讨价还价的过程,明码标价制度节约了交易成本,但成本的节约是以牺牲市场效率为代价的。

表 6-6 在明码标价交易中的合约序列

合 约	第 1 期	第 2 期	第 3 期	第 4 期	第 5 期	第 6 期	第 7 期	第 8 期
买者身份	B3	B5	B1	B1	B4	B4	B6	B2
卖者身份	S4	S4	S4	S3	S3	S2	S2	S2
价格	5.72	5.72	5.72	5.75	5.75	5.78	5.78	5.78

图 6-6 是一个明码标价市场前 9 个交易期价格序列的散点图,交易期在图中是用垂直线分开,并且竞争性价格预测结果通过不同时期延伸的点状水平线表示。实线代表成交,而

较大的空格代表着没有成交的商品卖价。价格是按交易的顺序进行安排。如在第4期,有3个点在5.72元处,有2个点在5.75元处,还有3个点在5.78元处,而空格的价格是由卖者S1、S5和S6所选择的商品售价。

这一回合的交易有几个特征:首先,商品的成交价格随着交易期的进行由高到低逐渐逼近竞争性均衡价格。同时,和双向拍卖市场相比,明码标价市场在价格序列里显示的市场效率很低。价格从理论均衡价格之上收

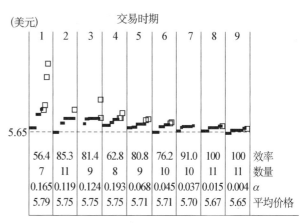

图6-6　明码标价市场的价格序列

敛和早期低效率是明码标价市场的主要特征。通过比较史密斯和威廉姆斯(Smith and Williams,1982)双向拍卖的"非对称租金"以及戴维斯和威廉姆斯(Davis and Williams,1986)所报告的类似的明码标价实验,我们可以观察到这些特征。

如图6-7中显示,每个实验有6个买者和6个卖者。在图6-7左上方的实验1中,理论上三分之二的剩余归买者所有、三分之一的剩余将归卖者;图左下方实验2中的剩余分配正好相反。正如前面所讨论的,剩余分配的差异会影响双向拍卖市场中价格的收敛路径。当卖者剩余超过买者剩余时,价格往往从下方趋向于竞争性的预测结果;而当买者剩余超过卖者剩余时,价格往往从上方趋向于竞争性的预测结果。而在明码标价市场中,在实验1和实验2中成交价格趋近理论均衡价格的方式不受剩余分布差异的影响,都是从上方趋向于竞争性的预测结果。这主要是由于在明码标价市场中的卖者和买者角色的非对称性,也能解释了为什么明码标价市场比双向拍卖市场有更高的成交价格。

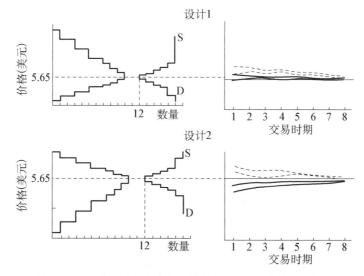

图6-7　实验设计的租金非对称性,以及双向拍卖(实线)和
明码标价拍卖(点线)95%的价格带

表6-7比较了双向拍卖市场和明码标价市场的效率差异。从表中能很明显地看出明码标价市场交易早期的市场低效率,到第8个交易期,每一个实验市场的平均效率都超过了95%。同样,尽管收敛相对缓慢,但明码标价市场确实也在向竞争性的价格预测水平收敛,只不过相对于用于比较的双向拍卖市场速度要慢一些,这通常是许多明码标价市场的特征。明码标价市场中卖者在交易期间对价格的修正无能为力,如果商品定价太高会导致无法出售,售价也只有到下一期才能修正。因此卖者更偏好于在高价时出售更少的商品,这可能也解释了不同制度之间的一些效率差距。

表6-7 在明码标价和双向拍卖制度之间的平均效率比较

交易期	平均效率			
	实验设计1		实验设计2	
	PO	DA	PO	DA
1	76.5	89.9	65.4	92.4
2	76.7	96.8	84.2	95.6
3	74.1	97.8	82.3	97.8
4	72.0	99.6	77.4	98.6
5	80.8	98.4	84.4	97.4
6	82.3	99.4	84.2	98.3
7	87.2	98.4	87.2	99.5
8	97.0	99.7	96.2	99.3
平均	80.8	97.5	82.6	97.4

三、南京大学的课堂实验案例

(一) 实验设计

首先,建立虚拟的商品交易市场。随机抽取16名学生,随机决定其中的8名为卖方,8名为买方,分坐在教室两侧。向实验被试解释买卖双方盈利的计算规则以及交易规则后,买方随机抽取一张交易信息卡片,卡片上标注了每轮交易产品的保留价值,而卖方随机抽取的交易信息卡片上标注其每轮交易产品的生产成本。实验中,假定不同买者对同一商品的偏好存在差异,而不同卖者的生产效率不同,分别构造了由8组买者和8组卖者的交易数据(见表6-8)。其中,买者的可接受价格代表购买该单位商品能够给买者带来的最大效用;买方买价必须小于等于该单位商品的可接受价格;买方盈利为可接受价格与成交价格之差。同样,卖者的成本表示该厂商生产该单位商品的边际成本;卖方的叫价必须大于等于该单位商品的成本;卖方盈利为成交价格与该单位商品的生产成本之差。具体参数见表6-8。

表6-8 实验的市场参数

买者可接受价格			卖者的成本		
买 者	第1个单位	第2个单位	卖 者	第1个单位	第2个单位
B1	8.5	1.5	S1	1.6	9.2
B2	7.5	2.5	S2	1.8	9.0
B3	8.7	1.3	S3	2.6	8.2
B4	7.7	2.3	S4	2.8	8.0
B5	6.5	3.5	S5	3.6	7.2
B6	6.7	3.3	S6	3.8	7.0
B7	5.5	4.5	S7	4.6	6.2
B8	5.7	4.3	S8	4.8	6.0

　　将买方的可接受价格从高到低依次排列,构成市场需求曲线,同时将卖方成本从低到高依次排列,构成了市场的供给曲线。需求曲线与供给曲线交点对应的商品成交价格和成交数量即为完全竞争市场均衡的理论价格与成交量。因此可以得到均衡价格区间为4.8~5.5元,均衡成交量为8(见图6-8)。

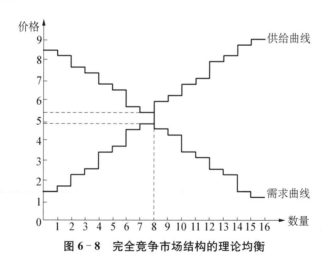

图6-8 完全竞争市场结构的理论均衡

　　本实验共包括4个实验局,每个实验局均包括预实验2期(不计入最终收益),然后重复进行4期。4个实验局分为两个部分,基准实验包括两个实验局,选择南京大学经济学系三年级本科生作为实验被试,各进行一局明码标价和双向拍卖实验。为了检验基准实验结果的稳健性,此后重新选择了来自南京大学不同院系的本科新生作为实验被试。

　　双向拍卖实验设计:采用口头交易形式,交易时买卖双方可以随时参与竞价,报价可以更改,买卖双方报价相等时商品即可成交,没有人继续竞价时交易结束。明码标价拍卖实验设计:交易开始前先由卖方独立制定商品的销售价格和销售数量,交给实验组织者,在交易阶段价格将不再更改,随后随机选取买者按照一定规则确定其交易对象和交易数量,直到所有实验者全部完成交易为止。

(二) 实验结果分析

图 6-9 为基准实验中明码标价和双向拍卖的成交序列分布情况,其中坐标纵轴为商品的成交价格,横轴分为四个区间,代表交易的轮数,每个点代表商品的交易价格和成交的顺序。

商品的成交价格信息显示,明码标价实验中,只有第一轮交易中前两件商品的交易价格处在理论均衡价格区间,其他各轮交易中商品的成交价格均高于理论均衡价格区间的上限,说明在明码标价交易中卖方对商品价格的控制能力较强,能够以高于竞争均衡的价格卖出商品。双向拍卖实验中,所有商品的交易价格都处于理论均衡价格区间内或区间的下方,没有高于理论均衡价格区间成交的商品,这一结果说明双向拍卖实验中买卖双方的势力比较均衡。成交序列还显示,明码标价实验的成交价格波动相对不大,价格的汇聚性较好,双向拍卖成交价格的波动明显高于前者。

商品的成交数量信息显示,明码标价实验中,每一轮商品的成交数量均低于理论均衡成交量,在第一轮商品的成交数量为 7 个,2~4 轮中的商品成交数量均只有 6 个,说明虽然明码标价实验的成交价格较高,但成交量受高价的影响而有所萎缩。双向拍卖实验中每轮成交数量均为理论预测的均衡成交数 8 个,市场交易量与竞争理论模型预测结果完全相符,不存在交易量的损失。

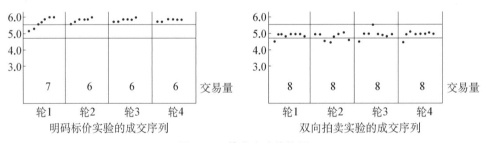

图 6-9 基准实验的结果

表 6-9 和 6-10 是明码标价和双向拍卖市场效率指标的比较。明码标价实验中,卖方剩余明显超过买方,说明卖方在明码标价这种交易制度中拥有较强的价格控制能力,能够通过较高的商品定价为己方攫取更多的剩余。同时,交易中买卖双方获得的总剩余均低于理论剩余值,存在社会福利的损失。明码标价实验的平均价格偏离指标均为正值,说明实验中商品的成交价格均高于竞争市场结构下的理论均衡价格。从平均价格偏离与市场效率指标的关系还可以看出,平均价格偏离值越高,对应的市场效率值越低,说明在明码标价实验中卖方高价出售商品是以牺牲市场效率为代价的。

双向拍卖实验中买方获得的剩余值明显高于明码标价实验水平,而且超过了卖方获得的剩余。这一结果说明双向拍卖这种交易制度赋予了买方更多的市场力量,有助于买卖双方形成势力较为均衡的市场交易机制。实验中总剩余始终没有损失,市场效率一直维持在 100%。说明双向拍卖机制可以避免明码标价实验中的社会福利损失,提升市场效率。同时,双向拍卖实验的平均价格偏离指标均为负值,说明实验中商品的平均成交价格均低于竞争市场结构下的理论均衡价格,但偏离程度不是很大。与明码标价结果相比,双向拍卖实验的结果更接近于竞争市场模型预测的结果,具有更高的市场效率。

表 6-9　明码标价实验的市场效率

轮　数	理论剩余	实际剩余			市场效率（100%）	平均价格偏高	平均数量偏高
		买　方	卖　方	总剩余			
1		11.8	15.5	27.3	87.5	0.492 9	−0.125
2	31.2	10.6	15.8	26.4	84.62	0.683 3	−0.25
3		10.3	13.1	23.4	75.00	0.733 3	−0.25
4		11	16.4	27.4	87.82	0.616 7	−0.25

表 6-10　双向拍卖实验的市场效率

轮　数	理论剩余	实际剩余			市场效率（100%）	平均价格偏高	平均数量偏高
		买　方	卖　方	总剩余			
1		17.5	13.7	31.2	100	−0.237 5	0
2	31.2	18.35	12.85	31.2	100	−0.343 8	0
3		16.95	14.25	31.2	100	−0.168 8	0
4		17.15	14.05	31.2	100	−0.193 8	0

　　对比实验中明码标价实验的结果与基准实验差别不大。各轮交易中商品的成交价格均高于理论均衡价格区间的上限，且每一轮商品的成交数量均低于理论均衡成交量（见图 6-10）。同时，市场效率指标与基准实验结果也基本相同，卖方在实验中获得了较多的剩余，交易中存在福利损失，平均价格偏离指标均为正值而平均数量偏离指标均为负（见表 6-11）。

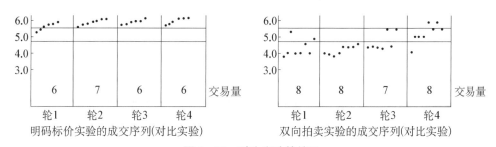

明码标价实验的成交序列(对比实验)　　　双向拍卖实验的成交序列(对比实验)

图 6-10　对比实验的结果

表 6-11　明码标价实验的市场效率（对比实验）

轮　数	理论剩余	实际剩余			市场效率（100%）	平均价格偏高	平均数量偏高
		买　方	卖　方	总剩余			
1		10.3	15.7	26.9	86.22	0.475 8	−0.25
2	31.2	11.6	16.8	28.4	91.02	0.781 2	−0.125
3		11.3	15.1	26.4	84.61	0.746 1	−0.25
4		11.4	16.2	27.6	88.46	0.751 6	−0.25

　　双向拍卖对比实验中商品成交价格的波动幅度较基准实验更为剧烈，买方在实验过程中

的价格控制能力更强。随着实验的进行,成交价格的分布逐渐趋于合理,到第 4 轮交易买卖双方的力量逐渐趋于均衡。通过对实验过程的分析和实验后对相关被试的访谈发现,在实验中被试缺乏讨价还价的经验,只要交易过程有利可图就急于成交,不善于通过耐心的竞价使自己的利益最大化。很多卖方(尤其是商品成本较低时)在竞价过程刚刚开始还没有充分竞价就以很低的价格把商品卖掉了。

从商品的成交数量来看,第 3 轮实验商品的成交数量低于理论均衡数量,实验中有被试觉得市场成交价格不符合自身预期,明知商品一旦不能成交会存在剩余损失的情况也不愿将商品交易,表现出一定的非理性成分。从双向拍卖对比实验的市场效率结果来看,买方在对比实验中的市场控制力量更强,实验中买方获得剩余值明显高于基准实验。与基准实验双向拍卖的高市场效率相比,对比实验中存在一定的剩余损失。同时,对比实验的平均价格偏离的幅度明显高于基准实验,随着实验的进行偏离幅度有逐渐变小的趋势,这可能与被试在实验中交易经验的增加有关。另外,对比实验中商品的成交数量存在损失。与基准实验相比,对比实验结果与完全竞争模型理论预测的吻合性稍弱(见表 6 - 12)。

表 6 - 12 双向拍卖实验的市场效率(对比实验)

轮 数	理论剩余	实际剩余			市场效率 (100%)	平均价格 偏高	平均数量 偏高
		买 方	卖 方	总剩余			
1	31.2	22.26	8.94	31.2	100	−0.711 6	0
2		21.85	9.35	31.2	100	−0.688 7	0
3		18.16	11.24	29.4	94.2	−0.532 4	−0.125
4		17.44	13.76	31.2	100	−0.114 3	0

另外,对实验结果进行回归分析,探究被试特质对实验结果是否存在影响。回归结果显示,明码标价实验中买方收益的高低与被试的购物经验以及经济学背景知识之间不存在相关关系;卖方的收益则与被试的购物经验和经济学知识背景存在一定的相关关系,具有更多购物经验以及拥有一定经济学知识背景的被试更容易获得较高的收益。另外,性别因素对买卖双方的收益影响均不显著。双向拍卖实验的回归结果中,买卖双方收益均受到其购物经验以及经济学背景知识等因素的影响。无论是买方还是卖方,拥有更多购物经历和经济学背景知识的人将获得更高的收益。

第三节 垄断市场的实验研究

一、双向拍卖实验

在米勒等(Miller et al.,1977)以及其他实验研究者的研究中,实验市场有两个投机者可以把阶段 A 购入的货物拿到阶段 B 出售,他们是市场中唯一能够将商品跨时买卖的人。很显然,如果他们能够以低价在 A 阶段买进,后又以高价在 B 阶段卖出,他们将从中获利。虽然实验被试意识到了这种利益的存在,市场行为还是很好地吻合了跨期竞争均衡(intertemporal competitive equilibrium)。

这个结论在普洛特和乌尔(Plott and Uhl,1981)的实验中更加突出。市场中有四个中间人,他们能够在 A 市场中买进商品,然后到 B 市场上卖出。与米勒等(Miller et al.,1977)实验不同的是,普洛特和乌尔(Plott and Uhl,1981)的实验中在 A 市场上将商品出售给中间人的卖者和在 B 市场上购买中间人商品的买者是完全不同的两组人,因此出价、要价以及合约等就不再是公开的信息了。实验者也禁止中间人相互交谈以防止他们的串谋行为。在这个实验中,四个中间人利益的一致性和集体力量(collective power)非常突出,但这个实验最后的数据仍然与竞争模型非常地接近。

在艾萨克和普洛特(Isaac and Plott,1981)的实验中条件进一步得到加强,在市场交易开始之前和两次交易阶段之间允许实验对象私下交谈。通过观察发现,一旦获得这样的机会,这些实验对象就会进行商谈并达成一定的协议,但是这项协议却并不一定能够为这些合谋者所遵守,而且并非所有的实验结果都有明显的合谋结果。图 6-11 是在口头双向拍卖制度下进行的 7 个实验,其中实验 I. PI、I. PII、I. PIII 并没有出现合谋行为,可以发现其平均交易价格、交易量和市场效率都向竞争均衡水平单调逼近,但是在实验 I、II(有销售者串谋现象)和实验 III、IV(有购买者串谋现象)中并非如此,除了实验 III 单调性比较明显外,其他实验的曲线都存在波动现象。这说明通过实验数据可以观察到市场存在串谋现象,不过实验 III 的例外告诉我们,并不能如此简单地定论,需要进一步地研究以得出更准确的结论。

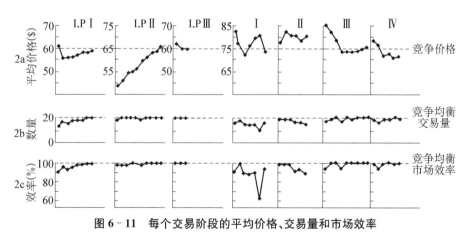

图 6-11　每个交易阶段的平均价格、交易量和市场效率

二、明码标价实验

图 6-12 是垄断市场结构下明码标价实验的结果,实验被试由 5 个买者和 1 个卖者。垄断者的边际成本(S)和边际收益(MR)曲线在 5 单位的交易量处相交,产生了 110 的垄断价格 P_M(它可表示为一条垂直的虚线)。竞争性的价格 $P_C=80$(用实线表示)发生在边际成本曲线(S)和需求曲线(D)相交处,产量为 7~8 个单位。对于可能发生的交易,根据价格理论可以预

测其竞争价格P_C和垄断价格P_M,实际交易价格为P,垄断效率M即为被提取超额利润比例:

$$M = \frac{P - P_C}{P_M - P_C}$$

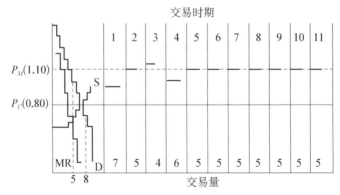

图 6‑12 明码标价垄断

实验结果显示,卖者能很成功地发现和维持一个垄断价格;最后5期都实现了利润最大化,垄断效率指数M是1。明码标价市场的结果明显不同于在双向拍卖市场中所观察到的接近竞争性价格的分布。当然并不是所有的明码标价垄断者都能始终获得这么高的垄断效率,表6‑13显示了5个明码标价垄断实验的结果,右边的一列M值揭示了不同实验设计的垄断效率的波动,从小于0.10到完全的1.0。

表 6‑13 明码标价垄断的垄断有效性

作 者	被试经验	买 者	成本函数	垄断M值
Smith(1981)(1个回合)	?	人	递增	1.00
Isaac, Ramey, and Williams(1984)[a]	NX	人	递增	0.45
Courscy, Issac, and Smith(1984)	X	人	递减	0.56
Harrison and McKec (1985)[b]	DX	模拟	递减	0.72
Harrison, McKee, and Rustrom (1989)[b]	NX	模拟	递减	0.44
	DX	模拟	递增	0.09
	DX	模拟	不变	0.77
	DX	模拟	递减	0.78

注:NX=无经验的被试,X=有经验的被试,DX=设计经验,报告的价值是一个实验中所有回合所共同的最后时期的平均值。
a. 数据来源忽略完全需求信息的市场回合。
b. 补试是在无风险中性检验的基础上提前选择。

许多因素会影响明码标价市场中垄断势力的实现,包括买者保留、信息、经验和垄断者的成本结构。首先,考虑买者保留的效应。在严重的收益不平等条件下,买者会减少商品的购买,即使购买能增加他们的盈利。在库西等(Coursey et al.,1984)报告的成本递减的垄断实验中,即使只有一个买者放弃一个单一的、边际盈利单位商品的购买,卖者的利润和M值都会受到显著的影响。但是买方的这一保留购买的行为对定价并没有什么效应,最后时期平均价格仅比垄断价格低 0.07 元,高于竞争性均衡价格 0.93 元。

不完全信息可能是降低垄断利润的另一个因素。实验中垄断者通常并没有被告知市场需求函数,并且利润最大化价格的搜寻过程也非常重要。当需求函数和成本函数连续时,最优价格的搜寻相对比较简单。然而,当需求函数为离散函数时(在产业组织实验中经常碰到),最优价格的搜寻问题变得更为复杂,会影响垄断方最大化利润的实现。

经验会帮助垄断者的最优价格的搜寻过程。表 6-13 下面四行即哈里森、麦基和鲁斯特罗姆(Harrison,McKee and Rutstrom,1989)实验中,通过比较第一个和第四个实验的结果可以观察到经验效应:在使用模拟买者和成本递减的实验设计中,有经验的垄断者垄断效率平均为 0.78,与无经验参与者 0.44 的 M 值形成对比。但在其他方面有经验的垄断者与无经验参与者表现差异不大。他们也评价了成本函数形状的变化对于垄断定价的效应,当成本是不变或递减时,垄断者更容易实现垄断利润:递增成本的垄断 M 值是 0.09,递减成本的垄断 M 值是 0.78,而不变成本的垄断 M 值是 0.77(见表 6-13)。

三、两种交易制度下市场绩效的比较

图 6-13 的三组实验中,市场具有相同的需求曲线和供给曲线,垄断者有 12 单位的商品并且边际成本递增,5 个消费者分别有 2 单位商品需求(他们对每单位商品的价值估值不同)。图中边际成本和边际收益相交可以得到垄断价格 1.10 美元,与需求曲线相交可以得到理论竞争均衡价格 0.80 美元。从实验结果可以观察到,在 A 图的双向拍卖市场中的交易价格有向下的走势,在实验的后半部分交易阶段中交易价格 P 基本处在垄断价格 P_M 和竞争价格 P_c 的中间,垄断效率 $M=0.36$;在 B 图明码出价市场中,垄断者的市场力量更弱,垄断效率 $M=0.15$;而在 C 图的明码标价市场中,交易价格经过波动后基本稳定在竞争价格 P_c 的水平,交易量也稳定在了均衡交易量 5 单位,其垄断效率 $M=1$。

导致这种效率的差异可能是因为在双向拍卖市场中买方不再是被动的价格接受者,他们可以通过拒绝交易来抵制垄断者抬高价格,然后在交易的后半阶段当价格降低时又可以将商品买进,从而使垄断者很难实施其市场力量(Plott,1989)。在明码标价市场交易中则不同,买方没有机会再在交易的后半阶段弥补刚开始时放弃的收益,所以他们通常采用的策略是买进所有有利可图的商品。因此,对于明码标价市场,只有在多阶段交易中,消费者才会采取保留购买(withholding purchases)以降低下一阶段标价的策略(Harrison,Mckee and Rutstron,1989)。

明码标价市场的垄断效率和均衡价格在不同的实验设计中存在差异。艾萨克、兰尼和威廉姆斯(Isaac,Raney and Williams,1984)的实验中,他们采用了类似的需求和成本结构,最后观察到其中有一个垄断者几乎获得了全部的垄断利润,但是其他两个垄断者则没有保持超过竞争水平的价格,最后阶段的垄断效率仅有 0.45。库西、艾萨克和史密斯(Coursey,Isaac and Smith,1984)的一次明码标价自然垄断市场实验中,实验被试都具有类似的实验交易经验,在交易过程中购买者对于两位垄断者标定的垄断价格表现出明显的抵制行为,垄断效率只有 0.56。除此之外,还有很多有关明码标价垄断市场的实验,表 6-14 罗列了一些实验可以对其最后交易阶段的垄断效率进行比较。

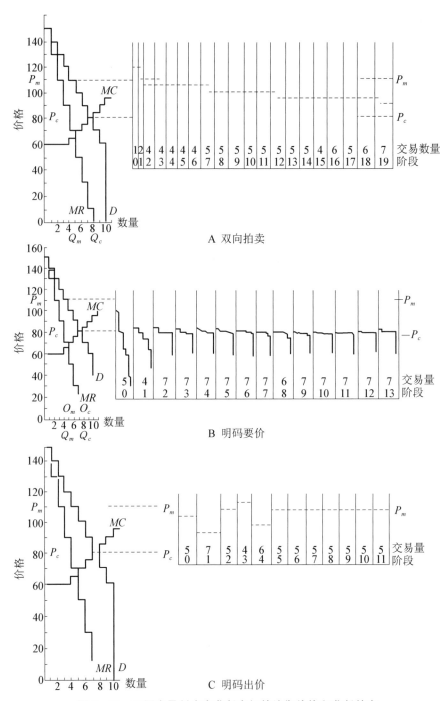

图 6-13　不同交易制度中垄断市场的均衡价格和垄断效率

表 6-14　明码标价市场中的垄断效率

	成本函数	垄断效率 M	可竞争市场 M 值
Smith(单阶段)(1981)	递增	1.00	
Issac，Ramey 和 Williams(1984)	递增	0.45	

（续　表）

	成本函数	垄断效率 M	可竞争市场 M 值
Coursey，Issac 和 Smith(1984)	递减	0.56	0.02
Harrison 和 McKee(1985)	递减	0.72	0.09
Harrison，McKee 和 Rustrom(1989)	递减	0.44	0.00
Harrison，McKee 和 Rustrom(1989)	递减	0.78	0.06

四、暨南大学的实验案例

2004 年 7—8 月，暨南大学珠海学院经济学实验室进行了两次垄断市场下明码标价与口头双向拍卖制度的交易实验(卜国琴，2011)。被试来自不同专业，每次实验的被试不固定，基本实现随机化，排除了专业知识、实验经验等个人差异对实验结果的影响。

（一）实验设计

实验的具体参数如表 6 - 15 所示，其中卖方边际成本在每次实验中保持不变。每次实验进行十轮，分为两个阶段，前一阶段（前 5 轮）采用明码标价制度，后一阶段（后 5 轮）采用口头双向拍卖制度。第一次实验共 8 名被试，其中一人被随机指定为厂商（卖者），六人为消费者（买者），另外一人为实验工作人员。第二次实验同样选用 8 名被试，其中 1 人为卖者，5 人为买者，另外 2 人为实验工作人员。

表 6 - 15　垄断市场的初始值

第一次实验	卖方成本	4.0
	买方价值	2.5,3,3.5,4,4.5,5,5.5,6,6.5,7,7.5,8
第二次实验	卖方成本	1.0
	买方价值	0.5,1.0,1.5,2.0,2.5,3.0,3.5,4.0,4.5,5.0

两次实验均在实验室中以手工方式进行。实验实施过程如下（以第一次实验为例）：建立垄断市场，学生参与交易赚取尽可能多的收入。首先，由主试选出一名卖者坐在主试左侧，六名买者坐在主试右侧，工作人员站在主试身旁。其次，每轮交易中，工作人员在不公开卡片数值信息的状态下，把标有卖方成本与买方价值的卡片发到被试手中，并要求各位被试不要向其他被试透露信息或互相交谈。卖者将按此边际成本提供 12 单位产品，而每位买者将随机拿到标有买方价值的卡片，即每位买者可分别按手中两个不同的买方价值购买两单位产品。每轮交易时段进行约 2 分钟，工作人员负责计时并提前 30 秒提醒被试。

达成交易的过程如下：在前五轮交易中，由卖方口头报出一个价格，买方不得还价，只能逐一举手表示购买意向并报出一单位还是两单位，工作人员把价格与成交数量信息写在黑板上，以供买卖双方观察本轮交易情况并方便做收益记录。对于卖方来说，报出的价格必须高于成本才有利润，成交后的总收入减去出售商品的边际成本之和即为本轮卖方总利润。而对于每个买者来说,只有当卖方报出的价格低于手中一个或两个买方价值时,成交才有收益,对于每一单位产品,用买方价值减去卖方报价,此差额即为收益。如果成交了两单位,则把收益加总得到本轮总收益。如果不能成交,则本轮收益记为零。

后五轮中的交易原则没有变化,只是把厂商明码标价改为双向口头拍卖,也就是买卖双方在2分钟时间内进行口头讨价还价,此时每位买方可分别与卖方就手中的每一单位产品讨价还价,但买方之间不得共谋。交易结束后,工作人员把每一成交价格与对应数量逐一写在黑板上,并提醒各被试做好记录。

(二)实验结果分析

将实验结果制成折线图,从价格和市场效率两个方面,比较明码标价与双向拍卖制度下对垄断均衡的理论预测偏离程度有何不同。实验数据记录在图6-14至图6-17中。

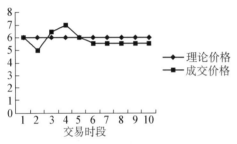

图6-14 第一次实验成交价格与理论价格　　图6-15 第二次实验成交价格与理论价格

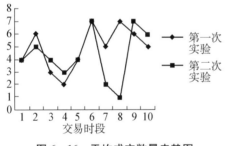

图6-16 平均成交数量走势图

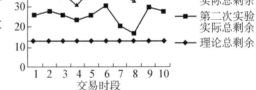

图6-17 实际总剩余与理论总剩余

价格偏离理论预测程度(每轮平均实际成交价格除以平均理论成交价格)与市场效率偏离理论预测程度(每轮实际总剩余除以理论总剩余)的计算结果列于表6-16与表6-17中。从价格、市场效率两方面来看,在垄断市场中,明码标价实验结果基本符合理论预测,垄断厂商在实现了利润最大化价格的同时,使市场效率低于竞争均衡市场的效率。双向拍卖市场运行的结果(包括价格、成交量、市场效率)在较大程度上偏离了垄断均衡预测,而趋向于竞争均衡市场的状态,即价格偏低,成交量增加,市场效率也显著改善。至于双向拍卖制度下垄断市场的运行结果能否达到或稳定于竞争均衡状态,尚需更多实验加以检验。

该次实验得出的一般性结论是:垄断市场运行绩效除了受到传统意义上如市场结构等因素的影响之外,同时会受到市场交易制度的影响,明码标价的垄断市场会出现垄断低效率现象;双向拍卖制度下的垄断市场未必就是低效率的,而可能趋向竞争均衡市场的运行效率。换句话说,即使是独家厂商,如果不采用明码标价制度,也可能难以实现事实上的垄断并获得垄断利润。这与已有文献的研究结论基本一致。这一实验结果有着非常重要的现实意义：对于垄断厂商的政府规制行为,可以选择从改善市场交易制度即价格形成制度入手。

表 6-16 第一次实验价格偏离与总剩余偏离

交易时段	1	2	3	4	5	6	7	8	9	10
价格偏离	1	0.833	1.083	1.167	1	0.917	0.917	0.881	0.889	0.917
总剩余偏离	1	1.269	0.808	0.577	1	1.154	1.54	1.269	1.071	1.154

表 6-17 第二次实验价格偏离与总剩余偏离

交易时间	1	2	3	4	5	6	7	8	9	10
价格偏离	1	0.833	1	1.167	1	1	0.786	1	0.786	0.811
总剩余偏离	1	1.154	1	0.808	1	1.346	0.577	0.269	1.308	1.154

五、经验和信用商品

(一)经验商品市场

道德风险指在信息不对称条件下,不确定或不完全的合同使负有责任的经济行为主体不承担其行动的全部后果,在最大化其自身效用的同时,做出不利于他人的行为的现象。信息不对称和道德风险是市场效率的严重障碍。如果消费者在购买前不能确定商品或服务的质量,那么卖家可能没有动力提供高质量的商品或服务。这在 20 世纪 80 年代进行的实验中已经得到了证明(Dejong et al.,1985;Holt and Sherman,1990;Lynch et al.,1986)。以林奇等(Lynch et al.,1986)实施的经验商品市场为例:在经验商品市场中,每个卖方必须选择生产低质量还是高质量的产品。卖方可以宣布自己提供的质量,但买方在购买前无法确定质量。实验结果是卖方形成以低质量生产为主的市场,原因在于高质量产品无法获得足够的收益来弥补较高的生产成本。

针对这个问题,经济学家们提出了一系列补救措施,并进行了实验测试。比如,通过有效的披露规则来防止卖方夸大其产品质量(Forsythe et al.,1999;Lynch et al.,1986)。从理论上看,这种补救措施具有一定的有效性;在现实市场中,通过信号传递、声誉形成和竞争机制等因素,或许也能起到一定作用。米勒和普洛特(Miller and Plott,1985)研究了昂贵的信号是否能阻止"柠檬市场"的结果。实验假设卖家被赋予了低质量或高质量的产品。对买方来说,产品质量是不可观察的,但卖方可以发出可观察的信号(考虑担保),对低质量的卖方来说这比高质量的卖方更加昂贵。交易在一个双重拍卖市场上进行,在这个市场上,买卖双方可以提交报价,要求提供具有特定信号水平的产品。实验结果表明,一些市场表现出(部分)合流。在传递高质量信号的边际成本较低的市场中,都会出现质量分离现象。一个典型的时间模式是,从低效率的高水平信号开始,到市场上出现清晰的质量信号分离现象,最后降到一个阻止低质量产品发送高信号的水平。

戴维斯和霍尔特(Davis and Holt,1994)研究了三人重复博弈实验。实验设置一个买方和两个卖方,买方在卖方中选择一个,被选定的卖方选择是提供低质量产品还是高质量产品。在经历了这次购买的质量水平后,买方在下一个时期从两个卖方中选择一个进行购买。这个博弈有多重均衡,其中一个均衡是,除了最后阶段,双方总是选择高质量的产品。导致这种结果的买方策略是,只有在之前购买商品始终为高质量的情况下,才会一直与同一卖方合作。结果表明,在重复 10 次的博弈下,高质量信号出现的比例为 0.63,而在重复 1 次或 2 次的博弈下,该比例为 0.25。

(二) 实验设计

哈克等(Huck et al.,2012)实施了一个信任博弈实验,也可以解释为具有固定价格和内生质量的经验商品市场。首先考虑一个有两个玩家的二元选择信任博弈,用图 6 - 18 中的扩展形式表现。委托人(买家)A 在"Y"(信任)和"X"(不信任)之间进行选择。在 A 选择"Y"之后,即如果被信任,受托人(卖家)B 可以在"右"(荣誉信托)和"左"(利用信托)之间进行选择。

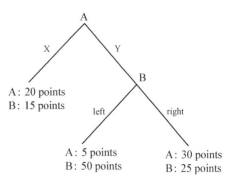

图 6 - 18　信任博弈的扩展形式

进而考虑将市场扩展至由四个买家和四个卖家组成。信息结构和匹配过程如表 6 - 18 所示。买家与卖家匹配可以是外生的(每轮中每个委托人被随机分配给一个受托人)或内生的(每轮中委托人选择受托人)。一个买家最多只能从一个卖家购买,一个卖家最多可以供货给四个买家。实验市场运行 30 个周期,信息结构和竞争过程沿两个维度发生变化(见表 6 - 18):在私有信息下,买方只知道卖方交付的质量;在完全信息下,买方可以知道所有卖方交付的质量。有了竞争,买家就可以决定要从哪个卖家购买;没有竞争,买家就被随机分配给卖家,然后决定是否购买。

表 6 - 18　实验的参数

	无竞争组	有竞争组
完全信息	fi-nc (72 名被试)	fi-c, fi-c-safe (2×72 名被试)
私有信息	pi-nc (72 名被试)	pi-c (72 名被试)
无信息	control (48 名被试)	

实验结果如表 6 - 19 所示,显示出较强的竞争效应。私人信息情况下(比较表 6 - 19 中的 *pi-nc* 和 *pi-c*),实验效率从没有竞争时的 36% 提高到有竞争时的 79%。可以看出,信任者在竞争中受益匪浅,他们的弹性收入(即超过每个时期 5 英镑的收入)增加了 32%(从 16.5 英镑增加到 21.8 英镑)。同时,受托人也从竞争中受益。他们的弹性收入增加了 47%(从 11.3 英镑增加到 16.6 英镑)。部分原因在于,在随机配对下,并非所有受托人都能充分利用各种可能性创造良好的声誉,而在竞争中这不是一个问题,因为委托人会选择精明的受托人。

表 6 - 19　总结果的概览

	Trust rate	Honor rate*	Efficiency rate	Trustor earnings	Trustee earnings
control	0.28 (0.09)	0.28 (0.15)	0.08 (0.04)	17.7 (1.23)	23.0 (2.79)
pi-nc	0.50 (0.12)	0.71 (0.08)	0.36 (0.11)	21.5 (1.20)	23.5 (1.86)
fi-nc	0.51 (0.16)	0.69 (0.16)	0.36 (0.19)	21.6 (2.54)	23.6 (1.48)
pi-c	0.86 (0.08)	0.92 (0.05)	0.79 (0.07)	26.8 (1.03)	25.4 (1.65)
fi-c	0.90 (0.07)	0.94 (0.03)	0.85 (0.07)	27.7 (0.90)	25.3 (0.95)
fi-c-safe	0.75 (0.17)	0.82 (0.18)	0.62 (0.22)	24.1 (3.00)	21.85+15 (1.42)
Effect of competition					
fi-c vs *fi-nc*	$p=0.000$	$p=0.000$	$p=0.000$	$p=0.000$	$p=0.012$
fi-c vs *fi-c-safe*	$p=0.008$	$p=0.001$	$p=0.002$	$p=0.001$	$p=0.000$
fi-c-safe vs *fi-nc*	$p=0.005$	$p=0.050$	$p=0.014$	$p=0.019$	$p=0.000$
pi-c vs *pi-nc*	$p=0.000$	$p=0.000$	$p=0.000$	$p=0.000$	$p=0.031$
Effect of information					
control vs *pi-nc*	$p=0.000$	$p=0.000$	$p=0.000$	$p=0.000$	$p=0.012$
fi-c vs *pi-c*	$p=0.115$	$p=0.149$	$p=0.032$	$p=0.033$	$p=0.281$
fi-ne vs *pi-nc*	$p=0.490$	$p=0.441$	$p=0.475$	$p=0.475$	$p=0.390$

标准差已在括号中给出。p 值指单侧 Mann-Whitney U 检验的处理差异。

＊荣誉率根据受托人在特定时期内拥有的委托人数量来衡量。如果一个受托人有 $n \leqslant 4$ 个委托人,他就被认为值得被信任 n 次。

从以上图表和分析中可以得出,从何处购买的竞争机制可以约束卖家,从而增加买家的购买意愿。另一方面,即使没有竞争,卖家形成声誉也是一件很重要的事。在排除重复购买的对照组实验中,实验效率低至 8%。此外,声誉信息是私有的还是完全的并不重要,因为买家似乎主要关注自己的购买经历,而不是其他买家的经历。在后续论文中,哈克等(Huck et al.,2016)介绍了经验商品市场的价格竞争。结果证明,价格竞争对市场效率产生了强烈的负面影响,因为买家不再只关注卖家的声誉,而是会被低价吸引。然而,这些低价通常由信誉较差的卖家提供。

(三) 信用商品市场

信用商品(如汽车修理或医疗)的市场比经验商品的市场更为复杂,因为信用商品的质量即使在购买后也不能由买方评估。此时,买方可能会面临三类问题:过度处理(进行了不必要的修理)、处理不足(未进行必要的修理)和过度收费(收取未经处理的修理费)。

杜勒克等(Dulleck et al.,2011)实现了一个复杂的实验设置:卖家首先为低质量和高质量产品定价,买家决定是否从卖家那里购买;大自然向卖家揭示了买家是需要低质量还是高质量,然后卖家决定供应低质量产品还是高质量产品,以及是收取低价格还是高价格。在 $2 \times 2 \times 2 \times 2$ 设计中,杜勒克等(Dulleck et al.,2011)研究了四种潜在补救措施的效力:竞争(买方可以在卖方之间选择)、声誉形成(买方可以识别卖方)、法定责任或义务(卖方不能提供不足)和可验证性(卖方不能多收费用)。根据理论均衡结果预测,可验证性和责任义务是解决道德风险问题的有效补救措施,而声誉和竞争则不是。实验结果表明,当没有潜在的补救措施时,市场效率很低(18%),市场失灵是对信用商品的真正威胁。引入竞争没有提高市场效率(13%),而形成声誉的结果则稍好一些(效率为27%)。信誉的形成对于信用商品似乎不如经验商品有效,可能是因为买家即使在事后也不能观察质量。另一个主要结果是,责任义务是针对市场失灵的有效补救措施(效率为84%),而可验证性则完全没有作用(效率为16%)。一个原因是,验证的有效性取决于卖方是否收取正确的价格,而责任义务对于买方是否获得不充分待遇的影响是直接的。然而,责任义务制度下也会导致更高的商品价格(这对医疗保健和药品市场价格可能是一个很好的解释)。

以上实验结果都证明,如果玩家无限自私,那么他们的机会主义行为程度比预期的要低。根据相关领域数百项实验研究的证据,社会偏好和基于信仰的动机可以对道德风险进行检查。贝克等(Beck et al.,2013)提供了有针对性的证据,证明卖方做出无约束力承诺的可能会减少机会主义行为。根据厌恶内疚模型(Battigali and Dufwenberg,2007),许多卖家不希望辜负买家在得到公平待遇后对他们的信任。另一方面,克什巴默等(Kerschbamer et al.,2015)深入研究了可验证性,发现可能是社会偏好导致其成为一种相对无效的补救措施。不同卖家的社会偏好不同(同样的价格对某些卖家来说是积极的,对其他卖家来说是消极的),这导致很难找到一组价格,使卖家在提供低质量和高质量产品之间保持无差异,而这是确保有效质量供应的可验证性所必需的。因此,我们面临的是社会偏好与制度有效性进行复杂相互作用的情景。

总之,实验证据表明,信息不对称和道德风险构成了真正的市场失灵。强有力的制度干预,如禁止虚假质量索赔的反欺诈规则或禁止提供不足的责任规则,都是有效的补救措施,需要进一步考虑的是其现实的可行性问题。而更加微妙的机制,如昂贵的信号和声誉形成,也可以产生一定的信任度,但似乎只有在其信息价值可以轻易评估,且不需要与其他属性(如价格)竞争的情况下,才可以发挥作用。

第四节　寡头市场的实验研究

一、合谋实验

本节采用囚徒困境博弈和双寡头垄断博弈来观察合谋的存在,其支付都可以用矩阵形式来表达。读者如果想更好地理解这种博弈中的被试所要面临的策略性环境,不妨考虑一下如

表 6-20 所示的支付矩阵,这是霍尔特(Holt,1985)所使用的古诺双寡头垄断博弈的支付表的简略版。被试可以选择 4 至 22 之间的任何产出数量,不过这里的表格只包括了原来的部分内容,因此我们只能看到 5 至 12 之间的产出所对应的支付;参与人的支付写在前面。从这个支付表的左上方往右下方看,很显然,对称性的完美合谋的产出数量为 6,此时双方的利润都是 81。再看"8"列,当列参与人选择的产出数量为 8 时,很显然行参与人的最佳反应是选择数量为 8 的产出;反过来也一样。因此,(8,8)是一个对称的古诺—纳什均衡。要生成这个支付表中的这些支付值,需要满足以下条件:一个线性的需求函数、不变的边际成本和能保证竞争均衡时的利润是 45 分的正常利润率(负的固定成本)。给定上述需求函数和成本函数,竞争均衡时每个参与人的产量都为 12,此时价格等于成本。

表 6-20　古诺双寡头垄断博弈的二维矩阵(行支付、列支付)

		列参与人的产品						
		5	6	7	8	9	10	11	12
行参与人的产品	5	80,80	77,84	75,87	72,89	70,90	67,90	65,89	62,82
	6	84,77	81,81	78,83	75,85	72,85	59,85	66,83	63,81
	7	87,75	83,78	80,80	76,81	73,81	69,80	66,78	62,75
	8	89,72	85,75	81,76	77,77	78,76	69,75	65,72	61,69
	9	90,70	85,72	81,73	76,73	72,72	67,70	63,67	58,63
	10	90,67	85,69	80,69	75,69	70,67	65,65	60,61	55,57
	11	89,65	83,66	78,66	72,65	67,73	61,60	56,56	50,51
	12	87,62	81,63	75,62	69,61	63,58	57,55	51,50	45,45

竞争均衡产量也是"一致猜测均衡"(consistent conjectures equilibrium,CCE)的预测产量。一致猜测均衡概念首先由布雷斯纳汉(Bresnahan,1981)提出。早期的寡头垄断理论一直饱受"猜测度差"(conjectural variation)不确定性的困扰,一致猜想均衡概念就是一种用来确定多种可能的猜测度差当中的哪一种与真实反应一致的方法。从技术上看,要发现一致猜测,就是要取卖者的各种一阶条件的全微分(当这些条件包含了猜测的反应时),再令其符合一个一致性条件——对其他人的决策的实际反应等于猜测的反应。根据一致猜测博弈理论的预测,产品同质,拥有线性需求函数、成本不变的双寡头垄断市场将产生竞争性价格。这些结构性假设在下文将要讨论的福莱克和西格尔(Fouraker and Siegel,1963)的实验中,全部得到了满足,而且他们观察到了竞争性很强的结果。

不过,福莱克和西格尔的实验未能清晰地把古诺均衡结果与一致猜测均衡结果(在他们的实验环境中,就是竞争均衡结果)区分开来,一部分原因是在福莱克和西格尔设置的实验环境中,一致猜测均衡结果/竞争均衡结果的利润是零。一般而言,参加实验的被试总是有理由相信自己能够从一局实验中赚到数量相当可观的钱,因此如果均衡带来的收益是零,那么被试的行为就不太可能稳定地收敛到这个均衡所预测的区间上。为了给一致猜测均衡一个成功的机会,将所有收入项增加 45 分,从而得出了如表 6-20 所示的支付表。这样一来,产量为 12 时的支付(45,45)也能够给予被试足够的激励。

运用这些设置的完全信息,双寡头垄断市场实验已经进行了好几场。在其中一场实验中,12 位被试成功地在重复进行 10 轮的单阶段博弈中实现了与不同伙伴的再配对(Holt,1985)。在实验中,12 位被试分成两组(每组 6 人),并被安排在两个毗邻的房间内。被试之间相隔着一段距离,任何人都不可能看到其他人的决策表。每位参与实验的被试都被分配了一个编号,它写在各被试的决策表上。然后让被试看可以与自己进行配对的其他被试的编号序列。被试明白,自己在每轮实验中都会与不同的人配对。在一轮实验开始时,被试有几分钟的时间完成一个数量决策并在确定后将其记录下来,然后所有被试的决策表都被收集起来,进行配对。与某位被试配对的"另一位卖者"的数量和该被试自己的收益都被记录在决策表上,然后返还给被试。

图 6-19 给出了每隔三次配对(即第 1、4、7、10 次配对)的数据的频数分布。在一开始,产量决策相当一致,分布在 5 到 11 之间,图中靠前的部分中代表第一次配对或第一轮实验("pd.1")的色带相当平滑,就可以说明这一点。而在第 4 次配对中,12 位被试中有 2 位仍然选择合作,但是在产量 8 或 9 处,已经出现了明显的隆起。到第 7 次配对时,出现频率最高的产量是 9,而且一些选择了这个产量的被试还在这一轮实验的"意见单"上写下了关于相对收益的评论。比如说,一位在第 6 轮中决定自己的产量为 9 的被试写道:"如果产量从 8 变为 9,则只会导致 1 分的损失。但这可以使另外的企业的利润下降。"这位卖者在最后一次配对中选择的产量为 8,而大多数人的产量都回到了古诺均衡的水平上。

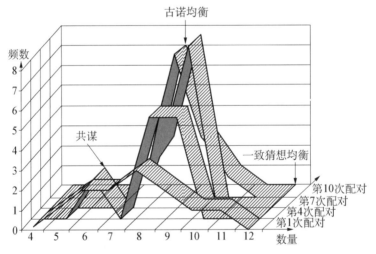

图 6-19 一个重复了 10 轮的单阶段古诺双寡头博弈实验中的
第 1、4、7、10 次配对中的产量决策的频数分布

二、合谋的效率

在囚徒困境博弈实验(Dawes,MacTavish and Shaklee,1977)和封闭竞标拍卖实验(Isaac and Walker,1985)中,直接表达出来的口头商讨一般都能促进合作的达成。道惕和福思赛(Daughety and Forsythe,1987a,1987b)与班热等(Binger et al.,1990)的实验都表明,在重复古诺博弈实验中,面对面的无约束力的团队讨论能够有效地提高价格(在交易周期开始前的讨

论结束后,各卖者才分别在私下进行数量决策)。此外,道惕和福思赛的实验(Daugherty and Forsythe,1987a)还表明,只要在一场实验的第一个交易周期给予被试合谋的机会,就会产生一种延伸效应,即使在后面的交易周期内不允许交流,这种效应也能够延续下去。与此相类似的发现还有艾萨克、拉米和威廉姆斯(Isaac,Ramey and Williams,1984),在他们的明码要价市场实验中,如果被试有机会在交易周期开始前进行面对面交流,并讨论无约束力的合谋方案,那么提出的要价就会变得更高。事实上,明码要价共谋所保证的价格最终实现的可靠性与垄断一样高,但是其垄断效率则要低一些,这些在表 6-21 中都可以看得很清楚。

表 6-21　共谋的效果

	(偏离竞争均衡水平的)价格	市场效率(%)	垄断效率(%)
理论竞争均衡水平	0.00	100	0
存在共谋的双向拍卖市场	0.15	92	38
不存在共谋的明码要价拍卖市场	0.03	90	—15
存在共谋的明码要价拍卖市场	0.27	85	17
垄断的明码要价市场	0.28	85	45
理论垄断水平	0.60	85	100

艾萨克、拉米和威廉姆斯在类似设置下进行了一系列双向拍卖实验,结果发现无约束力的交流似乎并不能提高合作水平。这个结果与艾萨克和普洛特(Isaac and Plott,1981)于更早时候进行的关于双向拍卖市场中的共谋问题的实验结果是一致的。双向拍卖市场中的共谋之所以失败,可能是因为在双向拍卖交易过程中,卖者始终面临着强大的降价诱惑。在哈里森和麦基(Harrison and Mckee,1985)的实验中,无约束力的群体共谋也被归为无效。在他们设计的明码要价市场中,卖者的成本是递减的,而买者则是计算机模拟的交易者。这些实验中合谋走向破裂的原因可能是,在成本递减的环境中,卖者减价促销的动机非常强烈。

三、南京大学的实验案例

2019 年 11 月 7 日,南京大学商学院实验室进行了寡头垄断下合谋机制的课堂实验,被试为经济系大二学生,并将课堂成绩作为激励手段。实验研究了在保持 Bertrand 寡头价格竞争模型的大致框架下(略有改动,将厂商的成本函数从线性的改为下凸函数),两个寡头的成本函数是否相同以及偏差的程度会如何影响两个寡头的定价选择。

(一) 实验设计

详见本章附录。

(二) 实验结果

运用在各种成本条件下的实验证据来检验最初的假设:成本不对称程度越高,共谋程度越低。

1. 市场价格(market price)

指两家公司在一个市场上公布的最低价格,这是消费者在市场中获得商品的价格。

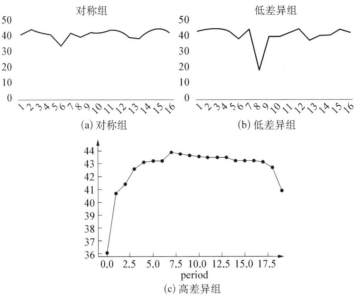

(a) 对称组

(b) 低差异组

(c) 高差异组

图 6-20 三个实验的平均市场价格折线图

在成本对称的实验中,被试第 1 期的平均价格略高于 40,在前 5 期达到 41 左右的水平,然后或多或少地稳定在这个高水平上。数据偏高的原因可能在于,被试大多具有商科背景,学习过相关知识,所以很快便选择了集体收益最大化——共谋(也就是 44 的价格水平),导致平均市场价格偏高。

在成本低差异组的实验中,除一个特例外,16 组被试 20 轮的平均市场价格在 36～43 的区间内。这比曼-惠特尼 U(Mann-Whitney U)的实验结果(35～42)的上下限都高出一个单位,可能是由于被试多具有商科背景。在低差异的情况下,任何一家公司都不会损失的最低均衡价格是 33,所以理性的被试不会使市场价格低于 33,并在此基础上追求更高的收益。但由于成本差异,企业的收益不再完全一致。在两家公司收取相同价格的条件下,低成本公司的收益以 43 的价格最大化,而高成本公司的收益以 45 的价格最大化。理性的低成本公司不会使定价超过 43;高成本公司的价格如果高于低成本公司的价格,收益将为 0,因而高成本公司的价格也不能超过 43。从这一点看出,低成本的差异实际上有助于公司协调和接近低成本的卡特尔利润。由于在最后一轮,被试双方可预期到之后不再需要合作,被试将降价来试图独占市场。排除这种情况,多数被试组在前 19 轮进行了协调共谋,并接近低成本的卡特尔利润(43)。

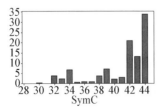
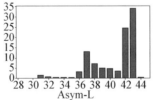
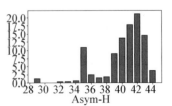

图 6-21 三种成本情况下市场价格分布的直方图

在成本高差异组的实验中,16 组被试的平均市场价格在前 7 期中不断上升,并在 8～18 期中保持相对稳定,始终高于 43;最后两轮的平均市场价格仍是由于结束博弈效应而急剧下降。总体来说,市场价格保持了较高水平,且在实验中期更为稳定。按预测情况来看,低成本厂商如果降低自己的定价,本可以大幅提高自己的获利,而数据显示多数被试依然选择了共谋。考虑到被试存在"不想动脑"的情况,这种结果或许就变得可以理解了。

图 6-21 显示了三种成本情况下市场价格分布的直方图,纵轴为每一市场价格数所占百分比。可以看出,对称成本下市场价格的分布基本是单峰的,最常选择的价格就是完全共谋时的价格 44;低成本差异下选择最多的市场价格 43 也是低成本公司达到利润最大化时的价格;高成本差异下选择最多的价格 42 同样是低成本公司实现最大利润的定价,而另一个选择次数峰值的价格 35 则是在不合谋时不遭受损失的最低价格。总体来看,对称成本下的价格分布较为均匀而非对称成本下的市场价格则多聚集于高处,因此并没有明显的证据显示对称相较于不对称成本更有利于定价(见表 6-22)。

表 6-22　三个实验的市场价格对比

	市场价格		
	Symc	Asym-L	Asym-H
1～10 轮	40.81	40.44	39.8
(Mann-Whitney U)	(2.806)	(2.539)	(2.40)
11～20 轮	41.24	40.77	40.3
(Mann-Whitney U)	(2.995)	(2.198)	(2.58)
1～20 轮	41.03	40.607	40.1
(Mann-Whitney U)	(2.585)	(2.336)	(2.37)

可观察到,三种成本条件下的平均市场价格大致相同,对称成本的实验中平均市场价格略高于非对称成本的实验;与此同时,标准误差的大小显示出非对称成本情况中数据的分散程度要略低于对称成本的情况。根据假设来看,共谋水平越高,则厂商的定价更为接近卡特尔价格,此时它们拥有更高的定价能力,因此成本对称性越高的市场应该拥有更高的市场价格。然而以上的数据较为接近,并没有显现出平均市场价格上的显著差异。通过市场价格的比较,我们并没有发现市场价格随成本不对称水平升高而下降的证据。

2. 超均衡定价次数(supra Nash price count)和 Supra Nash 价格指数(supra price Nash index)

超均衡定价次数指测量的市场价格恰好严格高于最高纳什均衡价格的次数。由于在三种不同成本情况的实验中,达到纳什均衡的价格区间以及能够使两个寡头厂商获得最大利润的定价均不一致,上述使用绝对市场价格来比较的方法不能够衡量市场主体偏离纳什博弈的定价能力。因此采用这一指标来进行分析。

Supra Nash 价格指数的定义为(p-NEH)/NEH,其中 p 表示市场价格,NEH 表示一次博弈中的最高纳什均衡。这是另一种避免使用绝对市场价格来比较的方法。在该指数中,三种成本中的 NEH 分别采用 SYM 中的 39,ASYM-L 中的 38 以及 ASYM-H 中的 36。与超均衡定价指数相比,该指数有效地控制了三种处理方法的最高纳什均衡价格是不同的,使偏离纳什价格的偏差正常化。

表 6-23 三个实验对纳什价格的偏离对比

	超均衡定价次数			Supra Nash 价格指数		
	Symc	Asym-L	Asym-H	Symc	Asym-L	Asym-H
1~10 轮	7.4	7.357	8.3	0.046 6	0.064 2	0.105
(Mann-Whitney U)	(3.039)	(3.386)	(2.68)	(0.071 9)	(0.066 8)	(0.06)
11~20 轮	7.3	7.786	8.4	0.057 5	0.071 2	0.120
(Mann-Whitney U)	(3.579)	(3.529)	(3.36)	(0.076 8)	(0.061 2)	(0.07)
1~20 轮	14.6	15.071	16.8	0.052 1	0.068 6	0.113
(Mann-Whitney U)	(5.840)	(6.475)	(5.78)	(0.066 3)	(0.061 5)	(0.06)

对于成本相同的情况,21~39 的定价都在均衡的范围之内,超过 39 的即是超过均衡定价的情况。超均衡定价次数和 Supra Nash 价格指数这两个指标也都偏高,同样是因为一部分被试选择了集体收益最大化一共谋(也就是 44 的价格水平)。对于低成本差异的情况,22~38 的定价都在均衡的范围之内,超过 38 的即是超过均衡的定价。低差异组中超均衡定价次数略高于 Mann-Whitney U 的实验结果,除专业背景外,还可能和此次被试风险偏好偏高有关。Supra Nash 价格指数在实验前半部分略高于 Mann-Whitney U 实验结果,后半部分则略低,原因可能有二,一是被试前半部分进入状态较快,二是由于时间关系,实验总次数比 Mann-Whitney U 少,所以前后差异相对来说可能没有那么明显。对于高成本差异的情况,23~36 的定价都在纳什均衡的区间之内,超过 36 的即是超过均衡的定价。超均衡定价次数和 Supra Nash 价格指数均远高于 Mann-Whitney U 实验结果。

3. 共谋指数(collusion index)

$$\text{Collusion Index} = \frac{\pi^{\text{Observed}} - \pi^{\text{HighestNash}}}{\pi^{\text{Cartel}} - \pi^{\text{HighestNash}}}$$

π^{Observed} 表示两个厂商实际取得的利润和,$\pi^{\text{HighestNash}}$ 表示在最高纳什均衡时两个厂商的利润和,π^{Cartel} 表示最大联合利润。该指数衡量了公司在多大程度上设法将利润增加到高于最高纳什均衡利润并接近卡特尔利润。共谋指数在最大联合利润时等于1,如果两个卖方选择最高纳什均衡价格,则等于 0。

表 6-24 三个实验的共谋指数对比

	Collusion Index		
	Symc	Asym-L	Asym-H
1~10 轮	−0.824	−0.345 5	−1.398
(Mann-Whitney U)	(0.669)	(0.469)	(1.74)
11~20 轮	−0.325	−0.049 4	0.098
(Mann-Whitney U)	(0.376)	(0.388 1)	(0.88)
1~20 轮	−0.574	−0.197 5	−0.650
(Mann-Whitney U)	(0.470)	(0.351 3)	(1.17)

在成本相同和低差异组中,所有时间范围内,共谋指数一直是负的,这表明受试者的表现并不比纳什博弈下的平均水平更好。这一数据可以证明此实验不存在场外信息干扰(隔离设计有效)。高差异实验的前十轮共谋指数为负,后十轮共谋指数为正,这表明随着时间的推移,被试双方逐渐实现了更好的合作,联合利润更接近卡特尔的情况。

4. 价格协调次数(price coordination count)

考虑市场上两家公司选择相同价格的平均周期数,即价格协调次数。事实上,对称性也有助于沿着这个维度前进。我们简要分析了不对称性对公司发布相同价格的能力的影响,发现实验前半部分的价格协调次数明显小于实验后半部分,这体现了一个收敛的过程。

表 6 - 25　三个实验的价格协调次数对比

	Collusion Index		
	Symc	Asym-L	Asym-H
1～10 轮	7.4	5.642 8	5.4
(Mann-Whitney U)	(2.472)	(2.607 9)	(2.19)
11～20 轮	8.1	8.571 4	8.3
(Mann-Whitney U)	(1.798)	(1.720 2)	(2.41)
1～20 轮	15.5	14.214 3	13.7
(Mann-Whitney U)	(3.240)	(3.426 3)	(3.68)

过去的研究以及我们的理论预测似乎表明,更为对称的成本有利于共谋。然而我们的实验却没有找到对称市场比不对称市场更有利于合谋的证据。相反地,根据我们采用的一些方法(超均衡定价次数、Supra Nash 价格指数、共谋指数、收敛性),实际上得到了相反的结果,即不对称成本条件下的厂商能够更经常地协调、更早地在相同的价格上趋同,从而取得更接近卡特尔的利润。因此在凸成本的条件下,具有不对称成本条件的市场更具有稳定性,这些市场中厂商制定同样价格、分割生产的动机较高。

参考文献

[1] Bresnahan T F. Duopoly models with consistent conjectures[J]. American Economic Review,1981.

[2] Coursey D,Isaac R M,Smith V L. Natural monopoly and contested markets:Some experimental results[J]. Journal of Law & Economics,1984,27(01):91 - 113.

[3] Coyle,Eugene P. Public Regulation:New perspectives on institutions and policies[J]. Journal of Economic Issues,1988,22(03):899 - 902.

[4] Daugherty A F,Robert F. The Effects of industry-wide price regulation on industrial organization[J]. Journal of Law Economics & Organization,1987,(02):397 - 434.

[5] Davis D D,Holt C A. Equilibrium cooperation in two-stage games:Experimental evidence[J]. International Journal of Game Theory,1999,28(01):89 - 109.

[6] Davis D D,Holt C A. Markets with posted prices:recent results from the laboratory[J]. Investigaciones Economicas,1996(20):291 - 320.

[7] Davis D D,Williams A W. The Hayek hypothesis in experimental auctions:Institutional effects and market power[J]. Economic Inquiry,1991(29).

［8］ Dawes R M, Mctavish J, Shaklee H. Behavior, communication, and assumptions about other people's behavior in a commons dilemma situation［J］. Journal of Personality & Social Psychology, 1977, 35(01):1 - 11.

［9］ Easley D, Ledyard J. Theories of price formation and exchange in double oral auctions ［J］. Working Papers, 1986.

［10］ Fouraker L E, Siegel S. Experimental studies. (Economics and the social sciences: Bargaining behavior)［J］. Sci, 1964, 144(03):214 - 215.

［11］ Friedman D, Ostroy J. Competitivity in auction markets: An experimental and theoretical investigation［J］. The Economic Journal, 1995, 105(428): 22 - 53.

［12］ Harrison G W, McKee M. Monopoly behavior, decentralized regulation, and contestable markets: An experimental evaluation［J］. Rand Journal of Economics, 1985, 16(01):51 - 69.

［13］ Holt C A, Charles A. An experimental test of the consistent-conjectures hypothesis［J］. American Economic Review, 1985(75):314 - 325.

［14］ Holt C A. The exercise of market power in laboratory experiments［J］. Journal of Law & Economics, 1989, 32(02):107 - 130.

［15］ Hong J T, Plott C R. Implications of rate filing for domestic dry bulk transportation on inland waters: An experimental approach［J］. Working Papers, 2000.

［16］ Isaac R M, Plott C R. The opportunity for conspiracy in restraint of trade: An experimental study［J］. Journal of Economic Behavior & Organization, 1981, 2(01):1 - 30.

［17］ Isaac R M, Ramey V, Williams A W. The effects of market organization on conspiracies in restraint of trade［J］. Journal of Economic Behavior & Organization, 1984, 5(02): 191 - 222.

［18］ Isaac R M, Walker J M. Information and conspiracy in sealed bid auctions［J］. Journal of Economic Behavior & Organization, 1985, 6(02):0 - 159.

［19］ Miller R M, Plott C R, Smith V L. Intertemporal competitive equilibrium: An empirical study of speculation［J］. Working Papers, 1977, 91(04):599 - 624.

［20］ Murphy J L. Effects of the threat of losses on duopoly bargaining［J］. Quarterly Journal of Economics, 1966, 80(02):296 - 313.

［21］ Plott C R, Gray P. The multiple unit double auction［J］. Journal of Economic Behavior & Organization, 1990, 13(02):245 - 258.

［22］ Plott C R, Uhl J T. Competitive equilibrium with middlemen: An empirical study［J］. Southern Economic Journal, 1981(47):1063 - 1071.

［23］ Plott C R, Wilde L L. Professional diagnosis versus self diagnosis: An experimental examination of some special features of markets with uncertainty［R］. 1982.

［24］ Porter M E, Robert H. A review essay on handbook of industrial organization［J］. Journal of Economic Literature, 1991(29):553 - 572.

［25］ Smith P V L. An experimental examination of two exchange institutions［J］. Review of Economic Studies, 1978, 45(01):133 - 153.

［26］ Smith V L. An experimental study of competitive market behavior［J］. Journal of Political Economy, 1962, 70(03):322 - 323.

［27］ Vickrey W. Counter speculation, auctions, and competitive sealed tenders［J］. Journal of Finance, 1961, 16(01):8 - 37.

［28］ 卜国琴,张耀辉,卢云峰.产业组织理论演变与实验经济学的影响［J］.产业经济评论, 2005,4(01):133 - 142.

[29] 卜国琴.垄断市场中市场交易制度比较的实验报告[C]//2011年信息技术,服务科学与工程管理国际学术会议.

[30] 道格拉斯·D.戴维斯,查理斯·A.霍尔特.实验经济学[M].连洪泉,左聪颖,译.北京:中国人民大学出版社,2013.

[31] 高广鑫.考虑决策者心理行为的若干拍卖问题研究[D].东北大学,2016.

[32] 刘冀琼,陶薇,孙英,王晓雨.互联网退运保险面临的问题及创新改进策略建议[J].物流工程与管理,2019,41(10):146-149.

[33] 武志伟,陈莹.电子商务模式与传统交易模式的比较研究——来自实验经济学的证据[J].软科学,2013(12):124-129.

[34] 约翰·H.卡格尔,埃尔文·E.罗斯.实验经济学手册[M].贾拥民,陈叶烽,译.北京:中国人民大学出版社,2015.

[35] 张鸿武,魏旗.双向口头拍卖与明码标价交易的价格形成比较[J].当代经济,2015(17).

附录　双寡头定价的合谋机制课堂实验设计

一、实验目的

探究在保持伯特兰德(Bertrand)寡头价格竞争模型的大致框架下(略有改动,将厂商的成本函数从线性的改为下凸函数),两个寡头的成本函数是否相同,以及偏差的程度会如何影响两个寡头的定价选择。

二、实验设计

设置三个对比实验,记这三个实验编号分别为1、2、3,见表6-26。

表6-26　实验设置

实　验	厂商成本差异	厂商成本函数
1	无成本差异	$c=0.6q^2$
2	成本差异小	$c_1=0.55q^2,c_2=0.65q^2$
3	成本差异大	$c_1=0.5q^2,c_2=0.7q^2$

根据伯特兰德模型,两寡头同时选择价格,定价低的一方获得整个市场的份额,另一方没有任何份额;若两寡头价格相同,则平分整个市场。需求函数和成本函数在每组实验中的参数和算法已给出,也就是说,一旦两寡头给出各自的价格选择,他们的收益也就随之确定。根据这一规则,可计算四种成本函数对应的价格—收益表。

第二次实验:在第一次结束后,回收收益表和填写表,重新发放新的收益表和填写表,重复上述流程,直到结束。

三、实验步骤

1.准备实验。共48位被试,两人一组互为对手博弈方,同组两人互不知道对手是谁,并分别坐在两个教室防止通过交流进行合谋,共 24 组。将 24 组分为三类,记为 A、B、C,每类 8 组。A 类的被试组第一次进行实验 1,第二次进行实验 2;B 类的被试组第一次进行实验 1,第二次进行实验 3;C 类的被试组第一次进行实验 2,第二次进行实验 3。这样保证每组实验的被试人数一致。

2. 被试按照分组与座位就坐,实验人员发放收益表和价格填写表,被试填写基本信息。

3. 实验讲解。实验人员讲解实验规则,并回答被试问题,指导被试阅读实验说明,确保被试完全理解实验规则。

4. 开始实验。每一轮实验中,被试填写这一轮的定价,实验人员确认后,将一组内两个人的定价公布,由被试自行在收益表中查询自己的收益,然后填写在表格中。进行 20 轮之后,算出总收益。

5. 第一次实验结束后,回收收益表和价格填写表,中场休息后重新发放新的收益表和填写表,重复上述流程,直到结束。

四、实验说明

本次实验是一个定价游戏。两个人分为一组,为了防止恶意共谋的可能,这两个人会被分在不同的教室。假定组内的两个人是某行业的双寡头,在每一轮,两个人同时定价,定价的范围是 10 元到 20 元,取整数。定价较低者将独占整个市场,获得所有的需求,定价较高者的市场份额为 0,即没有任何收益和亏损。如果双方定价相同,那么将平分市场份额。

为了使实验结果清楚明晰,我们将会提供得益表格,示例表格见表 6-27(正式实验时以发放的表格为准)。假如你选择定价 40 元,就把 40 元填入定价表中对应位置。接下来,工作人员会收集你和对手的定价,然后公布给你们;如果你的对手定价高于 40 元,那么你将独占市场,获得第一列对应的 640 元;如果你的对手定价也是 40 元,那么你们平分市场,你将获得第二列对应的 560 元;如果你的对手定价比你低,那么你将失去整个市场,获得 0 元。每位被试根据自己和对手的定价,自行查阅表格,把对应的得益数据填入表格。

表 6-27 得益表格比例

你的价格	你的价格最低 时你的利润	双方价格相等 时你的利润	你的价格不是最低 时你的利润
10	−3 485	−659	0
38	525	540	0
39	585	551	0
40	640	560	0
41	689	567	0
42	733	572	0
50	875	531	0

五、实验表格

四种成本函数对应的价格—收益表见表 6 - 28—表 6 - 32：

表 6 - 28　实验 1(对称式) $c = 0.6q^2$ 的价格—收益表

你的价格	当你的价格最低时你的利润	当双方价格相等时你的利润	当你的价格不是最低时你的利润
10	−3 485	−659	0
11	−3 265	−587	0
12	−3 050	−517	0
13	−2 842	−449	0
14	−2 639	−383	0
15	−2 441	−320	0
16	−2 250	−258	0
17	−2 064	−199	0
18	−1 883	−142	0
19	−1 709	−88	0
20	−1 540	−35	0
21	−1 377	15	0
22	−1 219	64	0
23	−1 068	110	0
24	−922	154	0
25	−781	195	0
26	−647	235	0
27	−518	272	0
28	−394	307	0
29	−277	340	0
30	−165	371	0
31	−59	400	0
32	42	426	0
33	136	451	0
34	225	473	0
35	309	493	0
36	386	511	0
37	458	526	0

(续 表)

你的价格	当你的价格最低时 你的利润	当双方价格相等时 你的利润	当你的价格不是最低时 你的利润
38	525	540	0
39	585	551	0
40	640	560	0
41	689	567	0
42	733	572	0
43	770	574	0
44	802	575	0
45	829	573	0
46	849	569	0
47	864	563	0
48	874	554	0
49	877	544	0
50	875	531	0

表 6-29 实验 2(低差异)$c_1 = 0.55q^2$ 的价格—收益表

你的价格	当你的价格最低时 你的利润	当双方价格相等时 你的利润	当你的价格不是最低时 你的利润
10	−3 124	−568	0
11	−2 916	−499	0
12	−2 714	−433	0
13	−2 518	−368	0
14	−2 327	−305	0
15	−2 141	−245	0
16	−1 961	−186	0
17	−1 786	−130	0
18	−1 617	−76	0
19	−1 453	−24	0
20	−1 295	26	0
21	−1 142	74	0
22	−995	120	0
23	−853	163	0
24	−717	205	0

（续　表）

你的价格	当你的价格最低时 你的利润	当双方价格相等时 你的利润	当你的价格不是最低时 你的利润
25	−586	244	0
26	−461	281	0
27	−341	316	0
28	−226	349	0
29	−117	380	0
30	−14	409	0
31	84	436	0
32	177	460	0
33	264	483	0
34	345	503	0
35	422	521	0
36	492	537	0
37	557	551	0
38	617	563	0
39	671	572	0
40	720	580	0
41	763	585	0
42	801	589	0
43	833	590	0
44	860	589	0
45	882	586	0
46	897	581	0
47	908	574	0
48	913	564	0
49	912	553	0
50	906	539	0

表 6–30　实验 2(低差异) $c_2 = 0.65q^2$ 的价格—收益表

你的价格	当你的价格最低时 你的利润	当双方价格相等时 你的利润	当你的价格不是最低时 你的利润
10	−3 846	−749	0
11	−3 613	−674	0

（续　表）

你的价格	当你的价格最低时你的利润	当双方价格相等时你的利润	当你的价格不是最低时你的利润
12	−3 387	−601	0
13	−3 166	−530	0
14	−2 951	−461	0
15	−2 742	−395	0
16	−2 538	−331	0
17	−2 341	−269	0
18	−2 150	−209	0
19	−1 964	−151	0
20	−1 785	−96	0
21	−1 611	−43	0
22	−1 444	8	0
23	−1 282	56	0
24	−1 126	102	0
25	−977	146	0
26	−833	188	0
27	−695	228	0
28	−563	265	0
29	−436	301	0
30	−316	333	0
31	−202	364	0
32	−94	393	0
33	9	419	0
34	105	443	0
35	196	465	0
36	281	484	0
37	359	501	0
38	432	517	0
39	499	529	0
40	560	540	0
41	615	548	0
42	664	555	0
43	707	558	

你的价格	当你的价格最低时 你的利润	当双方价格相等时 你的利润	当你的价格不是最低时 你的利润
44	745	560	0
45	776	560	0
46	801	557	0
47	821	552	0
48	834	545	0
49	842	535	0
50	844	523	0

表 6-31　实验 3(高差异)$c_1=0.5q^2$ 的价格—收益表

你的价格	当你的价格最低时 你的利润	当双方价格相等时 你的利润	当你的价格不是最低时 你的利润
10	−2 763	−478	0
11	−2 568	−412	0
12	−2 378	−349	0
13	−2 194	−287	0
14	−2 015	−227	0
15	−1 841	−170	0
16	−1 672	−114	0
17	−1 509	−61	0
18	−1 351	−9	0
19	−1 198	40	0
20	−1 050	88	0
21	−908	133	0
22	−771	176	0
23	−639	217	0
24	−512	256	0
25	−391	293	0
26	−275	328	0
27	−164	361	0
28	−58	392	0
29	42	420	0
30	138	447	0

（续　表）

你的价格	当你的价格最低时你的利润	当双方价格相等时你的利润	当你的价格不是最低时你的利润
31	227	471	0
32	312	494	0
33	391	514	0
34	466	533	0
35	534	549	0
36	598	564	0
37	656	576	0
38	710	586	0
39	757	594	0
40	800	600	0
41	837	604	0
42	870	606	0
43	896	606	0
44	918	604	0
45	934	599	0
46	946	593	0
47	951	584	0
48	952	574	0
49	947	561	0
50	938	547	0

表 6-32　实验 3(高差异)$c_2 = 0.7q^2$ 的价格—收益表

你的价格	当你的价格最低时你的利润	当双方价格相等时你的利润	当你的价格不是最低时你的利润
10	−4 208	−839	0
11	−3 962	−761	0
12	−3 723	−685	0
13	−3 490	−611	0
14	−3 263	−539	0
15	−3 042	−470	0
16	−2 827	−403	0
17	−2 619	−338	0

（续　表）

你的价格	当你的价格最低时你的利润	当双方价格相等时你的利润	当你的价格不是最低时你的利润
18	−2 416	−276	0
19	−2 220	−215	0
20	−2 030	−158	0
21	−1 846	−102	0
22	−1 668	−49	0
23	−1 497	2	0
24	−1 331	51	0
25	−1 172	98	0
26	−1 019	142	0
27	−872	184	0
28	−731	223	0
29	−596	261	0
30	−468	296	0
31	−345	328	0
32	−229	359	0
33	−119	387	0
34	−15	413	0
35	83	436	0
36	175	458	0
37	260	477	0
38	340	493	0
39	413	508	0
40	480	520	0
41	541	530	0
42	596	537	0
43	644	543	0
44	687	546	0
45	723	546	0
46	753	545	0
47	777	541	0
48	795	535	0
49	807	526	0
50	813	516	0

第七章 资本市场实验

第一节 资本市场实验概述

一、资本市场实验的研究对象

资产泡沫始于荷兰郁金香泡沫(1643—1647)、密西西比泡沫(1719—1720)、南海泡沫(1720)。资产泡沫不仅导致资产价格的暴涨暴跌,还会严重扭曲稀缺资源的有效配置,长期以来一直是经济学家重点关注的对象。关于资产泡沫,一个比较严谨的定义是:投资者买入资产是为了能在将来以更高的价格出售,而使得资产价格持续超过其基本价值的现象(陈国进和颜诚,2012)。根据标准金融理论,在信息完全对称和交易者完全理性的假设前提下,交易者有相同的预期,证券市场的均衡价格即证券的基本价值是其未来收益的贴现值。用 r_t 和 d_t 分别表示 t 时的实际利率和证券的收入现金流,则 t 时证券基础价值的计算公式是:

$$P_t^* = \sum_{s=1}^{\infty} \frac{d_{t+s}}{(1+r_{t+1})\cdots(1+r_{t+s})}$$

证券持有人在未来可以获得的分红往往是不确定的,d_t 是指证券的期望收益。投资者的风险态度会影响其对证券期望收益的判断,标准金融理论通常遵循交易者是风险中性或者风险厌恶的基本假设。证券市场中价格偏离基础价值的现象被称为资产泡沫现象,表现为市场成交价格 $P_t \neq P_t^*$,两者的偏离程度即为泡沫,用 B 来表示,其计算公式为:

$$B = \sum_{t=1}^{n} (P_t - P_t^*)$$

2007年7月,美国次级债危机(subprime crisis)爆发,全球陷入了自20世纪30年代大萧条以来最严重的金融危机中。刻画资产泡沫再次成为国内外研究的热点。资本市场实验研究的主要目的是在解释资产价格形成过程,分析资产泡沫产生和破灭影响因素的性质、影响方式和传导机制等。除了资产价格偏离程度之外,交易量、换手率、投资者收入也是资本市场实验的研究对象,这些将在后面章节中介绍。

二、主流经济学研究资产泡沫的方法

主流经济学对于泡沫的研究主要包括理论研究和实证研究,其中理论研究又以理性预期理论和行为金融学理论为主。早期的泡沫研究试图解释证券市场的价格过度波动,该理论认为经济系统可能在特定条件下产生泡沫并最终破裂,从理性预期出发,将股市泡沫分为理性泡沫和非理性泡沫两类,建立一个动态预测模型来讨论泡沫经济的形成,以股票价格理性预期模型为基础,用概率统计方法研究股市理性泡沫问题,在套利均衡的前提下求出理性泡沫解。

理性泡沫具备三个特征:连续性、连续的膨胀性和非负性。如果依据股票的基础价值来预测股票的价格,回归分析残差项的期望值将出现正偏差,这种单边误差的持续性就形成了理性泡沫。即使投资者认识到价格超过了基础价值,但如果他们相信泡沫仍将持续膨胀并产生更高的足以补偿泡沫破裂概率风险的收益,投资者仍然会继续购买股票,理性泡沫将持续膨胀。即使股价高估,由于投资者相信考虑风险因素后仍将获益,他们会理性地继续滞留在市场,理性泡沫不可能出现负值,即基础价值的增长速度永远低于实际股价的增长速度(黄佐钘和孙绍荣,2008)。

20 世纪 80 年代,美国、日本等发达国家出现的金融资产泡沫并最终崩溃的现象对传统理论提出了挑战,一些学者对传统金融理论严格的理性人假设、一般均衡分析框架等提出疑问和批评。行为金融学理论基于投资者非完全理性假设,通过分析投资者非理性心理和行为,对股市泡沫问题给出诸多解释,更多地从交易者个体心理和外部因素结合这一角度研究如何导致了股票泡沫,而不是像投机性泡沫理论更多是从获得资本利得的交易动机出发,而且分析过程更加符合现实状况,为股市泡沫研究提供了新思路(马方方,2011)。

在实证研究中,对资产泡沫的检验上大多采用计量经济学的方法,由于现实的资本市场的复杂性,研究受到很大的限制:① 传统的金融理论以投资者完全理性和投资者信念同质为基础,而现实中投资者的投资行为与传统金融理论的假定相距甚远。② 在现实的资本市场中,搜集有关投资者的信念以及期望值的数据相当困难,几乎是不可能的。③ 泡沫的形成与破灭由众多因素造成,各种因素相互作用,相互影响,难以对各种因素进行分解分析。④ 在现实的资本市场中,资产的内在价值难以准确地衡量,人们对未来股息收入以及折现率的看法不一,难以对资产的内在价值形成统一的共识。⑤ 在投机性泡沫理论中,常用"噪声交易者模型"和"内部人对价格的操纵"来分析泡沫的形成。但现实的资本市场中,我们难以区分谁是"噪声交易者",谁是"内幕交易者"(刘建华和苏波,2009)。

三、实验方法的优势

价格泡沫的产生是多方面因素综合的结果,通过理论模型将这些因素分别进行分析和论证是研究者一直试图解决的问题。到目前为止,有关泡沫问题的理论已经非常丰富,关键问题在于如何对各种理论的解释能力进行检验。传统的实证研究方法对泡沫存在性的检测,由于证券市场纷繁复杂,利用实地数据(field data)对泡沫理论进行检验存在的主要困难如前所述,最核心的问题是研究者并不知道证券未来红利的分布,也无法精确计算基础价值并精确计算泡沫的大小(杨晓兰,2005)。

实验方法提供了一种检验理论假说的有效途径。用实验方法研究泡沫问题,可在实验设计中纳入基础价值,根据研究目的来控制实验条件,尽可能精确计算价格中的泡沫幅度,以此检验理论的有效性。实验方法的优势在于:

第一,实验方法能够精确计量证券基础价值。第二,实验方法具有可控性,实验研究者可以人为设定参数,在准确地计算出证券的内在价值的基础上,控制并逐个改变因素,如实验初始设置、市场结构等,从而对影响泡沫的因素进行分离研究。第三,现实的证券市场数据是在特定的历史环境条件下产生的,不可重复。但是实验具有可重复性,重复的实验可检验理论的有效性。第四,实验工具的发展推动了资本市场实验。目前学术界使用的更多的工具为 z-Tree,由菲施巴赫(Fischbacher,2007)开发,使用该工具可以实现实验的电子化操作,可在实验后台搜集到实验过程中的全数据,用作进一步分析。

当然,虽然目前实验方法研究资本市场泡沫已经在许多方面取得了丰硕的研究成果,但实验方法仍具有一定的局限性。

首先,实验环境是对现实环境进行高度抽象与简化的结果,实验室环境仍与现实的资本市场有不小的差距。因此对观察到的实验现象进行解释的时候,需要小心谨慎。其次,实验中被试所拥有的证券是实验一开始就被赋予的,不需要成本,因而被试不会遭受亏损。所以被试面临的风险比现实资本市场中的投资者面临的风险要小得多,这可能会刺激被试积极交易,推高证券价格。再次,由于被试的个人经历、文化背景、宗教信仰存在差异,一些实验结论可能存在争议,仍需要通过重复实验进行验证。最后,用实验方法研究资本市场泡沫问题不仅涉及经济学理论,还与社会学、伦理学、心理学甚至脑神经科学等学科高度相关。因此,加强多学科的交叉与融合才能对所研究的问题进行更深入的探索(朱庆,2002)。

四、本章脉络安排

本章第一节介绍了泡沫研究在资本市场实验中的重要意义,主流经济学研究资产泡沫的方法及其不足,实验方法在研究泡沫时的优势。第二节先介绍资本市场实验的经典设计框架(SSW 框架),随后详细展开史密斯(Smith,1988)的实验设计和结论。第三节主要介绍影响资产泡沫的因素,包括个体特性、市场制度、资产特征等,主要围绕国内外的最新实验研究进展和一些高校课堂实验成果展开。第四节是资本市场实验的最新进展,提供了跟传统的 SSW 框架不同的研究视角。附录呈现了一个完整的资本市场实验的设计框架,以飨读者。

第二节　资本市场实验的经典研究

一、早期资本市场实验(SSW)的基本思路

史密斯、苏昌克和威廉姆斯(Smith,Suchanck and Williams,1988)从 20 世纪 80 年代最早开始在信息完全对称的实验环境中研究资产泡沫现象。在史密斯等人的研究基础上,许多学者通过重复实验和从不同角度变更实验环境,验证了泡沫在实验环境中的存在性与持续程度,为解释泡沫的存在与生成机理以及抑制泡沫的有效措施提供了丰富的证据和重要的结论。虽然不同的学者所设计的实验环境不尽相同,但从已有文献来看,资本市场泡沫的实验设计思路大致一样。

资本市场实验是在实验室中构造一个类似于证券交易的实验环境,被试作为证券交易者与其他被试进行买入或卖出证券的交易。在每个时段交易结束后,被试可通过所持有的证券而获得分红。一个典型的资本市场泡沫实验通常包含以下结构:

(1) 被试人数一般在 6 至 15 人之间。

(2) 交易开始前,每个被试被赋予一定数量的证券和现金。有的实验赋予被试相同数量的初始证券和现金,有的实验则设定被试的初始禀赋具有异质性,如雷、努塞尔和普洛特(Lei,Noussair and Plott,2001)。大部分泡沫实验只设定一种证券,有的实验则设定了两种甚至更多种类的证券(Fisher et al.,1998)。

(3) 在每个时段交易结束后,被试通过持有资产获得分红。红利收入在每个时段实验后记入被试的实验账户,并带入下一时段的交易。分红的数量以及分红支付的方式由实验者决定,分红通常随机产生,比较常见的做法是在实验开始以前告诉交易者红利可能的分布情况,如波特和史密斯(Porter and Smith,2000)在实验中设定了 15 个交易周期,每个交易周期红利的分布情况是:25%的概率不分红、25%的概率分 8 美分、25%的概率分 28 美分、25%的概率分 60 美分。被试在单个周期的期望红利是 24 美分。由于基础价值是未来收益的贴现,根据红利的分布,得出基础价值是一条随交易周期递减的斜线。每个交易周期实现的红利是按设定的概率随机决定的,例如,采用掷骰子的方式,或者由计算机随机决定。

(4) 被试的收益一般来源于两方面:一是买卖证券获得的价格差收益;二是持有证券可以获得分红。有的实验中交易者还可将资金投入债券市场等其他资本市场,在实验结束后,实验主持者计算被试的收益,并以一定比例折算成现金或其他形式的报酬支付给被试(Becker,Fischbacher and Hens,2002)。

(5) 资产交易在有限的交易时段内进行,一般是每局 10~15 个交易时段,每个时段通常持续 3~5 分钟,一局实验的时间一般不超过 150 分钟。第一局实验之前通常可以设置 1~3 个热身交易时段,让被试熟悉实验环境。一局实验的交易时段数通常会在实验一开始的时候就告知被试,荷利塔和松德尔(Horita and Sunder,2007)设计的实验中,部分实验局的交易时

段数未告诉被试,而是事先写好并装入密闭信封中。

(6)交易制度采用双向拍卖方式。在双向拍卖中,出价逐个上升,而要价逐个下降。当一个出价或要价被接受时,一个合同价格就形成了。此时所有在此之前的出价和要价变得无效,新的出价和要价可以继续被提出。双向拍卖是最常使用的实验室交易制度,实验研究表明,双向拍卖比其他拍卖方式更具效率,从而最可能支持竞争性价格理论。

(7)在资本市场实验中,多数实验是在计算机网络上进行的,少数实验采用口头双向拍卖的方式。实验程序常用采用 z-Tree 软件编写,有的则自行开发。

(8)实验主持者根据实验需要设定信息结构,并通过实验指导书的方式将共同知识和私人信息告知被试。如有的实验将红利分布、初始证券和资金的同质性等作为共同知识,有的实验则设定了一些内幕交易者。

(9)实验者根据实验目的设计实验市场的各种制度结构。例如,市场是否允许卖空,是否有期权交易,是否需要缴纳交易手续费,是否设置涨跌幅限制,等等。

二、资本市场实验的经典案例

(一) 实验设计

史密斯(Smith,1988)设计了一组资本市场实验,交易采用双向拍卖机制。他做了 27 个实验,实验设计的参数如表 7-1 所示。在每个实验中,有 3 个禀赋等级的交易者,每一个包含 3(4)名在 9(12)个交易实验中的被试。这一设计允许市场规模有效且并不改变其人均结构的单纯扩充。设计 1 和 3 使用的大多数是无经验的被试。所有被试已经参加了先前的一个存在流动供给和需求条件的双向拍卖实验。因此,表 7-1 中所有的有 x 后缀并在图表中绘出的实验,使用的是至少参加过先前两次实验的被试。

表 7-1 实验参数

设 计	初始禀赋			分红(美分)	每期期望红利	证券基础价值	实 验
	第 1 类	第 2 类	第 3 类				
1	($2.80;4)	($7.60;2)	($10.00;1)	(0,4,8,20)	8	$2.40	(5;12)(7;12)(12xn;9,3c)(17;12)(23pc;12)
2	($2.25;3)	($5.85;2)	($9.45;1)	(0,4,14,30)	12	$3.60	(6x;9)(9x;9)(10;9)(16;9)(18;9)(19x;9)(20xpc;9)
3	($2.80;4)	($7.60;2)	($10.00;1)	(0,8,16,40)	16	$2.40	(26;12)(41xf;12)
4	($2.25;3)	($5.85;2)	($9.45;1)	(0,8,28,60)	24	$3.60	(25x;9)(28x;9)(30xsf;9)(36xx;9)(39xsf;9)(43xnf;9)(46f;9)(48xnf;9)(49xnf;9)(50xxf;9)(90f;9)(124xxf;9)

（续 表）

设 计	初始禀赋			分红（美分）	每期期望红利	证券基础价值	实 验
	第1类	第2类	第3类				
5	($2.25;3)	($5.85;2)	($9.45;1)	(0,8,28,60)	24	$7.20	(42xf;9)

注：

1. 9(12)名被试的实验中含有 3(4)名被试，实验(5,12)表示第五个实验用了 12 名被试。

2. 每种红利分配结果分别都有 1/4 的概率。

3. x 表示有经验。xx 表示非常有经验。s 表示被试参加过一系列单期资本市场实验。n 表示无经验被试和有经验被试混合实验。f 表示要求被试预测下一期价格。pc 成交价格控制在基础价值 $E(Dt) \pm 0.10$ 的水平。

4. 在实验(12xn;9,3c)中，12 名被试有 3 名是内幕人；* 实验(42xf;9)有 30 期，其他实验均为 15 期。

（二）实验结果分析

1. 资本泡沫现象

经过多次实验，他们发现即使有关红利的信息对所有被试是一种共同知识，在大部分实验中仍然出现了成交价格偏离基础价值的泡沫现象，而且其中一次实验的被试全部是专业的商业人士。图 7-1 是一次实验的结果，在 15 个交易周期中，成交价格开始是低于基础价值的，然后价格逐步上升，出现了价格泡沫，直至发生泡沫破裂，成交价格在最后几个交易周期才收敛到基础价值即理性预期的均衡价格。

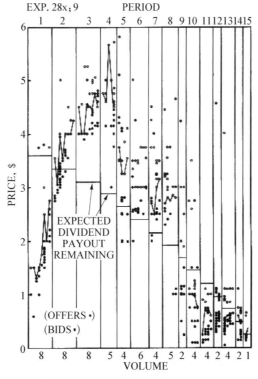

图 7-1 信息完全对称环境下价格调整过程

史密斯等(Smith et al.,1988)的上述研究成果引起了极大的关注，后来的研究者对这种信息对称的实验进行了多次重复，也得出了类似的结果。

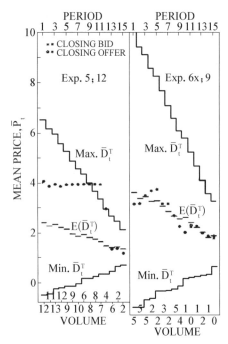

图 7-2　实验 5 和 6x 平均价格调整过程

2. 交易者经验

实验 5 的设计跟基准实验一样,有 12 名被试参加,交易持续 15 个周期,红利分布为 $(0,4,8,20)$,各概率均为 25%,每时段期望红利 $E(d)=8$ 美分;实验 6x 中有 9 名被试,是参加过实验 5 的 12 名被试的子集,他们均有一次交易经验,红利分布为 $(0,4,14,30)$,每时段期望红利 $E(d)=12$ 美分。图 7-2 给出了前两个实验 5 和 6x 的实验结果,有无经验的被试都意识到了资产的基础价值,例如,无经验组的被试询问实验者:"为什么在经济恐慌时期仍然购买"和"难道不应该以分红价值来出售资产吗",然而意识到恐慌购买现象的被试在第 11 时段积累了财产却又在第 12 时段遭受了资本损失。实际上,如果预期价格在许多时段保持稳定,购买或持有、累积红利并计划随后涨价出售是理性的。实验 6x 和 9x 使用了来自实验 7 的有经验被试,看起来肯定了上述推测,即伴随着经验和完全信息,价格收敛于内生价值 $E(Dt)$。

当被试参加首次资产市场实验时,实验结果是否会受到被试的资产交易机制知识的影响? 首次实验中的价格泡沫和市场崩溃是否与交易者的无经验有关呢? 被试在首次实验中形成的跨期价格预期是否会导致后续实验的类似泡沫现象? 史密斯等设计了实验 30xsf 和 39xsf(见图 7-3)。被试关于交易机制的经验不是从 15 个交易时段的资产市场中获得,而是通过参加一系列单时段的资产交易市场获得。实验结果显示,市场泡沫和破灭同样发生在了有经验被试的实验中。但可能性相对于无经验的被试要小一些。有经验被试对收益概率的把握比无经验被试更为准确,他们不会接受与预期均衡价格相差太远的报价。

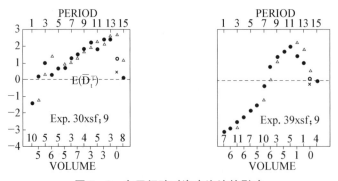

图 7-3　有无经验对资产泡沫的影响

3. 初始价格

在前四个实验$(5,6x,7,9x)$中,时段 2 的平均价格都接近于时段 1 的平均价格。因此,史密斯等推测被试的预期可能会对初始价格保持敏感,并且如果在接近于 $E(Dt)$ 的价格上发起初始交易,市场会追随这条路线,他们试图实验 12xn 验证这一推测。实验设计者计划通过内部人交易使价格在 2 个时段均保持在 $E(Dt)$ 上下波动 10 分钱的区间内,在时段 3 将全部内部人的股票调整到初始禀赋的水平。由于以往有经验的交易者的市场在低于 $E(Dt)$ 处展开,史密斯等猜测实验 12xn 中的内部人的行为将不得不集中于支持购买。因此,拥有最大现金禀赋的两名交易者的策略为每个人在输入 2.30 时开始出价,拥有最大股份禀赋的交易者输入的开始报价为 2.50。如果固定出价被接受,被试会得到一个相同价格的支持。如果固定报价被接受,策略是用一个新的 2.5 的报价来替代固定报价。基于实验 12xn 的结果,史密斯等发现强内生预期和行为的不确定性似乎决定了初始价格水平及其随后的进程,并制造出这样一种信念,即这样的价格是"自然"产生的。

在实验 16 中,史密斯等观察到了第一个标准的市场泡沫——伴随着破灭和市场繁荣,实验 19x 中采用有经验的被试对进行的重复实验未能区分出市场交易的繁荣和萧条。

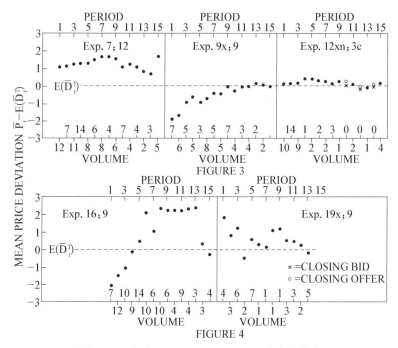

图 7-4　实验 7、9x、12xn、16、19x 平均价格偏离

4. 价格预期

在实验 17 中,史密斯等观察到了跨期平均价格的相对平滑的钟形模式(见图 7-5)。实验 20x 在时段 1 和 2 控制了价格上下限,观察约束是否会引致 $E(Dt)$ 价格预期。结果表明内生价值理性价格模式可以通过结合经验(甚至是泡沫经验)和约束在接近 $E(Dt)$ 附近的交易而近似得到。是否无经验的被试也会产生相同的结果呢?实验 23 和 25x 的结果给出了否定的答案。实验 23 的前两个时段,市场在接近于上限价格处交易,价格受到控制后,市场价格上涨了大约 1/3,随着交易量的增长,价格趋于稳定,这证明了内生预期可以潜在地决定一个市场的基本参数。实验 25x 标志着一系列在 $T=15$ 时未能全部出清的实验的新一轮的开始,并证明史密斯等使用这种出清来提升预期的不稳定性是不必要的。

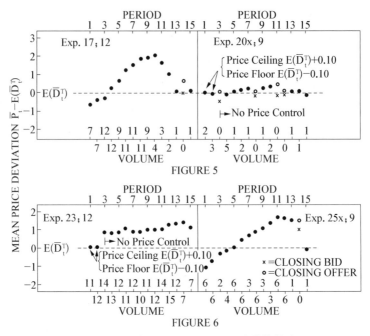

FIGURE 5

FIGURE 6

图 7 - 5   实验 17、20x、23、25x 平均价格偏离

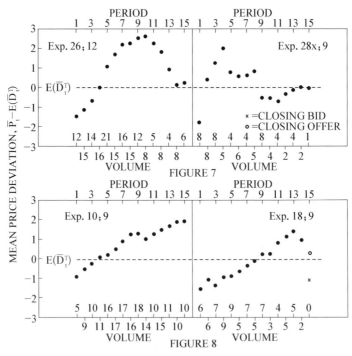

FIGURE 7

FIGURE 8

图 7 - 6   实验 26、28x、10、18 平均价格偏离

图 7-6 中的两个实验显示了接连发生的市场泡沫，实验 26 产生了复制 28x 泡沫的预期，导致其泡沫上升得更快，也破裂得更快。这似乎是自我预期的绝佳例证。

5. 被试者职业差异

实验 10 使用了来自 Tucson 社区的职业和商业人士作为被试，试图证明史密斯等关于真实资本市场参与者是否会比学生被试更快调整理性预期的假设。被试在时段 10 会以与时段 9 末期相同的水平被记录,稳定的市场预测在时段 9 的末期中断,在时段 10 一开始出清,接着恢复了时段 1~8 的稳定增长趋势。这证明了资产市场对被试个体差异的敏感性,这种敏感性无法通过实验说明加以消除。同时也证实了股票市场容易受到心理因素的影响。

6. 动态价格调整

价格泡沫市场中一条经验性的规律就是,市场价格暴跌时的交易量要小于价格暴跌前的平均交易量,并且在价格暴跌前的交易时段,交易量已经出现了所见的趋势。这在实验 16(时段 7 和 14)、17(时段 11~15)、26(时段 11~15)、28x(时段 5)和 18(时段 14~15)中已被证明。图 7-7 提供了在实验 28x 中按顺序排列的所有出价、报价和成交价格结果的图示(以线段连接),并证明了在一个泡沫市场中,交易时段内和跨交易时段价格行为的动态性。这一市场从时段 1 内 1.3 美元的低价上升到了时段 4 内 5.65 美元的高价。

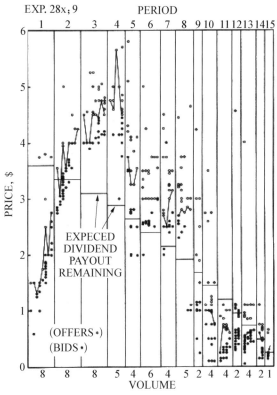

图 7-7 实验 28x 的价格动态调整过程

7. 交易时长

实验 30xsf 和 39xsf 中单一时段水平实验($T=1$)没有产生价格泡沫。然而,史密斯等经常可以在 $T=15$ 时观察到价格泡沫。基于此,史密斯等提出理论假设,即如果将时段从 15 翻倍到 30 的水平,泡沫作用应该会被识别,因为这会提高资本收益预期范围而淹没内生价值。在实验 42xf 中,史密斯等设定 $T=30$,使用 41f 中被试里的 9 名成员子集。然而,实验 42xf 迅速收敛于内生红利资产价值,尽管交易者在实验 41f 中有价格泡沫和市场破灭的经验。史密斯等将这一结果解释为,资本市场对不可控的内生性预期因素非常敏感。

8. 多样化的市场交易者

史密斯假设,在仅由专业交易者控制的股市中很容易观察到内生价值资产价格,但未获得充分信息的新手的存在,专业交易者则会损失金钱、退出市场甚至被新手取代,阻止了均衡价格的发生。实验 43xnf、48xnf、49xnf 设计将专业交易者、无经验交易者、有泡沫经验的交易者相混合。在实验 43xnf 中,6 名被试都是从参加过实验 42xf 的人中招募的,其余 3 个被试是新手,其中 1 个没有先前资产交易的经验,另外的 2 个人也只有泡沫市场的经验(实验 41xf)。从图 7-8 中的 43xf 中,在 2/3 的被试由"专业人员"构成的市场中,史密斯等观察到了收敛的趋势。但是在只有 3 名"专业人员"、4 名有泡沫市场经验的被试、2 名无经验的被试组成的实验 48xnf 中,前 6 个时段却出现了一种无规律的泡沫现象。

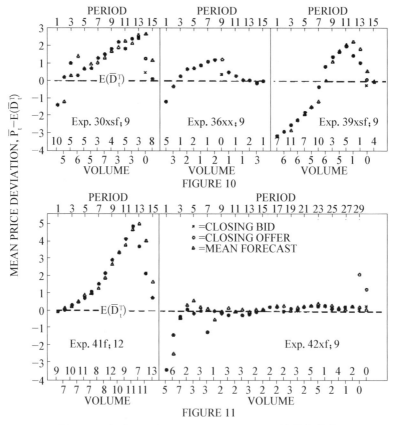

图 7 - 8 实验 30xsf、36xx、39xsf、41f、42xf 平均价格偏离

这些结果与"专业效应"并不矛盾,并得到了实验 49xnf 和 50xxf 的进一步支持。49xnf 由 4 名"专业人员"和 5 名有泡沫经验或无经验的被试组成,这些被试产生了一个小泡沫(见图 7-8)。接着,史密斯等重新征召了这些被试在实验 50xxf 进行重复实验,创造一个有着共同预期的专业化的市场,泡沫趋势会被内生价值消除或代替,实验在内生价值附近达成交易。在这一点上,实验 124xxf 则具有特殊的意义,因为该实验的被试都有至少参加过两次资产市场实验的经验,但这也只发生在前 15 个交易时段。他们以往的实验经验是在福赛斯等(Forsythe et al.,1982)和弗里德曼等(Friedman et al.,1984)所设环境中获得的,实验结果收敛于理性预期均衡。这一市场暂时收敛于红利价值,接着在突然转会红利价值之前出现了一

次泡沫。被试清楚地知道红利结构,但是仍然上演了一次泡沫。

9. 价格预测

在实验 30xsf 中,被试需要在每个交易时段末预测下一交易时段的平均成交价格,预测活动采用了威廉姆斯(Williams,1987)的方法。为避免提供操纵价格的激励,被试未被告知他人的预测,预测价格、平均价格和绝对预测误差都是被试的私人信息。在时段 2 到 15 中累计绝对预测误差最小的被试将得到额外的 1 美元。威廉姆斯证明了用 1 美元就足以激励人们进行正式的预测,但是 1 美元还没有大到足以刺激预测者从战略上操纵平均价格来努力赢得预测的程度。

图 7-9 绘出了个体预测的平均,揭示了平均预测的若干特征:① 在许多时段,平均预测并不总是较低的价格水平;② 当平均价格近似连续时(如在 90f 中,时段 13~14),显示了一个小的趋势(如在 41f 中,时段 2~6),或伴随着内生价值(如在 42xf 中)时,预测是乐观的;③ 预测滞后于价格的较大变化或变化趋势(如在 30xf 中,时段 2~4;49xnf 中,时段 12 以及 41f 中,时段 13);④ 预测不能预测某些转折点(如在 30xsf 的时段 4,29xsf 中的时段 12 及 41f 中的时段 13)。

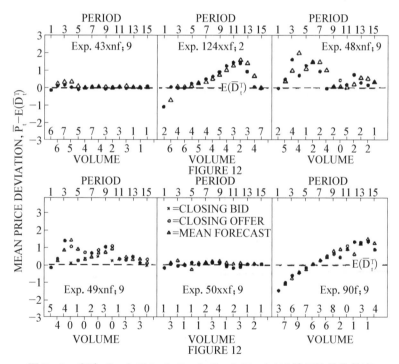

图 7-9 实验 43xnf、124xxf、48xnf、49xnf、50xxf、90f 的平均价格偏离

(三) 主要结论

史密斯的资本市场实验得出的结论主要包括资本市场泡沫特征和市场预测方面。

(1) 经验。如果被试在一系列单时段资产市场上,在每个时段的交易前通过初始化资产持有来控制交易间资本收益,有经验的交易者产生价格泡沫的趋势并没有消除。经验丰富的被试也会产生市场泡沫,但可能性和平均交易量要比无经验被试要小。这一结果与有经验的被试产生泡沫是因为他们期望在产生泡沫的市场获得经验的猜想恰恰相反。

（2）预期。与假设交易人拥有共同预期的理性泡沫的说法不同，交易者价格预期中有足够的内生多样性，有经验的被试趋向于获得共同的内生于红利价值的理性预期。预测具有高度的适应性，相邻时期的预测误差显著正相关。个体预测相对于股利价值的均值偏差和方差都随着实验经验的增加而显著地下降。但是，被试无法预测价格的骤然升降和上下拐点，并且被试的平均预测和单个预测都显示出预测过高的平均价格的趋势。在泡沫实验中，预测在繁荣阶段预测不足，而在崩溃阶段则预测过度。随着经验的积累和行为不确定性的降低，受试者倾向于趋向共同的股息价值期望。

（3）泡沫。在每个泡沫市场实验中第一时段的平均价格低于 $E(Dt)$，表明风险规避在市场泡沫中的作用首先通过降低价格来实现，随后的复苏（在满足这种偏好后）有助于建立或确认资本收益的期望。泡沫破灭发生时，有无经验的被试的交易量都会小于泡沫状态时的交易量。平均价格的变化与滞后的超额出价呈正相关，并且在 14 个案例中有 11 个拒绝了该调整速度系数为非正数的零假设。

（四）对史密斯实验的评价

史密斯等人 1988 年的开创性文献奠定了资本市场实验研究的基础，关于被试者、实验轮数、实验时长、市场结构、初始禀赋、红利分配等实验要素的设计与构造是一次伟大的创举，此次实验为复杂的资本市场研究提供了一个科学可控的切入角度，也对资本市场泡沫的研究具有极强的现实意义。值得注意的是，在 SSW 框架下的实验设计中，基础价值的设定是递减的，但实际上这与大部分规律不相符合，股票价值可能为零的设定同样备受争议，更是有诸多学者质疑，实验观测到的资产泡沫是人的价格锚定效应，即产生了人为泡沫。

即便如此，不可否认的是，史密斯的传统实验设计是一次天才型的构造和一项伟大的创举，并被广泛应用在实验经济学的研究范式中，学者们在多期重复实验中也验证了其经典性和有效性，证实了史密斯实验对现实资本市场环境的非凡的模拟意义。后继者们针对具体研究问题，或考虑投资者风险规避因素，或设定增长的基本价值，或构造牛市和熊市的对比实验，或调整分红激励，或设置禀赋积累机制，不断完善 SSW 实验设计，观察到了和史密斯实验不同的结果，推动了资本市场实验的发展。

第三节　资本市场泡沫影响因素的实验研究

一、个体特性对泡沫的影响

传统的金融范式假定交易者是完全理性的，排除了个体交易者在风险偏好、经验、财富数量和自信程度等方面的差异，行为金融理论将交易者的个体特征引入证券价格决定理论，来解释证券价格形成提供了更符合现实的依据。事实上，行为金融理论大部分是建立在实验的基础之上的,与行为金融理论相关的实验结论主要来自个体选择实验。

(一)风险偏好

投资者的风险态度一般可以分为风险厌恶(risk aversion)、风险中性(risk neutral)和风险偏好(risk lover)三类,不同的风险偏好会对投资者交易选择产生不同的影响。一般认为,投资者通常是风险厌恶的。霍尔特和劳里(Holt and Laury,2002)开发了一种实验设计来测量个体的风险态度。他们报告了一个简单的彩票选择实验的结果,能够测量从几美元到几百美元不等的广泛收益范围内的风险规避程度,还比较了假设和真实激励下的行为。

实验设计中,被试需要依次完成4个任务,任务1是对低收益彩票的真实选择;任务2是对20、50或90倍收益的高股票的假设选择;任务3是与任务2相同收益的真实选择;任务4是对任务1的重复。

表 7－2 风险规避实验设计

A. Task order		
Task #	Payoffs	Scale
1	Low, real	1×
2	High, hypothetical	20×,50×,or 90 ×
3	High, real	20×,50×,or 90 ×
4	Low，real	1×

B. Standard payoff matrix										
Lottery A				Lottery B						
Prob.	Payoff	Prob.	Payoff	Prob.	Payoff	Prob.	Payoff	EV^A	EV^B	Difference
0.1	$2	0.9	$1.60	0.1	$3.85	0.9	$0.10	$1.64	$0.48	$1.17
0.2	$2	0.8	$1.60	0.2	$3.85	0.8	$0.10	$1.68	$0.85	$0.83
0.3	$2	0.7	$1.60	0.3	$3.85	0.7	$0.10	$1.72	$1.23	$0.49
0.4	$2	0.6	$1.60	0.4	$3.85	0.6	$0.10	$1.76	$1.60	$0.16
0.5	$2	0.5	$1.60	0.5	$3.85	0.5	$0.10	$1.80	$1.98	− $0.17
0.6	$2	0.4	$1.60	0.6	$3.85	0.4	$0.10	$1.84	$2.35	− $0.51
0.7	$2	0.3	$1.60	0.7	$3.85	0.3	$0.10	$1.88	$2.73	− $0.84
0.8	$2	0.2	$1.60	0.8	$3.85	0.2	$0.10	$1.92	$3.10	− $1.18
0.9	$2	0.1	$1.60	0.9	$3.85	0.1	$0.10	$1.96	$3.48	− $1.52
1	$2	0	$1.60	1	$3.85	0	$0.10	$2.00	$3.85	− $1.85

注:此表的最后三列(显示彩票的期望值)未显示给被试。

霍尔特和劳里观察到,增加的激励措施似乎改变了风险态度,从而导致更大的风险规避。基于这一发现,他们估计了一个灵活的效用函数,该函数可以很好地表征其汇总数据,但不假定存在恒定(绝对或相对)风险规避。

布雷班和努瑟尔(Breaban and Noussair,2015)的实验揭示了以市场力量加权的交易者平均风险规避与在递增的基本价值下市场的错误定价程度之间存在显著的负相关关系,但在市场中与其他基本价值制度之间却没有密切关系。他们发现,基本上没有证据表明交易者的平均损失规避与定价错误之间存在相关性。在个人层面,更多的规避风险的交易者倾向于向那些规避风险较小的交易者出售,而更多的规避风险的交易者倾向于进行较少的交易。

埃克尔和菲尔布龙(Eckel and Füllbrunn,2015)发现,在厌恶风险较高的人群中,资产泡沫越来越小。在这项研究中,竞争者参与度更高的市场会产生更高的泡沫,而其他人格特质对定价错误没有影响。

(二) 被试经验

一般理论认为,被试的实验经验能够有效减少市场泡沫的产生,经验能增加效率和理性程度,减少被试行为偏差,增加被试的利润(Smith et al.,1988;King,1991;Haruvy et al.,2007)。有大量证据表明,经验、培训和理解在实现有效价格方面起着关键作用。

在传统设置中,市场中的所有交易者都以相同的速度获得经验,而在现实世界市场中经验的分布会更加多样化,经验具有个体异质性。一系列研究考虑了"流入效应",并建立了经验丰富的交易者的市场。在这些市场中,一定比例的老交易者会定期由经验不足的新交易者代替。杜芬伯格(Dufwenberg,2005)的实验市场中引入 1/3 的无经验交易者和 2/3 的有三次经验交易者。与史密斯(Smith,1988)的结果类似,他们发现在两种处理方式(1/3 和 2/3 的有经验被试)下,泡沫和崩盘相对于基准实验有明显的减少。相同地,丘奇(Church,2002)和阿克特(Ackert,2006)设定了有经验的商科或艺术科学系的学生组成的市场和由 43%~50% 无经验被试及 50%~57% 有经验被试组成的市场。发现两种市场下,价格与基础价值的偏离并没有显著不同,有经验的交易者是价格的主导者。当无经验的交易者进入市场时,经验丰富的交易者充当价格稳定者(Akiyama et al.,2014)。但是,经验丰富的交易者在实验早期获得的收益高低对结果影响很大,当有经验的交易者在较早交易中收益最高(或最低)时,泡沫更大(Gladyrev et al.,2014)。

但是,专业的被试(被认为具有丰富的经验)并不一定比无经验被试更为理性。奥斯勒等(Oechssler et al.,1999)设计了一个不同的实验,并发现了一个经验增加市场效率的反例。他们的被试可以交易五种不同的资产,在每个环节,其中一种资产进行二次分红。研究者发现,在这种额外分红资产不断改变的机制下,经验并没有导致泡沫量的减少。

综上所述,当交易者存在代际交替时,新一代进入市场会带来额外的流动性,泡沫就会产生;老一代退出市场并提取一些现金时就会发生崩溃(Deck et al.,2014)。在恒定的基础价值设定中,交易者的流入和现金的流入这两种冲击因素似乎都是触发市场低效率所必需的(Kirchler et al.,2015)。

(三) 初始禀赋

中央银行的金融政策是以调节宏观经济为目标,往往是以调节实体经济为主,诸如货币供应量、资本流动等宏观经济变量对实体经济和证券市场都有着重要的影响。如果在金融政策制定过程中忽视了其对证券市场的政策效应,就可能导致证券市场的剧烈波动,并最终阻碍实体经济的发展。在真实的经济系统中,资金约束放松可以通过降低利率、开放资本账户等多种渠道来实现。理论研究和实证数据已经表明,资金约束放松会带来更多的价格泡沫。实验数据是否也支持这一结论呢?

国内研究中,杨晓兰和金雪军(2006)设置了 4 组初始资金约束状况不同的实验环境,每人初始拥有 10 个单位的证券和一定数量的现金,4 组实验设置如表 7-3 所示。证券每个周期的分红情况是单位证券 50%的概率分红 40 元,50%的概率分红 20 元。分红情况是共同知识。每次实验包含 10 个周期,每个周期证券基础价值是 300,270,240,…,30。交易采用双向拍卖机制。

表 7-3　实验初始设置

实验组	实验序号	初始现金(每人)	参与人数目	其他实验条件
实验 1	实验 1.1	6 000 元	6	
	实验 1.2		6	
实验 2	实验 2.1	5 000 元	5	
	实验 2.2		5	相同
实验 3	实验 3.1	3 000 元	7	
	实验 3.2		7	
实验 4	实验 4.1	1 500 元	6	
	实验 4.2		6	

实验 1 中资本市场初始现金总数 6 000×6＝36 000 元,大于证券基础价值总数 300×10×6＝18 000 元,即流动性价值大于单位证券的基础价值,为现金充裕组;实验 2 也是现金充裕组;实验 3 为现金平衡组,流动性价值等于单位证券的基础价值;实验 4 为现金匮乏组,流动性价值小于单位证券的基础价值。实验结论是,充裕的现金推动了价格上涨,每单位流动性价值的上升会带来 0.271 单位的市场价格泡沫。此外,流动性价值在前两个交易周期对价格泡沫的影响程度较弱,随后逐步上升,在最后两个周期开始下降。与伊纳普、波特和史密斯(Caginalp,Porter and Smith,2001)得出流动性价值与价格水平正向相关的结论类似(见表 7-4)。

表 7-4　实验结果

实验序号	实验 1.1	实验 1.2	实验 2.1	实验 2.2	实验 3.1	实验 3.2	实验 4.1	实验 4.2
总价格泡沫	827.525	1 237.08	936.35	739.62	651.36	384.35	43.88	85.75

(四) 投资者非理性

投资者非理性的资本市场实验,一般分为两步,第一步测度投资者是否具有非理性的主观心理因素及其程度;第二步进行分组实验。对过度自信的测度,通常采用的方法是建立一个常识题库,分为简单、中等、容易几种类型,然后从题库中抽取一定量的题目做成问卷,让被试回答问题并且预测自己每道题的正确率。如果每题有四个选项,则可填写的范围是 25%～

100％,25％表示被试对该题完全不自信,100％表示对该题完全自信,然后实验人员统计每题的实际正确率,实际正确率和预测正确率的偏差就是被试的自信程度。

1. 过度自信

过度自信是指投资者对于自己通过思考得到的结论非常自信与自负,忽略了自己对问题分析的片面性以及自己金融知识不足导致的偏差,把所看到的局部合理性放大为全部,扩大了所预测的结果所产生的概率,心理偏差会引起行为偏差。

现有大多数实证研究并没有给出投资者过度自信的直接度量方法,多是以交易量或换手率等指标来近似地表示投资者的过度自信程度(王晋忠和张志毅,2013)。而在经济学实验中,环境的可控性可以帮助研究者在实验中直接用心理问卷等方法测量实验被试的过度自信程度。过度自信对资产价格、交易量等因素的影响研究卷帙浩繁(Kirchler and Maciejovsky,2002;Biais et al.,2005;Ackert et al.,2009;Michailov and Schmidt,20)。

基希勒和马切约夫斯基(Kirchler and Maciejovsky,2001)通过多期实验来分析被试过度自信的发展情况,发现被试在一定的交易时期无偏差,而在其他交易时期表现为过度自信或过度自卑。过度自信程度越高,被试的实验收益越低。但过度自信并不一定带来交易活动的增加,被试的交易表现却明显下降(Mazurier et al.,2005)。

米契洛娃等(Michailova et al.,2016)研究了市场过度自信在股票价格泡沫产生过程中的作用,实验根据被试对实验前研究的过度自信建立市场。进行了理性市场和过度自信市场两种市场类型的实验。最为过度自信的被试构成"过度自信市场",最不过度自信的被试是"理性市场"。过度自信市场伴随着更大的资产泡沫和交易量;相较而言,理性市场的价格更加吻合资产的基本价值,也更加稳定。

国内学者武志伟等(2017)进行了有关融资融券制度以及过度自信相融合的研究,实验结果表明融资融券政策是有效的,但是会受到过度自信的影响,在过度自信水平高的市场融资融券制度的作用会受到限制。杨晓兰(2018)分析了客观股评信息可靠度和主观过度自信对股票市场泡沫的交叉影响。发现相对于没有股评信息的控制组,高可靠度和低可靠度的股评信息实验组均表现出显著更低的市场价格泡沫,且股评信息可靠度越高,市场价格越趋近于理性水平;在引入过度自信和信息可靠度的交叉项后,发现仅在高可靠度的股评信息实验组中,过度自信表现出对泡沫和交易活跃程度显著的正向影响。

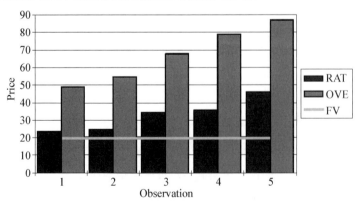

图 7-10 两种市场中资产价格的波动

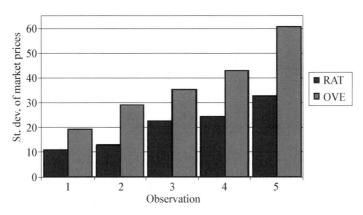

图 7-11 两种市场的平均交易价格

来源:Michailova J, Schmidt U. Overconfidence and Bubbles in Experimental Asset Markets[J]. Journal of Behavioral Finance,2016,17(3):280-292.

2. 羊群效应(herd effect)

法玛(Fama,1970)提出有效市场假说,价格充分反映了全部有效信息,投资者无法使用已知的信息来获得超额收益。但一些实证研究反映出某些异常现象,并提供了针对有效市场假说的证据。行为金融学指出了投资者之间存在羊群行为,即投资者倾向于放弃自己的信念并模仿他人来导致价格偏离其基本价值和过度市场波动。凯恩斯(John Maynard Keynes,1936)最早提出的"选美理论"衍生出一派预期心理的实验,内格尔(Nagel,1995)和科切尔等(Kocher et al.,2005)发现,受试者似乎协调起来,并采用了通用的预测策略。还有大量实验证明了从众行为加剧了波动,破坏了市场的稳定性,增加了金融体系的脆弱性并导致泡沫和随后的崩溃(Scharfstein and Stein,1990;Lakonishok et al.,1992;Bikhchandani and Sharma,2001;Hsieh,2013;Spyrou,2013;Ulussever and Demirer,2017)。

羊群效应实验是一类比较特殊的资本市场实验研究,这类实验重点探索人们对私人信息的取舍,因此在很多实验设计中可能并不涉及双向拍卖和资产价值的不确定性。

均衡羊群模型将资产价格设为恒定,但艾弗里和泽姆斯基(Avery and Zemsky,1998)通过资产价格和信息级联模型发现了价格机制对资产价格的影响。随后,西普里亚尼和瓜里诺(Cipriani and Guarino,2005)在金融市场实验中测试了上述假设,他们比较了具有灵活价格机制的市场(做市商根据交易历史来更新资产价格)和具有固定价格机制的市场(资产价格不变)之间的从众行为,发现在灵活价格机制下的羊群行为比固定价格机制下的羊群行为频率更低。

国内研究中,杨晓兰等(2018)将相对绩效评估和弹性价格机制引入羊群行为实验。实验借鉴了西普里亚尼和瓜里诺提出的实验结构,被试获得有关资产基本价值的私人信息进行交易。实验采用2×2设计,包括两种绩效评估机制和两种价格机制,再比较这四种机制下的被试羊群行为:① 固定价格和绝对绩效评估(Fixed-A);② 固定价格和相对绩效评估(Fixed-R);③ 弹性价格和绝对绩效评估(Flexible-A);④ 弹性价格和相对性能评价(Flexible-R)。

图 7-12 是这四组实验理性决策的分布图,显示了在两种不同的绩效评估机制和两种替

代定价机制下,主体之间理性决策比例所占的比例分布。实验发现,相对绩效评估和弹性价格机制在增加理性决策中发挥了重要作用,在弹性价格机制下不存在羊群效应,而固定价格机制下羊群则持续存在。这些发现可能会激发更多关于激励措施在金融市场中作用的行为研究,并且可能会对基金管理公司的监管产生政策影响。

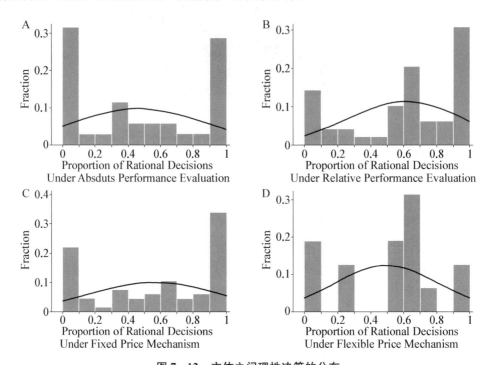

图 7-12 主体之间理性决策的分布

注:A 代表绝对绩效评估;B 代表相对绩效评估;C 代表在固定价格机制;D 代表弹性价格机制。

3. 情绪影响

被试的情绪会影响其投资决策,干扰其进行理性判断,进而会对资本市场产生影响。情绪本身是很难度量的指标,因此大部分研究选择诱导被试产生某种情绪,进而探究这种情绪对于资本市场的影响。

大量实验研究诱发了交易者的情绪,发现越来越积极的情绪往往会导致价格上涨(Lahav and Meer,2012)。基于情绪识别软件的分析表明,价格水平与市场开盘前较积极的情绪状态成正相关,与市场开盘前的平均交易者的恐惧呈负相关(Breaban and Noussair,2013)。在个人层面上,在泡沫破裂期间表现出更大中性性的交易者可以做出更准确的价格预测并获得更高的收益。

西普和齐佐(Heap and Zizzo,2011)进行了一项实验,在该实验中创建了泡沫市场,并在会话过程中跟踪情绪。他们考虑愤怒、焦虑、兴奋和快乐的情绪。他们的实验中被试按照比例从 1 到 7 评价在每个时期开始时对情绪的强烈程度。结果发现,引发情绪或聊天能力对市场价格没有影响;但所报告的兴奋程度与价格水平正相关;购买资产与兴奋有关,而出售资产则与焦虑有关;没有发现情绪状态和交易利润之间的相关性。

安德雷德等(Andrade et al.,2012)在市场开放之前用电影剪辑诱导情绪。被试观看视频剪辑:① 兴奋和激动;② 中立;③ 恐惧;④ 悲伤。他们发现高强度、令人兴奋的视频剪辑与其他三种场景方法相关的泡沫更大。基于这种方法,拉哈夫和米尔(Lahav and Meer,2012)进行了刺激性和中性两种场景的实验,通过在市场开放前向被试展示电影剪辑来诱导情绪,刺激性场景播放喜剧,中性场景中则没有视频播放。结果发现刺激性场景比中性场景有更大的泡沫和更高的价格。

(五) 投资者策略

除了研究投资者行为特质与情绪以外,投资者采取的策略本身也值得深入探讨,但是鉴于其和情绪一样,存在难以量化的问题。因此很多实验引入了人机互动,通过对计算机或者人工智能的设定来实现不同的策略。近来研究表明,交易策略往往与交易者的风险和损失偏好以及认知能力相关(Baghestanian et al.,2015;Breaban and Noussair,2015)。

资产泡沫和崩溃现象的一种解释是交易者追求的投机动机。德龙等(DeLong et al.,1990)将被试分为基本价值交易者、动量交易者和理性投机者三种类型。如果价格低于基本面,基本价值交易者会进行购买,如果价格高于基本面,则会进行卖出;动量交易者遵循先前的趋势,如果价格在最近一直在上涨,那么在价格一直在下降时进行卖出;理性投机者预计未来的价格变动和购买(卖出),如果她预计价格上涨(下跌),则会买入(卖出)。这种分类解释了市场间错价的差异以及交易者类型分布的差异(Haruvy and Noussair,2006)。

布洛姆菲尔德等(Bloomfield et al.,2009)试图研究与噪声交易者相比,不知情的交易者是否表现出不同的行为模式。他们的市场中有三种类型的交易者:流动性、知情和不知情。噪声交易者是一种方便的建模设备,允许经销商赚钱以弥补他们的损失。流动性交易者需要买卖一定数量的单位,每个期间随机生成。知情交易者作为一个群体拥有完美的信息。实验发现,不知情的交易员具有逆向投标策略,会遭受亏损,同时使得市场效率降低,但他们参与交易的意愿增加了市场的交易量。因此,不知情交易者有效地充当了噪声交易者。

哈鲁维等(Haruvy et al.,2012)借助德龙等人的模型,用SSW(1988)结构来描述资产市场实验的数据,测试SSW是否能预测资产实验中的处理差异。该模型预测交易商之间的重组会导致回购加剧泡沫和足够规模的股票发行,从而诱导价格跟踪基本面。市场和个体层面的数据都强烈支持这些预测。詹森等(Janssen et al.,2015)使用了另一种方法来确定投机者在市场中所占的比例,结果表明定价错误随投机者在市场中所占比例的增加而增加。

还有一些学者借助CPAM等定价模型来分析策略的影响。博萨特和普洛特(Bossaerts and Plott,2004)构造了一种CAPM+ε的资产定价模型,实验假设有A和B两种风险证券和一种无风险票据资产,证券A的股息支付均值和方差大于B,两种风险证券都比安全资产有更大的预期回报。假设资产的寿命为一期,票据可以卖空,不存在内部信息交易。使用夏普(Sharpe,1964)比率来衡量市场投资组合与均值-方差效率的偏差,使用均值绝对偏差来衡量单个选择与完美投资组合分离的偏差。表7-5总结了实验的期末交易价格。实验发现,价格在大多数情况下低于预期收益,被试者存在严格的规避风险策略(Holt and Laury,2002)。

表 7-5 三种资产的实验期末交易价格

Data	Soc[a]	Period								
		1	2	3	4	5	6	7	8	9
981007	A	220/230[b]	216/230	215/230	218/230	208/230	205/230			
	B	194/200	197/200	192/200	192/200	193/200	195/200			
	N[c]	95[d]	98	99	97	99	99			
981116	A	215[e]	203	210	211	185	201			
	B	187	194	195	193	190	185			
	N	99	100	98	100	100	99			
980211	A	219	230	220	201	219	230	240		
	B	190	183	187	175	190	180	200		
	N	96	95	95	98	96	99	97		
990407	A	224	210	205	200	201	213	201	208	
	B	195	198	203	209	215	200	204	220	
	N	99	99	100	99	99	99	99	99	
991110	A	203	212	214	214	210	204			
	B	166	172	180	190	192	189			
	N	96	97	97	99	98	101			

注:(a) 安全性;(b) 期末交易价格/预期收益;(c) 注释;(d) 对于注释,仅显示期末交易价格,收益等于100;(e) 期末交易价格。预期收益与981007中的相同。990211、990407、991110相同。

对投资者特质的研究尚处在发展阶段,诸如行为特质、情绪和策略等因素难以有效量化,只能通过其他方式进行模拟。因此,需要进一步深入的分析和寻求更好的量化方法。

二、市场制度对泡沫的影响

传统金融学假定资本市场是一个完善的无摩擦的市场,因此市场制度在其框架内无足轻重,不会对价格形成产生任何影响。然而现实的资本市场是不完全的、信息不对称的,存在交易成本、税收和价格限制的。如关于交易限制在实验性资产市场中作用的实验发现,卖空明显降低价格,甚至超出基本面(King et al.,1993;Haruvy and Noussair,2006)。市场制度对资产定价的实验研究正是基于现实的要求,试图揭开资产价格形成的面纱,探索实现资本市场健康运行的制度安排。

(一) 信息披露制度

在传统金融学的理论框架内,在市场完全竞争和共同信息的前提下,投资者对证券价格有相同的预期,因此能够实现理性预期的均衡价格。然而,哈耶克(Hayek,1945)关于市场信息的重要作用的假说开辟了信息不对称的新视角,并得到了早期资本市场实验的支持。

在经典资本市场实验的设定中,基本价值等相关信息是共同知识,但在实际市场中,市场有传播和聚集私人信息的能力。有研究发现,即使在市场被试间不对称地分配信息,只要所有交易者的资产价值相同,就能观察到价格向基本价值的收敛(Plott and Sunder,1988;Oechssler,2011)。向交易者免费提供有关股利实现的信息,有助于防止泡沫和崩盘(Sutter,2012;Ghosh,2015)。总体而言,可以通过为交易者提供更高质量或更多数量的信息来提高市场价格效率。

这里主要介绍普洛特和松德尔(Plott and Sunder,1982)的信息不对称实验。他们设计了一组研究信息扩散的实验,市场中有 12 个交易者,分为 3 种类型,每种类型 4 个交易者,每类交易者的红利都有两种可能,如表 7-6 所示。

表 7-6 信息扩散实验初始设置

交易者类型	红利分布		期望红利
	状态 X 概率=0.4	状态 Y 概率=0.6	
类型 1	400	100	220
类型 2	300	150	210
类型 3	125	175	155

表 7-6 中的信息是所有交易者都知道的共同知识,即他们都知道证券红利分布情况,但是每种类型的交易者中只有 2 个知道究竟是 X 还是 Y 会实现,另外 2 个不知道。证券交易只有 1 个周期,交易采用双向拍卖机制。每个交易者的初始禀赋为 2 单位证券和 10000 单位的现金。在这样的条件下重复多次进行实验。

理论上,假设状态 Y 实现了,类型 1、类型 2、类型 3 中有内幕信息的交易者知道持有证券分别可获得的红利是 100、150、175。那些不知道 Y 是否实现的交易者则按照期望红利来计算证券的价值,三种类型不知情交易者愿意为证券支付的金额分别为 220、210、155。假设所有交易者是风险中性的,因为每个交易者在初始都被赋予了足够数额的资金,都愿意对与他判断的价值相等的证券都有一个水平的需求曲线,由此决定的竞争性均衡价格是这六个价格中的最大值 220,这个均衡也叫预先信息均衡(Prior-Information Equilibrium Price)。

理性预期模型表明这种预先信息均衡不会持续。如果类型 1 中没有信息的交易者支付了 220,但是获取 400 的红利只有 40%的机会,他们很快会发现从来不可能得到这么高的红利。如果 X 状态实现了,类型 1 中有内幕信息的交易者知道会分红 400,他将支付高于 220 的价格购买证券,从而将没有信息的交易者挤出市场。另一方面,即使类型 1 中没有信息的交易者以低于 220 的价格获取资本,红利也是在 Y 状态下的 100。这就意味着如果高红利 400 实现,有信息的交易者出价会高于没有信息的交易者;而低红利出现时,没有信息的交易者以期望红利购买证券,获取的红利是低于购买价格的。随着实验多次重复进行,没有信息的交易者会逐步从市场行为中学习到实现的状态是 X 还是 Y。在 Y 下,三种类型交易者最高的出价只可能是 100、150、175。因此理性预期均衡价格(Rational-Expectation Equilibrium Price)应该是 175。所以,如果 X 状态实现,市场的预先信息均衡价格和理性预期均衡价格都是

400；如果 Y 状态实现，市场预先信息均衡价格是 220，而理性预期均衡价格是 175。

在实验时让同组被试重复进行了 12 次实验，前两次实验属于热身程序，没有设置任何内幕信息人，所有交易者都不知道哪一个状态会实现；第 3～10 次实验都设置了 6 名内幕人，其中第 4、7、9 次实验实现的是 X 状态；第 3、5、6、8、10 次实验实现的是 Y 状态；第 11、12 次实验中所有交易者都知道哪一种状态会实现。图 7-13 显示了 12 次实验的结果。在设置了内幕交易人的第 3 到第 10 次实验中，图中水平实线代表理性预期均衡价格，水平虚线代表了预先信息均衡价格。

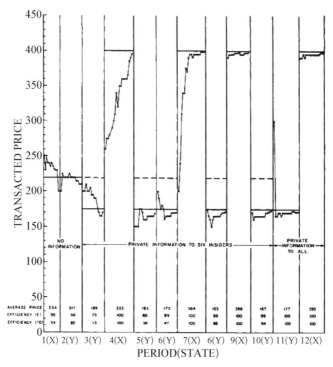

图 7-13　信息扩散实验结果

实验结果显示，当 X 状态实现时，价格都比较接近 400，理性预期均衡模型和预先信息均衡模型的预测是一致的；在 Y 状态下，初期的实验结果更接近预先信息模型预测的 220，随着实验的不断重复，后期的实验结果更接近于理性预期均衡 175。

普洛特和松德尔（Plott and Sunder，1982）得出了两个重要结论：第一，实验没有观察到即时收敛于均衡的情况，这表明通过重复实验形成经验，市场行为才会收敛于接近理性预期均衡所预测的价格，交易者能够通过观察市场的现象逐步学会推理环境所处的状况。第二，价格对理性预期均衡的收敛是近似的，而非精确的。

最近的研究还表明，无论价格与基本价值差距多大，对价格的最小视觉锚定都可能对市场行为产生长期影响（Caginalp et al.，2000；Baghestanian and Walker，2015）。还有研究表明，以图形格式而不是文本表形式显示信息可以提高市场效率（Cason and Samek，2015）。这一发现与这样的想法是一致的，即被试增加知识和对市场的理解会提高效率（Lei and Vesely，2009；Kirchler et al.，2012）。

(二）绩效激励制度

在许多经济学实验中,包括史密斯(Smith,1988)的标准设计,被试得到的实验报酬与他们自己的市场收益成正比。但是在许多实际环境中,报酬方案包括非线性和相对付款机制。霍尔门等(Holmen et al.,2014)设计了一种处理方法,使交易者获得保证的基本工资和与收入超过一定金额成比例的奖金,这种激励计划大大提高了交易资产的冒险性和价格。实验发现,凸性的激励机制可能导致定价错误和金融市场稳定性下降,凸性的激励与更高的价格、价格的标准差、价差正相关;风险规避的程度会影响具有线性合同的市场被试的行为。在凸性的激励机制下,规避风险的程度不会影响代理商和市场行为,因此凸性的激励结构消除了风险偏好对代理人行为的影响。

表 7 - 7 模拟的十个被试的风险规避估计参数

	linear	hybrid	convex
Average Price	26.29 (0.70) (25.28,27.99)	40.63 (4.69) (33.51,51.01)	50.21 (3.99) (43.67,58.96)
Final Price	25.24 (0.64) (24.87,27.06)	40.25 (13.90) (24.47,62.43)	37.88 (11.06) (25.33,62.60)
Pct. Volume	0.06 (0.016) (0.03,0.09)	0.06 (0.018) (0.032,0.105)	0.05 (0.013) (0.025,0.088)
Average Spread	0.20 (0.07) (0.07,0.36)	0.63 (0.10) (0.44,0.83)	0.57 (0.08) (0.41,0.73)
Average Volatility	2.07 (1.31) (0.45,5.30)	11.57 (2.66) (6.17,16.39)	9.93 (3.18) (3.60,14.91)
Equilibrium Price	25	37.49	39.47

克莱勒彻等(Kleinlercher et al.,2014)在这种设计的基础上考虑了奖金上限和罚款,并发现这两种机制都倾向于减少定价过高的现象。尽管当交易者不需要对损失负责时,当交易者代表投资者控制可交易的现金量时,流动性往往会最高(Baghestanian et al.,2015)。结果表明,即使个体行为者倾向于对不同的激励计划做出理性的反应,总的市场行为也可能偏离理性均衡,资产泡沫出现。

张和科尔曼(Cheung and Coleman,2014)研究了一种交易者会根据其当前投资组合的市场价值定期获得奖励的环境,虽然补偿方案之间的泡沫起初没有区别,但曾经有经验丰富交易员的市场存在很大的不对称性。在锦标赛激励和基础价值不断下降的情况下,泡沫无法随着重复而消散,尽管这种影响似乎对基础价值的时间路径很敏感。最后,有证据表明,与绝对收益的绩效激励相比,相对绩效激励已足以影响个人行为(Baghestanian et al.,2015)。

(三) 税收政策

詹姆斯·托宾(James Tobin)在20世纪70年代初期提倡对外汇市场征收托宾税,此后这一提议一直在经济学家和政治家中引起争议。当在现实世界的外汇市场上实际实施托宾税将解决有关其对波动性、效率和短期投机的所谓后果的争议。金等(King et al.,1993)最早将托宾税引入资本市场实验中,此后这个研究被雷(Lei,2002)重复,即对正的收益征收50%的托宾税,但是发现税收本身不能影响泡沫的出现。

布洛姆菲尔德等(Bloomfield et al.,2009)研究了托宾税在信息不对称的市场实施,结果发现托宾税减少了相同比例的知情和不知情类型的交易活动,税收不会影响市场效率。汉克等(Hanke et al.,2010)对托宾税对市场交易量、流动性、市场规模、市场效率和投机行为进行了实验性测试。实验发现,当两个市场都被征税时,征税对信息效率没有影响;如果仅对一个市场征税,则征税市场的效率低下的可能会大大增加(Cipriani and Guarino,2008;Bloomfield et al.,2009),市场波动率不会因引入托宾税而减少,市场规模与流动性密切相关;当在两个市场中较大的(较小的)市场上单方面征税时,波动性降低(增加),这可能取决于市场上普遍存在的交易机构(Pellizzari and Westerhoff,2009)。托宾税会造成不可挽回的扭曲效应,短期投机者将转向避税天堂。因此,政治家在使用本国的金融市场进行托宾税的经济后果的实时实地试验之前应该三思。

国内学者杨晓兰在基准实验的基础上,引入固定和比例两种税收政策。假设第一个参与人在每个交易周期中都以均衡价格成交一次,按照比例交易税,他所需要支付的交易税总额是82.5元(10个周期的均衡价格之和乘以5%);按照固定交易税,他需要支付50元(总交易周期数乘以5),从这个角度而言,比例交易税制的征税力度略高于固定交易税制。实验结果如下。

表 7-8 税收实验结果

实　验	总价格泡沫
第1组(基准实验)	222.70
第2组(比例税制)	413.33
第3组(固定税制)	−1.24

两种不同的收取交易税的方式也对市场价格泡沫产生了不同的影响。如图7-14所示,按比例征收交易税没有降低市场价格泡沫的程度,而按交易次数固定征收交易税降低了市场的价格泡沫。从市场交易量来看,与基准实验相比,比例交易税市场的成交量没有受到太大的影响,固定交易税的实验市场中,多个交易周期出现了零交易的现象。这些实验结果表明,从交易者心理的角度来看,在交易者决策的过程中,固定交易税负可能会比比例交易税产生更为直接和明显的作用。在这种心理下,价格泡沫消除,市场交易的活跃程度和流动性也显著降低(杨晓兰,2005)。实验结论是,对交易行为征收比例税没有减少市场的价格泡沫,而征收固定税能降低市场的价格泡沫,此外,固定交易税降低了市场流动性。陈(Chan,2013)再次进行有关托宾税的研究,同样得出税收本身并不能显著地影响泡沫的出现。

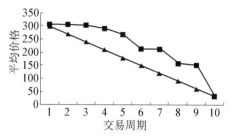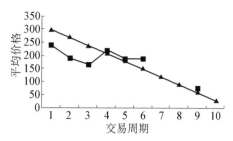

图 7-14 征收比例税的价格走势与征收固定税的价格走势

有争议的是金融交易税(FTT)的效果,休伯等(Huber et al.,2017)提供了有关 FTT 的不同影响的实验证据,具体取决于将 FTT 实施为对市场,居民还是两者的组合征税。对市场征税对波动率和交易量具有负面影响,而对居民征税则没有显示这些不良影响。此外,还观察到个人风险态度与交易者对不同形式的 anFTT 的反应无关。

(四)涨跌幅限制

涨跌幅限制(price limit)是指在证券市场交易过程中,限制买卖指令的价格范围,超过价格范围的指令属于无效指令。涨跌幅限制制度包括动态和静态涨跌幅限制。世界各地有不少的证券市场采用了涨跌幅限制制度,其目的在于降低市场的过度反应程度,将一个交易日内的价格限定在最大波动幅度内(杨晓兰,2006)。

涨跌幅限制虽然在实践中得到了普遍的应用,但是对其所能产生的政策效果一直褒贬不一。支持者认为涨跌幅限制可以减少交易者的过度反应和价格的过度波动,有利于交易者做出更为理性的决策(Telser,1981;Anderson,1984;Arak and Cook,1997)。反对者却认为,涨跌幅限制会产生一种磁力效应(magnet effect),当价格接近被限制的边界时,交易者会急于发出报价指令,而不管这些指令是否满足最大化的交易策略,因而涨跌幅限制很可能会刺激过度反应行为(Subrahmanyam,2002)。此外,涨跌幅限制实质上为交易者施加了流动性成本,会扭曲市场行为,并且破坏市场的流动性(Bildik and Gulay,2004)。

涨跌幅限制制度的实验研究主要为了弥补传统实证研究的不足,检验两个问题:第一,涨跌幅限制是否能稳定价格,即抑制价格偏离基础价值的程度;第二,涨跌幅限制在稳定价格的同时,是否对市场信息的有效性、流动性造成负面影响(杨晓兰,2006)。

金等(King et al.,1993)在实验中设计的涨跌幅限制是一种静态涨跌幅限制,也就是价格波动范围由固定的基准价格决定,在一个交易日(周期)内不做调整。并规定实验市场中价格的涨幅和跌幅不能超过单阶段期望红利的两倍。实验结果显示,价格限制制度没有阻止价格对基本价值偏离,泡沫现象更为严重,而且交易量显著地减少了。

杨晓兰(2006)引入了动态涨跌幅限制,设计了 3 组平行实验,实验 1 是基准实验,实验 2 引入了静态涨跌幅限制,价格涨幅和跌幅不能超过当期基础价值的 50%,实验 3 设置了动态涨跌幅限制。结果显示,实验 1 存在价格向上偏离基础价值的泡沫现象,实验 2 和实验 3 中的成交价格更接近于基础价值。结果发现,静态和动态涨跌幅限制都降低了市场的泡沫,动态涨跌幅限制起到了抚平市场过度反应和反应不足的作用。

国内的课堂教学中,武志伟和周耿(2013)也进行了涨跌幅限制对资产泡沫影响的实验研究,实验分别设计了无价格限制的基础实验和涨跌幅限制等两组实验,用于比较涨跌幅限制对资产泡沫、股票价格波动性以及股票流动性等的影响。

表 7-9 实验设计表

实验组	被试数量	交易时段	每个时段交易时间	初始禀赋	分 红	交易机制
基础实验	12	3 个时段预实验 15 个时段正式实验	120 秒	450 单位现金 10 单位股票	50%获得 3 元 50%获得 1 元	无涨跌幅限制
涨跌幅实验						20%涨跌幅限制

实验在南京大学仙林校区实验室进行,实验被试均为来自南京大学仙林校区的本科生。被试最终的收益来自买卖股票获得的价格差收益和持有股票所能获得的红利。实验采用连续竞价机制和双向拍卖方式,实验程序使用苏黎世大学开发的 z-Tree 软件(Fischbacher, 2007)。资产泡沫采用交易股票价格与基础价值的离差和来衡量,公式如下:

$$B = \sum_{t=1}^{15} (P_t - P_t^*)$$

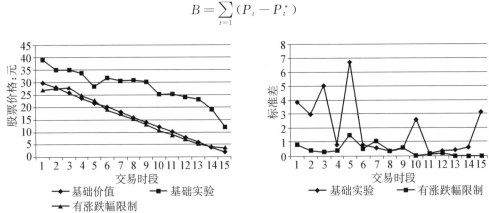

图 7-15 实验结果对比图

表 7-10 不同交易制度下证券流动性的比较

分 组		均 值	最大值	最小值	标准差	T 检验值
T_1	基础实验	0.148	0.208	0.100	0.057	2.145
	涨跌幅限制	0.199	0.292	0.075	0.126	
T_2	基础实验	0.207	0.909	0.045	0.252	2.201[+]
	涨跌幅限制	0.455	1.317	0.032	0.369	

注:+表示在 0.01 水平显著。

实验结论如下:① 在没有涨跌幅限制的证券市场中,随着交易的进行,证券价格会显著脱离其基础价值,能观察到明显的证券价格泡沫的产生,同时伴随着较大的证券价格波动。② 引入涨跌幅价格限制制度后,能够明显地减少证券价格泡沫的产生,使得证券价格回归其基础价值。而且涨跌幅限制能够大幅度降低证券的波动,减少金融风险发生的可能。③ 此外,价格涨跌幅限制制度的引入并不会影响证券市场的流动性,相反在一定程度上还会促进证券交易数量的增加,提高市场的运行效率。

(五) 融资融券制度

融资融券又称信用交易(margin trading),是指投资者向具有融资融券业务资格的金融机构(证券公司或证券金融公司等)提供担保物,在资产价格被高估时通过向证券公司等中介机构借入资产卖出(融券卖出),或在资产价格被低估时借入资金买入资产(融资买入),从而达到平抑资产价格泡沫的作用。通俗地说,融资交易就是投资者以资金或证券作为质押,向券商借入资金用于证券买卖,并在约定的期限内偿还借款本金和利息;融券交易是投资者以资金或证券作为质押,向券商借入证券卖出,在约定的期限内,买入相同数量和品种的证券归还券商并支付相应的融券费用。上交所和深交所都规定融资和融券的初始保证金比例不得低于50%。维持保证金比例不得低于130%。

融资融券制度对资产价格的影响,现有理论与文献主要持三种不同的观点:正效用说、负效用说和无关说。正效用说的理论基础来源于米勒(Miller,1985)的假说,在卖空限制的条件下,看跌者由于不持有股票而被排除在市场交易之外,看涨者却可以用更多的现金购买股票,因而市场只反映了看涨者的信息,不反映看跌者的信息,会导致资产价格被高估。引入融资融券制度后,资产价格会反映看涨者和看跌者的平均预期,有利于抑制资产泡沫的产生。一些学者将融券(卖空)机制加入 SSW 框架中。他们发现允许卖空显著降低了泡沫,使得市场价格接近基础价值(Haruvy and Noussair,2006)。菲尔布伦和纽格鲍尔(Füllbrunn and Neugebauer,2012)在此基础上加入了融资的机制,并比较两种效应的相对大小,他们发现同时允许融资和融券交易时,融资带来的泡沫效应要比融券去除泡沫的效应更强。

相反地,持负效用说观点的学者认为,在资产价格上升时,融资交易的杠杆原理会扩大资产需求,推动价格进一步上涨;而资产价格下降时,抵押品价值的缩水会促使资产持有者卖出资产从而进一步引发价格的下跌,尤其是市场出现类似羊群效应的集体性恐慌时会表现得更为明显(Henry and McKenzie,2006)。还有一类观点认为,融资融券交易与资产价格的波动没有明显的相关性(Loughran et al.,2006)。

在实验中引入融资融券制度,为市场被试卖空提供了可能,典型的实验设计一般会加入了以下内容:

(1) 保证金规定。融资时,融资方需要提供股票作为抵押品,融资金额与抵押品价值比例为50%,如融资1 000元现金,需抵押价值2 000元的股票给做市商,抵押期间股票分红归抵押人所有。融券时,融券的保证金比例为50%,如融券市值为1 000元,需提供500元现金给做市商。

(2) 融券融资成本。融资融券的持有期间做市商要收取一定费用,其中,融资费用=融资额×2%×融资轮数;融券费用=初始融券市场价值×2%×融券轮数(初始融券市场价值为融券行为发生时资产的市场价值)。

(3) 强制平仓处理。做市商为了进行风险规避,有权对存在较大偿还风险的融资融券进行强制平仓处理。

现有研究普遍认为,过度自信是中国投资者区别于西方成熟市场上理性投资者主要的异质性因素,相比理性投资者,过度自信投资者的存在更容易导致资产泡沫的出现(Scheinkman and Xiong,2003)。在实验室里,可以利用心理学问卷直接对个体的异质性因素进行测量 (Kirchler and Maciejovsky,2002;Biais et al.,2005;Deaves et al.,2009;Michailova and Schmidt,2011)。

基于此,武志伟等(2017)考量了中国投资者普遍存在过度自信的特质,设计了一个包含融资融券制度在内的2(过度自信 vs 理性)×2(有融资融券设计 vs 无融资融券设计)的资产泡沫实验,检验中国证券市场现有融资融券制度在抑制资产泡沫和价格波动等方面的效果。实验的被试为南京大学不同专业的72名本科生。实验中交易程序采用瑞士苏黎世大学开发的 z-Tree 软件完成(Fischbacher,2007)。每轮实验不设置交易数量限制。

表7-11 四组资产泡沫实验条件比较

	实验时间	实验轮数	实验条件		其他实验条件
			过度自信程度	是否融资融券	
实验1-2	2014 年 4 月 13 日	预实验3轮; 正式实验15轮; 每轮实验3分钟	高	否	相同
实验3-4				是	
实验5-6			低	否	
实验7-8				是	

本研究采用米契洛娃(Michailova,2010)的方法来生成过度自信程度的测量问卷,被试需要在15分钟之内回答由实验第一阶段中选出的18道常识性问题组成的过度自信测量问卷,在回答完每道问题之后需要预测自己答对题目的可能性,如果回答为33%表示对自己的回答完全没有把握,100%则为完全有把握。实验根据被试自己预测的答题准确率和真实答题准确率之间的差异,来度量他们的过度自信程度,得分位于前50%的被试为高过度自信组,后50%的被试为低过度自信组。

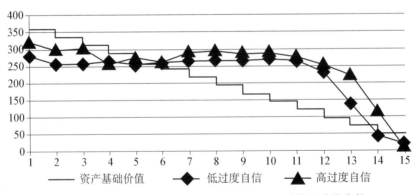

图7-16 未引入融资融券制度时资产的平均价格及价格走势

图7-16为无融资融券制度时15轮市场交易中资产平均价格的变动情况。前几轮实验被试交易相对谨慎,高过度自信组与低过度自信组的资产平均价格均低于资产的基础价值;随着实验的逐步进行,两组资产交易价格开始超过其基础价值,资产泡沫产生,并且平均交易价格与基础价值的差值不断扩大,资产泡沫逐渐膨胀;实验进行到最后几轮,资产交易价格开始出现回落,向基础价值回归,到最后一轮跌至基础价值附近,资产泡沫破裂。实验发现,在

实验资本市场中,资产泡沫的产生带有一定的普遍性,高过度自信组与低过度自信组的资产平均交易价格均高于资产的平均基础价值。

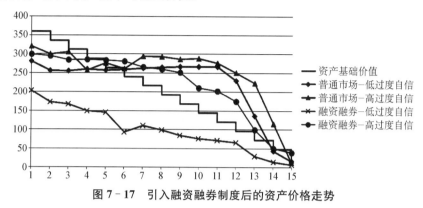

图 7 - 17　引入融资融券制度后的资产价格走势

图 7 - 17 显示,引入融资融券制度后,实验市场资产交易价格均有明显下降(Mann-Whitney $U = -2.84$, $p < 0.01$),且该制度对低过度自信组影响更为明显。其中,高过度自信组 15 轮的平均资产交易价格由 250.81 降至 219.01,降幅为 12.68%,但总体仍略高于其基础价值,存在一定的资产泡沫;而低过度自信组在融资融券制度下的资产平均交易价格由 224.4 骤降为 99.20,下降幅度为 55.2%,平均资产交易价格始终位于基础价值下方,资产泡沫完全消失,资产价格还存在一定程度低估。

实验结论是,在控制了市场信息分布以及投资者共同知识等因素之后,投资者的异质性因素(主要指过度自信)和市场制度约束是影响资产泡沫的重要因素。相对于低过度自信投资者构成的理性市场,由高过度自信的投资者组成的非理性市场将会产生更高的资产交易价格、更严重的资产泡沫以及更大的资产价格波动,这与人们近年来对中国证券市场的总体认知是一致的。引入融资融券制度以后,过高的资产平均价格和资产泡沫以及资产价格的总体波动水平都受到了明显的抑制,资产定价更为合理,说明我国现有的融资融券制度有助于改进资本市场的定价效率,减少资产泡沫。

(六) T+1 制度

T+1 制度是一种股票交易制度,指当日买进的股票,要到下一个交易日才能卖出。T+0 制度是国际上普遍使用的一种证券交易制度,即当天买入的证券在当天即可卖出。我国股票市场于 1995 年开始执行与国外主要市场有显著差异的 T+1 交易制度。20 多年来,该机制有效性一直备受争议。2013 年光大证券的"816"事件中,大机构通过 T+1 制度的套利行为严重损害了中小投资者权益,推动社会各界重新探讨 T+1 制度的有效性问题(张璐阳,2013)。

基于保护投资者利益的出发点,针对 T+1 制度主要有两派观点,支持派认为 T+1 制度可以防止投资者频繁交易,抑制泡沫,鼓励投资者进行长期投资(Greenwald and Stein,1991)。反对派则认为 T+1 制度存在消极作用,交易者可能惧怕交易限制,使得熔断分界线具有"磁吸效应",从而加剧市场波动,甚至可能放大交易量和市场泡沫。此外,T+0 制度的支持者认为其可以活跃市场,加快市场流动性和价格发现过程,有助于投资者对其错误决策及时纠偏,推动中小投资者公平地参加交易。T+0 制度的反对派认为它实质上可能增加市场炒作和大幅波动的风险,使得中小投资者处于劣势,造成事实上的不公平。[1]

刘建华(2010)通过实验发现 T+1 交易制度抑制泡沫的作用并不明显,但他的研究缺乏投资者个体差异的数据,很难区分中小投资者,无法回答 T+1 制度是否保护了中小投资者的问题。而卢戈夫斯基等(Lugovskyy et al.,2014)发现类似中国房产限购等需求端的资产持有限制能够显著降低泡沫,长期的持有限制虽然能够消除泡沫,但也导致了中后期价格在基本价值之下,仍然存在缺乏效率的错误定价;相反,临时性的持有限制并不会出现错误定价,而且市场效率会更高。焦贺英等(2011)利用计算机仿真市场模拟交易,发现相对稳定的 T+0 制度可以稳定市场,促进市场正确定价。相反,在不稳定的市场中,则会加剧市场波动。得出的结论是市场状态决定采用什么样的制度。

国内对 T+1 制度的分析较为丰富,但尚未形成较为一致的结论,原因主要如下:

(1)现实的股市数据往往受到很多 T+1 制度以外的因素干扰。例如,1995 年之后有大量的其他改革措施出台,而且市场成熟度本身随着时间推移有着显著变化。采用实证数据的研究往往很难排除这些因素的作用。

(2)计算机仿真方法虽然能够控制其他因素,但是对于市场被试的实际行为很难模拟。其价格形成机制是理性经济人等各种假设满足状态下的,与真实人构成的市场存在较大的差异。

(3)全体投资者的历史收益数据获取非常困难,很难对 T+1 制度与中小投资者的保护进行定量分析。

周耿等(2017)应用实验经济学范式,在 SSW 框架基础上引入 T+0 和 T+1 机制,通过控制变量法来排除其他市场制度等因素对结论的干扰,用 z-Tree(Fischbacher,2007)交易程序来模拟股票市场交易和接近真实市场的价格形成机制,同时识别出 T+1 制度中的中小投资者,最后利用搜集到的个体、总体数据对 T+1 和 T+0 市场的影响进行对比分析。

实验由 1 局预实验和 12 局(每局 15 期)正式实验组成,每期实验时长为 120 秒。每一局实验由 9 名被试。大投资者数量为 3,中小投资者数量为 6,大投资者的禀赋设定为中小投资者的 13 倍,为 339.3 和 26.1 元代币。每股每期分配的股息按 1/4 的概率取自(0,0.8,0.28,0.60)。被试的收益来自赚取交易利差(低买高卖)和赚取股息分红(低价买入,等待现金红利超过买入价)。每局实验结束后统计所有交易者持有的现金数量,计算收益率进行排名,排名越高现金报酬越高,以此避免因投资者初始禀赋差异带来的激励差异。

被试认知水平和风险偏好水平测量:认知水平的量表由努赛尔等(Noussair et al.,2014)给出,而风险偏好的量表则来自霍尔特和劳里(Holt and Laury,2005)。

表 7-12 被试的初始禀赋情况　　　　　　　　　　　单位:元代币

	被试 1	被试 2	被试 3	被试 4~5	被试 6~7	被试 8~9
初始资金	58.500 0	152.100 0	245.700 0	4.500 0	11.700 0	18.900 0
初始股票	78.000 0	52.000 0	26.000 0	6.000 0	4.000 0	2.000 0
初始禀赋	339.100 0	339.100 0	339.100 0	26.100 0	26.100 0	26.100 0

[1]　2013 年 10 月 25 日证监会记者招待会纪要(参见《第一财经日报》,2013 年 10 月 26 日财商版的报道)。在上海证券交易所召开上交所第十六次媒体通气会上,发言人也表达了类似观点。

利用每期市场的中位数对市场走势进行描述,可以得出图 7-18 和图 7-19。

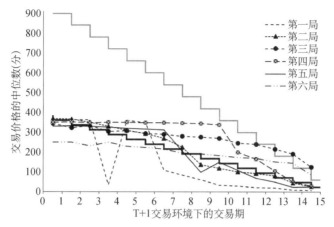

图 7-18　T+1 环境下的市场的中位数价格走势①

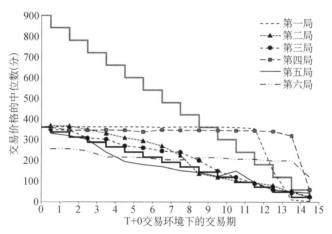

图 7-19　T+0 环境下的市场的中位数价格走势

从总体市场的走势来看,T+1 与 T+0 两种实验机制的初期都存在低于基础价值的交易,而且都会在实验中后期出现明显的泡沫(中位数价格高于基础价值),并且快速破裂。通过对比,在 T+1 环境下,有 3 局中较多交易期的价格甚至超过了分红的最大可能价值(灰色阶梯线之上);而在 T+0 环境下,这个情况只出现在 2 局中的个别交易期。

实验结论是:① 相对于 T+0 制度,T+1 制度保护的并不是中小投资者,而是大投资者;T+1 制度显著减少了市场的成交量,非但不能明显地降低市场泡沫,还加剧了市场价格的波动。② T+1 制度还保护了具有较高风险偏好水平的投资者,避免了这类投资者的频繁交易。针对 T+1 交易制度,我国可借鉴美国市场的做法。引入差异化的交易新规则,对不同类型的账户进行差异化的限制,既充分保障了市场的流动性,又对中小投资者进行充分的保护;同时

---

① 　下方的阶梯线表示股票后期分红的期望价值(之后所有期的每股派息按照期望 0.24 计算),而上方的阶梯线表示后期分红的最大可能价值(下同),当市场价格超过上方阶梯线时,表示按照最好的情况(之后所有期每股派息都按 0.6 计算)也无法超过买入者购买的价值,表明市场出现了严重的泡沫。

建立差异化的处罚新规则,通过冻结账户或资金不同期限这一事后处罚方式进行教育,充分保护中小投资者的利益。

三、资产特征对泡沫的影响

行为金融理论将交易者的认知能力、风险偏好等个体特征因素和市场制度引入资产价格决定理论,在现实资本市场中,资产本身具备的特殊属性也会影响资产价格,如在失望厌恶偏好模型中,风险较大的资产会产生更大的泡沫。关于资产特征的实验研究,往往与个体非理性相关,下面将介绍资产特征的实验研究方法和理论。

(一)彩票式证券的实验研究

在实验经济学中,资产特征主要体现在分红机制中。一般认为,期望红利高、风险小的资产更能吸引投资者。现实经济中,大公司、主板上市公司和指数成份股具有期望红利较小,风险也较小,而小公司、创业板公司和科技公司股票风险较大,同样期望收益也较高。在证券市场中两者价格有不同的走向,要在实验室中分析这种差异形成的原因,就要对资产特征进行实验研究。

阿克特等(Ackert et al.,2002)设计了一组实验来检验证券市场的交易行为与资产特征的关系。他们采用了卡耐基大学开发的金融交易系统(FTS)平台进行了计算机化的资本市场实验。每次实验由7~9名学生参加,每次实验持续12个交易周期,每周期持续5分钟。实验初始,交易者被赋予了两种类型的证券,一种称为标准证券,一种称为彩票式证券,两种证券的红利分布情况如表7-13所示。

从表7-13中可看出,两种证券红利的期望值是一致的,由此决定的理性预期的基础价值在各个交易周期也是一致的。彩票式证券在大部分情况下没有分红,但有4%的概率获得18美元的高额分红;标准证券获得分红的概率较高。通过计算可知,标准证券的红利分布方差是0.048,彩票式证券的方差则高达12.4416。根据行为金融理论,资产红利分布方差越大,效用偏离数学期望价值的程度就越高,资产价格就会越高于基础价值。可以推断交易者对彩票式证券的效用评价将显著地高于标准证券,因而愿意为彩票式证券支付更高的价格,彩票式证券的价格泡沫也将高于标准证券。

表 7-13　实验初始设置

证券红利分布				红利分布方差	红利期望值	第一阶段基础价值
概率	0.48	0.48	0.04			
标准证券	0.50	0.98	1.20	0.048	0.72	8.64
彩票式证券	0.00	0.00	18.00	12.4416		

他们采用一系列指标来衡量实验中价格偏离基础价值的程度,主要有:

(1)平均价格高于基础价值的周期数(Periods when median $Pt > FVt$)。这个指标代表在一次实验的12个交易周期中,有多少周期的平均价格(Pt)高于该周期的基础价值(FVt)。

（2）最大偏离(Peak Deviation)。最大偏离衡量了实验市场中价格泡沫的程度,是用第一交易周期的基础价值 FVt 标准化的价格偏离基础价值的最大限度,计算方法为:

$$Max[(Pt-FVt)/FVt]。$$

（3）平均偏离(Average Price Deviation)。平均偏离是每个交易周期市场平均价格偏离基础价值的平均值,由于实验中有 12 个交易周期,平均偏离的计算方法是:

$$\frac{1}{12}\sum_{i=1}^{12}\left(\frac{Pt-FVt}{FVt}\right)$$

（4）平均正向偏离(Average Positive Price Deviation)。实验中也可能出现价格低于基础价值的现象,为了仅仅考察价格高于基础价值的程度,Lucy 等引入了平均正向偏离指标,其计算方法为:

$$\frac{1}{12}\sum_{i=1}^{12}\left[max0,(Pt-FVt)/FVt\right]$$

实验结果显示,两类证券即使具有相同的基础价值,在相同的实验环境下他们的价格水平也存在显著的差异。例如,在允许借入资金购买证券和不允许卖空证券的约束条件下,在同样的实验市场中,标准证券和彩票式证券各个价格指标的计算结果如表 7-14 所示。

表 7-14 实验结果

变 量	标准证券	彩票式证券
平均价格高于基础价值的周期	10.75	11.5
最大偏离	0.755 7	0.932 7
平均偏离	1.144 4	1.702 9
平均正向偏离	1.175 9	1.696 5

实验数据表明,交易者愿意为彩票式证券支付更高的价格,彩票式证券的泡沫程度和泡沫持续的周期都超过标准证券。通过实验检验,阿克特等(Ackert et al.,2002)认为证券价格泡沫的产生和膨胀可能来源于交易者对某些性质的证券具有强烈的风险偏好。这也解释了为什么有高科技概念的股票,即使其在会计上是亏损的,投资者仍然愿意以高昂的价格购买。

通常来说,传统行业的股票能获得稳定、持续的收益,而高科技投资则存在较大的不确定性,但一旦投资成功往往又能获得巨大的收益。高科技股票往往向投资者描绘了未来强大的营利能力,因此投资者的期望得意（expected elation）将高于期望失望（expected disappointment）,因而愿意付出比理性预期价值更高的价格。例如,在 2000 年的网络泡沫中,网络公司的营利模式尚不明朗,相当多的网络公司从来都没有营利过,但基于网络公司描绘的未来蓝图,投资者对网络公司普遍持有乐观态度,导致网络股票泡沫不断持续和膨胀。

他们进而在实验中引入三种方法:不可卖空可借贷(NSS/B),不可卖空不可借贷(NSS/NB)和可卖空不可借贷(SS/NB)。具体设计如表 7-15 所示。

表 7 – 15　实验设计表

交易周期	方法	交易者人数	禀赋			借贷	卖空
			标准证券	彩票证券	现金		
1	NSS/B	8	2	2	$100	Yes	No
2		9	2	2	$100	Yes	No
3		7	2	2	$100	Yes	No
4		9	2	2	$100	Yes	No
1	NSS/NB	7	2	2	$40	No	No
2		9	2	2	$40	No	No
3		7	2	2	$40	No	No
4		9	2	2	$40	No	No
5		9	2	2	$40	No	No
1	SS/NB	7	2	2	$40	No	Yes
2		9	2	2	$40	No	Yes
3		9	2	2	$40	No	Yes
4		9	2	2	$40	No	Yes

注:(N)SS 和(N)B 分别表示(不)可卖空和(不)可借贷。

实验结果发现,实验 NSS/B 与之前的研究结果一致,两种证券交易价格都会偏离基础价格且彩票式证券的偏离程度更大。实验 NSS/NB 证明两种证券交易价格都会偏离基础价格,但重要的是彩票式证券的偏离并没有比标准式证券更大;在标准式证券的交易同样出现了非理性交易,35％的交易价格小于最小股利支付或大于最大股利支付。NSS/NB1 – 5 实验中,彩票式证券的价格波动(price deviations)要小于标准式证券;当交易者要用自有资金进行交易时,则不会对有彩票性质的证券支付溢价。在允许卖空的实验 SS/NB 中,两种证券多次的交易价格低于证券基础价格;而且彩票式证券的价格波动要小于标准式证券。

实验最终结论是,交易者倾向对彩票式证券支付更高的价格,但是当交易者使用自有资金进行交易或可卖空时,这种倾向会减弱甚至消失。对于彩票式证券,卖空是推动资产价格向基本价回归的重要因素。对于一个回报概率分布较均匀的证券而言,限制资产借款结合卖空可以有效抑制价格泡沫。

在具有多种资产的市场中,错误定价已显示出与基本价值水平成比例地增加(Chan et al.,2013)。这样的市场也表明,在大多数情况下,相似资产的相对价格仍然接近平价(Ackert et al.,2009),但随着一种资产值的均值和方差的增加,偏差也会增加(Fisher and Kelly,2000;Childs and Mestelman,2006;Childs,2009)。

(二) 衍生品市场的实验研究概述

在现实世界中,市场并不是孤立运行的,拥有相同或不同资产的多个市场可能会同时运作并相互影响。与现货市场不同,期货市场允许市场被试通过在未来买卖资产的所有权来对冲未来价格变化。当有单个期货市场可用时,衍生品市场的存在会减少当前现货市场中的总体定价错误(Porter and Smith,1995;Noussair et al.,2014),但是当全套期货市场开放时,现货市场本身的定价错误会抵消现货市场的效率提高(Noussair and Tucker,2006)。

　　20世纪80年代早期,实验经济学家开始研究期货市场对现货市场价格的影响。波特和史密斯(Porter and Smith,1995)设计了一个同时操作现货和期货市场的更接近真实世界的市场,首次为研究衍生品市场对现货市场的影响提供了证据。他们的实验市场设计中,除了未指定的分红良好的现货市场外,从第八期启用该商品的期货交易合约,并向交易者提供了保证金,以保证期货/现货交易中不出现流动性问题。该实验每期持续300秒,被试同时在两个市场进行交易。第八期期末,如果交易者有正的未来净收益,这些累计的资产将转移到他的交易账户;如果有负的未来净收益,则必须用现货来补充缺口。

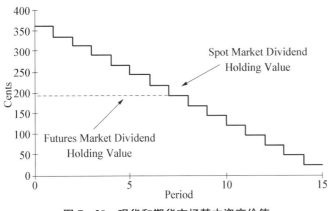

图7-20　现货和期货市场基本资产价值

他们的实验结论得出,期货市场能减少泡沫量,对泡沫持续时间和无经验交易者交易量没有显著影响,对有经验交易者的交易量具有显著影响。对此,波特和史密斯猜测,未来资产的交易价可能会促进逆向归纳机制的形成,导致被试不能在膨胀的价格上进行资产交易,期货市场的一个重要功能是降低个体对其他人预期的不确定性。

　　比埃斯和希利昂(Biais and Hillion,1995)分析了将无重复期权引入由噪声交易者和信息交易者(在他们的模型中分别称为流动交易者和业内人士)构成的双向拍卖市场所带来的影响。他们发现期权交易有时候会降低业内人士的利润,然而这一发现不是那么可靠。进一步而言,期权的引入似乎缓解了市场崩溃的难题。此类崩溃曾经发生过,噪声交易者由于信息不对称认为交易损失超过了他们从贸易中获得的利益,进而提高他们的资产现金转换率。他们推测,通过使市场变得更加完整,期权减少了信息不对称带来的风险,也降低了市场崩溃的频率。

　　德容(De Jong)设计了一个实验资产市场和一个期权市场,希望通过由两个市场引起的市场定价确定期权市场的存在是否会提高标的资产的市场质量。在每个市场中三个竞争的交易商对知道资产价值的业内人士和两个流动贸易商来说都是反方。实验中没有强加借款或卖空的限制条件,在真实市场中杠杆效应可能让知情交易者对期权更感兴趣,而杠杆效应在他们的实验处理中是不存在的。流动性交易者由于需要面对期权和标的资产不相关的期末位置,因此面临着外生的流动性冲击。

　　他们发现,当期权的内在价值为正的时候,资产市场中的价格有效性更高并且资产的价格波动更低,期权的存在总体上提高了市场的效率(即使内在价值为0)。能够在标的资产市场或者期权市场贸易进行选择的业内人士,86.3%选择了在利润更多的市场进行交易。市场定价也因此发生在两个市场中,在资产(期权)市场中的造市商依据期权(市场)现状指出的方向对他们的报价进行修改。

第四节　资本市场实验的最新研究进展

众所周知,价格是衡量资产基本价值或相对价值的经济指标,资本价格与市场效率息息相关。当市场有效运作时,价格有助于资源与资本的转换配置;当市场失灵时,错误定价会导致不必要的浪费和损失。如第三节所述,定价错误的一种特殊模式是价格泡沫。与传统经济学相比,实验经济学对研究资本市场问题有较强的优势。在实验室环境中,实验者定义(并由此观察)资产价值,从而有可能明确地将其与价格进行比较。本节基于鲍威尔和谢斯塔科娃(Powell and Shestakova,2016)的文献,总结了资本市场实验的最新研究结果,重点关注更广泛的主题:资产属性、交易者特性、市场结构。

一、资产属性

许多研究表明,资产的属性会影响市场中定价错误的程度。表 7 - 16 总结了资产属性对市场效率的影响。

表 7 - 16　资产属性对资本市场的影响

影响因素	影响方式
初始禀赋心理	对定价错误没有影响
基础价值	较高的 FV 方差会增加定价错误;对 FV 的诱导方式敏感的定价错误
资产供给	资产的相对价格随其相对供给而下降

1. 初始禀赋心理

在各种实验环境中,有据可查的发现是初始禀赋效应。这是指在多种情况下,被试的行为对他们是否认为是在用自己的钱还是实验者的钱做决定很敏感。尽管委托人用客户的钱做决策是正常的操作,但被试的决策是否会因此变得随意是很多人的关注点。有证据表明,无论被试的初始禀赋是自己挣的还是捐赠得来,市场泡沫的规模都是相似的(Paulet,2013;Corgnet,2015)。

2. 基础价值

从宏观视角来看,资产的价值反映了经济的周期性。在经济复苏和低迷时期,市场通常会表现出明显的不对称性。市场在低迷时期要比复苏时期更快地适应有效定价(Noussair and Powell,2010)。从微观视角来看,在史密斯等(Smith et al.,1988)原始设计中,资产向其所有者支付定期股息,因此导致了单调递减的基本价值,这与实际中随时间推移呈现出稳定或递增的基础价值不同。一些研究认为,下降的基础价值是造成被试者困惑的根源,被试的误解会进一步导致定价错误(Lei et al.,2001;Lei and Vesely,2009;Kirchler et al.,2012;

Cheung et al.,2012)。在这种背景下,许多研究者聚焦于基础价值设定的替代方案。

科奇勒(Kirchler,2012)总结了 SSW 框架存在两个基本的问题:第一,基础价值(FV)随着时间而下降,最后降低到零,这与通常意义上的股票是不一样的。这会导致被试处理混乱,引起错误的定价。第二,现金和股票的比例(C/A 比率)随着每期分红的进行而不断增加,人为地加剧了泡沫的形成。针对这个问题,有以下几种处理方法:① 当将该框架中的"股票"换以"消耗型金矿库存"替换时,这种混淆就会消失了;② 分红不再每期发放,而是最后一期发放;③ 不分红,基础价值采用随机数增长或下降。

有证据表明,基本价值的时间路径会影响价格追踪基本价值的程度。除史密斯等(Smith et al.,1988)单调递减的基本价值,还有递增、恒定以及动态变化的基本价值设定。努赛尔和鲍威尔(Noussair and Powell,2010)试图研究非单调基本价值的运动对资产市场实验的价格发现的影响。设计了高峰(Peak)和低谷(Valley)两类实验环境。如图 7-21 所示,在高峰期,基本价值在前 8 个时期内增加,在后 7 个时期内下降;在低谷期,基本价值先在前 8 个时期下降,再在后 7 个时期增加。两种环境中价格发现的速度和程度存在很大差异。

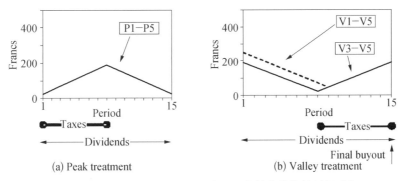

图 7-21 峰值(a)和谷值(b)两种处理中基本价值的时间路径

实验发现,无经验交易者在高峰和低谷都会遇到泡沫。但是,高峰期的价格发现比低谷期更加迅速和完整。在高峰期,价格追随着基本价值的趋势方向和趋势变化;而在低谷期,价格很难趋于基本价值。实验由此得出结论,资产市场追随基本面的可能性取决于基本面的时间路径,高峰期的基本价值轨迹表现出更好的价格发现功能。

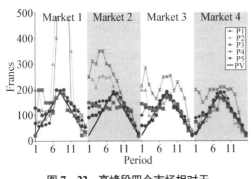

图 7-22 高峰段四个市场相对于基本面的价格中位数

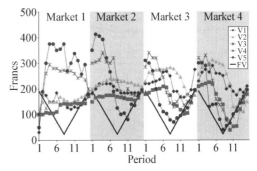

图 7-23 山谷段四个市场相对于基本面的价格中位数

还有大量研究表明,基本价值不变的市场是有效的(Kirchler,2012;Cheung and Coleman,2014;Stöckl,2015),市场效率往往会随着基本价值的变化而降低(Noussair and Powell,2010;Breaban and Noussair,2015)。大多数研究都结合使用税收、股息和最终买断来改变基本价值(Smith et al.,2000;Jaworski and Kimbrough,2014)。

阿班和努塞尔(Breaban and Noussair,2015)研究了具有恒定基础价值的市场,基本价值运动分为熊市(Bear Market)和牛市(Bull Market)两种类型(见图 7-24,7-25),用以比较基础价值下降趋势和上升趋势之间的错误定价差异。资产的基本价值是股息、税金/补贴和最终收购这三部分的预期未来净流量之和。首先,在交易开始前对被试者进行风险规避测试(Fehr and Goette,2007)和认知反射测试(CRT)。

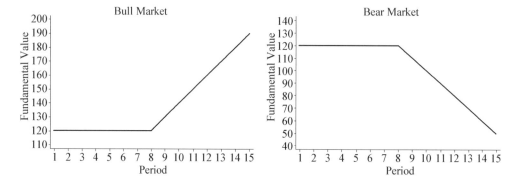

图 7-24　Bull Market 中的基本价值时间路径　　图 7-25　Bear Market 中的基本价值时间路径

图 7-26 的实验结果可看出,首先,熊市交易的价格比牛市交易的价格更接近基本价格。其次,在 Bull Market 模型中,大多数市场价格早于基本面,在资产生命周期后期则低于基本面。而在 Bear Market 模型中,资产似乎没有总体趋势,市场价格在资产生命周期的早期就被高估或低估。相同的是,现金/资产比率对价格水平的影响不大,在牛市临近交易时段结束时相对较低,在熊市则相对较高。和先前的研究结果一致的是,相对于基本价值而言,现金余额的增加与价格的上涨有关(Caginalp et al.,1998;Haruvy and Noussair,2006;Kirchler et al.,2012)。

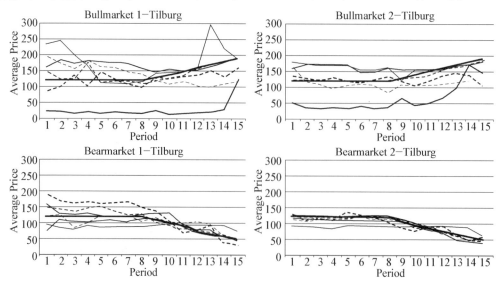

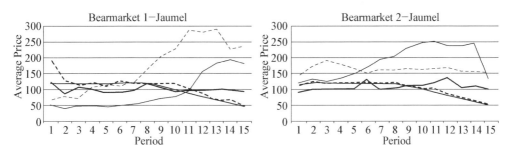

图 7 - 26　所有市场的平均价格

注：基本价值时间轨迹由最粗线标出。

实验的结论是，首先，基本价值运动趋势会影响价格发现过程，下降趋势的基本价值运动比上升趋势更接近于基本值，这对现实中下降的资产市场有一定借鉴意义，如某些债券和期权或贬值的资本。其次，被试的平均风险厌恶程度较高，市场价格会降低，交易量越低，平均认知反射测验得分越高，市场价格与基本价值之间的差异越小。

3. 资产供应

在完全理性的模型中，对资产的需求仅由基本面确定。各种研究表明，实验性资产市场的需求主要取决于现金和其他资产的相对供应（现金资产比率）。在标准实验设计中，股息在资产的整个生命周期内都被支付，这意味着随着时间的推移，可用于交易的现金供应量相对于资产供应量会增加。这与改变货币名义价值的效果是一致的（Noussair et al.，2012）。

二、交易者特性

交易者特性对定价错误的影响，可总结成表 7 - 17。

表 7 - 17　交易者特性对资本市场的影响

影响因素	影响方式
间接学习	减少定价错误
共同知识	减少定价错误
社会人口特征	减少了定价错误；由男性组成的市场定价较高
认知能力	错误定价随着市场认知能力的总体水平而降低；随着认知能力分散程度的增加而增加

1. 间接学习

除了获得直接的实验经验，还有间接的经验学习。有研究发现，若允许有经验的交易者将建议留给随后的交易者，可以有效减少资产泡沫，这与接收建议的交易者数量成比例（Alevy and Price，2014）。卡森和萨米克（Cason and Samek，2015）设计了一种处理方法，使对象根据先前市场中另一对象的交易行为观察并获得奖励。结果表明，被试从观察另一位交易者中学到的知识与他们自己从参与市场中获得的知识相同。休伯等（Huber et al.，2015）表明,无论投资结果如何,投资中的前辈经验往往会降低定价错误。

2. 共同知识

相关的研究领域涉及期望和常识的作用。在市场上使用培训的共同知识大大减少了定价错误,超出了培训本身的效果(Cheung et al.,2014)。另外两项研究着眼于有关计算机交易员的存在对市场结果的影响。交易者只对机器人交易者活跃于市场的可能性做出反应(Farjam and Kirchkamp,2015)。价格上涨的预测表明,在人机混合市场中,错误定价的比例很高,这是由于对他人行为的战略不确定性,而不是单凭个人的非理性(Akiyama et al.,2013)。

3. 社会人口特征

在种族同质的市场中,交易者容易对其他人的决定过度自信,因此会产生更大的泡沫(Levine et al.,2014)。还有证据表明,女性交易者的比例与定价错误程度负相关(Ecke and Füllbrunn,2015)。然而库瓦和鲁斯蒂奇尼(Cueva and Rustichini,2015)发现了相反的效果,即混合性别市场的定价错误明显高于均质性别市场,性别对市场行为的影响程度尚不确定,因此尚不清楚性别对市场行为的影响。

4. 认知能力

已有的实验发现,被试对市场规则和结构的理解会提高市场效率(Lei and Vesely,2009;Huber and Kirchler,2012)。交易者的认知能力越强,对交易规则的理解效果越好。人有两种认知过程:快速执行、较少有意识地思考的认知;慢速执行、更具反思性的认知(Epstein,1994;Sloman,1996;Chaiken and Trope,1999;Kahnema and Frederick,2002)。诺维奇和韦斯特(Stanovich and West,2000)将其归纳为"系统 1"和"系统 2"。系统 1 是自发性的,不受理智、机敏、动机问题难度的影响;系统 2 需要付出努力、动力、专心和执行力。

认知反射测试(CRT,The Cognitive Reflection Test)是衡量交易者认知能力的一种重要方法,最早由弗雷德里克(Frederick,2005)提出并应用。通过认知反思测验(CRT),交易者可以激发出对自己的决策进行反思的能力。

---

(1) 一根球棒和一个球总共花费 1.10 美元。球棒比球贵 1 美元。这个球多少钱? _____美分

(2) 如果 5 台机器 5 分钟生产 5 个部件,那么 100 台机器生产 100 个部件需要多长时间? _____分钟

(3) 在湖里有一小片睡莲叶子。这片叶子的大小每天都会翻倍。如果这片叶子覆盖整个湖泊需要48 天,那么覆盖一半湖泊需要多长时间? _____天

图 7 - 27 认知能力测试(CRT)

当被试的 CRT 平均分数较高时,价格将保持更接近基本面的水平,而 CRT 分数较高的交易者的收入则更高(Gladyrev et al., 2014; Breaban and Noussair, 2015; Cueva and Rustichini,2015)。此外,与认知能力异质性强的交易者组成的市场相比,认知水平较低的交易者组成的市场产生了更大的资产泡沫(Bosch-Rosa et al.,2015)。

三、市场结构

表 7 – 18　市场结构对资本市场的影响

影响因素	影响方式
市场干预	内生利率政策不影响定价错误
预测	取消价格预测会增加定价错误

1. 市场干预

经济被试在资本市场中的非交易行为,如中央银行的市场干预,菲施巴赫(Fischbacher,2013)通过将付息债券作为附加资产,研究了定价错误如何受到中央银行利率政策的影响。计息资产虽然会减少市场的流动性,但不会显著影响定价错误。这一发现对于以下几种变化是有力的:确定利率的规则(对价格的外生适应性)、付息的准确时机和所提供信息的类型。

公司收购是另一种市场干预,可能会影响定价错误。全布伦和哈鲁维(Füllbrun and Haruvy,2014)设计了一个资产市场环境,在该市场中公司的利润不确定并且经理人内生地选择了股息支付方式,如果股东认为经理人没有分享足够的利润,则定期有机会以外生给定的价格出售公司。这些市场价格表明公司最初的高估,但是重复价格会最终达到基本价值。

2. 市场预测

在许多研究中,还要求市场被试报告对未来平均价格的预测。这些预测者可能没有激励。阿基等(Hanaki et al.,2016)比较了有无预测市场后发现,带有激励的价格预测会增加市场错误定价的水平。

参
考
文
献

[1] Ackert L F, Charupat N, Church B K, et al. An experimental examination of the house money effect in a multi-period setting[J]. Experimental Economics, 2006, 9(1):5 – 16.

[2] Ackert L F, Charupat N, Church B K. Margin, short selling, and lotteries in experimental asset markets[J]. Southern Economic Journal, 2006: 419 – 436.

[3] Ackert L F, Charupat N, Deaves R, et al. Probability judgment error and speculation in laboratory asset market bubbles[J]. Journal of Financial & Quantitative Analysis, 2009, 44(03):719.

[4] Ackert L F, Charupat N, Deaves R. The origins of bubbles in laboratory asset markets [R]. Frb Atlanta Working Papers, 2006.

[5] Ackert L F, Church B K, Zhang P. Market behavior in the presence of divergent and imperfect private information: experimental evidence from Canada, China, and the United States[J]. Journal of Economic Behavior & Organization, 2002(47).

[6] Adriana, Breaban, Charles, et al. Trader characteristics and fundamental value trajectories in an asset market experiment[J]. Journal of Behavioral Experimental Finance, 2015.

[7] Baghestanian S, Lugovskyy V, Puzzello D. Traders' heterogeneity and bubble-crash patterns in experimental asset markets [J]. Journal of Economic Behavior & Organization, 2015, 117(SEP.):82 – 101.

[8] Balcılar M, Demirer R, Ulussever T. Does speculation in the oil market drive investor herding in emerging stock markets? [J]. Energy Economics, 2017:S0140988317301408.

[9] Becker R, Fischbacher U, Hens T. Soft landing of a stock market bubble, an experimental study[R]. Working Papers, 2007.

[10] Biais B, Hillion P, Spatt C. An empirical analysis of the limit order book and the order flow in the paris bourse[J]. Journal of Finance, 50(05):1655 - 1689.

[11] Bildik R, Gulay G. Profitability of contrarian vs momentum strategies: Evidence from the istanbul stock exchange[J]. Social Science Electronic Publishing, 2002, 7(1 - 2): 61 - 87.

[12] Bloomfield R, Hara M, Saar G. How noise trading affects markets: An experimental analysis[J]. Review of Financial Studies, 2009, 22(06):2275 - 2302.

[13] Bossaerts P, Zame P W R. Prices and portfolio choices in financial markets: theory, econometrics, experiments[J]. Econometrica, 2007, 75(04):993 - 1038.

[14] Breaban A, Noussair C N. Fundamental value trajectories and trader characteristics in an asset market experiment[R]. Working Papers, 2014(10):1 - 17.

[15] Bruno B, Denis H, Karine M, et al. Judgemental overconfidence, self-monitoring, and trading performance in an experimental financial market[J]. The Review of Economic Studies, 2005(02):287 - 312.

[16] Caginalp G, Porter D, Smith V. Financial bubbles: Excess cash, momentum, and incomplete information[J]. Journal of Psychology & Financial Markets, 2001, 2(02): 80 - 99.

[17] Chan K S, Lei V, Vesely F. Differentiated assets: an experimental study on bubbles[J]. Economic Inquiry, 2012, 51(03):1731 - 1749.

[18] Charupat N, Church B K, Deaves R. Bubbles in experimental asset markets: Irrational exuberance no more[R]. Working Papers, 2002.

[19] Cueva C, Rustichini A. Is financial instability male-driven? Gender and cognitive skills in experimental asset markets[J]. Journal of Economic Behavior & Organization, 2015(119): 330 - 344.

[20] Daniel K, Hirshleifer D, Subrahmanyam A. Investor psychology and security market under- and overreactions[J]. Journal of Finance, 1998(53).

[21] Deck C, Porter D, Smith V. Double bubbles in assets markets with multiple generations [J]. Journal of Behavioral Finance, 2014, 15(02):79 - 88.

[22] Delong J B, Shleifer A, Summers L H. Positive feedback investment strategies and destabilizing rational speculation[J]. Social Science Electronic Publishing, 1990.

[23] Fabretti A, Garling T, Herzel S. Convex incentives in financial markets: An agent-based analysis[J]. Decisions in Economics & Finance, 2014, 40(1 - 2):1 - 21.

[24] Fischbacher U. z-Tree: Zurich toolbox for ready-made economic experiments [J]. Experimental Economics, 2007, 10(02):171 - 178.

[25] Fisher G, Willson D, Xu K. An empirical analysis of term premiums using significance tests for stochastic dominance[J]. Economics Letters, 1998, 60(02):195 - 203.

[26] Gladyrev D, Powell O, Shestakova N. The effect of financial selection in experimental asset markets[J]. Vienna Economics Papers, 2014.

[27] Greenwald B C, Stein J C. Transactional risk, market crashes, and the role of circuit breakers[J]. Scholarly Articles, 1991, 64(04):443 - 462.

[28] Hanke M, Huber J, Kirchler M. The economic consequences of a Tobin tax—An experimental analysis[J]. Journal of Economic Behavior & Organization, 2010, 74(01): 58 - 71.

[29] Haruvy E, Noussair C N. The effect of short selling on bubbles and crashes in experimental spot asset markets[J]. Journal of Finance, 2006, 61(03):1119 - 1157.

[30] Hayek F A. The use of knowledge in society[J]. World Scientific Book Chapters, 2005, 35(04):519 - 530.

[31] Heap S P H, Zizzo D J. Emotions and chat in a financial markets experiment[R]. Working Papers, 2011.

[32] Henry O T, Mckenzie M. The impact of short selling on the price-volume relationship: Evidence from Hong Kong[J]. The Journal of Business, 2006, 79(02):671 - 691.

[33] Hirota S, Sunder S. Price bubbles sans dividend anchors: Evidence from laboratory stock markets[J]. Journal of Economic Dynamics and Control, 2006, 31(06):1875 - 1909.

[34] Holt C, S Laury. Risk aversion and incentive effects[J]. American Economic Review, 2002, 92(05):1644 - 1655.

[35] Huber J, Kirchler M, Kleinlercher D, et al. Market versus residence principle: experimental evidence on the effects of a financial transaction tax[J]. The Economic Journal, 2017, 127(605):610 - 631.

[36] Huber J, Kirchler M, Stöckl T. The influence of investment experience on market prices: Laboratory evidence[J]. Experimental Economics, 2015, 19(02):1 - 18.

[37] Huber J, Kirchler M. The Impact of instructions and procedure on reducing confusion and bubbles in experimental asset markets[J]. Experimental Economics, 2012, 15(01): 89 - 105.

[38] Lei V, Noussair C, Plott C R. Asset bubbles and rationality: Additional evidence from capital gains tax experiments[R]. Working Papers, 2002.

[39] Loughran T, Schultz P. Asymmetric information, firm location, and equity issuance [R]. Working Papers, University of Notre Dame, 2006.

[40] Lugovskyy V, Puzzello D, Tucker S, et al. Asset-holdings caps and bubbles in experimental asset markets[J]. Journal of Economic Behavior & Organization, 2014(107): 781 - 797.

[41] Maciejovsky E K. Simultaneous over and underconfidence: Evidence from experimental asset markets[J]. Journal of Risk & Uncertainty, 2002, 25(01):65 - 85.

[42] Malkiel B G, Fama E F. Efficient market hypothesis: A review of theory and empirical work [J]. Journal of Finance, 1970, 25(02):383 - 417.

[43] Michailova J, Schmidt U. Overconfidence and bubbles in experimental asset markets[J]. Journal of Behavioral Finance, 2016, 17(03):280 - 292.

[44] Miller M, Rock K. Dividend policy under asymmetric information[J]. Journal of Finance, 40 (1985):1031 - 1051.

[45] Noussair C N, Powell O. Peaks and valleys: Price discovery in experimental asset markets with non—monotonic fundamentals[J]. Journal of Economic Studies, 2010, 37 (02):152 - 180.

[46] Plott C R, Sunder S. Efficiency of experimental security markets with insider information: An application of rational-expectations models[J]. The Journal of Political

Economy, 1982：663 - 698.

[47] Porter D P, Smith V L. Futures contracting and dividend uncertainty in experimental asset markets[J]. Journal of Business, 1995：509 - 541.

[48] Romanello, Milena, Bivi, et al. The effect of induced mood on prices in experimental asset markets[J]. Social Science Electronic Publishing, 2013, 39(04)：739 - 53.

[49] Scheinkman, J A. Overconfidence and speculative bubbles[J]. Journal of Political Economy, 2003, 111(06)：1183 - 1220.

[50] Smith V L, Williams S A W. Bubbles, crashes, and endogenous expectations in experimental spot asset markets[J]. Econometrica, 1988, 56(05)：1119 - 1151.

[51] Smith, V L. Bargaining and market behavior：Essays in experimental economics[M]. Cambridge：Cambridge University Press, 2000.

[52] Spyrou, Spyros. Herding in financial markets：A review of the literature[J]. Review of Behavioural Finance, 2013, 5(02)：175 - 194.

[53] 常艳玲.现金股利与中小投资者利益保护[D].华东师范大学,2005.

[54] 陈冰洁.融资融券制度对资产价格影响的实验研究[D].南京大学,2014.

[55] 陈国进,颜诚.资产价格泡沫研究述评：实验金融学视角[J].经济评论,2012(02)：146 - 152.

[56] 陈尚峰.长城证券投资顾问业务研究[D].山东大学,2012.

[57] 崔晓薇.我国创业板上市公司业绩与股票价格分析[J].知识经济,2016(01)：71.

[58] 高鸿桢,林嘉永.信息不对称资本市场的实验研究[J].2005.

[59] 巩兰杰.基于人工股市建模的价格泡沫影响因素研究[D].天津大学,2008.

[60] 国晖.股市泡沫理论比较分析[J].湖南社会科学,2013(01)：123 - 126.

[61] 黄成业.日本、东南亚国家与美国泡沫的比较研究[D].复旦大学,2006.

[62] 黄佐钎,孙绍荣.股市泡沫研究文献综述及展望[J].财经科学,2008(09)：50 - 57.

[63] 焦贺英,刘善存,成微.是否应提高高价股的最小报价单位？基于人工股票市场的实验研究[J].系统工程理论与实践,2011,31(12).

[64] 金雪军,杨晓兰.市场实验与证券交易制度设计[J].浙江社会科学,2004(05)：203 - 208,202.

[65] 金雪军,杨晓兰.证券交易制度实验研究及其对中国的借鉴意义[J].财经理论与实践,2004(06)：50 - 55,62.

[66] 金雪军,杨晓兰.证券市场理性预期与泡沫的试验检验[J].世界经济文汇,2004(06)：23 - 35.

[67] 金雪军,杨晓兰.证券市场泡沫实验研究综述[J].国外社会科学,2004(03)：3.

[68] 李笛.融资融券引纠纷　强平约定要记牢[N].中国航空报,2018 - 03 - 29(06).

[69] 林嘉永.证券市场卖空机制的实验研究[J].统计与决策,2006(18)：101 - 104.

[70] 刘建华,苏波.基于实验方法的资本市场泡沫研究综述[J].特区经济,2009(02)：99 - 101.

[71] 刘俊岑.融资融券与标的公司股价波动的相关性分析[J].经济研究导刊,2016(17)：103 - 105.

[72] 吕鸿.融资融券的基本概念与常识[J].华人世界,2010(05)：97.

[73] 马方方.资产价格泡沫与宏观经济波动关系的研究与综述[J].中国市场,2011(42)：73 - 77.

[74] 马伟力,孙倩影,李志生.卖空交易能否提高上市公司信息披露质量？——来自中国融资融券市场的自然实验[J].中南财经政法大学研究生学报,2015(02)：18 - 27.

[75] 任甲振.汇率泡沫在实验性外汇市场中的解释[D].江苏大学,2007.

[76] 任丽洁.浅谈融资融券交易策略选择[N].现代物流报,2013-05-19(A23).

[77] 苏昱文,史云斐.我国融资融券业务创新思考[J].中国外资,2012(20):195.

[78] 孙慧荣.风险态度与汇率泡沫相关性的实验经济学研究[D].江苏大学,2007.

[79] 汪敏达,李建标,殷西乐.偏好结构、策略远见和集体行动[J].南开经济研究,2019(02):122-146,167.

[80] 王晋忠,张志毅.过度自信理论文献综述[J].经济学家,2013(03):96-101.

[81] 王凯浩.互联网金融背景下的券商发展策略研究[D].上海交通大学,2014.

[82] 吴洁.融资融券,新手上路[J].小康(财智),2015(06):74-77.

[83] 武志伟,陈莹.我国证券市场投资者忠诚度影响因素的实证研究[J].软科学,2010,24(01):114-120.

[84] 武志伟,周耿,陈莹,吴宜真.中国股票市场融资融券制度有效性的实证检验——基于实验经济学视角的研究[J].中国经济问题,2017(01):49-59.

[85] 熊国兵.银行业危机——从金融泡沫视角的分析[D].江西财经大学,2004.

[86] 杨晓兰,高媚.信息可靠性、过度自信对股票市场的影响——基于实验经济学的研究[J].南方经济,2018(02):23-40.

[87] 杨晓兰,金雪军.基于实验经济学方法的证券市场信息有效性研究[J].浙江大学学报(人文社会科学版),2005(06):80-88.

[88] 杨晓兰,金雪军.资金约束放松与证券市场泡沫:一个实验检验[J].世界经济,2006(06):84-93,95.

[89] 杨晓兰.证券市场泡沫问题的实验经济学研究[D].浙江大学,2005.

[90] 杨晓兰.流动性、预期与资产价格泡沫的关系:实验与行为金融的视角[J].世界经济文汇,2010(02):33-45.

[91] 杨晓兰.涨跌幅限制对证券市场影响的实验经济学研究[J].南方经济,2006(10):5-16.

[92] 杨晓兰.证券市场泡沫问题的实验经济学研究[M].杭州:浙江大学出版社,2007.

[93] 尹德明.金融创新下证券公司的蓝海之路[D].上海交通大学,2011.

[94] 张兵,徐炜.中国股票市场泡沫的持续期限检验[C].经济学(季刊),2003,2(02):55-64.

[95] 张灏.基于博弈视角下A股价格缺口研究[D].浙江大学,2014.

[96] 张虎.我国股票市场泡沫问题研究[D].武汉科技大学,2010.

[97] 张瑾,陈杰,李强治.行为金融视角下投资者的非理性行为分析[J].全国商情(经济理论研究),2009(13):53-55.

[98] 张晶晶.XY证券公司流动性风险控制研究[D].安徽大学,2015.

[99] 张璐阳.ETF套利交易中股指期货套期保值理论与对策研究——基于光大证券"8·16乌龙"事件[J].北京市经济管理干部学院学报,2013(04):41-44.

[100] 张文鹏.股市泡沫与正反馈投资模型研究[D].青岛大学,2006.

[101] 周初明.管理者过度自信与企业创新投入[D].西南交通大学,2019.

[102] 周耿,姜雨潇,范从来,王宇伟.T+1制度对中小投资者保护效果的实验研究[J].中国经济问题,2018(06):60-75.

[103] 周海娜.向上社会比较对金融资产价格波动影响的实验研究[D].南京财经大学,2019.

[104] 朱国忱.国外股市泡沫研究文献综述——基于行为金融和市场环境的视角[J].时代金融,2010(12):17-20.

[105] 朱庆.实验经济学:兴起、应用与意义[J].国际经济合作,2002(11):62-63.

[106] 朱永康.看空情绪冲击脆弱"牛市"[N].中华工商时报,2015-01-21(008).

[107] 邹玉桃.浅析融资融券交易业务及其会计处理[J].湖南财政经济学院学报,2011,
27(01):116-119.

[108] 左东.HJB方程在期权定价和大库存股票交易中的应用[D].上海师范大学,2013.

附录 一个标准的资产泡沫实验

一、实验目的

1. 探究标准的资本市场实验中的资产泡沫的变化。

2. 探究资产泡沫产生的原因。

二、实验设计

根据标准金融理论,在信息完全对称和交易者完全理性的假设前提下,交易者能够形成一致的预期,证券市场的均衡价格即证券的基本价值是其未来收益的贴现值。若用r_t和d_t分别表示t时的实际利率和证券的收入现金流(一般是指证券的红利),那么t时证券基础价值的计算公式是:

$$P_t^* = \sum_{s=1}^{\infty} \frac{d_{t+s}}{(1+r_{t+1})\cdots(1+r_{t+s})}$$

由于证券持有人在未来可以获得的分红往往是不确定的,因此这里的d_t是指证券的期望收益。交易者的风险态度也将影响其对证券期望收益的判断,标准金融理论通常假设交易者是风险中性或者风险厌恶的。

在实验中,由于期限较短,现金的时间价值可以忽略不计,因此,每轮实验证券的基础价值就是证券在后续存续期的期望收益的总和。用P_i表示分红为d_i的概率,则在一个总共n轮的实验中,第t轮实验证券的基础价值的计算公式为:

$$P_t^* = \sum_{t}^{n} (d_1 \, p_1 + d_2 \, p_2 + \cdots + d_i \, P_i)$$

然而史密斯认为信息完全对称不足以使参与人形成统一的、理性的预期,证券市场并非能瞬时实现均衡,通过学习而积累经验是交易者形成一致理性预期,进而进行理性决策的重要条件。

三、实验步骤

1. 实验设备。宽敞的教室、投影仪和投影布、硬币、签字笔、足够多的桌子和板凳、话筒或其他的扩音器。

2. 教室的布局。根据被试分组实验人员将教室分为 8 个区域,确保被试组之间无法交流。

3. 被试分组。将所有被试分为 8 组,每组 2～3 人,每组按教室座次编号第 1～8 组,被试按组决策,按组发言。

4. 实验人员。报价记录员 1 名(最好另加 1 人协助),计时员 1 名,主持人 1 名(主持人和计时员可为同一人)。

5. 在实验开始之前,给参加实验的所有被试每人分发 1 份实验说明和 1 张投资收益表,投影仪上展示实验说明,并由实验主持人宣读实验说明,确保所有的被试听清楚,并进行理解性提问。

6. 每轮实验报价记录员都有一张报价记录表,记录该轮每次报价和成交情况,报价记录员还要实时给出最高买入报价和最低卖出报价。计时员在每轮结束前 1 分钟和 15 秒时给出时间提示,提醒被试注意交易时间。

7. 每轮实验结束后,由实验主持人抛硬币决定分红,告知被试分红结果,报价记录员记录本轮分红;然后每组被试认真计算填写投资收益表,此时实验人员可以进行巡视确保每组填写的正确性。

8. 15 轮实验结束后,收回所有投资收益表和报价记录表,现场公布现金总额排名,给获胜者发放奖励。

四、实验说明

你们将参加一个证券市场实验,实验步骤非常简单,请你严格遵循实验要求并做出自己的决策,使你们组最终的资产总额最高。在实验结束后现场公布排名,排名靠前的将获得奖励。

整个实验过程持续 60 分钟左右。将进行 15 轮实验,每轮实验持续 3 分钟。实验开始前你们拥有 5 份证券 A 和 1 500 元现金,这些资产都是虚拟的。在每轮实验结束后,证券 A 将进行分红,每份证券 A 有 50% 的概率获得 10 元分红,50% 的概率获得 30 元分红。分红将由主持人抛硬币决定,正面为 30 元分红,背面为 10 元分红。

每轮实验开始时,由计时员计时,在实验进行的 3 分钟内每组可以自由报价,买入或者卖出证券 A,当有其他组匹配你的报价时,即可成交,成交顺序按报价顺序执行,任何时候各组都可以向报价记录员询问当前最高买入报价和最低卖出报价。每轮实验的成交数量和成交价格请各组记录在发放给你们的投资收益表中,每轮实验结束后请计算各组当前持有现金数量和证券 A 数量和分红。例如,第一轮实验中你们组以 200 元的价格买入了 5 份证券 A,则此时你们组的现金数量是 500 元,证券 A 总数是 10 份,加入该轮分红 30 元,则你们组可获得分红总数是 10 * 30＝300 元,分红后现金总数则为 800 元。

在实验过程中你们可以进行组内讨论和协商,但不得与其他组进行交流。实验中任何买入和卖出以及买卖价格都是自定的,没有任何限制,但是卖出的数量不得超过你当前拥有的证券 A 的数量。买卖均为自愿行为,目的是要使整个实验结束后自己组的现金总额最大。

若有其他问题现在可以提问。

五、实验表格

表 7-19 第____组投资收益表

轮　次	买入数量	买入价格	卖出数量	卖出价格	证券 A 数量	现金数量	本轮可获得分红总数	分红后现金总数
初始	—	—	—	—	5	1 500	—	—
第 1 轮								
第 2 轮								
……								
第 15 轮								

表 7-20 第____轮报价记录表本轮分红____

组　号	买入报价	买入数量	买入成交量	卖出报价	卖出数量	卖出成交量

六、实验讨论

本实验是典型的资本市场泡沫实验，可作为基准实验。围绕本实验需展开讨论的问题有：

1. 激励机制问题。由于本实验是典型资产泡沫实验，预测实验结束后被试收益差别较小，一个公平有效的激励机制和激励方式会影响被试的交易行为。

2. 交易摩擦问题。非计算机实验大大降低了被试交易的效率，报价记录员在提供最低卖价和最高买价时难免出现时滞，特别是交易频繁的轮次中，这种时滞可能影响被试交易。

第八章 个体选择实验

第一节　引言

　　本章将回顾近期关于个人决策问题的实验研究,以及它们对经济学的意义。决策理论在经济学中的地位正变得越来越高。原因主要有两个。第一,在许多经济环境中,决策都是由个人自己做出的,或者是在个人与个人之间完成的,比如消费者储蓄、出售自己的劳动、购买房产和耐用消费品、构建各种经济关系和社会关系,当然还有与销售者讨价还价。在其他一些环境中,由于制度的存在,个人与个人被分隔开来了。制度的存在会促使人们纠正自己的错误,而人们彼此之间的交易越直接,他们的错误就越可能延续下去。经济学理论已经逐渐深入制度规范较为薄弱的各种社会环境,例如,法律经济学者假设法官在制定法律时要考虑经济效率;根据一些理论模型,人们在采取诸如睡觉、运动、结婚等的各种行为时都是在最大化自己的效用;家庭主妇也成了模型中的生产单位。在这些情境中,个人的错误也许无法靠制度来纠正,市场也许会给出错误的价格,资源配置也可能是无效率的。当出现这种情况的时候,就可以通过某些途径提高效率,这就需要研究个人的决策问题了。第二,近年来,经济学研究开始触及那些更加复杂的社会领域。几十年前,较为规范的不确定性模型还非常少见,关于主体理性的弱假设已经足以保证强市场结果(如帕累托最优)。现在有许多理论模型都假设主体能够在风险和不确定性环境下进行跨期决策,假设主体拥有强大的理性思维能力。这样一来,个体不符合模型假设的可能性也在不断增加。

　　在个体决策理论研究的早期,经济学家建立了一套基于条件概率和贝叶斯法则的完全理性决策理论。在该理论中,人具有高度理性,永远充满智慧并具有无限的计算和推理能力。20世纪50年代后，人们开始意识到建立在"经济人"假设之下的完全理性决策理论只是一种理想模式。西蒙(Simon)强调，个人受有限认知所限，无法做到真正完全的理性，无法事事都追求效用极大化，这就是著名的有限理性(Bounded Rationality)理论。西蒙提出了满意标准和有限理性标准，用"社会人"取代"经济人"，首次挑战了传统经济学的"理性人"假设。认为人的理性是处于完全理性和完全非理性之间的一种有限理性，向人们展示了真实世界中的经济学。西蒙于1978年因其在决策理论研究方面的突出贡献被授予诺贝尔经济学奖，有限理性开始正式得到关注。此后，越来越多的学者加入到有限理性经济人的研究。特维斯基和卡尼曼(Tversky and Kahneman)在1981年提出框架效应(Framing Effect)，他们所列举的例子反映了人们的行为有着规律性的非理性，表现为对同一个对象，人们对它某个特征的判断会因为环境不同或它的表达方式不同而异。这实际上是对他们在1979年提出的前景理论在更多领域的推广、扩展和应用。特维斯基和卡尼曼(Tversky and Kahneman, 1979)提出前景理论的目的在于描述风险情况下决策个体的实际行为。而在此之前，期望效用理论作为一个公理化的公理一直是不确定性条件下理性决策的分析标准，该理论具有重要影响力且一直被作为个人决策分析的基准。理查德·泰勒(Richard Thaler)在探讨了有限认知、有限意志力和有限自利这三种违反"人是理性的"前提假设中做出了独到的贡献，他也因其在行为经济学领域的突出贡献被授予2017年度诺贝尔经济学奖。

众多学者的研究成果构成了对经济学中的个人理性假设的直接质疑，也正因为如此，这些研究成果也成了激烈争论的焦点，同时还催生了一门新的学科——行为经济学。行为经济学对标准经济学中的假设提出了修正，并通过实验列举了现实中与标准经济学理论相悖的诸多案例。预期效用理论和前景理论是行为经济学的主要理论，它们极大地概括了行为经济学的主要思想。此外，经济学和心理学的结合也极大地促进了行为经济学的发展。有限理性、有限意志力、有限自利等新的观点被逐渐提出，丰富了个人决策理论的研究。

第二节　从标准经济学到行为经济学

标准经济学假设个体是理性的，因此个体的判断应满足概率论原理。更具体地说，个体对客观概率分布的主观判断服从贝叶斯法则，这意味着个体能够充分使用以往的信息，从而对选择行为的各种可能结果形成一个先验判断；而当新的信息样本出现时，个体可基于新信息来对先验判断实施最优的贝叶斯更新。

然而，大量经验研究显示，个体在现实中对客观概率的主观判断并不一定符合贝叶斯法则，这形成了两类异象：一是当新的信息样本出现时，个体表现为对新信息反应过度；二是当新的信息样本出现时，个体表现为对新信息反应不足。对于这些异象，行为经济学的观点是，在风险条件下，个体难以实施贝叶斯计算，他们往往基于某些直觉推断法来估计概率。其中，代表性、可得性直觉推断法会导致个体在进行概率判断时对新信息反应过度，而锚定直觉推断法会导致个体对新信息反应不足。

一、标准经济学模型

（一）条件概率

所谓概率是指个体对某一事件发生的可能性赋予一个真实值，用 $P(\cdot)$ 表示，且满足 $0 \leqslant P(X) \leqslant 1$，其中 X 表示事件，$P(\cdot)$ 被称为概率函数。在现实经济活动中，个体对事件的概率判断总是基于某些信息做出的，这意味着个体对概率的判断大部分涉及的是条件概率。所谓条件概率是指事件 A 在事件 B 已经发生条件下的发生概率，表示为 $P(A|B)$。

一个简单的例子可说明条件概率的内涵。假设你从一副扑克牌中随机抽取一张牌，然后在不放回的条件下再抽取一张，请问：你抽取到两张 K 的概率是多少？如果假设"第二次抽取到 K"为事件 A，"第一次抽取到 K"为事件 B，那么上述问题实际上等价于"事件 B 与事件 A 共同发生的概率是多少"，用 $P(B \cap A)$ 来表示，它被称为 B 与 A 的联合概率。

对上述问题的解答思路是：首先，一副扑克是 52 张牌，其中有 4 张是 K，因此第一次抽取到 K 的概率 $P(B)=4/52$。其次，当第一次抽取到 K 之后（事件 B 已发生），剩余的牌数为 51，并且其中仅剩余 3 张 K，故而第二次抽取到 K 的概率为 $P(A|B)=3/51$。最后，根据概率论知识可以算出，事件 B 与事件 A 共同发生的概率为 $4/52 \times 3/51 = 1/221$，即 $P(B \cap A) = 1/221$。

于是，根据上述计算，可以得到 $P(B)P(A|B)=P(B \cap A)$，即

$$P(A \mid B) = \frac{P(B \cap A)}{P(B)}$$

此即条件概率的表达式：当 B 发生时，A 发生的概率等于 B 与 A 的联合概率除以 B 发生的概率。需要注意的是，此处一个潜在的假定是 $P(B) \neq 0$，否则条件概率将没有意义。

（二）贝叶斯法则

根据上述关于条件概率的定义，现在可以进一步给出所谓的贝叶斯法则。首先，由于 $P(B)P(A|B)=P(B \cap A)$，因此自然有 $P(A)P(B|A)=P(A \cap B)$。又根据概率论知识可知 $P(B \cap A)=P(A \cap B)$，这意味着有如下等式存在：

$$P(B)P(A|B)=P(A)P(B|A)$$

将上式两端同时除以 $P(B)$，就可得到：

$$P(A \mid B) = \frac{P(A)P(B \mid A)}{P(B)}$$

此即贝叶斯法则的基本表达式。

假设你根据历史信息预先知道，在你生活的地区，每天的降雨概率是 0.4，无雨的概率是 0.6。现在，假设你得到了一个晴雨表，并且知道这个晴雨表的预测精度可表达为如下两个条

件概率:

(1) P(预报有雨|有雨)=0.9。

(2) P(预报有雨|无雨)=0.1。

请问,当你发现晴雨表在某天早晨预报有雨时,当天的降雨概率将为多少?

我们首先需要计算晴雨表预报有雨的概率,根据基本的概率论知识,我们需要同时考虑真的下雨时预报有雨的概率和根本无雨时预报有雨的概率,于是计算可得:

$$P(预报有雨)=0.4×0.9+0.6×0.1=0.42$$

接下来,我们就可以根据贝叶斯法则算出晴雨表预报有雨时的降雨概率:

$$P(有雨|预报有雨)=\frac{P(有雨)P(预报有雨|有雨)}{P(预报有雨)}=0.4×\frac{0.9}{0.42}≈0.86$$

从结果可以发现,此时算出的条件降雨概率要大于你最初所知的降雨概率 0.4,这意味着你根据晴雨表的预测结果,更新了对事件概率的最初判断,这就牵涉了贝叶斯更新的概念。

(三) 贝叶斯更新

所谓贝叶斯更新是指,个体会使用贝叶斯法则来更新他对事件发生概率的判断。在现实中,我们总是根据新的信息来更新我们的判断。

仍然以上面晴雨表的例子来说明贝叶斯更新的具体过程,这需要先对贝叶斯法则基本表达式中的某些组成部分进行重新定义。

$$P(A\mid B)=\frac{P(A)P(B\mid A)}{P(B)}$$

首先事件 A 的发生概率 $P(A)$ 可被定义为先验概率,它是指个体根据以往信息而得出的对事件 A 发生概率的判断。而事件 B 可被定义为新的信息证据,它的出现可使个体对原有的先验概率 $P(A)$ 进行调整与更新,更新后的条件概率 $P(A|B)$ 被称为后验概率。

根据上面的重新定义,前述晴雨表例子中的"每天的降雨概率是 0.4"就可看作降雨事件的先验概率,而"晴雨表在某天早晨预报有雨"则相当于一条新的信息,你最终计算得到的 P(有雨|预报有雨)就是所谓的后验概率,它是你在观察过晴雨表的预测之后,对降雨先验概率所做的更新。

所以可将贝叶斯法则基本表达式改写为:

$$P(A\mid B)=\frac{P(B\mid A)}{P(B)}\cdot P(A)$$

改写过后就可以表现出后验概率 $P(A|B)$ 与先验概率 $P(A)$ 之间的比例关系,其中 $\frac{P(B|A)}{P(B)}$ 可被看作是一种更新系数,它反映了在新信息出现后个体对先验概率的更新程度。可以想象,随着新信息的不断出现,这一更新过程会不断进行下去,其中,前一次更新得到的后验概率可被视为下一次更新前的先验概率。更新系数将后验概率与先验概率联系起来,而更新系数又会受新信息的影响。可以推测,如果个体对新信息产生了过度反应(或反应不

足），那么他计算的后验概率就会出现偏差。

二、代表性直觉推断法

（一）异常现象

个体在进行概率判断时，对新信息产生过度反应的情形有很多，下面两个关于职业猜测的著名实验可以清楚地反映这一点。这些实验以及调查的大部分内容均借鉴自卡尼曼、特维斯基以及其他相关合作者的系列研究（Kahneman，Slovic and Tversky，1982）。

【例 8-2-1】：职业猜测

实验一：

假设存在一个由工程师和律师组成的样本群，然后实验者分别向两组受试者告知不同的先验概率。其中，一组受试者被告知工程师人数为样本的 30%，律师为 70%；另一组受试者被告知工程师人数为样本的 70%，律师为 30%。

接下来，实验者向所有受试者出示一段描述性文字。

约翰，男，45 岁，已婚，有子女；他比较保守，谨慎并且富有进取心；他对社会和政治问题不感兴趣，闲暇时间多用于业余爱好，比如做木匠活和猜数字谜语。

现在询问两组受试者：约翰更有可能从事哪种职业？调查结果发现，无论是哪一组受试者，大部分人都认为约翰是工程师。

然后请看实验二：

假设存在一个由工程师和律师组成的样本群，然后实验者分别向两组受试者告知不同的先验概率。其中，一组受试者被告知工程师人数为样本的 30%，律师为 70%；另一组受试者被告知工程师人数为样本的 70%，律师为 30%。

接下来，实验者向所有受试者出示一段描述性文字。

迪克，男，30 岁，已婚，无子女。他能力很强，精力充沛，在其工作领域成绩突出。他很受同事喜爱。

现在询问两组受试者：迪克更有可能从事哪种职业？调查结果发现，受试者中大约有 50% 的人认为迪克是一名工程师，而另外 50% 的人认为他不是。

以上两个实验的结果明显违背了贝叶斯法则。无论是实验一还是实验二，如果不向受试者出示描述性文字，那么认为约翰（或迪克）是工程师的人数比例在一组受试者中应接近 70%，在另一组中应接近 30%。然而，在实验一中，两组受试者中认为约翰是工程师的人数比例都很高，因为对约翰的特征描述很容易与一名工程师联系起来；而在实验二中这一比例却降到了 50%，因为对迪克的特征描述比较中性，不能使受试者产生具体的身份联想，所以对迪克的职业判断也就没有清晰的倾向。无论如何，在两个实验下，受试者似乎都对描述性文字产生了过度反应，没有实施有效的贝叶斯更新。人们在进行判断时几乎全然不顾最初被告知的基本比率值是多少，这被称作基率漠视。

另一个与基率漠视有关的著名例子是所谓的投篮顺手。

【例 8 - 2 - 2】:投篮顺手

假设一名篮球球员小张的投篮命中率为 40%(根据他的历史表现),又假设在今天的比赛中,他投篮 10 次已经命中 8 次。现在,比赛已经进入白热化阶段,时间紧迫,而球恰好在球员小李手中,小李此时既可以把球传给球员小张,也可以把球传给球员小王,根据历史表现,小王的投篮命中率为 60%,但是他今晚投篮 10 次仅命中 3 次。那么,小李把球传给谁才能保证下一次投篮的命中率更高呢?

如果你是一位理性的观察者,那么你会用贝叶斯法则来计算小张或小王的下一次投篮的命中率。以小张为例,如果用 A 表示投篮命中,B 表示投篮 10 次且命中 8 次,那么你需要计算的就是条件概率 $P(A|B)$。根据上面的描述,小张的 $P(A)=0.4$。我们又假设,小张在历史上仅有 4% 的机会出现 10 次投篮命中 8 次,即 $P(B)=0.04$;另外还假设,小张在某次投篮命中后,他之前的 10 次投篮中有 8 次命中的概率为 6%,即 $P(B|A)=0.06$。于是,就可以算出小张此时再进行一次投篮的命中率为 $P(A|B)=P(A)\times\dfrac{P(B|A)}{P(B)}=0.4\times\dfrac{0.06}{0.04}=0.6$,这要大于小张投篮的先验命中率 0.4。

然而,在现实中,人们并不能像一名理性观察者那样拥有充足的信息并进行贝叶斯更新,而是倾向于过高的估计 $P(A|B)$,即认为如果把球传给小张,他再次投篮的命中率会远远高于 60%,换言之,人们觉得小张今天的“手感”特别好,这被称为投篮顺手现象。季洛维奇、瓦朗和特维斯基(Gilovich,Vallone and Tversky,1985)对这类现象做了详细的梳理,他们使用了 NBA 的费城 76 人队在 1980—1981 赛季的数据。他们发现,球迷广泛认为球员会出现投篮顺手现象。在一次调查中,有 91% 的受试者相信,如果一位球员刚进行的两次或三次投篮都命中,那么他下一次投篮的命中率也就较高(相较于之前两次或三次均未命中的情形)。然而,现实数据却并未佐证球迷的看法:从平均值来看,在三次投篮失误后,球员再次投篮的命中率为 56%;而在三次投篮命中后,球员再次投篮的命中率却仅有 46%。此外,如果对每位球员计算本次投篮命中与上一次投篮命中的相关系数,可发现基本上都是负值(仅有一人例外)。这些经验研究似乎表明,认为存在投篮顺手是一种概率判断上的偏差。

(二) 代表性直觉推断法的引入

上述例子表明,标准经济学关于个体使用贝叶斯法则的假定是不符合实际情形的。在现实中,实施贝叶斯计算需要很苛刻的前提,即个体对各种信息能够充分感知、存储和处理,并且具备高超的数学技巧。在现实中,人们处理信息的方式往往符合其他一些规律。行为经济学通过借鉴心理学的相关研究成果,将这些规律命名为直觉推断法。

1. 直觉推断法

所谓直觉推断法有时又被称作便捷法,它是指个体仅基于信息的一个子集就进行判断的规则的总称。换言之,个体在主观上并不追求完美地使用全部信息,而只使用部分信息来帮助判断。此时,进行判断的一些规律性法则就是所谓的直觉推断法。行为经济学认为,在现实中,个体面对的决策环境充满了不确定性,而个体的认知能力是有限的,并且需要在有限的时间内做出判断。由于个体无法在短期内迅速有效地接受和处理可得信息,也无法仔细分析各种可能情形,因此个体才倾向于凭借和使用各种直觉推断法来帮助判断,并且常常是在无意识的状态下使用的。

一般而言,直觉推断法可分为两种类别:

(1) 第一种类别是指反射性的、自发性的直觉推断法,主要用于快速判断。比如,假设你在街上突然听到一声巨响,那么你的第一反应是什么? 又如,当某种食物发出一股异味时,你的反应又是什么? 在这些突发情形下,你对事件的概率判断(比如巨响是由危险因素导致的概率)是迅速做出的,这时所使用的直觉推断法几乎不存在耗费时间的认知过程。

(2) 第二种类别是指带有一定认知特性的直觉推断法,主要用于需要一定时间的判断。一个有趣的例子是,如果考试时你发现选择题全不会,那该怎么办? 干脆都选 B 吧! 这种情形就属于涉及一定认知的直觉推断法。你的反应并不是完全自发性的,而是做出了一定的认知和思考。有时,这种直觉推断法又被称作拇指规则,即一种可用于许多情形的简单的、经验性的、探索性的但又不是很准确的判断原则。拇指规则据说来源于木工。在工作时,如果总是用尺来测量木材是件很耗时的事,因此他们便通过拇指来对木材的长或宽进行大致测量。另一种流行的说法是来自农夫。据说在农业播种时,为了使种子达到适宜的深度,农夫经常用拇指来快速测量种子掩埋的深浅。

2. 代表性直觉推断法

代表性直觉推断法,由卡尼曼和特维斯基(Kahneman and Tversky,1974)提出。其含义是:对 X 的概率判断主要是根据 X 在多大程度上体现了 Y 的特点,X 越能体现 Y 的特点,X 属于 Y(或者 X 是由 Y 导致的)的概率就越高。反之亦然。

根据代表性直觉推断法,我们就可对上面的两个职业猜测实验进行解释:在第一个实验中,受试者认为所看到的描述性文字很能代表工程师的特点,于是就直接认定约翰是工程师,而忽视了事先给定的先验概率;而在第二个实验中,受试者看到的描述性文字不太有代表性,既不能反映工程师的特点,也不能反映律师的特点,于是受试者对迪克身份的猜测也就50%对50%,同样忽视了事先给定的先验概率。

用更技术化的语言来说,在上述两个实验中,受试者最初被告知的30%或70%的比例数字可看作他关于约翰(或迪克)是工程师的先验概率,记为 $P(A)$。其后,当他看到那段描述性文字时,这相当于出现了一条新信息,记为 B,个体要做的就是对条件概率 $P(A|B)$ 进行估计。然而,代表性直觉推断法会使他对信息 B 产生过度反应。以第一个实验为例,由于信息 B"已婚、保守、谨慎、对社会和政治问题不感兴趣,闲暇时间喜欢做木匠活"较能代表 A(工程师)的特征,同时信息 B 对于 $\bar{A}$(律师)很不具有代表性,因此个体很容易高估出现信息 B 的条件概率 $P(B|A)$,于是更新系数 $\frac{P(B|A)}{P(B)}$ 被高估,导致最终的概率判断出现向上偏差。

至于投篮顺手现象,我们也可用代表性直觉推断法予以解释。由于球迷们并不清楚每名球员投篮出现连续命中的先验概率是多少,因此他们倾向于认为连续命中是该名球员今天会表现出色的代表性特征,故而会高估他下一次仍能命中的概率。

(三) 心理学基础

直觉推断法有很深的进化心理学根源。由于充分利用信息是不可能的,因此在漫长的历史中,人类进化出了一套判断与决策的规则,以试图使用尽可能少的时间、信息和努力来做出尽可能好的符合适应性需求的判断和决策。因此,每种直觉推断法实质上都是为了解决某个适应性问题而存在的,并且经历了数百万年的进化,这些直觉推断法具有相当的有效性。

然而,直觉推断法的有效并不意味着它是最优的规则。它虽然可使得个体在很多时候做出合理的判断,但每种推断法都有其适用范围,一旦超出这一范围,则其有用性就将降低,从而导致个体的判断出现严重的偏差。其原因在于,生物体在进行认知与判断时会耗费大量的生理资源,而生理资源是稀缺的,因此出于节省原则,进化出来的直觉推断法大多是具有环境依赖性的。一旦环境发生改变,生物体虽然应当使用新的推断法来解决新出现的问题,但在短期内新的推断法是很难进化出来的,因此生物体只能继续使用原有的推断法,但这些推断法只适用于解决旧问题,因此在解决新问题时就可能出现各种偏差。

(四) 其他例证

除了上述的基率漠视,还有许多关于概率判断的经验现象与代表性直觉推断法有关,其中较具典型性的是赌徒的谬误,现举例说明。

【例8-2-3】:抛币游戏

请思考如下两个问题:

问题一:你打算抛掷一枚硬币八次,那么你连续抛出八次正面朝上的概率是多少。

问题二:你刚刚抛掷一枚硬币七次,并且七次都是正面朝上。那么在你第八次抛掷后,实现八次均为正面朝上的概率是多少。

可见,由于抛掷硬币出现正反面的概率均为50%,因此对于问题一而言,连续出现八次正面朝上的概率是$0.5^8 \approx 0.004$。而对于问题二而言,这一问题其实与问题一是等价的,但人们的主观感觉却发生了变化——当多次抛掷硬币时,如果前面七次出现的都是正面,那么很多人就倾向于认为下一次出现反面的概率较大。这样一来,人们在回答问题二时就会低估连续八次正面朝上的概率。

上述例子反映了人们违背贝叶斯更新的另一种形式。此时,个体事先已知,如果在长期不断地多次抛掷硬币,正面朝上和反面朝上的频率都约为50%,此即所谓的大数定律。然而,个体在当前却倾向于认为,在仅由若干次抛掷硬币所形成的小样本中,正面朝上和反面朝上的相对频率也应该接近50%,比如在七次抛掷中,四次正面朝上而三次反面朝上,这被称为小数定律(Rabin,2002)。因此,当抛掷硬币连续出现正面朝上时,个体将逐渐调高对下一次出现反面的概率判断。于是,如果让你猜测第八次的抛币结果,那么你很可能就会猜错。此时,下一次出现正面朝上的先验概率0.5被忽视了。

上述异象被称为赌徒的谬误,因为它们常见于赌徒的行为之中。可以认为,这一异象也可用代表性直觉推断法进行解释。对于抛掷硬币而言,人们倾向于认为连续出现八次正面朝上是很反常的现象,换言之,这种结果很不具有代表性,人们更愿意相信"四次朝上、四次朝下"或者"五次朝上、三次朝下"是更具代表性的结果。因此,人们很容易低估连续八次正面朝上的概率。用更技术化的语言来说,在上述例子中,个体事先已知硬币正面朝上的先验概率为0.5,记为$P(A)$。那么当他看到连续出现七次正面朝上时,这相当于出现了一条新信息,

记为 B,个体要做的就是对条件概率 $P(A|B)$ 进行估计。此时,代表性直觉推断法会使他对 B 产生过度反应:由于 B 是较缺乏代表性的现象,因此个体有低估条件概率 $P(B|A)$ 的倾向,这也将导致 $P(A|B)$ 被低估。

【例8-2-4】:"神奇章鱼"保罗

这是一个关于赌徒的谬误的真实例子,来源于 2010 年南非世界杯期间的一则新闻。当时,德国的"神奇章鱼"保罗准确预测了世界杯半决赛西班牙将击败德国,从而缔造了世界杯战果预测六连中的完美纪录。而据《星岛日报》报道,一名不信邪的赌徒在保罗连续猜中五次之后,坚定地认为他第六次肯定会猜错,从而押注德国,结果输掉了历来世界杯最大额赌注 50 万欧元。实际上,章鱼保罗每次猜中的概率均为 0.5,这名赌徒显然认为前五次都猜中是一个反常现象,这使他产生了过度反应,而忽略了先验概率。

三、可得性直觉推断法

(一) 异象

【例8-2-5】:性别比例判断

卡尼曼和特维斯基(Kahneman and Tversky,1973)进行了如下一个有趣的实验:他们将受试者分为若干组,并向每组成员念读一份不同的名人名单。名单中既有男性,也有女性,并且在某些名单中男性的知名度要高于女性,在另一些名单中女性的知名度要高于男性。在念读完毕后,他们让每组受试者判断他们听取的名单中男性更多还是女性更多。

实验结果发现,如果名单中涉及的男性名人更具有知名度,那么听取这份名单的受试者往往会错误地认为名单中男性居多;反之亦然。显然,受试者并没有仔细倾听并记下每份名单中男性—女性名字的数量。

【例8-2-6】:眼科疾病

在现实中,我们常会遇到如下的类似情形(Angner,2012):眼科配镜师告诉你,你的新型隐形眼镜可以昼夜连续佩戴而无须脱下。但她同时也警告你说,这样连续佩戴有可能招致严重的眼部疾病,不过在她所见的大量顾客中,这一比率是极低的。过了一个月之后,你突然觉得眼部不适,于是去看一名眼科医生。这位医生专门给那些未正确使用隐形眼镜而导致眼部伤害的人摘除眼球。他告诉你说,不正确佩戴隐形眼镜而导致眼部问题的概率其实很高。显然,在配镜师和眼科医生之间出现了对同一事件概率的迥然不同的判断,这违背了贝叶斯更新的推断。

(二) 可得性直觉推断法的引入

上述异象很难使用代表性直觉推断法进行解释。对此,行为经济学家提出了所谓的可得性直觉推断法(Kahneman and Tversky,1974),其含义是:人们倾向于认为,越容易回忆起的事件,它再次发生的概率也越高。比如,请问字母 r 起首的英文单词多还是 r 为第三个字母的英文单词多? 由于 r 起首的英文单词是很容易想起的,所以人们一般倾向于认为 r 起首的单词较多。但实际情形是,r 为第三个字母的英文单词更多。

可得性直觉推断法意味着,如果在新信息中存在一些能够迅速与记忆联系起来的部分,人们就会对这部分信息反应过度。那么,哪些事件更易于被记起呢? 一般来说,越是能够带来深刻印象的事件,越容易被人记起,尤其是那些最近不断发生的事情或是冲击力极强的事情,有时这两者还会叠加发挥影响。其中,事件的冲击力往往是一个重要的影响来源,并且越是少见的现象,越容易带来极强的冲击力,从而使人们对很少发生的事件也会赋予过高的概率估计,这被称为高估小概率事件。

运用可得性直觉推断法,我们就可以解释上面提到的两个异象。对于第一个异象而言,在较短的时间内让受试者记下长名单中的男女姓名数量是一个艰巨的认知任务,因此对性别比例的判断主要是依据男女成员的知名度。越是知名的人越是容易被想起,因此受试者对这些人的性别也就越敏感,从而高估了这些人的性别占比。对于第二个异象来说,由于眼科医生每天接触的都是出现眼部问题的患者,这也是足以造成强烈震撼的事,因此在可得性直觉推断法的作用下,他极有可能高估了由于错误佩戴隐形眼镜而诱发眼部疾患的人群比例。

(三) 心理学基础

在现实中,那些容易回忆起来的事件往往就是经常发生的事件(客观概率本来就高),这意味着可得性直觉推断法是在漫长的进化年代中形成的一个十分有效的便捷法。人们仅需根据回忆的线索进行判断即可,无须耗费更多的认知资源。

除了经常发生的事件,那些极少出现的"黑天鹅"事件也会强化可得性直觉推断法的使用,此即上面强调的事件的冲击力对个体判断的影响。越是不常见的收益或风险,越容易给人留下深刻的印象,从而导致个体高估这类事件的概率。

从进化心理学角度来看,高估小概率的收益符合人类对未知收益的冒险倾向,亦即不放过任何可能的好处,因为有些收益会永久性地改变我们的命运。因此,我们的大脑需要进化出一些机制,可以给冒险提供奖励。从本质上看,这些机制是基于生物化学的,并且其中最重要的一种机制有赖于神经传递质多巴胺的作用。有证据显示,人群中的一些个体携带着一种多巴胺 D4 受体基因变异,即所谓的猎奇基因(Benjamin et al.,1996),这可视为高估小概率收益的神经学基础。而对于小概率的损失,我们也倾向于高估其可能性,因为很多不常见的损失都是致命的并且具有不可逆性,比如死于难产、车祸、坠机等,高估这些事件的概率可使我们更好地规避风险。

四、锚定直觉推断法

(一) 异象

【例 8 - 2 - 7】:爱德华兹(Edwards,1962)设计了一个实验

受试者被告知有两个坛子,其中第一个坛子内有 7 个红球和 3 个蓝球,另一个坛子内有 3

个红球和 7 个蓝球。假设某人随机地从某个坛子中做重复抽样,共拿了 12 次球,其中前 8 次是红球,后 4 次是蓝球。现在要求受试者回答,此人从第一个坛子中拿球的概率是多少?

假设事件 A 表示此人从第一个坛子中拿球,事件 B 表示此人拿出的 12 次球中前 8 次是红球而后 4 次是蓝球,则受试者需要估计的就是条件概率 $P(A|B)$。其中,事件 A 的先验概率 $P(A)=0.5$,而对 $P(B)$ 的计算为:

$$P(B) = P(A)P(B|A) + P(\overline{A})P(B|\overline{A})$$
$$= 0.5 \times 0.7^8 \times 0.3^4 + 0.5 \times 0.3^8 \times 0.7^4$$
$$\approx 0.5 \times (0.000\ 467 + 0.000\ 016) \approx 0.000\ 241$$

于是,根据贝叶斯法则,有:

$$P(A \mid B) = \frac{P(B \mid A)}{P(B)} \cdot P(A) = \frac{0.000\ 467}{0.000\ 241} \times 0.5 \approx 0.97$$

然而,实验结果显示,大部分受试者判断此人是从第一个坛子中拿球的概率为 0.7 左右,这意味着受试者过度关注了此人从第一个坛子中拿球的先验概率 0.5,而并未根据新信息进行充分的更新。

(二) 锚定直觉推断法的引入

上述异象违背了标准经济学关于个体可进行贝叶斯更新的假设。对此,行为经济学家提出了所谓的锚定直觉推断法来予以解释,其含义是:个体在实施判断时,总是倾向于从某一个初始信息出发,并以该初始信息为基准来对后续的新信息作出反应,但这种反应往往是不充分的,即个体似乎会被初始信息过分地"锚定"住。

从锚定直觉推断法的角度,就可以轻易地理解上述异象。随机从某个坛子中拿球的先验概率 0.5 就像一个"锚",深深地限制了个体对新信息"拿出的 12 次球中有 8 次是红球而 4 次是蓝球"的反应程度,从而低估了更新系数,这使得最终的概率估计出现了过于拘泥于先验概率的状况。

(三) 心理学基础

从心理学上看,对锚定效应的解释主要从认知能力的角度出发。在很多情形下,个体存在认知努力不足或是认知惰性(Shah and Oppenheimer,2008)。相对而言,固着于某一锚定点是较为容易的,而偏离这一锚定点则需要付出一定的认知努力,因此在很多认知过程中,个体会很快地停留于某一锚定点,从而对最终估计值调整不足。

从另一个角度来看,新信息在一定程度上可能是无效的、噪音式的,如果能够滤掉这些信息,当然可帮助你免于错误的判断。因此,在漫长的进化年代里,人们形成了这种主观上筛选和屏蔽某些无用信息的能力,而锚定于当前的已得信息是一种次优的做法。从这个意义上说,锚定也属于一种有效的直觉推断法。当然,既然是直觉推断法,就必然有其适用范围,因此锚定有时也会使个体的判断出现严重偏差,即许多有用的新信息在锚定过程中被滤掉了。此时,个体就会出现对新信息反应不足的状况。

（四）其他例证

我们再给出几个相关的实验例子，以帮助读者更进一步地理解锚定直觉推断法对个体判断的影响方式。

【例8-2-8】:轮盘实验

这是由卡尼曼和特维斯基（Kahneman and Tversky,1974）介绍的另一个实验:他们让受试者估计非洲国家在联合国中占有多大比例。在实验中,他们首先在一组受试者面前转动一个"幸运轮盘",轮盘上写有数字1到100。在转动这个轮盘之后,指针定格在数字10上。随后受试者被要求回答这样一个问题:非洲国家的数量在联合国国家总数中所占的百分比是大于10%还是小于10%? 然后又被要求回答:非洲国家的数量在联合国国家总数中的实际占比是多少? 受试者对第二个问题给出的答案平均是25%。

卡尼曼和特维斯基又向另一组受试者展示并转动了这个轮盘,结果最终指针定格在数字65上。此时该组受试者也被要求回答:非洲国家在联合国国家总数中所占的百分比是大于65%还是小于65%? 然后又被要求回答:非洲国家的数量在联合国国家总数中的实际占比是多少? 结果该组受试者给出的答案平均是45%。

稍加思考即知,回答第二个问题的答案应该与轮盘上随机定格的数字无关。然而,实验结果却显示,人们在回答第二个问题时的答案会受轮盘上定格数字的影响:最终定格的数字越大,人们给出的答案也就越大。这意味着人们对问题的判断受到了初始信息的锚定。

【例8-2-9】:乘法计算

另一个类似的例子如下。请快速看下面的乘积式:

$$1\times2\times3\times4\times5\times6\times7\times8$$

现在请问,该乘积大约等于多少? 对于这一问题,大部分人会无意识地将头几个数字进行相乘,然后就得出一个大致的结果。在一项调查中,受试者对这一问题给出的答案中位数是512,但实际上真实的答案是40 320。

现在,将数字排序倒过来:

$$8\times7\times6\times5\times4\times3\times2\times1$$

再次要求受试者回答相同的问题,调查结果的中位数变为2 250,这意味着受试者仍然是对头几个数字进行了相乘。

上述调查也表明,人们在实施估计时,容易对最初几个数字（最初的信息）产生锚定,而对最后几个数字（最新的信息）反应不足,从而影响了对整个答案的判断。

【例8-2-10】:房地产估价实验

这个例子取自诺斯克拉夫特和尼尔的研究（Northcraft and Neale,1987）,其中随机选取两组房地产经纪人,并向他们展示一套房产以及与该房产有关的各种附加信息,然后让他们对该套房产进行估价。两组情况不同的是,第一组受试者被告知该套房产的当前标价为65 900美元,而第二组受试者被告知该套房产的当前标价为83 900美元。

实验结果显示,第一组受试者对该套房产的平均估价为 67 811 美元,而第二组受试者的平均估价为 75 190 美元。从中可以发现,受试者给出的估价严格依赖于他们被告知的当前标价。

在上述实验中,两组受试者都是房地产业内的专业人士,并且除了被告知的标价不同之外,其他的可得信息均相同,因此,按照标准经济学的预测,如果受试者能有效利用手头信息,那么他们对该处房产的最终估价应该趋同。然而,事先给出的标价实际上成为一种先入信息,这使得受试者在估价时对这一信息产生了锚定,从而无法有效运用其他信息来进行调整,因此在给出的估价上就出现了显著差异。

(五) 代表性直觉推断法和锚定直觉推断法的调和

由上可见,代表性直觉推断法与锚定直觉推断法是相互矛盾的,它们在两个不同的方向上对个体的概率判断产生影响。然而,在现实生活中,这两种直觉推断法总是同时存在,那么个体最终的概率判断是怎样完成的呢? 换言之,个体是怎样调和这两种直觉推断法的矛盾的呢? 与此相关的是所谓的粗校准假说,其含义是个体对事物的判断是"非此即彼"的,不存在中间地带。下面我们就用一个例子来阐释(Ackert and Deaves,2010)。

在某天清晨,天气预报说今天降水概率仅为 20%,天气晴好,于是你打算驾车出游。在途中,你发现天上的云开始多起来,你会取消计划吗? 由于你仍然坚信早上听到的天气预报,因此你会继续前行,仅把天空出现的云当作例外。现在,更多的乌云从天边涌起,以至于天色也逐渐暗了下来,这时你又会怎么办? 一个很可能的情形是,你会突然改变主意,以为真的就要下雨,于是掉转车头回家。

上述的简单例子反映了代表性直觉推断法、锚定直觉推断法与粗校准的共同作用。首先,当天上的云开始多起来时,由于锚定直觉推断法,你仍然以早上的天气预报为准,而对新出现的乌云反应不足,此时,粗校准甚至使你觉得今天根本不会下雨,从而忽视了降水概率为 20%;其次,当天上的云继续增多时,由于代表性直觉推断法,你开始对乌云密布的天空产生过度反应,因为这种情景往往是即将下雨的典型征兆。此时,粗校准又会使你从"不相信下雨"转向"完全相信下雨"。可见,粗校准实际上是将两种直觉推断法隔离开来,分别在不同的阶段影响你的判断。

第三节　预期效用理论与前景理论

一、预期效用理论

(一) 概念与发展

预期效用理论起源于圣彼得堡悖论(St. Petersburg Paradox),该悖论是 1738 年由伯努利在瑞士皇家科学院提交的一篇论文中提出的。所谓圣彼得堡悖论,即面对不确定条件下的无穷收益时人们愿意为此支付的代价。

连续掷硬币直至落在地上出现"正面"为止。如果第一次出现正面奖励1元,第二次出现正面奖励2元,第三次出现正面奖励4元,第四次8元,以此类推。其期望值可以表示为

$$\frac{1}{2}\times2+\left(\frac{1}{2}\right)^2\times2^2+\left(\frac{1}{2}\right)^3\times2^3+\cdots=1+1+1+\cdots=+\infty$$

此游戏的数学期望收益值为无穷大,也就是说,根据最大期望报酬的原理,理性投资者为玩这个游戏所支付的代价是无限的。但实际上,没有人会为玩此游戏而支付巨大成本。因此,理性人愿玩此游戏所支付的代价与无穷期望收益之间的矛盾就构成了所谓的圣彼得堡悖论。这一悖论表明,用最大期望收益原则不可解决一切非确定性投资决策的问题。针对这一悖论,丹尼尔·伯努利(Daniel Bernoulli)提出的解释是,在未超过某临界点时,期望财富的进一步中增加并没有成比例地增加效用,就如其他消费物品一般,期望财富的边际效用是递减的。

伯努利(Bernoulli)对此问题的解释构成了预期效用理论的基石,其主要包括以下两条原理。

(1)边际效用递减原理:其结论是一个人对于财富和商品的占有多多益善,效用函数一阶导数大于零;随着财富和商品的增加,满足程度的增加速度不断下降,效用函数二阶导数小于零。

(2)最大效用原理:在风险和不确定条件下,个人的行为动机和准则是为了获得最大期望效用值而不是最大期望收益。

在伯努利之后,1944年,冯·诺依曼(Von Neumann)和摩根斯坦(Morgenstern)的预期效用理论是在伯努利研究的基础上对预期效用理论进行了发展,创立了不确定性决策的规范理论。预期效用理论首先提出使用期望效用来描述不确定条件下的偏好。他们假设代理人的选择对象是彩票。彩票定义为一个给定回报和概率的随机变量。他们证明,对任一理性决策者,一定存在某种方式对他所关心的各种可能结果赋予效用数值,使其总是选择最大化自己的效用。诺依曼—摩根斯坦方法的关键假设是代理人知晓有关的概率。因此,这种方法与假设客观概率存在的一些情形类似,如机会赌博。但在代理人不能够确定概率分布的情况下,诺依曼—摩根斯坦方法则难以应用,因为没有投资者能够像对待彩票一样了解所有可能的选择。

在期望效用理论的基础上,萨维奇(Savage)在1954年提出主观期望效用(Subjective Expected Utility,SEU)的理论,认为决策者选择备选方案时遵循主观效用最大化原则,决策者选择的是行动(或者行动的过程)。那么,如何描述行动? 在萨维奇的理论中实际上用两个基本概念——事件和结果来描述行动。事件是世界的状态的集合,世界实际上是决策者所面对的外部事物,一个状态就是对世界的一个描述。结果实际上被萨维奇描述为对决策者具有价值的任何事情。一个行动被定义成一个由世界的状态空间到结果空间的映射。不同的行动就相当于不同的映射。所有可能的行动就构成了行动空间。我们可以记 S 为状态空间,C 为结果空间,A 为行动空间。这样,一个行动可以定义为 $C=A(S)$。或者采用人与自然

博弈的方式,表述为 $C=F(A,S)$。从状态和结果之间关系的角度讲,决策者选择行动相当于在各种可能发生的事件上押赌结果,因此,一个行动相当于一种彩票。经济学分析的基本内容是人与自然的生存关系,以及在这种关系中形成的人与人的关系。这两种关系可以用人与自然的博弈以及人与人的博弈来描述。如上文对行动的描述也相当于人与自然的博弈。决策者选择行动(押赌),而自然选择状态,人与自然的选择最终决定了决策者得到的结果。

主观期望效用理论的主要结论(道德期望效用存在定理)是,在一定的假设(公理)条件下,在状态空间上存在着唯一的概率分布(满足概率公理),在结果空间上存在一个实值的效用函数(具有正线形变换性)。即决策者严格偏好 a 大于 b,当且仅当 $U(a)>U(b)$[其中,$U(a)$ 是行动 a 的期望效用,$U(b)$ 是行动 b 的期望效用]时,决策者可以通过期望效用最大化来做出理性的选择。

萨维奇和诺依曼—摩根斯坦之间的差别在于萨维奇的概率是内生而非给定的。也就是说,萨维奇直接在代理人认定的概率事件和其产生的效用之间进行比较,由此得出其偏好顺序。因此,萨维奇方法不需要代理人了解相关概率的假设,这些主观的概率可以是因人而定的。且诺依曼—摩根斯坦方法对效用值进行计算,而萨维奇方法则侧重于各事件效用间的比较,因此前者是一种基数效用论,而后者是一种序数效用论。基数效用不仅告诉我们投资者更偏好于哪一种结果,而且告诉我们投资者愿意支付多少以获取他所偏好的结果;序数效用只告诉我们投资者第一、第二喜欢的结果,并没有表达偏好的强烈程度。

(二) 预期效用函数

诺依曼—摩根斯坦的预期效用理论将不确定环境下的决策视为一种博彩活动,假设一个决策者面临一种存在两种可能结果的彩票:获得财富 X 的概率为 $p(0<p<1)$,获得财富 Y 的概率为 $(1-p)$,则该项博彩的预期效用值为

$$U(p;X,Y)=Eu(p;X,Y)=pu(X)+(1-p)u(Y)$$

式中,E 是数学期望算子,而 u 是定义在确定财富上的(效用)函数。上式表明,博彩的效用是获奖效用的期望值,该式也同时表明,就结果而言效用是可加可分的,而就概率而言效用是线性的。

很容易将其推广到具有多项不确定性结果的情形,设有 S 种可能的状态,状态 s 出现的概率为 p_s,此时个体获得的收益是 x_s,则他的效用函数可以写为

$$Eu=\sum_{S=1}^{S}p_s u(x_s)$$

更一般地,在考虑金融市场时,个体的不确定收益可能取一个连续区间内的某一值。对于一个随机变量 $\tilde{X}$,$a \leqslant \tilde{X} \leqslant b$,如果 $\tilde{X}$ 的分布密度函数为 $p(x)$,则个体的诺依曼—摩根斯坦效用函数为

$$E[u(\tilde{X})]=\int_{a}^{b}u(x)p(x)\mathrm{d}x$$

或者,如果 $\widetilde{X}$ 的分布函数 $F(x)$,$F'(x)=p(x)$,则

$$E[u(\widetilde{X})]=\int_a^b u(x)\mathrm{d}F(x)$$

(三) 预期效用函数确定的五大公理

当决策者遵循以下五大公理,可确定其对应的效用指数,来预测其不确定情况下的选择。其中 A、B、C 代表不同的选择结果,(p,A,B) 结果为 A 的概率为 p,结果为 B 的概率为 $1-p$。

1. 完全顺序公理

完全顺序公理(complete-ordering axiom)是指决策者对任何两个可供的选择 A、B 总是可以做出优劣判断;决策者对三者以上的选择是具有传递性的,若他宁要 A 而不要 B,又宁要 B 而不要 C,则可以推导出他宁要 A 而不要 C。

2. 连续性公理

连续性公理(continunity axiom)指对于 X 中任一 A、B、C,若 $A>B>C$,则存在 α、$\beta\in$ $(0,1)$,使得 $\alpha A+(1-\alpha)C>B$ 以及 $B>\beta A+(1-\beta)C$。

偏好的连续性公理很好地描述了以下问题:存在三个严格偏好的彩票 $A>B>C$ 时,可以结合最高和最低偏好的彩票 A、C,通过权重 $\alpha\in(0,1)$ 组成新彩票组合,使得其偏好比中间的彩票 B 偏好要大;另外也可以通过权重 $\beta\in(0,1)$ 组成新彩票组合,使得其偏好比中间的彩票 B 偏好要小。

3. 独立性公理

独立性公理(independence axiom)可以用公式表示,对于任意 A、B、$C\in X$,以及 $\alpha\in(0,1)$,当且仅当 $A\geqslant B$ 时,有

$$\alpha A+(1-\alpha)C\geqslant\alpha B+(1-\alpha)C$$

独立性公理指出,A 与 B 之间的偏好不会因为第三者 C 的相同形式的介入而有所变化。独立性公理可以视作恒定性的普遍形式。

4. 概率不等公理

概率不等公理(unequal-probability axiom)。假定 $A\geqslant B$,令 $L_1=(p_1,A,B)$,$L_2=(p_2,A,B)$,当且仅当 $p_2>p_1$ 时,$L_2>L_1$。

5. 复合彩票公理

复合彩票公理(compound-lottery axiom)用公式表达为,令 $L_1=(p_1,A,B)$,$L_2=(p_2,L_3,L_4)$ 为复合彩票,其中 $L_3=(p_3,A,B)$,$L_4=(p_4,A,B)$。若 $p_1=p_2p_3+(1-p_2)p_4$,则 $L_1=L_2$。

二、心理实验对预期效用理论的挑战

预期效用理论是经典的在不确定环境下所采用的标准决策模型,其假设基础是"理性

人",而非真实的现实人,用熊彼特(Schumpeter,1954)的话说,是"能更好地进行逻辑评价和选择,而非心理评价"。标准模型在预测与解释真实行为时得到了一些支持,但是,标准模型并没有提供一个可以描述决策制定理论的充分基础,正如卡尼曼和特维斯基(Kahneman and Tversky,1986)所提出的标准模型与真实行为的偏离是"如此的广泛而不能被忽视,是如此的系统性而不能将其视为随机误差,是如此的基础而不能通过放松标准模型的条件而容纳进去",因此,学者们纷纷通过各种方式对预期效用理论进行检验。

预期效用理论经历的一系列主要挑战有:预期效用理论难以解释阿莱悖论(Allais Paradox)、埃尔斯伯格悖论(Ellsberg Paradox)等现象;没有考虑现实生活中个体效用的模糊性、主观概率的模糊性;不能解释偏好的不一致性、非传递性、不可替代性、"偏好逆转现象"等;现实生活中也有对预期效用理论中理性选择上的占优性原则和不变性原则的违背;实际生活中的决策者对效用函数的估计也违背预期效用理论的效用函数。另外,随着实验心理学的发展,预期效用理论在实验经济学的一系列选择实验中遇到了一些"悖论"的挑战。实验经济学在风险决策领域所进行的实验研究最广泛采取的是彩票选择实验,即实验者根据一定的实验目标,在一些配对的组合中进行选择,这些配对的选择通常在收益值及赢得收益值的概率方面存在关联。通过实验经济学的论证,确定性效应、同结果效应、同比率效应、反射效应、概率性保险、分离效应、偏好逆转、非明显占优等"悖论"的提出对预期效用理论形成了重大冲击。

(一) 确定性效应和同结果效应

对预期效用理论的质疑首先是由法国经济学家阿莱引发的,他提出了"阿莱悖论",这个悖论中利用了确定性效应(certainty effect)。确定性效应是指相对于不确定性的收益,人们赋予确定性的收益更多的权重,或者说过度重视确定性结果。这一效应表明,在特定性情况下,人们的效用函数会低估一些只是可能性的结果,而相对高估确定性的结果,导致决策者在面临条件相当的收益期望时更倾向于接受确定性的收益结果。

【例 8-3-1】:

"阿莱悖论"(简称 AP)可用下面两个问题加以说明。

问题一

有两个选项:

A. 有 100% 的机会得到 100 万元;

B. 有 10% 的机会得到 500 万元,89% 的机会得到 100 万元,1% 的机会什么也得不到。

问题二

也有两个选项:

C. 有 11% 的机会得到 100 万元,89% 的机会什么也得不到;

D. 有 10% 的机会得到 500 万元,90% 的机会什么也得不到。

为方便起见,下文中如无特殊说明,均将以简约的形式表达(单位:万元),即

A. (0,0.00;100,1.00;500,0.00)

B. (0,0.01;100,0.89;500,0.10)

C. (0,0.89;100,0.11;500,0.00)

D. (0,0.90;100,0.00;500,0.10)

结果表明,在问题一中,多数人偏好 A 而不是 B,这就意味着:

$$u(1) > 0.01u(0) + 0.89u(1) + 0.10u(5),也就是\ 0.11u(1) > 0.01u(0) + 0.10u(5) \quad (8-1)$$

在问题二中,多数人偏好 D 而不是 C,这就意味着:

$$0.90u(0) + 0.10u(5) > 0.89u(0) + 0.11u(1),也就是\ 0.01u(0) + 0.10u(5) > 0.11u(1)$$

$$(8-2)$$

显然,式(8-1)和式(8-2)是相互矛盾的,它们系统性地背离了预期效用理论,至少违背了预期效用理论关于偏好的占优性、传递性以及不变性等公理性假设。实际上,问题二中 C 和 D 的选项分别是由问题一中 A 和 B 的选项除去"89%的机会得到 100 万元"(即 100,0.89)而得到的。这种变化使得期望的性质从确定性收益变成了可能性收益,从而导致了人们的预期比在最初的和减少后的预期都不确定时更大的下降。应当指出的是,在"阿莱悖论"实验中,被试者大多都通晓概率论知识,但却往往得出不一致的结果。

实际上,"阿莱悖论"是同结果效应(common consequences effect)的一个特例。"同结果效应"是指相同结果导致不一致偏好的情形,其方法采用的是加法变换。其公式化表达如下:

彩票对(a1,a2)与(a3,a4),其中,

a1:$\alpha \delta_x + (1-\alpha)P^{**}$ 对 a2:$\alpha P + (1-\alpha)P^{**}$

a3:$\alpha \delta_x + (1-\alpha)P^*$ 对 a4:$\alpha P + (1-\alpha)P^*$

式中,δ_x表示可以确定性获得的预期结果;P 表示大于或小于 x 的结果;P^{**} 随机地决定着P^*。在阿莱(1953,1979)案例中,取 $\alpha = 0.11, \delta_x = 100, P = 500, P^* = 0, P^{**} = 100$。

阿莱的研究引起了很多学者的兴趣,他们的研究也得出了类似的结论,如康利斯科(Conlisk,1989)以 236 个加利福尼亚大学的本科生组成被试者样本空间,对上述彩票进行了选择实验,在支付是假设性时,有 50.4%的被试者(即 119 人)选择了 AD 或者 BC,并且其中选择 AD 的人占 86.5%。

(二) 同比率效应

与同结果效应类似的实验发现是"同比率效应"(common ratio effect)。同比率效应是指如果对一组收益概率进行相同比例的变换,也会产生不一致的选择,其方法采用的是乘法变换。它不仅存在于货币结果的彩票对选择中,也存在于非货币结果的选择决策中。这一效用最早由卡尼曼和特维斯基(Kahneman and Tversky,1979)提出。

同比率效应违反了偏好的替代性公理,其公式化表达如下。

彩票对(b1,b2)与(b3,b4),其中,

b1 = (X,p;0,1-p)

b2 = (Y,q;0,1-q)

b3 = (X,rp;0,1-rp)

b4 = (Y,rq;0,1-rq)

满足下列条件:$p > q, 0 < X < Y, 0 < r < 1$。

【例 8‐3‐2】 在卡尼曼和特维斯基(Kahneman and Tversky,1979)的例子中 p=1。

卡尼曼和特维斯基(1979)实验

让被试者在问题三和问题四中分别做出选择：

问题三(被试者数 N＝95)

A. (4 000,0.80)[20%]

B. (3 000)[80%]

问题四(被试者数 N＝95)

C. (4 000,0.20)[65%]

D. (3 000,0.25)[35%]

结果发现,有80%的被试者选择了B,而有65%的被试者选择了C。如果令 u(0)＝0,则选择 B 意味着 u(3 000)/u(4 000)＞4/5,而选择 C 则意味着相反的不等式。实际上,问题四是由问题三演化而来的,只不过赢的概率减少了3/4,即 C 可以表示为(A,0.25),而 D 可以表示为(B,0.25)。如果按照预期效用理论,问题三中的B偏好于A则意味着问题四中的D偏好于 C。这说明,问题三和问题四中偏好的常见模式与预期效用理论不符,卡尼曼和特维斯基将其称之为确定性效应,即相对于只是可能发生的结果,人们过分看重被认为是确定发生的结果。把赢的概率从1降低到0.25所产生的影响比从0.8降低到0.2所带来的影响更大。

除了货币收益的实验外,卡尼曼和特维斯基(Kahneman and Tversky,1986)对非货币收益的实验也得出了相同结论。他们对参加加利福尼亚医学会会议的 72 名外科大夫及 180 名大学生关于肿瘤治疗方案的测试也得出了基本一致的结果。

(三) 反射效应

前面进行的选择性实验都是面对收益的,如果面对损失会出现什么结果呢？卡尼曼和特维斯基(Kahneman and Tversky,1979)发现,确定性效应不仅表现在正赌局之间的选择上,也表现在负赌局之间的选择上,他们设计了负赌局实验。

【例 8‐3‐3】

问题三′(被试者数 N＝95)

A. (－4 000,0.80)[92%]

B. (－3 000)[8%]

与问题三相类似,问题三′说明,与不确定性结果相比,人们过分重视确定能获得的结果。所以,在收益区域内,确定性效应导致风险规避行为,偏好确定性收益不是仅仅可能的更大收益;在损失区域,确定性效应导致风险偏好行为,偏好仅仅可能的损失而不是更小的确定性损失。因此,过分重视确定性导致人们在损失区域的风险偏好和在收益区域的风险规避,负赌局之间的偏好和正赌局之间的偏好形成了一个镜像关系。这种以"0"为中心的赌局反转使得偏好顺序发生反转,被卡尼曼和特维斯基(Kahneman and Tversky,1979)称为"反射效应"(reflection effect)。反射效应意味着在收益区域的风险规避伴随着在损失区域的风险偏好。由此可见,个人选择的依据并不是最终的期望效用,而是相对于参考点的财富变动。

（四）概率性保险

为了防范损失而购买保险的普遍性已被多数人视为预期效用函数呈凹形的有力证据。然而，人们为什么愿意花费大量的金钱用超过预期成本的价格购买保险单？概率性保险实验并不支持货币的效用函数在各点都是凹形的假设。概率性保险实验是指通过实验说明概率和收益相同的两种预期可能由于表述方式的不同而具有不同效应。我们来看卡尼曼和特维斯基（Kahneman and Tversky，1979）在 1979 年对 95 名美国斯坦福大学学生进行实验时所提的问题。

【例 8-3-4】

假设你考虑为某些财产投保以防止火灾或者盗窃发生带来损失的可能性。在仔细考察过风险与保险费之后，你发现自己对购买保险与不购买保险这两种选择没有明确的偏好。

接着，保险公司新推出的概率保险的方案引起了你的注意。在这种方案中，你支付正常保险费的一半。如果发生了损失，你有 50% 的机会支付另一半保险费并由保险公司赔偿全部损失；50% 的机会你取回已支付的保险费，由自己承担全部损失。例如，如果事故发生在一个月中某个单日，你支付正常保险费的另一半，而你的损失会得到保险公司的赔偿；但是，如果事故发生在一个月中的某个双日，你支付的保险费就退还给你，而你的损失就不被保险。在这种情况下，你愿意购买概率性保险吗？

实验结果是 80% 的人不愿意购买概率性保险，只有 20% 的人愿意购买。这表明概率性保险不具有吸引力。在某种程度上所有的保险都是概率性的，因此这一实验结果所反映的对概率性保险的厌恶激发了人们的研究兴趣。

虽然这个问题可能显得不太真实，但是值得注意的是，概率性保险代表了很多种形式的保险行为，在这些保险中人们支付一定的费用以降低意外事件发生的概率，而不是完全消除其发生的概率。安装防盗铃、更换旧轮胎以及决定戒烟都可以被视为概率性保险。最热衷于购买保险的人面临着许多他们购买的保单没有涵盖的财务与其他风险的损失。概率性保险与所谓的偶发保险之间似乎存在着明显的差异。概率性保险能防止所有财产遭受多种形式的损失，而偶发保险对特定类型的风险提供确定的保险范围，消除所有的某一类别的损失但是不涉及其他风险。例如，一种是针对你拥有的房屋财产涉及的覆盖各种损失的保险品种，一种是仅针对某一特定损失（比如火灾）给予完全补偿的应急保险。显然，后者虽然针对某一特定损失给予了完全补偿，但是它没有覆盖其他损失的风险。不过，这两个保险品种在本质上并没有实质区别。因此，两个概率和结果相同的预期会因其表述方式的不同可能具有不同的效应。

（五）隔离效应

不确定情境下理性决策的一个基本公理是萨维奇（Savage，1954）的确定性原理（sure thing principle），隔离效应（disjunction effect）是指某些信息可能对主体决策并无作用，或者不需要考虑所披露的信息也能做出同样的决策，但人们依然会等到消息出来之后再进行决策的情形。

特维斯基和夏弗在 1992 年用下面的实验证明了隔离效应。

【例 8 - 3 - 5】

询问受试者是否愿意接受下列赌博：抛掷一枚硬币以同等的概率获得 200 美元或者损失 100 美元。那些已进行一次赌博的人随后被问是否还愿意继续另外一个同样的赌博。如果他们是在第一次赌博的结果已知后被问的，大部分回答者都愿意接受第二次赌博而不管第一次赌博他们是赢了还是输了。但是如果在结果出来之前他们必须做出决定，大部分人则不愿意接受第二次赌博。这是一个让人困惑的结果：如果一个人在做出第二次决策时不考虑第一次赌博的结果，那么在知道赌博结果之前他应该要做出与前述一致的决策。对此，特维斯基和夏弗提出了伴随着这种行为的可能思想模式：如果第一次赌博的结果已知而且还是好的，那么受试者会认为再进行第二次赌博时他们没有什么可损失的；但是如果结果不好的话，那么他们就会试图通过下一次赌博去弥补他们的损失。但是如果结果不知道的话，那么他们就没有接受第二次赌博的明确原因。

隔离效应的作用是可以解释为什么投机性资产的交易量和价格会在信息公布时出现波动的问题，比如信息公布后，价格和交易量的波动幅度会比公布之前更大。在传统的金融理论中，人们在不确定条件下会按照预期效用理论的原则进行决策。通过上述研究我们可以看出，人们在进行决策时，不可避免地会违背该理论的假设前提。而从心理学角度进行研究才可对这些行为做出合理的解释。所以，这就意味着人们需要从认知与心理的角度对预期效用理论进行修正。

（六）偏好逆转

可传递性是经典经济学偏好的基本属性，然而，一系列实验结果与之相悖，偏好逆转现象就反映了不可传递性。偏好逆转正好挑战的是传统经济学观点，指在不同的诱导方法下，选择的方案有所不同，甚至是逆转的，这也更符合现实生活中的人们的偏好。该现象在 20 世纪 70 年代初被实验经济学家们通过"偏好诱导"发现后（由利希特斯顿和斯洛维奇于 1971 年引发），马上获得了广泛的证实，并掀起了一场声势浩大的研究热潮。如果说，同结果效应和同比率效应等实验发现对预期效用理论尚属挑战的话，那么偏好逆转现象的实验发现则对预期效用理论形成了真正的打击。

1. 偏好诱导

偏好诱导实验中的一个重要发现是"接受意愿"（willingness to accept）与"支付意愿"（willingness to pay）间的巨大悬殊。也就是说，如果让人们对某种经济利益进行定价，则其得到这种经济利益所愿意支付的最大值，远远小于其放弃这种经济利益所愿意接受的最小补偿值。

关于不确定性事件的偏好诱导，贝克尔、德格如特和马夏克（Becker，DeGroot and Marschak）在 1964 年创立了一个相对简单却十分有效的方法，简称 BDM 方法。它是占优策略显示机制的一种启发程序，用卖价诱导程序使得被试者显示其对彩票的确定性等价。具体而言，就是实验者要求被试者对某种彩票提出一个其所认为的等价于现金的卖价，然后以随机方式在一定的价格区间中确定一个买价；当买价高于卖价时，则彩票卖出，被试者相应地获得等于买价的现金收入;而当买价低于卖价时,则进行实际抽奖。所以 BDM 方法对风险情境下的偏好诱导借助的是定价机制,该定价机制通过一个随机兑现的程序诱导出被试者的风险态度(引自高鸿桢《实验经济学导论》)。

2. 利希特斯顿和斯洛维奇实验

利希特斯顿和斯洛维奇(Lichtenston and Slovic,1971)对其发现的偏好逆转现象的过程作了详细的说明:"促使我们进行这项研究的动力是我们 1968 年发表的文章中的观察结果:在成对赌局之间的选择似乎主要受输赢的概率影响,而买卖价格却主要是受输赢的货币数额影响……让被试者对一个有吸引力的赌局确定一个价格时,他们好像是从可以赢得的数额开始考虑的,进而往下调整,同时考虑输赢的概率和可能输的数额。这种调整过程比较含糊,让价格反映在很大程度上受起始点价格的影响。另一方面,选择好像受不同规则的支配。在 1971 年的论文中,我们设想,如果进行选择和确定价格时对信息的处理不同,那么就应该能构建出一组成对的赌局,使得人们可以从赌局中选取其中的一种,但对另一种赌局定出较高的价格……。"

于是,他们设计了如下的实验。

【例 8 - 3 - 6】

(1) 被试者被要求在以下形式的赌局中做出选择。

赌局一(机会赌局):表示赢的机会(概率)较大,但可能赢的金额较小的赌局(简称"大概率、小结果"),其简约形式为 $(p,X;1-p,x)$。

赌局二(金钱赌局):表示赢的金额较大,但赢的概率较小的赌局,其简约形式为 $(q,Y;1-q,y)$。

其中各变量满足: $X>x,Y>y,p>q,Y>X$。

(2) 然后让被试者再对这些赌局做出评价,说出其确定性等值。评价的方法有以下几种:① 让被试者指出,如果可以转让参加这些赌局的权利,对于每种赌局,他们愿意接受的最低卖价或支付意愿是多少;② 如果让被试者买下,则请指出他们的最高买价或接受意愿;③ 采用贯彻 BDM 启发程序,在这种程序下,被试者显示其真实的确定等值对自己最有利。

如果按照预期效用理论,则被试者应该选择确定性等值较高的赌局;但实验结果却发现了一种背离倾向:被试者一方面选择了机会赌局,而另一方面却对金钱赌局评价较高。在每一次赌局中均选择机会赌局的 173 个被试者中,有 127 名被试者对金钱赌局给出了较高的买价。这也就表明,具有同一偏好的同一个人对同一赌局集合进行选择时,却表现出相反的两种风险偏好。这种不一致的行为选择就是"偏好逆转"现象。

除此之外,林得曼(Lindman,1971)的实验以及利希特斯顿和斯洛维奇(Lichtenston and Slovic,1973)在拉斯维加斯赌场中的实验都得出了同样的结果。

3. 经典的格勒斯和普洛特实验

【例 8 - 3 - 7】

格勒斯和普洛特(Groes and Plott,1979)发现关于偏好逆转早期实验中存在的一些问题,主要是没有使用真实的货币支付,或者即使使用了真实的货币支付,但缺少对财富效用的控制等。因此,在他们的实验中尽可能对各种实验条件进行控制与测试,如采用真实激励、控制财富效应、排除收入效应与替代效应、检测策略性反应即讨价还价效应,甚至采用不同的概率器等,但仍然发现偏好逆转现象普遍存在。

他们将被试者分成两组,其中一组采用假设性选择,而另一组采用给予显著报酬的真实选择。两组均采用 BDM 程序,在两组中均提供给被试者 6 对成对的彩票,形成 12 个赌局;在此基础上还要求被试者通过 BDM 程序对 12 个赌局的每一局所引出的最小卖价问题作出反应,从而形成了 18 个决策。最后,实验者从这 18 个决策选择中随机选择出 1 个来确定货币支付额,从而能较好地控制财富效应和组合效应。为了保证有正的净收益,在每局开始赋予每个被试者初始禀赋 7 美元。

他们的实验结果如表 8-1 所示:

表 8-1　GP(1979)偏好逆转实验的结果

	选择机会赌局的被试者所占的比例(%)	选择机会赌局而发生偏好逆转的比例(%)	选择金钱赌局而发生偏好逆转的比例(%)
假设性选择组	49	56	11
真实货币支付组	36	70	13

从表 8-1 中可以总结出两个特点:① 发生偏好逆转的概率与赌局的选择有很大的相关性,选择机会赌局发生偏好逆转的可能性大很多;② 真实货币支付并不会消除偏好逆转,反而会增加反转数量,特别是对机会赌局而言更为严重。

尽管格勒斯和普洛特的实验对利希特斯顿和斯洛维奇(Lichtenston and Slovic,1971)实验已经做了不少改进,如控制了财富效应,测量了真实货币支付情况下的偏好逆转现象,但也受到来自多方面的批评,如霍尔特(Holt,1986)认为,格勒斯和鲁洛特的实验设计没有区分被试者的反应是与预期效用理论独立性公理不一致还是与更基本理性假设(如传递性)不一致;同时,使用现金支付的随机选择程序也会产生复合彩票,这也进一步加深了对此的迷惑。塞格尔(Segal,1988)认为,格勒斯和鲁洛特的实验设计没有区分是违反了传递性公理还是违反了复合彩票公理,所以无法确定被试者到底是否违反了"传递性不一致"这个假设。于是,在此基础上众多学者进行了进一步的实验研究。

波尔勒、施耐德和茨维夫(Pommerehne,Schneider and Zweifel,1982)进行了进一步的实验。他们指出,格勒斯和鲁洛特的实验设计中存在三个主要问题:一是被试者动机是否足够明确;二是实验的机会赌局与金钱赌局中几乎一半的期望支付导致了被试者的厌烦情绪,从而使得决策成本高于期望的收益,影响了结论;三是对随机决策的选择程序不了解的被试者是否会影响实验的结论。因此,他们直新设计了实验,但实验主要还是基本上沿袭了格勒斯和鲁洛特实验的 BDM 程序与随机选择程序,在此基础上针对前三个问题进行了一定的修正,如增加对被试者的奖励刺激,对无经验的被试者在进行最后决策前先给予学习这种程序的机会,然后再进行决策等。实验结果表明,偏好逆转是稳健的,并不能消除;只有在第一个处理中通过增加刺激在一定程度上会减少偏好逆转发生的频率。

同时,瑞利(Reilly,1982)也对格勒斯和鲁洛特的实验提出了质疑,认为他们的实验存在着刺激不足和被试者混淆的缺点。因此,他改变了实验设计,增加货币刺激和减少混乱的可能来源,如向被试者提供额外的信息等。虽然实验结果显示偏好逆转有略微的减少,但仍然大量存在,因此进一步论证了偏好逆转是一种持续的行为现象。

4. 偏好逆转的理论解释

尽管学者们对偏好逆转的讨论十分广泛,对于其产生的原因及机制存在着不同的看法与解释,但基本上认为偏好逆转违背了传递性原理。此外,也有学者对偏好逆转作出了另外的解释,如科克斯和埃普斯顿(Cox and Epstein,1989)认为,实验报告的大量偏好逆转现象是由于被试者违反了非对称公理;维尔克斯(Wilcox,1989)论述了偏好逆转如何用复杂决策不同组成部分的成本来解释;伯格和迪克哈特(Berg and Dickhaut,1990)认为,偏好逆转问题是由于货币刺激不足造成的,而且表明反转比例与货币刺激水平呈现相反变化;等等。正如特维斯基和塞勒(Tversky and Thaler,1990)所说的:"它几乎违背了经济学中关于偏好的所有原则。"而格勒斯和普洛特(Groes and Plott,1979)则悲观地声称:"偏好逆转现象让人觉得哪怕是最简单的人类选择行为,都不存在任何种类的最优化法则。"从偏好逆转可以看出,人们在生活中偏好是间断的、不稳定的,会受到诱导方法的影响。

三、前景理论

卡尼曼和特维斯基在 1979 年发表的《前景理论:风险条件下的决策分析》(Prospect Theory:An Analysis of Decision under Risk)文章中提出了前景理论。与预期效用理论的公理性形式不同,前景理论是描述式的。卡尼曼和特维斯基在一系列心理实验结果的基础上提出了主要观点:人们更加看重财富的变化量而不是最终量;人们面临条件相当的损失时倾向于冒险赌博,而面临条件相当的盈利时倾向于接受确定性盈利;等等。综合这些结果和观点,他们给出了解释人们在不确定条件下的决策行为模型。卡尼曼和特维斯基定义一个"前景"(prospect)是一个不确定事件$(x,p;y,q)$,个人得到 x 的概率为 p,得到 y 的概率为 q;另外,$1-p-q$ 的概率为得不到任何东西。

(一) 个人风险决策过程

卡尼曼和特维斯基认为,个人在风险条件下的选择过程可以分为两个阶段:编辑阶段(editing)和估值阶段(evaluation)。编辑阶段是对所提供的赌局进行初步分析,对相关的收益和概率进行变形处理,找出其更为简便的表现形式,使决策任务变得容易;估值阶段是对编辑过的赌局进行评价,并选择出价值最高的。

1. 编辑阶段

编辑阶段的作用是对选项进行重新组织,以简化随后的估值和选择。这一阶段主要包括编码(coding)、合并(combination)、分解(segregation)、删除(cancellation)和简化(simplification)。

(1)编码。在编码阶段,卡尼曼和特维斯基提出,人们通常关注的是收益和损失,而不是财富或福利的最终状态。收益和损失的定义与某一中立参考点相对应,参考点通常与现有资产状况相关,在这种情况下,收益和损失与收到或付出的真实数量是一致的。但是,参考点的位置以及对收益或损失的编码会受赌局的表达方式和决策者预期的影响。

(2) 合并。合并是指把结果一致的概率进行合并,简化某些赌局。例如,可以将(100,0.15;100,0.35)简化为(100,0.5)。

(3) 分解。分解是将某些赌局中的无风险部分从有风险部分中分离出来,例如,(300,0.7;200,0.5)可以分解为确定性收益 200 和风险收益(100,0.7)。

(4) 删除。删除有两种情况,一种情况是分离效应,也就是说人们在选择中抛开了不同期望中共有的部分。即在一个两阶段的期望中,会忽略第一个阶段而只考虑第二个阶段的部分。另一种情况是人们常常抛弃共有的组成部分。例如,在期望(200,0.2;100,0.5;−30,0.3)和(200,0.2;160,0.5;−100,0.3)的选择中,就可以通过删除两者的共同因子(200,0.2)而简化成(100,0.5;−30,0.3)和(160,0.5;−100,0.3)两项。

(5) 简化。简化是指通过凑整概率或结果而对期望进行简化。例如,(101,0.49)可被简化成(100,0.5)。简化的形式包括审视赌局以发现起控制作用的选择因素,没有进一步的估价。

2. 估值阶段

编辑阶段之后,决策者对赌局进行估值并进行选择。在估值阶段中,最主要的是价值函数 v 和权重函数 π。价值函数 v 反映的是结果的主观价值,分配给每一结果 x 一个价值量 $v(x)$,结果的定义与参考点相对应,在价值尺度中以 0 为参考点,因此,v 度量离开参考点的价值程度,即收益或损失;权重函数 π 表示与概率 p 相对应的决策权重 $\pi(p)$,它反映确定的概率 p 对赌局的全部价值的影响力。

当前的判断与期望的简化形式 $(x,p;y,q)$ 有关。在这个期望中,一个人以概率 p 获得 x;以概率 q 获得 y;以概率 $1-p-q$ 获得 0,这里 $p+q\leqslant 1$。当结果绝对为正时(都是肯定的),被提出的期望就是严格肯定的,即 $x,y>0$,且 $p+q=1$;当结果绝对为负时(都是否定的),被提出的期望就是严格否定的,即 $x,y<0$,且 $p+q=1$;如果 $p+q<1$,同时 $x\geqslant 0\geqslant y$ 或者 $x\leqslant 0\leqslant y$,这个期望就属于一般性的期望。

根据前景理论,假如决策者面对的是一般性期望,即 $p+q<1$,或 $x\geqslant 0\geqslant y$,或 $x\leqslant 0\leqslant y$,那么这个期望的价值(对应于期望效用理论中的期望效用)为

$$V(x,p;y,q)=\pi(p)v(x)+\pi(q)v(y) \tag{8-3}$$

式中,$v(0)=0,\pi(0)=0,\pi(1)=1$。V 被定义为结果的期望值,而 v 被定义为某个结果的价值。对于确定性期望两种度量是一致的,即 $V(x,1)=V(x)=v(x)$。

根据前景理论,对于严格肯定和严格否定的期望,决策者的评价原则和正常期望的评价是不同的。在编辑阶段,对于这种结果绝对为正或结果绝对为负的期望。决策者往往先将其分解为两个部分:一是无风险部分,即可以确定获得的最小收益或者确定支付的最小损失;二是风险部分,即可能发生的收益或损失。因此,对这种期望的估值可以表示为

假如 $p+q=1$ 且 $x>y>0$ 或 $x<y<0$,那么其价值即

$$V(x,p;y,q)=v(y)+\pi(p)[v(x)-v(y)] \tag{8-4}$$

此即严格肯定或严格否定期望的价值,等于无风险部分的价值加上不同收益之间的价值差乘以与更极端的收益出现概率相关的权重。例如,$V(300,0.25;100,0.75)=v(100)+\pi(0.25)[v(300)-v(100)]$。从式(8-4)中可以看出,无风险部分的价值是$v(y)$,风险部分是$v(x)-v(y)$,式中的右边可以变换成$\pi(p)v(x)+[1-\pi(p)]v(y)$,因此如果$\pi(p)+\pi(1-p)=1$,则公式(8-2)可以变形为公式(8-3),即严格肯定或严格否定期望的价值与一般性期望的价值是一致的;否则两者是不同的。

(二) 价值函数的特征与参考点

1. 价值函数的特征

大量心理学证据表明,人们通常考虑的不是财富的最终状况,而是财富的变化状况。前景理论一个非常巨大的突破就是用价值函数 V 代替了传统的效用函数,从而将价值载体落实在财富的改变而非最终状态上。价值函数可以表示为:

$$V = \sum_{i=1}^{n} \pi(p_i)v(x_i)$$

式中,$v(x)$是决策者主观感受所形成的价值,即偏好情况体现在围绕参考点的价值变化而不是价值的绝对值;$\pi(p)$是决策权重,它是一种概率评价性的单调增函数。从总体上来看,价值函数有以下特点。

(1) 价值函数是定义在相对于某个参考点(reference point)的收益和损失,而不是一般传统理论所重视的期末财富或消费。参考点是指人们在评价事物时,总要与一定的参照物相比较,当对比的参照物不同时,相同的事物就会得到不同的比较结果,因此参考点是一种主观评价标准。参考点的决定通常是以目前的财富水准为基准,但有时也不一定是这样。卡尼曼和特维斯基认为,参考点可能会因为投资人对未来财富预期的不同而有不同的考虑。譬如,一个对于损失念念不忘的投资人,可能会接受他原来不会接受的赌局。他们发现,在风险条件下,收益机会的价值更多地依赖于可能发生的收益或损失从何种参考点出发,而不是它最终会带来的总财富。卡尼曼和特维斯基警告说:"我们可以用改变参考点的方法来操纵人们的决策。"

(2) 价值函数以对参考点的偏离程度定义,向参考点的收益与损失两个方向偏离的反射性状,这就是所谓的反射效应。

(3) $v(x)$为 S 形的函数。在面对收益时是凹函数,在面对损失时是凸函数。这表示决策者在处于收益状态时是风险规避的,每增加一单位的收益所增加的效用低于前一单位所带来的效用;在决策者处于损失状态时是风险偏好的,每增加一单位的损失,其失去的效用也低于前一单位所失去的效用。

卡尼曼和特维斯基通过一个风险状态下个人对收益和损失反应的实验,证实了价值函数的这种特征。

【例 8-3-8】

假设有两个赌局,让实验者在每个赌局中做出选择。

赌局一:(6 000,0.25)或者(4 000,0.25;2 000,0.25)

赌局二:(−6 000,0.25)或者(−4 000,0.25;−2 000,0.25)

实验发现,在赌局1中,82%的人选择了后者,而赌局2中,70%的人选择了前者。

我们利用价值的基本方程来表达以上赌局中的偏好状况。

赌局一:$q(0.25)V(6\,000)<q(0.25)[V(4\,000)+V(2\,000)]$

赌局二:$q(0.25)V(−6\,000)>q(0.25)[V(−4\,000)+V(−2\,000)]$

简化这两个不等式,我们有

$V(6\,000)<V(4\,000)+V(2\,000)$和$V(−6\,000)>V(−4\,000)+V(−2\,000)$

这与价值函数在面对收益时是凹函数,在面对损失时是凸函数是一致的。这表示处于收益状态时,决策者是风险厌恶的,每增加一单位的收益所增加的效用低于前一单位所带来的效用;处于损失状态时,决策者是风险偏好的,每增加一单位的损失,其失去的效用也低于前一单位所失去的效用。

(4)在价值函数曲线上,收益变化的斜率小于损失变化的斜率,在图形上表现为:损失状态时的曲线比收益状态时的曲线要陡峭,即决策者在对应的同等收益与损失下,对损失比对收益更为敏感,其边际损失的数值大于边际收益,损失一单位的边际痛苦大于获取一单位收益的边际效用,也就是个人有损失规避的倾向。塞勒(Thaler,1980)将这种情况称为"禀赋效应"。满足这些条件的价值函数呈S形并在参考点处最为陡峭,参考点之上为凹,参考点之下为凸。如图8-1所示。

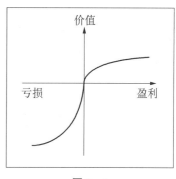

图 8-1

2. 参考点的内涵

前景理论的价值函数与预期效用理论中的效用函数一个重要的不同点就是存在着一个拐点,即存在所谓的参考点。

人们在评价一个事物或做出一个选择时,总要与一定的参照物或参考点相比较,当对比的参照物不同时,相同的事物会得到不同的比较结果。因此,参考点作为一种主观评价标准,他是个人主观确定的,而且会因评价主体、环境、时间等的不同而不同。卡尼曼和特维斯基发现风险收益机会的价值更多地依赖于可能发生的收益或损失是以哪个水平为参考点的,而不是他最终会带来的总价值。也就是说,并不是人们的富有程度影响其决策,而是某项决策会让人们变得穷一点还是富一点的判断影响其决策。因此,卡尼曼和特维斯基说:"我们可以通过改变参考点的办法来操纵人们的决策。"比如商场在举行促销活动时,常常会将原价标得特别高,这样顾客在做出购买的选择时如果以原价为参考点,就会形成该商品很便宜的错觉。

塞勒通过研究发现,在某些情况下,利得会增加个人参加赌局的意愿,这称为"私房钱效应"。他通过一个实验描述了这个现象。

【例8-3-9】

假设有两组学生来做实验。

A组学生,假设他们刚刚赢得了30美元。现在有一个抛硬币的赌局,正面可以获得9美元,反之要输掉 9 美元。实验结果表明 70% 的同学愿意接受赌局。

B 组同学,假设刚开始他们没有赢任何钱。现在提出抛硬币的赌局,如果正面则可以获得 39 美元,反之可以获得 21 美元,如果不参加赌局可以稳获 30 美元。实验结果中,只有 43% 的学生愿意参加赌局。

结果表明,尽管两组学生面临的最终选择是一样的,也就是正面 39 美元,反面 21 美元,不参加则确定有 30 美元,但是开始拥有财富的同学更多的人选择了参加赌局,而开始没有钱的同学则有更多的人放弃赌局。这说明,个人在做决策时会受到前一次收益的影响,也就是自己原有状态的影响。在这里初始状态的 30 美元和 0 美元成了他们各自的参考点。

参考点的选择有很多,人们通常是以目前的财富水平为基准,但是也不完全如此。卡尼曼和特维斯基认为参考点可能会因为投资人对未来财富预期的不同而有不同的考虑。研究者发现,价格的预期走势也会影响参考点的决定。例如,假设有人在房地产正要繁荣之前以 60 万元的价格买了一栋房子,预期房地产开始火爆时该房子价值可达到 90 万元,而此时若要出售房子的话,其参考点就不再是初始买价了,而变成了预期财富 90 万元。

另外,在一些研究实验中也会出现获利或损失逆转的现象,这是因为人们在决策编辑过程中,用于编码定义获利或者损失的参考点发生了变化。并且参考点的变化是因为财富现状在很短的时间内发生了变化,或者变化很大,让决策者还没有很快就适应。例如,一个人刚刚损失了 2 000 元,现在面对这样一个赌局:在确定的 1 000 元收入和 0.5 的概率获得 2 000 元之间进行选择。如果他还没有适应已经损失了 2 000 元后的财富状况,仍然把原来的财富作为参考点,他就会把这个决策编辑成 $(-1\,000, 1.0)$ 和 $(2\,000, 0.5; 0, 0.5)$,而按照这个参考点编码之后的期望比按照现有财富为参考点的编码 $(-1\,000, 1.0)$ 和 $(-2\,000, 0.5; 0, 0.5)$ 的期望更具有风险偏好的趋向,也就是说,参考点的变化改变了预期行为组合的偏好次序。

(三) 决策权重函数

面临不确定性决策时,人们常常需要通过概率来估算不同结果发生的可能性。传统的预期效用理论认为,一个不确定性期望的价值可以通过决策主体对各种可能出现的结果按照出现的概率的加权求和后得到。也就是说,一个不确定期望的价值是关于其结果发生概率 p 的主观线性函数。即

$$U(x, y) = pU(x) + (1-p)U(y)$$

我们知道,概率可以分为客观概率和主观概率。客观概率是指在大量的实验和统计观察中,在一定条件下某一随机事件出现的一种客观存在的频率。它是基于对事件的物理特性的分析,如一个硬币有正反两面,向上抛掷后,任何一面朝上的概率都为 0.5。而主观概率是指人们对某一随机事件可能出现的频率所作的主观估计。主观概率为 1,意味着人们相信某个事件会出现;主观概率为零,意味着人们相信某个事件不会出现,而中间值反映不同的信心水平。可以说,客观概率不依赖于人的主观认识,人们可以借助概率论和统计方法,基于客观情景的分析,计算出客观概率分布。而主观概率则在于个人主观上对客观事物的认识,以及人们的经验和偏好。而且人们在加工不确定性信息时,常常存在一些认知偏差,因此,主观概率

和客观概率往往是不相符合的。并且,人们对不同的效用值所对应的事件发生的主观概率是不一样的,按照实际概率值可以划分为极可能、很可能、可能、很不可能、极不可能几种情况。不同情况下人们对概率的评价有明显的差异。从不可能事件到另一个可能事件,或者从可能事件到确定性事件的变化所产生的作用大于一个从可能性事件到另一个可能性事件的同等变化而产生的作用,即决策权重存在"类别边际效应"(category boundary effect)。

在前景理论中,所有可能的结果都会乘以一个决策权重,决策权重可以从预期的选择中推断出来。决策权重函数具有以下特点。

(1) 决策权重并不是概率,但它与客观概率 p 相联系,是客观概率的一个非线性函数,是客观概率的递增函数。它不符合概率公理,也不能解释为主观概率。除了个人主观认定的事件发生的可能性外,通常决策权重还会受到与事件相关的其他因素的影响,比如个人喜好。人们在做决策的过程中,对于自己比较偏好的结果常常会赋予较大的权重。例如,在购买彩票时,尽管人们明确知道中奖的可能性比较小,但情感的支配(非常希望中奖,或者认为上天会垂青自己,等等)使得购买者认为自己中奖的可能性比较大。

(2) 小概率事件的高估和次可加性。当概率 p 很小时,$\pi(p) > p$,这表示个人对于概率很小的事件会过度重视;但是当一般概率或概率 p 较大时,$\pi(p) < p$,这可以说明个人在过分注意概率很低的事件的同时,往往忽略了经常发生的事件。而且,在低概率区域,权重函数是次可加性函数,也就是说,对于任意 $0 < r < 1$ 时,有 $\pi(rp) > r \cdot \pi(p)$。

【例 8-3-10】

假设个人购买彩票。

A:有 0.001 的概率获得 5 000 元;

B:确定获得 5 元。

结果发现,在 100 个参加实验的人中,有 72% 的选择 A,也就是购买彩票。

利用价值方程式,我们可以得到 $\pi(0.001)V(5\ 000) > V(5)$,因此,$\pi(0.001) > \dfrac{V(5)}{V(5\ 000)}$。由价值函数在收益段是凹函数的性质可知,$0.001V(5\ 000) < V(5)$,所以可以得出 $\pi(0.001) > 0.001$。

对小概率事件的高估放大了对偶然性获利的希望,结果,人们常常在对待不可能的盈利时表现出风险偏好。这也解释了对彩民来说在几乎不可能的盈利情况下彩票的诱惑力。

下面,我们来更进一步说明权重函数在低概率区域的次可加性。也就是说对于较小的概率 p,当 $0 < r < 1$ 时,有 $\pi(rp) > r \cdot \pi(p)$。

【例 8-3-11】

假设仍然是彩票问题,有两种选择。

A:0.001 的概率获得 6 000 元;

B:0.002 的概率获得 3 000 元。

结果在 100 人参加的实验中,有 73% 的人选择了前者。

按照上述偏好,根据价值方程式,我们有 $\pi(0.001)V(6\ 000) > \pi(0.002)V(3\ 000)$。

因此,可以得出 $\dfrac{\pi(0.001)}{\pi(0.002)} > \dfrac{V(3\ 000)}{V(6\ 000)}$,而且前面已经知道价值函数在收益段是凹函数,就可以推出 $\dfrac{V(3\ 000)}{V(6\ 000)} > 1/2$,于是有 $\dfrac{\pi(0.001)}{\pi(0.002)} > 1/2$。

次可加性说明了小概率事件的作用较大,即 p 值在一个特定的小值范围内,概率放大的倍数会大于权重放大的倍数。当然,如果 p 值超出这个范围这种性质就不存在了。

(3) 次确定性,即各互补概率事件决策权重之和小于确定性事件的决策权重。也就是说,对于 $0 < p < 1$,有 $f(p) + f(1-p) < 1$。卡尼曼和特维斯基将这一属性称为"次确定性",并就此问题做了下面的实验。

【例 8-3-12】

问题一

有两种选择:A(2 500,0.33;2 400,0.66;0,0.01);B(2 400,1.0)

结果 100 个受试者中,82% 的人选择了 B。

根据价值方程式和问题偏好关系,可以得到

$$V(2\ 400) > \pi(0.66)V(2\ 400) + \pi(0.33)V(2\ 500)$$

即
$$[1 - \pi(0.66)]V(2400) > \pi(0.33)V(2\ 500) \tag{8-5}$$

问题二

有两种选择:A(2 500,0.33;0,0.67);B(2 400,0.34;0,0.66)。结果 100 个受试者中,83% 的人选择了 A。

同样,根据上面的过程可以得到

$$\pi(0.33)V(2\ 500) > \pi(0.34)V(2\ 400) \tag{8-6}$$

综合式(8-5)和式(8-6),我们得到 $[1 - \pi(0.66)]V(2\ 400) > \pi(0.34)V(2\ 400)$,也就是 $1 - \pi(0.66) > f(0.34)$。

次确定性表明 f 是对 p 的回归,即偏好对概率变化的敏感性通常比期望效用理论要求的要低。因此,次确定性描述了人们对于不确定性事件态度的一个重要因素。也就是说,所有互补性事件的权重之和小于确定性事件的权重。由于假定小概率事件的权重大于其确定的概率,因此次确定性意味着中、高概率事件的权重小于其确定的概率。

(4) 次比例性。当概率比一定时,大概率对应的决策权重的比率小于小概率对应的权重比率,即对于任意的 $0 < p, q, r < 1$,存在 $\dfrac{\pi(pq)}{\pi(p)} < \dfrac{\pi(pqr)}{\pi(pr)}$。

(5) 当逼近确定性事件的边界时,也就是当概率 p 非常接近于 0(极低概率)或 1(极高概率)时,个人对概率的评价处于非常不稳定的突变状态,此时权重常常被无端忽视或者突然放大。而且,到底多少可以算作极低的概率或者极高的概率,是由投资者的主观判断所决定的。

在有些情况下,人们对极低概率事件有高估倾向,这使得人们对可能性很小的盈利表现出风险偏好,同时对可能性很小的损失表现出极度的厌恶。这就解释了彩票和保险为什么具有如此大的吸引力,因为它们都是以较小的固定成本换取可能性小但十分巨大的潜在收益。

综合以上五个特征我们大致可以描绘出决策权重函数的近似图像,如图8-2所示,图上的虚线部分权重函数是客观概率的非线性函数,单调上升,在低概率段 $\pi(p) > p$,而在相对高概率部分,则 $\pi(p) < p$。

需要注意的是,在一些情况下,人们对于极低概率事件也会有着将其忽略的倾向。也就是说,人们有时可能把可能性极小的事件简单地视为不可能事件,从而将其决策权重看作0,同时把极可能发生的事件的权重看作1。此时,决策权重函数的图形就会有所变化,如图8-3所示。

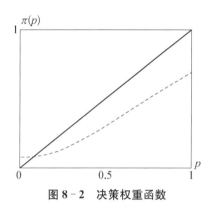

图 8-2　决策权重函数

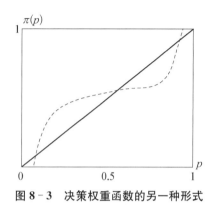

图 8-3　决策权重函数的另一种形式

第四节　经济学和心理学的整合

行为经济学探讨人们的行为偏差及其对经济决策和市场运行的影响。所谓的偏差是相对于基准而言的,而基准则是传统主流经济学所遵循的"人是理性的"的前提假设。从现实生活看,因时间和精力有限,人们的理性并不是无限的。早在20世纪50年代,西蒙就提出了有限理性的概念。然而,西蒙的有限理性概念并未受到真正的重视,直到1974年卡尼曼和特维斯基对启发法和偏差的研究出现以后,经济学家和心理学家才开始关注和研究人们在何时以及何种情况下会做出偏离理性的行为,偏离又会如何影响人们的经济决策等问题。塞勒在探讨有限理性、有限意志力和有限自利这三种违反"人是理性的"的前提假设中做出了独到的贡献。

一、有限理性与心理账户

(一)禀赋效应

塞勒研究的第一种违反理性假设的情况是有限理性导致的金钱的不完全可替代性问题。

按照理性人假设,人们对钱或者其他有价值的物品的看法应该是一致的。比如一个人手中的钱不管是血汗钱还是中彩票而得的应该说都是一样的。但是,许多研究却证明并非如此。塞勒在有关消费者选择的实证论文中已列举了许多违反可替代性的例子,创造了"禀赋效应"这一术语,用于刻画人们在拥有和不拥有某个物品时不同的态度(Thaler,1980)。

【例 8 - 4 - 1】

(1)假设你感染了一种疾病,有可能在一个星期之内死亡,其导致死亡的概率是 0.001,有一种方法能将其治好,请问你最多愿意支付多少钱来治疗?

(2)假设有一种疾病的研究需要招纳志愿者,志愿者有 0.001 的概率会感染这种疾病并死亡,请向至少要支付多少钱你才愿意去当志愿者?

这两个问题的本质是一样的,都是对 0.001 死亡概率价值的评估。按照"人是理性的"这一假设,人们对这两个问题的回答应该是一样的,至少相差不多。然而,塞勒的调查表明,对问题(1)人们的支付通常不会超过 200 美元,而对问题(2)至少要 10 000 美元才愿意当志愿者。这种愿意接受的价格和愿意支付的价格之间的巨大差异是传统经济学难以解释的。

塞勒是第一个借助前景理论中的损失厌恶来解释这一现象的人。根据前景理论,人们对损失比对收益反应更为敏感,即所谓的损失厌恶特征。在感染疾病的情况下,花钱将其治好,相当于"买入"健康,这是一种收益;而在拥有健康的时候去当志愿者,相当于"卖出"健康,这是一种损失。由于损失厌恶,人们对失去的东西要求的补偿要高于获得东西时愿意支付的价格。因而,面对收益和损失,许多东西并不具有完全的可替代性。

塞勒又与其合作者进行了一个著名的实验来检验禀赋效应的稳健性。他们将马克杯随机发放给实验对象,并允许将它卖给没有得到马克杯的人。实验的结果让人惊讶,那些碰巧分到马克杯的人对马克杯估价远高于没有分得马克杯的人。根据卡尼曼和特维斯基的估计,损失带来的负效用是同样的收益带来的正效用的 2 倍。在马克杯实验中,分得马克杯的人的估价接近于没有分得的人的估计的 2 倍,证实了这一点。而[例 8 - 4 - 1]中估价的巨大差距,说明了人们对事关自身健康的问题的反应将更为激烈,这也是行为经济学可预测的偏差之一。

(二)心理账户理论

禀赋效应只是塞勒(Thaler,1985)对行为偏差如何系统地影响经济决策的开创性工作的开端。随后,塞勒根据其对钱的不完全可替代性的研究,进一步将其扩展为心理账户理论(Mental Accounting),并将它用于理解个人如何组织和评估其经济活动的认知操作。塞勒观察到,人们将其支出分为不同的类别,类似于会计记账一样,人们会在心中创造各种独立的账户,在进行决策时对每个账户单独进行核算,每个账户有其预算和参照点,这导致了不同账户之间的有限替代性,而不是考虑其整体影响,从而简化了金融决策并在一定程度上克服了认知局限,但是这样的简化往往会导致次优决策。

【例 8 - 4 - 2】

(1)假设你决定去听一场音乐会,票价为 200 元。要出发的时候,你发现新买的价值为

200元的电话卡丢了。请问,你是否还会去听音乐会?

(2)如果你昨天花200元买了一张今晚的音乐会门票。要出发的时侯,你突然发现音乐会的门票丢了。如果要去听音乐会,必须再花200元买门票。请问,你是否还会去听音乐会?

这两个问题实际上也是一样的,即丢失200元价值的东西之后还要不要去听音乐会。如果钱是完全可替代的,那么对这两个问题的回答应该是一样的。然而,塞勒的调查表明,在问题(1)中,大部分人会选择继续去听音乐会;而在问题(2)中情况刚好相反。这一问题可以用心理账户进行解释。根据心理账户理论,人们会在心中为音乐会和电话卡创建不同的心理账户,并且单独进行核算。电话卡丢失并不影响音乐会账户的核算,因而人们仍然会选择去看;但再买一张音乐会的门票会被归入原来音乐会的账户进行核算,这使得人们听音乐会的成本上升到400元,从而放弃去听音乐会的选择。

在心理账户的基础上,塞勒将消费者购买商品所得到的效用分为获得效用和交易效用两个部分。所谓的获得效用就是传统经济学中的消费者剩余,而交易效用则来自实际支付价格与参考价格之差。诸如打折等营销手段使得实际支付价格低于参考价格,从而使得交易效用变大,而使得消费者认为这是一项好的交易;更一般地,交易效用取决于参照点的选择,参考价格的不同所导致的交易效用差别,也可以解释消费者在五星级酒店和超市对同样的商品愿意支付的价格不同。通过改变参照点来改变交易效用从而影响消费者的决策在企业市场营销中有着广泛的应用。

塞勒还发现人们有时候会把不同的经济事件或交易看成一件,有时候会区别对待。为了探讨这些问题,他进一步扩展了心理账户的相关研究,并提出享乐编辑(hedonic editing)假说。在边际效用递减规律作用下,随着消费量的增加效应呈现递减趋势,消费者将会对损失和收益进行编辑,即分离收益、加总损失,将小的损失与很大的收益合并考虑,或者小的收益与大的损失分开考虑,以使得效用最大化,这就是所谓的享乐编辑假说(Thaler,1999)。根据享乐编辑假说,心理账户核算取决于经济决策的背景以及经济决策问题如何被编辑,如心理账户何时开启何时关闭。这个问题在金融市场中表现得特别明显。当购买金融资产时,新的账户就随之开启,参照点就是其买入价格。由于关闭一个亏损的账户是痛苦的,因此心理账户理论对金融资产交易有重要的含义(Thaler,1999)。这使得投资者持有亏损的股票时间太长,而过早地卖掉盈利的股票。这个现象被称为处置效应,这一点已经被事实证明(Odean,1998)。这也将进一步导致两个效应,即赌场的钱效应和盈亏平衡效应。人们通常会将赌博赢得的钱放到一个账户中,并且采取不同的态度,这导致了人们在赢钱时更加偏好风险,就好像在玩庄家的钱一样。此外,当人们在面临损失时,赌一把有可能实现盈亏平衡,那么也可以选择赌一把,使得风险偏好上升。

二、有限意志力与计划者—执行者模型

(一)有限意志力

塞勒研究的第二种违反理性假设的情况是有限意志力导致的自我控制问题。这是跨期

选择这类消费次策中常见的问题。消费者通常要在当前与未来之间进行权衡,如决定多少钱用于当前消费多少钱用于储蓄。事实上,不仅消费和储蓄涉及跨期选择,生活中许多事情诸如减肥、戒烟、戒酒等,其本质也是跨期选择问题。人们的跨期选择决定了消费函数的特征,因而跨期选择是宏观经济学的基础之一。传统经济学解释跨期选择问题的标准模型是指数贴现效用模型,该模型由萨缪尔森等提出(Samuelson et al.,1937)。然而,上述的跨期选择模型中实际上隐含了一个理性假设,消费者制订了一生的消费计划之后,能够严格执行其计划。但是,塞勒在对行为偏差的观察中发现,现实中的人在进行跨期选择时常常表现为许许多多前后不一致的特征。例如,出于对其自身一生福利的长期考虑,会下定决心要减肥、戒烟、戒酒、为未来进行储蓄等,然而在面临短期诱惑时,人们却常常改变其行为。这说明人们并不像理性人假设的那样具有无限的意志力,相反,现实中的人们往往是具有有限的意志力的。人们经常会随着时间推移而改变原有计划,即导致所谓的时间偏好的动态不一致性问题。

塞勒第一个给出了人们跨期选择中的时间偏好的动态不一致性问题的证据(Thaler and Shefrin,1981)。他要求人们在不同的假设性选择中进行选择,发现当前贴现要更为陡峭,而且人们对损失的贴现率比收益要小得多,这与前景理论的损失厌恶相一致。

【例 8 - 4 - 3】

(1) 请在两者之间进行选择:(1A)今天的一个苹果;(1B)明天的两个苹果。

(2) 请在两者之间进行选择:(2A)一年后的一个苹果;(2B)一年又一天后的两个苹果。

塞勒发现,有一些人可能受诱惑选择(1A),然而没有一个人选择(2A)。这意味着,等到一年之后有一些人会改变主意。塞勒指出,导致这种时间偏好不一致性的原因是贴现函数出了问题。如果贴现函数是一个常数,那么[例 8 - 4 - 3]中的两个问题本质上是一样的。事实上,萨缪尔森也指出,如果人们对未来的贴现率是随时间变化的,那么他们的前后行为可能会和模型不一致。这种开始贴现率很高,随后不断降低的现象被莱布森称为双曲线贴现(hyperbolic discounting,Laibson,1997)。

从以上的阐述可以看出,有限意志力、双曲线贴现以及时间偏好的动态不一致性这三个概念都是用于刻画人们难以坚持其计划的情况的。其差别在于出发点不同,有限意志力侧重于心理学,双曲线贴现则是有限意志力在经济学中的表述,这两者可以说是原因,而时间偏好的动态不一致性则着重考虑行为表现或者结果。然而,这三者都指向了同一个问题,也就是所谓的自我控制问题,即人们如何通过自我控制从而坚持其根据一生效用最大化而制订的计划。

(二)计划者—执行者模型

在前人研究的启发下,塞勒和舍夫林(Thaler and Shefrin,1981)着手构建概念框架来讨论在时间偏好存在动态不一致性的情况下跨期选择过程中的自我控制问题。他们首先论证了探讨自我控制问题必须将人看成是多个自我的复合体进行分析,才不会自相矛盾。以戒烟为例,如果把戒烟看成人们对健康的偏好,那么抽烟的行为就很难解释。为了探讨自我控制问题,塞勒和舍夫林建立了一个包含两个自我的计划—执行者模型,用以刻画计划者自我和执行者自我之间的内在冲突引发的两难困境。该模型将人看成是两个自我的复合体,其中一个是具有前瞻性的计划者,其以长期福利为目标进行思考和决策,他关心未来且有很好的打算;另外一个是被短期目标控制的执行者,他不顾一切只活在当下。

执行者的短视导致了计划者与执行者之间存在着利益冲突。这种利益冲突类似于委托—代理问题中雇主与雇员之间的利益冲突。因而,他们借助委托—代理理论,将计划者看成是委托人,而执行者看成是代理人,探讨了人们借助经济组织解决委托—代理问题的策略来解决计划者和执行者之间的利益冲突。这些策略包括改变对执行者的激励,或者施加某种规则对执行者进行约束。实际上,人们进行自我控制的方法与经济组织为解决委托—代理问题所采取的策略极为相似。

塞勒和舍夫林的计划者—执行者模型解释了一些自我控制方法的需求,同时该模型也有一些深刻的含义。首先,正如在《Odysseus》奥德修斯的例子中一样,自我控制难题的解决通常需要采取某种措施帮助计划者去掉短期选择的机会。这一点与传统经济学相违背。传统经济学认为,选择的机会越多,结果越好;然而,对面临自我控制难题的人来说,去掉一些选择的机会将会对执行者自我产生约束,从而达到更好的结果。其次,说明心理账户导致的行为偏差并非全是负面的。前述的心理账户的一个特点,就是不同心理账户的钱不能完全替代,这使得在某些情况下,人们借助诸如心理账户等方法而无须外力来避免短期的诱惑。例如,人们会通常在心中为缴纳的健身会员费创立一个心理账户,而不是将其视为沉没成本,这使得人们在一定程度上能够坚持去健身。当然,在其他情况下,社会可以通过设计各种规制和制度来鼓励长期的行为从而帮助计划者。

塞勒和舍夫林将其模型应用于分析个人和家庭的储蓄行为。如果人们存在时间偏好的动态不一致性问题,那么他们可能对当期收入反应过度,并且也没有充分地平滑其消费,由此衍生的一个问题是其储蓄率可能远远低于理想的水平。他们提供了相关的经验证据,质疑了当时占主流地位的永久收入假说和生命周期假说,认为应该对这些假说进行重新评估。鉴于消费函数在宏观经济学中的重要地位,塞勒对跨期选择与自我控制问题的研究引发了后续的许多研究。

塞勒和舍夫林的计划者—执行者模型是当代双系统和二元行为模型的早期例子。当代心理学对人类行为的研究也常常采用这种双重自我的建模方法。后来的神经科学的研究支持了这种做法。神经科学的研究表明,大脑是许多相互作用的系统的集合,由于不同系统的配合并不总是天衣无缝,现代神经科学研究发现,长期计划由大脑前额叶皮层控制,而短期情感和欲望则由大脑边缘系统控制,并且证实了自我控制包含了大脑前额叶皮层和边缘系统之间的相互作用,因此,人们的行为看起来不会像完全理性且具有一致偏好的样子。

三、有限自利与社会偏好

塞勒研究的第三种违反理性假设的情况是有限自利引发的对公平和社会偏好的关注问题。按照传统经济学的理性人假设,人们在进行经济决策时,考虑的是其自身利益的最大化。然而,现实中人们在做决策时,不仅会考虑自身的利益,也会考虑公平和正义问题。经济学家们已经用最后通牒博弈(ultimatum game)实验证明,人们有时候会放弃一些资源去惩罚那些使其受到不公平待遇的人。在最后通牒博弈中,先行者首先提议某个分配方案,第二参与者选择接受或者拒绝。如果接受,则按提议的方案分配,否则双方什么都得不到。最后通牒博弈的实验表明,典型的第一个参与人的配置方案是平均分配,并且发现如果低于25%,第二方将会拒绝。这与塞勒等人后来的研究一致。然而,最后通牒博弈也存在一些问题,例如,人们是否因为担心报复而采取公平行动,或者出于声誉的考虑才会选择公平的分配;另外,如果未涉及自身的利益,人们是否还会采取这样的行为。

塞勒与其合作者设计了全新的实验(Kahneman et al.,1986),揭示了人们在相互作用过程中公平偏好的另外两个重要特征,他们设计的实验被称为独裁者博弈。

【例8-4-4】

独裁者博弈:你要与班上的另外一个匿名的同学分配20美元,有两个选择:

A. 自己留下18美元,给那名同学2美元;

B. 平均分配,各分得10美元。

他们发现,有74%的学生选择平均分配20美元。这表明,并非所有的人都会最大化其自身的金钱收益,即使是在匿名交往而无须考虑声誉的情况下也一样。进而,为了研究人们是否会惩罚不公平交易问题,他们在独裁者博弈的基础上对博弈实验进行改造,设计了惩罚博弈,具体如下:

【例8-4-5】

惩罚博弈:给学生们讲述独裁者博弈,让他们做如下选择:你将和2名学生分为一组,他们都参见过独裁者博弈,其中一名学生E选择平均分配20美元,另一名学生U选择自己留下18美元而只给对方2美元,请你选择:

C. 与学生U平分12美元;

D. 与学生E平分10美元。

他们发现,81%的学生选择与学生E平均分配这10美元。选择D的学生将放弃1美元,这是对独裁者博弈中公平分配的学生的激励,同时也惩罚了自私的人。因此,与独裁者博弈一样,当考虑公平问题时,只有少部分的学生最大化其金钱收入,表明人们愿意惩罚那些不公平和违反社会规范的行为,即使不公平的行为没有伤害到其自身。由此,塞勒及其合作者揭示了人们在相互作用过程中公平偏好的三个重要特征:一是即使在匿名和不考虑声誉的情况下,有些人仍然会公平地对待其他人;二是有些人会放弃某些资源去惩罚那些使其受到不公平待遇的人;三是有些人愿意放弃资源去惩罚不公平的行为和违反规范的行为,即使不公平的行为是针对其他人的。

然而,这些实验的结果能否推广到现实生活中?这一点常常遭到质疑。为了进一步地了解普通人认为的公平是什么,或者哪些行为让人觉得不公平,卡尼曼、尼奇和塞勒(Kahneman et al.,1986)通过对多伦多等大都市地区随机选择的个人进行电话调查,被调查者被问及不公平的情形。

【例8-4-6】

一直以来,五金店出售的一把雪铲价格是15美元。当一场暴风雪过后,五金店将其价格提高到20美元,你认为这个行为是:完全公平、可以接受、不公平、非常不公平。

他们发现,如果将不公平和非常不公平合并成不公平一组考虑,有82%的响应者认为提高价格是不公平的。进一步的研究发现,是否公平不仅取决于受益人或者受害人是谁,还取决于问题的表述方式,并且发现了公平的感知与禀赋效应有关。

在这些研究的基础上,他们探讨了公平对企业追求利润最大化的约束作用。例如,在[例8-4-6]中,未预料到的暴风雪使得雪铲的需求出人意料地上升。按照标准经济学,需求上升时提高价格,但是实际很多情况并没有。因为如果店主这时提高价格,很多消费者会认为店主过于贪婪。由于违背公平规范的行为将会遭受消费者抵制的惩罚,这使得店主即便可以提高价格时也只能维持价格不变。此外,他们的研究也为黏性工资之谜提供了新的证据。塞勒通过假设性问题调查发现,在工资设定时,人们通常以当前的工资水平作为参照点,因而降低名义工资被认为是不公平的而难以得到认同;相反,工人名义工资的涨幅小于通货膨胀率则被认为是可以接受的,虽然实际工资也下降了。这就解释了经济衰退期间企业不降低工资的原因。这也是一些经济学家支持通货膨胀政策的理由。

塞勒将参照点理论与社会偏好联系起来,弥补了前景理论的另一个不足之处。前景理论指出了参照点的重要性,然而对参照点如何决定行为的问题却未置一词。塞勒认为,参照价格由交易双方认为什么是公平的决定。塞勒对社会偏好的研究表明,公平在经济决策过程中发挥了重要的作用。这些研究表明,人们并不像经济人假设的那样绝对自私,这对"囚徒困境"是一个反思,也极大地丰富了经济学对人性的看法。

四、行为经济学框架及其实践应用

塞勒关于有限认知、有限意志力和有限自利的研究构成了行为经济学的三个基本要素,为行为经济学奠定了基本分析概念和实证基础。他的研究不仅推动了卡尼曼和特维斯基所提出的前景理论在经济领域的应用,也弥补了前景理论的许多不足之处。在塞勒的推动下,由此完成了行为经济学的基本构架,国外比较流行的行为经济学教科书大多围绕这三个要素展开。

塞勒极力推动行为经济学在实践中的应用。其中,"为明天储蓄更多"计划是其最经典的应用。"为明天储蓄更多"计划旨在增加养老金储蓄的机制,以克服自我控制难题和其他行为偏差(Thaler and Benartzi,2004)。该计划由四个部分组成:第一,雇员决定在工资增加时是否将增加的工资的相当一部分用于增加储蓄,这不会引发当前消费与未来消费之间的权衡,而是未来不同时间消费之间的权衡,按照双曲线贴现的逻辑,由此减轻了自我控制难题。第二,如果加入,雇员将在工资提高后第一次拿到钱时开始增加固定缴费。因为增加缴费来自未来工资,损失厌恶的人们不用担心拿回家的钱减少。第三,自动升级,缴费率随着每次工资提高而增加,直至达到某个预设的最大值,因此惯性和保持现状偏差将使得人们保留在该计划之中。第四,雇员随时可以退出,这使得加入更舒服。加入是自愿的,退出是被允许的,这解决了不同雇员不同偏好的问题。完全理性的人不会因这个计划受损,而那些需要克服一致性问题的人则将因为惯性和保持现状偏差而继续留在其中。塞勒利用三个公司对"为明天储蓄更多"计划进行实验,得到了支持性的证据。2006 年,美国国会通过的养老金保护法案吸收了塞勒(Thaler)的这些研究成果。

更一般地说,塞勒认为,对有限自利的研究可用于设计有利于社会治理的选择体系。塞勒与桑斯坦共同提出了自由家长主义的助推计划,就是试图通过最少的政策助推人们朝着有益的方向做出决策(Thaler and Sunstein,2008)的实践。塞勒和桑斯坦论证到,在很多领域,公共和私人机构可以助推个人往正确的方向行动,同时保留选择的自由。为此,他们强调选择体系的设计,如前面所述的默认选项的设定。默认选项由设计决策问题的组织或由个人事先设定,是选择体系的重要组成部分,因为很多人将会出于保持现状偏差而停留在默认选项上。除非你积极地选择其他的选项,否则默认选择就是你的选择。通过默认选项的设计,助推将会有深远的影响。基于行为经济学的助推计划一经提出,便受到了世界各国政府的重视,美国和英国等许多国家都积极地引入了助推部门。目前,行为经济学的应用除了在养老金储蓄计划之外,还推广到了如器官捐献、环保政策等公共管理领域。

参考文献

[1] Benjamin J,Li L,Patterson C,Greenberg BD,Murphy DL,Hamer DH. Population and familial association between the D4 dopamine receptor gene and measures of Novelty Seeking[J]. Nature Genetics,1996,12(1):81 - 4.

[2] Becker G M,Degroot M H,Marschak J. Measuring utility by a single-response sequential method[J]. Behavioral Science,1964,9(03):226 - 232.

[3] Bell D E,Raiffa H,Tversky A. Conference on decision making:Descriptive,normative and prescriptive interactions[J]. IEEE Transactions on Microwave Theory Techniques,1988,18(05):288 - 288.

[4] Benartzi S,Thaler R H. Behavioral economics and the retirement savings crisis[J]. Science,2013,339(6124):1152 - 1153.

[5] Colander D R. Sunstein,nudge:Improving decisions about health,wealth,and happiness[J]. Journal of Socio Economics,2009,38(03):541 - 542.

[6] Echenique F,Saito K. Savage in the Market[J]. Econometrica,2015,83(04):1467 - 1495.

[7] Gilovich T,Vallone R,Tversky A. The hot hand in basketball:On the misperception of random sequences[J]. Cognitive Psychology,1985,17(3):295 - 314.

[8] Gail,Mitchell,Hoyt. Nudge:Improving decisions about health,wealth,and happiness[J]. International Review of Economics Education,2009,8(01):158 - 159.

[9] Kahneman D,Tversky A. Prospect theory:An analysis of decision under risk[J]. Econometrica,1979,47(02):263 - 291.

[10] Loewenstein G,Thaler R H. Anomalies:Intertemporal choice[J]. Levines Working Papers Archive,1989,3(04):181 - 193.

[11] N. E. Theory of games and economic behavior[J]. Princeton University Press Princeton,1944,26(01 - 02):131 - 141.

[12] Sarin R,Wakker P. Gains and losses in nonadditive expected utility[M]. Models and Experiments in Risk and Rationality. Springer Netherlands,1994.

［13］Schumpeter，Alois J，Aris，et al. Economic doctrine and method：An historical sketch［M］. Economic Doctrine and Method，an Historical Sketch：An Historical Sketch. Oxford University Press，1954.

［14］Shefrin H，Thaler R H. An economic theory of self-control［J］. Social Science Electronic Publishing. 1981，89(02)：392－406.

［15］Thaler R H，Sunstein C R. Nudge：improving decisions about health，wealth and happiness［M］. Yale University Press，2008.

［16］Thaler R. Toward a positive theory of consumer choice［J］. Journal of Economic Behavior and Organization，1980，1(01)：39－60.

［17］Tversky A，Kahneman D. Judgment under uncertainty：Heuristics and biases［M］. Readings in Uncertain Reasoning. 1990.

［18］Tversky A，Kahneman D. Rational choice and the framing of decisions［M］. Multiple Criteria Decision Making and Risk Analysis Using Microcomputers. 1989.

［19］Tversky A，Kahneman D. The framing of decisions and the evaluation of prospects［J］. Studies in Logic and the Foundations of Mathematics，1986(114)：503－520.

［20］Tversky A，Kahneman D. The framing of decisions and the psychology of choice［J］. Science，1981，211(4481)：453－458.

［21］Tversky A，Thaler R H. Anomalies：Preference reversals［J］. Journal of Economic Perspectives，1990，4(02)：201－211.

［22］Tversky K A. Prospect theory：An analysis of decision under risk［J］. Econometrica，1979，47(02)：263－291.

［23］Vassie L，Slovic P，Fischhoff B，et al. Facts and fears：Understanding perceived risk［J］. Policy and Practice in Health and Safety，2005，3(sup1).

［24］白彩梅,王树明,马文飞.基于行为经济学视角下的体育彩票消费者的认知偏差研究［J］.南京体育学院学报(社会科学版),2010,024(003)：119－123.

［25］蔡志明.风险决策与个体偏好的实验研究——实验经济学的挑战与贡献［J］.复旦学报(社会科学版),2000(01)：61－67.

［26］曹忠忠.股指期货风险测算及监管研究［D］.同济大学,2007.

［27］常雪.基于参考价格的消费者价格评价研究［D］.山东大学,2008.

［28］陈锐."心理账户"影响你的钱包［J］.37°女人,2016(12).

［29］陈涛,郭耀煌.决策参考点变化引起的偏好逆转现象探讨［J］.统计与决策,2006(13)：36－37.

［30］陈诤.我国股市的动量效应和反向效应研究［D］.湖南大学,2006.

［31］崔兆鸣.对偏好逆转现象的解释［J］.经济科学,2002(02)：122－128.

［32］邓颖.中国证券市场投资者决策行为研究［D］.西北农林科技大学,2005.

［33］樊红燕.有限理性：投资决策理论的基石［J］.财会通讯,2009(35)：8－9.

［34］冯·诺依曼,摩根斯顿.博弈论与经济行为［M］.王宇,王文玉,译.上海：生活·读书·新知三联书店,2004.

［35］冯素玲,曹家和.行为金融理论视角下的投资者行为分析［J］.山东社会科学,2009(05)：91－93.

［36］高琳.捆绑策略中的定价决策——基于预期理论和心理账户理论的分析［J］.徐州工程学院学报,2008(03)：39－43.

［37］葛贝.不确定情境下的个体决策模型研究［D］.天津大学,2017.

［38］韩立达.我国城市房地产预警系统研究［D］.四川大学,2004.

[39] 郝军.基于行为金融的中国封闭基金的研究[D].华中科技大学,2005.

[40] 贺京同,那艺.行为经济学:选择、互动与宏观行为[M].北京:中国人民大学出版社,2015.

[41] 侯文杰.内生消费、消费行为和消费增长[D].南开大学.2010

[42] 黄淳,李彬.不确定性经济学研究综述[J].经济学动态,2004(01):63-68.

[43] 黄铬.实验经济学对理性选择理论的挑战及贡献[J].学术研究,2007,000(005):37-43.

[44] 黄征.行为经济学对公共图书馆馆际合作资源建设的启示[J].数字与缩微影像,2018(04):28-30.

[45] 金雪军,杨晓兰.行为经济学[M].北京:首都经济贸易大学出版社,2009.

[46] 鞠彦兵.不确定性风险收益模型及其应用研究[D].2002.

[47] 克里斯蒂·朱斯,凯斯·R.孙斯坦,里查德·H.西拉.法和经济学的行为学方法[J].北大法律评论,2005(1):460-497.

[48] 李宝良,郭其友.经济学和心理学的整合与行为经济学的拓展及其应用——2017年度诺贝尔经济学奖得主理查德·塞勒主要经济理论贡献述评[J].外国经济与管理,2017,039(011):138-152.

[49] 李斌,徐富明,张军伟,等.内在锚与外在锚对锚定效应及其双加工机制的影响[J].心理科学,2012,35(01):171-176.

[50] 李广海.基于有限理性的投资决策行为研究[D].天津大学,2007.

[51] 李俭川.贝叶斯网络故障诊断与维修决策方法及应用研究[D].中国人民解放军国防科学技术大学,2002.

[52] 李俊杰.基于产业视角的IPTV业务发展成长研究[D].北京邮电大学.2012

[53] 李倩.中国证券市场个人投资者有限理性行为研究[D].西安理工大学,2008.

[54] 李智渊.我国IPO首日高收益率现象研究[D].西南财经大学,2011.

[55] 梁雪梅.期望效用理论及其检验研究[D].中国人民大学.2005

[56] 刘慧晖.S型效用函数下的模糊多属性决策方法研究[D].华北电力大学(北京),2017.

[57] 刘劲文,王璨.跳出"赌徒谬误"[J].新民周刊,2011,000(041):P.93-93.

[58] 刘嫚.我国彩票消费与收入关联度分析[D].扬州大学,2011.

[59] 刘敏.话说"锚定心理"[J].发现,2007(09):48-49.

[60] 刘敏.不可靠的幸运轮[J].大科技(百科探索),2007(08):49-50.

[61] 刘敏.话说"锚定心理"[J].发现,2007(09):46-47.

[62] 刘婷.参考群体的不同信息对金融投资者行为模式差异的影响研究[D].西南财经大学,2011.

[63] 刘小可.基于学习行为的投资项目个体决策研究[D].天津大学,2012.

[64] 刘谞.社会情绪和社会规范对独裁者博弈中公平行为的影响研究[D].浙江大学,2011.

[65] 刘永芳,范雯健,侯日霞.从理论到研究,再到应用:塞勒及其贡献[J].心理科学进展,2019,27(03):381-392.

[66] 陆剑清.行为金融学[M].北京:清华大学出版社,2013.

[67] 罗潋.Daniel Kahneman.行为经济学思想综述[D].山东大学,2009.

[68] 马希荣.前景理论与人们的经济心理[J].大众心理学,2011,000(006):44-45.

[69] 秦勃.有限理性:理性的一种发展模式——试论H.A.西蒙的有限理性决策模式[J].理论界,2006,000(001):78-79.

[70] 任晓明,李章吕.贝叶斯决策理论的发展概况和研究动态[J].科学技术哲学研究,2013,30(02):1-7.

[71] 石玉凤,宋玉宏.个体选择行为实验的启示[J].统计与决策,2004(02):38-39.

[72] 苏芬肖.概率型 S_p-粗集与它的 Bayes 决策精算模型的研究[D].山东大学,2009.

[73] 孙庆洲,邬青渊,张静,等.风险决策的概率权重偏差:心理机制与优化策略[J].心理科学进展,2019,027(005):905-913.

[74] 谭琨.以重复博弈原理论证劳动者有效沟通的必要性——以富士康为例[J].企业经济,2011,30(08):65-68.

[75] 童灿.基金经理的"有限理性"行为对基金投资的影响研究[D].中南大学,2004.

[76] 汪祚军.锚定和调整启发式及其在日常生活中的表现[J].大众心理学,2006(03):40-41.

[77] 王非非.不确定条件下个体投资决策理论研究[D].天津大学,2014.

[78] 王立民,王琼,李霜.投资者风险偏好与人格关系的研究[J].现代商业,2015(27):187-191.

[79] 王宁,茅宁.对有限理性个体投资者心理偏差的研究新进展[J].经济理论与经济管理,2005,000(006):58-63.

[80] 王旭宏.基于行为金融理论的中国股票市场个体投资者行为分析[D].上海师范大学,2009.

[81] 魏凤荣.主观概率的评定与应用[C].中国现场统计研究会.中国现场统计研究会第九届学术年会论文集.中国现场统计研究会:中国现场统计研究会,1999:198-201.

[82] 吴成颂.海峡两岸证券市场效率研究的一个视角[D].河海大学,2005.

[83] 吴成颂.两岸证券市场羊群行为的检验与行为金融学解释[J].技术经济,2005(07):38-41.

[84] 吴修良,徐富明,王伟,等.行为决策中的投射偏差:心理机制与影响因素[C]//增强心理学服务社会的意识和功能——中国心理学会成立 90 周年纪念大会暨第十四届全国心理学学术会议论文摘要集.中国心理学会:中国心理学会,2011:720-721.

[85] 吴玉督,吴江.不确定性下决策理论的发展:主观概率研究综述[J].江汉论坛,2007(07):76-79.

[86] 辛磊,贾妍.基于博弈论的供应链战略合作伙伴选择[J].系统工程,2011,29(04):123-126.

[87] 邢永杰.基于博弈论的虚拟组织理论研究[D].天津大学,2004.

[88] 徐奥林.基于出行者特性的出行行为研究[D].北京交通大学,2014.

[89] 徐茂卫.我国证券投资者投资行为研究[D].武汉理工大学,2005.

[90] 徐勇强.管理者风险厌恶及其存货管理行为研究[D].河北工程大学,2010.

[91] 徐则荣.外国经济学说与"一带一路"建设——"中华外国经济学说研究会第 25 届研讨会"综述[J].马克思主义研究,2018,00(02):156-158.

[92] 徐子尧,陈国彭,牟德富.期望理论:行为金融学的核心[J].经济论坛,2004(14):84-85.

[93] 许文婷.基于过程的供应链企业合作的信任及决策机制设计[D].天津大学,2010.

[94] 晏祥辉,何贵兵.自我控制对跨期选择的影响——自我控制作为一种有限的资源[C].中国心理学会.第十五届全国心理学学术会议论文摘要集.中国心理学会:中国心理学会,2012:234.

[95] 阳建伟,蒋馥.投资组合理论与预期效用理论的发展[J].经济理论与经济管理,2003(05):72-76.

[96] 杨春学.偏好颠倒现象对理性行为的挑战[J].经济学动态,2002(12):68-72.

[97] 叶芬.风险决策行为的实验经济学研究和中外比较[D].江苏大学,2006.

[98] 于艳飞.不确定条件下的个人选择——行为经济学带来的挑战[D].吉林大学,2004.

[99] 袁志胜.基于行为金融学的投资行为研究[D].河海大学,2006.

[100] 约翰·H.卡格尔,埃尔文·E.罗斯.实验经济学手册[M].贾拥民,陈叶烽,译.北京:中国人民大学出版社,2015.

[101] 张保刚.偏好、时间贴现、跨期选择与成瘾行为[D].南开大学,2014.

[102] 张多蕾,王治.预期效用理论与前景理论的比较研究[J].对外经贸,2009,000(011):152-154.

[103] 张浩.基于行为融资理论的融资偏好研究[D].天津大学,2005.

[104] 张虹.分数期权定价模型及其在公司价值评估中的应用研究[D].湖南大学,2006.

[105] 张顺明.用预期效用理论单位三角形解释共同比率效应(英文)[J].经济数学,2009,026(001):1-7.

[106] 张婷.保险中的效用理论[J].上海保险,2013(08):60-61.

[107] 张晓霞,刘永芳.公平与理性的博弈[J].大众心理学,2010,000(011):35-35.

[108] 张亚维.博彩行为:一个理论框架及经济学分析[D].苏州大学,2006.

[109] 张蕴,李章吕.论贝叶斯决策理论的认知困境及其解答策略[J].毕节学院学报,2014,32(06):30-36.

[110] 张智丰.谁拖动了你的判断?[J].科学世界,2012,000(001):86-87.

[111] 章蓉.VFB-GARCH模型及其研究[D].哈尔滨工业大学,2006.

[112] 赵桂芹.非寿险需求、经济发展与损失可能性——来自1997—2003年31个省(市)的实证分析[J].预测,2006,25(03):48-54.

[113] 赵洪丹,丁志国.行为金融学理论研究综述[J].吉林师范大学学报(人文社会科学版),2008,36(06):33-36.

[114] 赵晓光.涨停股票的投资策略研究[D].西安工业大学,2012.

[115] 赵亚肖.对数 t -分布下的亚式期权定价[D].华南理工大学,2012.

[116] 赵源缘.户主受教育水平对家庭金融资产配置的影响研究[D].2018.

[117] 郑丽.中国股市处置效应与投资者特征研究[D].四川大学,2006.

[118] 周丽洁.经济学专业大学生决策的有限理性[D].华东师范大学,2009.

[119] 周业安,宋翔.理解组织行为:一个行为经济学的视角[J].中国人民大学学报,2007(04):52-58.

[120] 朱富强.期望效用理论是现实生活的决策基础吗?——基于前景理论的反思[J].浙江工商大学学报,2013(03):60-70.

[121] 朱志.房地产投资组合优化与决策研究[D].河北工程大学,2010.

[122] 邹莉娜.影响我国股市异常波动的行为因素研究[D].重庆大学,2007.

附录　心理账户理论课堂实验设计

一、实验目的

1. 探究心理账户实验中个体决策的特点。

2. 探究心理账户之间的不完全可替代性对消费决策的影响。

二、实验设计

问题一:假设你决定去听一场音乐会,票价为 200 元。要出发的时候,你发现新买的价值为 200 元的电话卡丢了。请问,你是否还会去听音乐会?

问题二:如果你昨天花 200 元买了一张今晚的音乐会门票。要出发的时候,你突然发现音乐会的门票丢了。如果要去听音乐会,必须再花 200 元买门票。请问,你是否还会去听音乐会?

三、实验步骤

1. 准备实验。实验人员发放实验说明与实验表格,被试填写基本信息。

2. 实验讲解。实验人员讲解实验规则,并回答被试问题,指导被试阅读实验说明并完成控制题,确保被试完全理解实验规则。

3. 开始实验。被试填写实验表格。

4. 实验人员收集实验表格,实验结束。

四、实验表格

实验被试表格

被试编号_____

	去　听	不去听
问题一		
问题二		

图书在版编目(CIP)数据

实验经济学/武志伟,周耿编著. —南京:南京
大学出版社,2022.1
中国特色经济学·教材系列
ISBN 978-7-305-25028-6

Ⅰ. ①实… Ⅱ. ①武… ②周… Ⅲ. ①经济学—教材
Ⅳ. ①F069.9

中国版本图书馆 CIP 数据核字(2021)第 197559 号

出版发行 南京大学出版社
社　　址　南京市汉口路 22 号　　　　　邮编　210093
出 版 人　金鑫荣

书　　名　**实验经济学**
编　　著　武志伟　周　耿
责任编辑　李　博

照　　排　南京开卷文化传媒有限公司
印　　刷　江苏凤凰通达印刷有限公司
开　　本　787×1092　1/16　印张 21.25　字数 510 千
版　　次　2022 年 1 月第 1 版　2022 年 1 月第 1 次印刷
ISBN 978-7-305-25028-6
定　　价　65.00 元

网　　址:http://www.njupco.com
官方微博:http://weibo.com/njupco
微信服务号:NJUyuexue
销售咨询热线:(025)83594756